KB186928

고영섭 교수의 원효 에세이

▎ 분 황 원 효 ▎

저자 ▌ **고영섭**

- 동국대학교 불교대학 불교학과(불교철학, 인도철학) 졸업.
- 동국대학교 대학원 불교학과 석박사과정(인도불교, 한국불교) 졸업.
- 고려대학교 대학원 철학과 박사과정(동양철학, 한국철학) 수료.
- 고려대학교 민족문화연구원 연구교수 역임.
- 미국 하버드대학교 아시아센터 한국학연구소 연구학자(2010~2011) 역임.
- 현 동국대학교 불교학과 교수(한국불교사, 동아시아불교 유식/기신/화엄/선 사상 전공).
- 현 한국불교사학회 및 한국불교사연구소 소장.
- 현 동국대학교 세계불교학연구소 소장.
- 시인. 월간 『문학과 창작』 2회 추천.
- 저서: 『원효, 한국사상의 새벽』, 『한국불학사』, 『한국불교사연구』, 『원효탐색』, 『한국의 사상가 10인—원효』, 『한국불교사탐구』 외 다수.
- 시집: 『몸이라는 화두』, 『흐르는 물의 선정』, 『황금똥에 대한 삼매』, 『바람과 달빛 아래 흘러간 시』.

고영섭 교수의 원효 에세이 **분황 원효**

초판인쇄 2015년 09월 02일
초판발행 2015년 09월 21일

저 자 고영섭
발행인 윤석현
발행처 박문사
등 록 제2009-11호

주 소 서울시 도봉구 우이천로 353 성주빌딩 3F
전 화 (02) 992-3253 (대)
전 송 (02) 991-1285

전자우편 bakmunsa@daum.net
홈페이지 http://www.jncbms.co.kr
책임편집 최현아

ISBN 978-89-98468-74-3 03150   **정가** 27,000원

고영섭 교수의 원효 에세이

분황 원효

고영섭 저

박문사

일러두기

1 이 책은 분황 원효의 현존 저술을 수상 형식으로 풀어낸 학술에세이이다.

2 전체 5장 중 제1장에서는 원효에 대해 예비적으로 고찰해 보았다.

3 제2장부터는 원효의 주요 저술에 대해 텍스트별로 살펴보았다.

4 각 저술 앞에는 해당 저술의 기록 사진을 넣어 현실감을 부각시키려 하였다.

5 이 책은 월간 『선원』지에 2007년 6월부터 2013년 1월까지 연재한 것을 수정 보충해 엮은 것이다.

자유인 원효의 문자반야와 법신사리

분황 원효(617~686)는 자유인이었다. 그는 세속의 굴레와 계율의 구애에서 벗어나 살았다. 원효는 아유다 공주와 아들 설총에게도 묶이지 않았다. 그는 모든 것을 내려놓음으로써 어느 것에도 붙들리지 않을 수 있었다. 내가 원효를 흠모하는 것은 굴레에서 벗어난 그의 살림살이이다. 어떻게 해야 우리는 앎과 삶에 붙들리지 않고 살 수 있을까. 7세기를 살았던 원효는 우리 시대에도 여전히 자유인의 아이콘으로 비춰지고 있다. 시대와 국가와 민족에 붙들리지 않고서 살았던 자유인의 상징으로서 말이다.

원효는 방대한 문자반야를 보여 주었다. 그는 103(105)부 208(214)여 권에 이르는 법신사리를 남겨 놓았다. 현존하는 것은 20여 부에 지나지 않지만 이것은 원효가 불법에 대해 온전히 육화해 풀어 놓은 사리들이다. 그는 숱한 경론을 꼭꼭 씹어 소화한 뒤에 대중적인 언어로 풀어내었다. 원효가 자유롭게 풀어냈지만 그의 글에는 치밀한 논리와 구체적 수행이 전제되어 있다. 그리고 그의 수행론에는 넉넉한 마음과 따뜻한 가슴이 투영되어 있다. 이 때문에 그에게 접근하기가 쉽지 않다.

나는 이 책에서 원효의 글들을 좀 더 쉽게 풀어내고자 하였다. 그것은 내 자신의 이해를 위한 것이었다. 하지만 그의 글들을 이해하는 것은 쉬운 일이 아니었다. 내가 '에세이'의 형식을 통해 쉽게 다가가고자 했던 것도 바로 이 때문이다. 하지만 원효를 온전히 이해하기에는 내 능력이 부족하였다. 이 글들은 내가 연재 시간에 쫓기며 온전히 풀어내지 못한 글들이다. 그럼에도 불구하고 이렇게 엮어내는 것은 좀 더 그를 깊게 이해하기 위한 자량으로 삼기 위해서이다. 원효의 언어와 논리, 그의 인품과 도량을 이해하기 위해서는 발효의 시간과 숙성의 시간이 좀 더 필요하다. 그래서 나는 그를 이해하기 위해 저 초기불교와 아비달마불교 즉 부파불교로 거슬러 올라가 볼 계획이다.

불교의 시원에서 다시 시작하여 부파불교와 대승불교로 내려오고자 한다. 그것은 나의 공부를 점검하는 과정이 될 것이다. 지금까지의 불교 이해를 점검하고 앞으로의 불교 인식으로 나아가고자 한다. 이러한 인식은 원효 에세이를 쓰는 동안 내가 얻은 소득이었다. 좀 더 원효를 깊게 이해하려는 노력이 내 자신을 성찰하는 과정으로 다가 왔다. 연재의 인연을 맺어준 월간 『선원』지 서 기자와 이 원고를 읽고 교정해 준 손자영 석사반생에게 고마움을 표한다. 아울러 인문학 학술서적의 판매 불황에도 불구하고 졸저를 펴내 주신 박문사 윤석현 사장님, 다시 책을 낼 수 있는 인연을 만들어 주신 권석동 이사님, 꼼꼼한 교열과 시원한 편집을 해 주신 최현아 대리에게 감사를 드린다.

2015년 8월 15일

동국대학교 만해관 321호 書窟庵에서

還淨거사 高榮燮 근지

차례

─── 제3장

원효 에세이 분황 원효

제1장

▌영정 개요

표준영정지정년도: 1978
제작작가: 일랑 이종상
영정크기: 84×117cm
소장지 및 소장인: 국립현대미술관

· 연꽃과 새벽 1 ·

⛩

1 붓이 가는 대로

무릇 '에세이'란 "붓이 가는 대로 쓰는 글(隨筆)"이다. 동시에 "글자의 숫자나 운율의 제한을 뛰어넘은 자유로운 글(散文)"이다. 뿐만 아니라 "일정한 계통 없이 그때 그때 떠오르는 생각(느낌)을 따라 쓴 글(隨想)"이다. 나아가 에세이는 "특정한 주제에 대한 시론"(試論이자 '소논문'이기도 하다.) 하지만 우리 시대의 대부분 학자들은 발효된 삶에서 우러나온 삶의 에세이를 잃어 버렸다. 대신 아이디어만으로 쓸 수 있는 호흡 짧은 '논문' 양산에 급급하고 있다. 대학도 연구 독려라는 미명 아래 이를 부추기고 있다. 해서 삶이 농축된 에세이가 그리워진다. 내가 이런 에세이를 쓰는 것 역시 삶의 맛이 그리워서이다.

칼의 시대가 가고 붓의 시대가 왔다. 붓의 시대가 가고 말의 시대가 왔다. 말의 시대가 가고 이미지의 시대가 왔다. 이미지는 영상을 의미한다. 영상은 허상이다. 허상은 순간과 순간 사이의 일정한 연속을 일컫는다. 그것은 비실체성을 지닌다. 때문에 순간이 전부다. 삶이란 순간의 연속일 뿐이다. 과거는 이미 사라져 버려 우리 기억 속에만 남아 있다.

미래는 아직 오지 않아 우리의 예지 속에만 남아있다. 해서 현재는 우리의 인식 속에만 있을 뿐이다. 결국 모든 존재는 현재라는 순간의 '이름(槪念)'으로 남아 있다. 하지만 순간 속의 인식도 끝내 변화한다. 따라서 너와 나의 '명명'을 떠나 존재하는 것은 없다.

역사는 흔적이다. 흔적은 기록과 유물과 유적으로 표현된다. 역사가는 자신의 관점에 따라 이들 사료들을 취하고 버린다. 그리고 선택한 사료로 역사를 기술한다. 이탈리아가 낳은 탁월한 역사가이자 철학자이며 정치가인 크로체(1866~1952)는 "모든 역사적 판단의 기초를 이루는 것은 실천적 요구이기 때문에, 모든 역사는 현대의 역사라는 성격이 부여된다. 서술되는 사건이 아무리 먼 시대의 것이라고 할지라도 역사가 실제로 반영하는 것은 현재의 요구 및 현재의 상황이며 사건은 다만 그 속에서 메아리칠 따름이다"라고 했다. 따라서 모든 역사는 오늘의 나의 의식 속에서 재구성된 것일 뿐이다.

어릴 때부터 나는 생각이 가는대로 붓이 가는대로 쓴 글을 읽고 싶었다. 그것이 소설이든 평론이든 수상이든 시이든 붓끝을 따라가고 싶었다. 그 붓끝을 따라가다 보니 나도 시인이 되었고 평론가가 되었고 역사가가 되었고 철학자가 되었다. 나는 시인과 철학자 사이에서 붓과 생각이 가는대로 뛰어 놀고 싶다. 그런데 노는 데에는 재미가 필요하다. 재미는 의미와도 통한다. 재미가 없는 것은 의미도 통하지 않는다. 에세이는 재미와 의미의 거리를 좁혀 준다. 에세이는 숙성되고 발효되어 있는 삶을 드러내 준다. 분황 원효(617~686)는 젊은 시절부터 내게 '의미'와 '재미'를 샘솟게 해준 광맥이었다. 한동안 나는 '원효 에세이'를 통해 분황이라는 '광맥'을 파내려 갈 것이다. 가서 그의 '일심의 원천(一心之源)'을 맛보고자 한다.

2 연꽃 중의 연꽃

연꽃은 불교를 상징하는 꽃이다. 연꽃의 범어는 푼다리카이다. 푼다리카에는 흰 꽃과 붉은 꽃 및 노란 꽃과 푸른 꽃이 있다. 흰 연꽃은 연꽃 중에서도 가장 아름답다고 알려져 있다. 현미경을 통해서 우리가 육안으로 파악할 수 있는 색깔은 약 800여 종이 된다고 한다. 그런데 이들 색깔들은 모두 흑색 또는 백색으로 환원된다. 이때 빛은 우리가 사물의 색깔을 인식할 수 있는 근거가 된다. 여기서 말하는 빛은 자외선과 적외선이 아닌 가시광선이다.

모든 사물은 색깔을 지니고 있다. 우리는 사물의 탈색과 성장과 이동 등을 통해 변화를 인식한다. 우리가 살고 있는 방의 빛을 모두 차단시켜 보자. 그렇게 하면 무슨 색이 보일 것인가. 아마도 검은 색과 흰색만이 겨우 보일 것이다. 여기서 빛은 우리가 사물을 인식하는 근거가 된다. 우리는 우리의 망막에 비쳐진 반사각을 통해 사물의 색을 인식한다. 때문에 빛은 색깔이 있을 수 없다. 만일 빛 자신이 색깔을 지니고 있다면 우리가 사물을 인식할 근거를 잃어 버린다. 이때에 빛은 색깔을 지니지 않기에 존재가 아니다. 하지만 모든 사물을 존재케 한다는 점에서 존재가 아닌 것도 아니다. 여기에 '공空'의 이치와 지혜가 있다.

'공' 자신은 빛깔을 가지고 있지 않지만 모든 사물을 존재케 한다는 점에서 존재가 아닌 것도 아니라는 의미와 상통한다. '제로' 자신은 실수가 아니지만 자연수 뒤에 붙어 무수한 수를 양산케 한다는 의미에서 숫자가 아닌 것도 아니듯이 말이다. 공이 그런 것처럼 흰 색은 모든 색깔의 원천이 된다. 저 자신은 색깔이 아니면서도 모든 존재에 흰 색을 비추어 존재케 한다는 점에서 존재가 아닌 것도 아니듯이 말이다. 원효의 집필

성지 '분황사芬皇寺'는 바로 '푼다리카 중의 푼다리카'를 의미한다. '푼다리카(芬) 중의 엠페러(皇)'는 '최고의 연꽃'을 가리킨다. 백련이 가장 아름답고 빼어난(殊勝) 이유도 바로 여기에 있다. 분황사에 오래 산 그의 법호는 분황이 되었다. 고려 의천義天(1055~1101)은 분황을 제일 먼저 사용하였다.

분황은 평생을 진흙 속에 살았다. 연꽃은 진흙 속에 살면서 진흙에 물들지 않은 것(處染常淨)이 아니다. 오히려 "진흙 속에 살기에 진흙에 의해 꽃피워질 수 있다!" 분황은 진흙을 떠나서는 꽃 피울 수 없었다. 진흙은 요석궁의 아유다 공주였다. 그의 아들인 설총이었다. 서라벌의 들풀들이었다. 전국 방방곡곡의 잡초들이었다. 분황은 그들 속에 살면서 그들과 분리되어 있지 않았다. 오히려 그들의 에너지를 자기 것으로 해서 자신을 꽃 피웠다. 그리하여 진흙 속에 살면서 비로소 '연꽃 중의 연꽃'인 백련白蓮이 될 수 있었다. 그는 고고한 백련이 아니라 '불 속의 연꽃(火中蓮)'이었고, '뻘 속의 연꽃(泥中蓮)'이었다.

· 연꽃과 새벽 2 ·

⛩

1 새벽 중의 새벽

원효의 이름은 매우 많다. 가장 널리 알려진 것은 '원효元曉', '새부塞部', '시단始旦', '서당誓幢'을 비롯하여 '고선대사高仙大師', '진나의 후신陳那之後身', '청구잠룡靑丘潛龍', '원효보살元曉菩薩', '각승角乘' 등이다. 이 중에서 앞의 셋은 '으뜸새벽', '새벽'(영남 방언), '첫새벽'을 뜻한다. 네 번째의 '서당'은 '동방의 성스러운 아이가 태어난 곳'(이영무) 혹은 '새털로 엮어서 만든 옷을 걸어놓고 낳은 아이'(김영태)를 가리킨다. 디그나가陳那는 인도 불교논리학의 창안자이며 분황은 그의 후신으로도 불렸다. 해동의 잠룡은 '우리나라 미래의 부처'를 일컫는다. '각승'은 『금강삼매경』에서 본각本覺과 시각視覺의 이각二覺을 원통으로 삼아 보살의 지혜를 열었기 때문에 일연一然(1206~1289)이 자신의 시에서 처음 쓴 것이다.

새벽은 "밤이 거의 새고 날이 밝을 무렵"을 말한다. 즉 "먼동이 트기 전"이자 "하루의 출발"을 가리킨다. 분황은 자신의 이름을 『대승기신론별기』 말미에 '새벽(塞部) 씀(撰)'이라고 붙였다. 그는 새벽 앞에다 다시 '첫(始)' 혹은 '으뜸(元)'을 덧붙였다. 분황은 평생을 새벽처럼 깨어서 살았다. 그에게 새벽의 끝은 밤이었고 밤의 끝은 새벽이었다. 분황은 하루의 출발인 새벽을 한낮의 중천中天으로 끌어올렸다. 새벽의 중천화! 이것은 발상의 대전환이었다. 마치 멀리서 보면 가운데가 가늘어 보이기 때문에 기둥을 불룩하게 한다는 부석사 배흘림기둥의 의미를 뒤짚는 인식의 대전환이었다. 그것은 곧 "짧은 나무를 길게 보이게 하고, 가는 나무를 굵게 보이게 하는 것"이 목수의 본업이란 의미에서 출발해야 바로 보이듯 말이다.

이것은 도선의 비보裨補 풍수사상을 "땅의 덕이 부족한 것을 보태 주고 넘치는 것을 눌러 준다"는 오해에서 벗어나는 것과도 상통하는 것이었다. '비보'의 의미는 "땅에 있는 것이 아니라 풍수를 바라보는 사람들의 인식 속에 있는 것"이라는 발상의 대전환과 같은 것이다. 즉 "어젯밤의 깨끗함과 오늘밤의 더러움이 내 마음 바깥에 존재하는 것이 아니라 바로 내 마음 속의 인식에 있다"는 것을 확연히 깨쳤던 분황처럼 말이다. 그리하여 그는 깨끗함과 더러움의 분별을 넘어서 있는 일심一心을 발견하고 새로운 보살의 삶으로 탈바꿈하였다.

이처럼 명당은 땅에 있는 것이 아니라 우리의 인식 속에 있는 것이다. 배흘림기둥 역시 우리 눈의 망막에 있는 것이 아니라 목수의 구도 속에 이루어진 것이다. 따라서 기존 선입견 혹은 잘못된 정보를 과감히 버리고, 있는 그대로 바라보는 것이 요청된다. 지혜란 있는 그대로 바라본다는 의미이다. 원인과 조건에 의한 결과는 조건이 변하면 바뀌듯 말이다. 분황 역시 붓다처럼 자기와의 싸움을 통해 새벽의 스타트 라인을 중천의 라스트 라인으로 만들었다. 그 과정에서 '치밀한 사고력(一心)'과 '활달한 문장력(和會)'과 '넘치는 인간미(無碍)'의 기호가 탄생하였다. 그리하여 새벽 중의 새벽인 '첫새벽'과 연꽃 중의 연꽃인 '분황'이 될 수 있었다.

2 붓이 멈출 때까지

우리의 선조는 직립을 통해 언어를 발견하고 자유로운 앞발로 도구를 발명했다. 문화의 최소단위인 언어로의 개념화를 시도하였고, 문명의 최소단위인 도구로 삶의 진화를 이루어내었다. 그 결과 우리는 언어와 문자를 통해 여타의 동물과 다른 삶을 살아오고 있다. 해서 언어의 공능을 알고 살면 병통에 떨어지지 않게 된다. 우리가 '꽃'이라고 부르는 순간 꽃이라는 사물이 탄생하지만 동시에 '꽃 아닌 것'도 태어난다. 뿐만 아니라 우리가 꽃이라고 부르는 순간 그것은 꽃 아닌 무엇이 될 가능성을 상실해 버리고 만다. 그리하여 꽃과 꽃 아닌 것 사이에서 우리는 '무엇이 될 자유'를 잃어버리는 것이다.

언어는 쓰기에 따라 약도 되고 독도 된다. 그것을 잘 알고 쓰면 모든 병통을 고치는 '약'이 될 수 있다. 하지만 잘못 쓰면 치명적인 '독'이 될 수 있다. 우리는 칼의 시대를 지나 붓의 시대를 맞이하고 있다. 붓의 시대를 지나 말의 시대를 맞이하고 있다. 말의 시대를 지나 이미지의 시대를 맞이하고 있다. 이미지는 또 이미지를 먹고 자란다. 이미지의 연속 아래 우리는 어떤 점으로 살아가고 있는가. 역사 위에 어떤 점을 찍으며 살아가고 있는가. 분황이 우리에게 보여준 점은 무엇인가. 그의 '점'은 '선'이 되고 '면'이 되고 '입체'가 되어 우리 앞에서 부활하고 있다. 때문에 "왜 원효인가?" 이 물음은 붓이 가는 내내 내게 메아리로 들려올 것이다. "어째서 원효인가?" 이 물음도 붓이 멈출 때까지 메아리로 울려올 것이다.

이십 대에 만난 분황은 내게 '사문 원효'가 아니라 '거사 원효'의 모습으로 다가왔다. 지극히 하찮은 근기를 지닌(小性/姓) 사내(居士)로 자신을 낮춘 '소성거사' 원효는 "내 젊은 날 '민주'와 '자주'의 기호를 실현시키려는 보살의 모습으로 다가왔다. 그는 내게 '인식과 실천이 어떻게 행복하게 만날 수 있는지'를, '앎과 삶을 어떻게 온전히 해방시킬 수 있는지'를 온몸으로 보여 주었다. 그는 내 안에 들어와 둥지를 틀고 '나와 다른 남을 인정할 줄 아는' '민주'와 '인간과 세계의 두 축 사이에서 어떻게 주체적인 삶을 살아야 하는가'인 '자주'의 코드를 몸소 보여 주었다. 그는 '어떻게 사는 것이 가장 아름답게 사는 길인지'를 뭇 삶들을 향한 오체(전신)투지로써 내게 보여 주었다."[1]

나는 '원효 에세이'를 시작하면서 한 가지 다짐해 두고 싶다. 일단 '붓이 가는대로' 쓰겠다는 것과 '붓이 멈출 때까지' 쓰겠다는 것이다. 이것은 곧 '나의 에세이'이니까 말이다. 이것은 곧 '나의 수상'이니까 말이다. 이것은 곧 '나의 산문'이니까 말이다. 때때로 붓은 카메라가 되고 텔레비전이 되고 핸드폰이 될 것이다. 카메라는 이미지를 잡아줄 것이다. 텔레비전은 동영상을 그려내 줄 것이다. 핸드폰은 미지의 누구로부터 수신음을 울려올 것이다. 이미지와 동영상과 수신음이 '하나의 원' 속에서 원심과 구심을 이루며 분황 원효의 온전한 삶과 생각이 되도록 노력할 것이다. 그리하여 나의 원효 에세이는 이렇게 시작되고 이렇게 끝날 것이다. 많은 관심과 질책을 기대한다.

---

1 고영섭, 『원효탐색』, 연기사, 2005, 책머리에 中.

· 젊은 날의 초상 1 ·

☷

1 일찍 잃은 부모

분황은 '관세'에 동진童眞 출가한 것

모든 어버이는 나의 요람이다. 내 '전생의 업식(간다바)'은 '성관계를 맺고 있는 부부'와 '임신 주기가 들어맞는 어머니' 후보를 찾아 향기를 맞추어 나아갔다. 나는 이 세 조건의 화합에 의해 태어날 수 있었다. 분황 원효 역시 그렇게 부모를 만났다. 본디 분황의 뿌리인 설씨는 압독국 육촌의 촌장에서 비롯되었다. 명활산 고야촌의 촌장 호진虎珍은 경주 금강산에 내려와 습비부 설씨의 조상이 되었다. 서당의 할아버지인 잉피공仍皮公/赤大公과 아버지 담나談捺는 육두품 집안이었다. 담나는 17관등의 제11위인 내말의 지위에 있었다. 하지만 그에게는 아이가 없었다. 그러던 어느 늦은 봄이었다. 부인이 품안으로 유성流星이 들어오는 꿈을 꾸었다. 곧이어 태기가 있었다.

아내가 만삭이 되자 담나는 처가를 향해 길을 떠났다. 밤실(栗谷) 고개를 넘어갈 즈음 부인이 산기를 느끼며 주저앉았다. 주변을 둘러보자

밤나무 한 그루가 눈에 들어왔다. 담나는 그곳으로 아내를 부축해 갔다. 그는 자기의 털옷을 벗어 나뭇가지에 벌려 걸었다(夫衣掛樹). 그리고 드리운 털옷의 아래에 산모가 누울 자리를 잡았다. 갑자기 오색이 구름이 밤실 땅을 뒤덮었다. 순식간이었다. 이윽고 한 아이가 어둠의 벽을 뚫고 나와 우렁차게 울었다. 삼월 마지막 날이었다. 담나는 자신의 '털옷을 벌려 건 나무 밑에서 난 아이'라는 뜻에서 '서당誓幢'이라고 했다. 사람들은 이 밤나무를 '털옷을 벌려 건 나무'라 하여 '사라수娑羅樹'라 하였다.

뒷날 분황은 자신의 생가에 '초개사初開寺'를 세웠다. 사라수가 있던 자리 옆에는 사라사娑羅寺를 세웠다. 사라사에는 사라수에 얽힌 이야기가 전해 온다. "언젠가 어떤 주지가 '절의 종(寺奴)'에게 하룻저녁 끼니로 밤 두 알씩을 주었다. 절의 종은 끼니가 적다고 관에 고소했다. 관리가 이상히 여기고 그 밤을 가져다가 검사를 해 보았다. 밤 한 알이 한 바리에 가득 찼다. 관리는 도리어 한 알씩만 주라고 판결했다. 때문에 이 밤을 '사라밤娑羅栗'이라고 하였고 이 마을을 '밤실(栗谷)'이라고 불렀다." 또 '부처님이 태어난 땅'이라 하여 '불지촌佛地村'이라 했다. 나아가 '불덩어리 마을'이라 하여 '불등을촌佛登乙村'이라 했다. 급기야 '부처님의 지혜가 피어난 마을'이라 하여 발지촌發智村'이라 했다. '불지촌'은 발지촌의 발음이 들리는대로 표기한 것이다.

서당은 태어날 때부터 총명했다. 하지만 어머니를 일찍 여의고 아버지는 경주 근무지로 떠났으나 삼국 전쟁의 소용돌이 속에서 살아오지 못했다. 한동안 할아버지와 살면서 유교 서적과 노장 서적을 배웠다. 산천을 따라다니며 무예도 배웠다. 우연히 불교 서적도 만났다. 그러던 어느 날 할아버지마저 세상을 떠났다. 어린 서당은 죽음(무상)에 대해 절실히 느꼈다. "모든 것은 변화한다. 태어난 것은 모두 죽는다. 나도 언젠가는 죽을 것이다." 그러니 "나라고 할 만한 것은 없다." 먼저 신라의 도읍인 서라벌로 갔다. 그는 제일 큰 절인 황룡사를 찾아가 출가를 감행했다.

2 관채지년(丱 歲)의 출가

고타마 싯다르타(BCE. 624~BCE. 544)는 청동기시대에서 철기시대로 넘어가는 과도기에 살았다. 당시 출가는 성 안의 '마을(집)'에서 신행을 하다가 성 밖의 '숲(산)'을 향해 성을 넘어가는 것이었다. 『잡아함경』은 출가를 "집이 있는 곳에 의탁하여(信家) 바른 믿음을 가지다(正信)가, 집이 없는 곳(非家)으로 나아가는 것(出家)"이라 했다. 싯다르타가 카필라 성을 떠나는 모습(踰城出家相)을 연상해 보면 알 수 있다. 출가에는 몸(身)의 출가와 마음(心)의 출가가 있다. 비록 머리를 깎고 법복을 입었어도 세간을 잊지 못하면 그는 참된 출가자가 아니다. 반대로 몸은 세간에 머물러 있으나 마음이 수행자와 같다면 그는 출가자라고 할 수 있다. 몸과 마음 모두가 출가하려면 다섯 가지 욕망(五慾)에 자유로워야 한다.

서당(분황)의 출가는 8~9세인 관채지년(丱髦之年)에 이루어졌다. 종래 일부의 국내외 학자들이 『논어』의 '15세에 학문에 뜻을 두었다(十有五志於學)'는 구절을 의식하여 관채지년을 관례冠禮를 받는 20세 전후로 비정했다. 하지만 '관丱'은 '유년幼年'을 가리키는 것이다. 이것은 당시 8세를 전후한 나이를 '유충幼沖/幼少'이라고 일컬은 『삼국유사』의 '경덕왕·충담사·표훈대덕' 조목에서 확인된다. 때문에 관례 이전의 15세~20세는 '유년'이 아니라 청소년기에 해당되는 것이다.

동양에서는 아이들의 나이를 말할 때 그들이 노는 놀이기구나 버릇

(특징)을 가지고 나이를 명명했다. 이를테면 굴렁쇠보다 작은 쇠바퀴(鳩車)를 가지고 노는 나이(3~7세)를 '구거지령鳩車之齡'이라 했다. '이빨을 가는 나이'(7~8세)를 '초치지령齠齒之齡'이라 했다. '대나무를 타고 펄펄 뛰다니는 나이'(10세 이상)를 '죽마지년竹馬之年'이라 했다. 그러니까 관채지년은 '초치지령'과 '죽마지년' 사이(8~9세)에 해당한다. 그들은 조선시대 사극 속의 서당 아이들처럼 '양쪽 귀 위로 머리를 땋아 뿔처럼 올려 묶었다.' 또 송나라 수도 개봉開封의 청백리를 그린 대만 드라마 '포청천'에 나오는 아이들 머리 모습과 같은 '관채머리'를 한 나이를 '관채지년'이라 한다. 이것은 일연의 『삼국유사』 '전후소장사리' 조에 인용된 고운孤雲 최치원崔致遠의 「부석본비」에서 밝히는 부석 의상(625~702)의 출가년인 '관세丱歲'와도 상통하는 것이다.

『삼국유사』 「의해」 편 '의상전교'는 부석이 '29세'에 황복사에서 출가했다고 적고 있다. 이 조목에 따르면 625년에 태어난 부석은 653년에 출가한 것이 된다. 분황이 의상과 함께 1차 유학을 시도한 것은 650년이었다. 이 해로 비정하면 출가한 분황과 재가인 부석이 함께 유학한 것이 된다. 하지만 이것은 지금 풍토로 보아도 매우 부자유스럽다. 해서 고운의 기록처럼 '관세'에 출가한 것으로 보면 모두 풀린다. 부석 역시 분황처럼 10세 미만인 8~9세의 '관세'에 동진童眞 출가한 것이 된다. 그리고 분황과 함께 650년에 비구로서 당나라 유학을 시도한 것이 된다. 따라서 분황은 그의 관채지년인 624~625년경에 출가한 것이 분명해 보인다.

· 젊은 날의 초상 2 ·

1 산속의 수행

낭지·혜공에게 깊은 영향 받았을 것

불교 수행은 집이 있는 '마을'을 떠나 집이 없는 '숲'에서 이뤄졌다. 마을은 욕망으로 삶을 일궈가는 분별의 세계다. 또한 다양한 인간군상이 갈등하며 살아가는 곳이다. 반면 숲은 욕망이 사라진 무분별의 세계다. 또한 숲은 고요하고 평화로운 정지의 공간이다. 하여 산이 부재한 인도에서 숲은 수행의 공간이자 깨침의 공간이었다. 인도인들에게 '숲'은 동북아시아인들의 '산'에 해당한다. 수행자들은 늘 숲 속에 머물렀다. 숲은 침묵의 세계이자 초월의 세계였다. 그 속에서 인간의 행위 의무를 다루는(行爲篇) 상히타베다 本集와 브라흐마나祭儀書가 이루어졌다. 이어 철학적 내용 중심을 이루는(智識篇) 아란냐카森林書와 우파니샤드奧義書가 이루어졌다. 해서 인도철학은 '숲의 철학'이라고 불린다.

인도인들은 일찍부터 '인간이 마땅히 추구해야 할 네 가지 삶의 가치 puruṣārtha'를 설정했다. 즉 1) 인간 본능의 성적 즐거움과 만족을 추구하는 '욕망kāma', 2) 행복한 삶의 조건이 되는 물질적 풍요인 '부artha', 3) 사회적 동물로서의 인간의 삶에 필요한 윤리적인 질서인 '의무dharma', 4) 유한한 삶을 넘어서서 영원한 삶을 향유하려는 종교적 갈망에 바탕을 둔 '해탈mokṣa'이 그것이다. 동시에 인도인들은 인생 100년을 1) 일정한 스승에게로 나아가 베다 등을 배우는 '학습기學習期'(1~25세), 2) 집안에 머무르며 행복한 삶과 윤리적인 질서를 지키는 '가주기家住期'(26~50세), 3) 숲속에 들어가 요가 명상 수행을 하는 '임서기林棲期'(51~75세), 4) 산야신(수행자)이 되어 전국 방방곡곡을 떠돌며 수행하는 '유행기遊行期'(76~100세)로 설계했다. 분황 역시 황룡사에서 출가한 뒤 얼마되지 않아 산속으로 들어가 수행을 시작했다.

젊은 시절 분황의 수행기록은 그의 『발심수행장』을 통해서 엿볼 수밖에 없다. 분황은 "대저 성인들이 적멸(열반)의 궁전을 장엄함은/ 무수한 겁해에 욕심을 버리고 고행을 했기 때문이요/ 중생들이 불타는 집(사바세계)을 윤회함은/ 헬 수 없는 세월 동안 탐욕을 버리지 못했기 때문이다"라고 지적한다. 그래서 그는 "높은 산 불끈 솟은 바위는 지혜로운 이가 들 곳이요/ 푸른 산 소나무 깊은 골은 수행자가 깃들 곳이니라"고 역설한다. 이는 수행자의 '거주지'는 소박해야 함을 강조하는 대목이다. 또 "주리면 나무 열매를 먹어서 주린 창자를 달랠 것이요/ 목이 타면 흐르는 물을 마셔 그 갈증을 식힐 것이니라"고 강조한다. 이는 수행자의 '음식류'는 검소해야 함을 주장하는 대목이다. 아울러 "단 것을 먹고 아끼고 기른다 하더라도 이 몸은 반드시 무너질 것이며/ 부드러운 옷을 입고 지키고 보호하더라도 목숨은 반드시 마침이 있느니라"고 말한다. 이는 수행자의 '의복류'는 간소해야 함을 경계하는 대목이다.

나아가 분황은 "메아리를 울리는 바위굴을 염불하는 법당으로 삼고/

슬피우는 기러기를 기쁘게 마음의 벗으로 삼을 것이니라"며 수행자의 절제된 살림살이를 환기하고 있다. 또 "절하는 무릎이 얼음 같더라도 불을 사모하는 마음을 없애며/ 주린 창자가 끊어지는 것 같더라도 먹을 것을 구하는 생각을 없애라"며 수행자의 자율적 사고방식을 역설하고 있다. 수행이란 자기 몸과 마음을 바꾸는 것이다. 아울러 일상의 몸과 마음을 지니려는 자기와의 싸움을 이겨내는 것이다. 하지만 오욕과 칠정을 이겨내지 못하면 수행을 완수할 수 없게 된다. 견고한 발심과 치열한 수행의 전형이 담겨있는 이 문장에는 젊은 시절 분황의 살림살이와 사고방식이 깊게 투영되어 있다. 산에서의 수행은 그의 발심과 수행 및 회향과 서원을 굳건하게 해 주었다.

2 스승 없는 배움

무릇 스승은 내 몸과 마음을 변화시키는 사람이다. 그는 나와 내 주변을 변화시키고 나아가 나라와 천하를 변화시킨다. 싯다르타는 상속이 가능한 '권력'과 '재력'을 버렸다. 자기와의 싸움을 이겨내어 붓다의 '매력'을 얻었다. 그리하여 그는 가장 아름다운 사람[붓다]이 되었다. 우리 도처에는 수많은 스승이 숨어 있다. 다만 우리가 알아보지 못할 뿐이다. 공자도 "세 사람이 길을 가다보면 반드시 내 스승이 있다(三人行必有我師)"고 했다. 진리의 길을 가는 사람에게 스승은 그의 전부다. 눈 밝은 선지식을 발견한다는 것은 금생의 축복이다. 그만이 아니라 그 시대의 축복이다. 분황에게 일정한 스승은 없었다. 다만 그를 이끈 몇 몇의 길라잡이는 있었다. 대표적인 길라잡이는 낭지朗智와 혜공惠空이었다.

분황은 영축산 서쪽 골짜기의 반고사磻高寺에 머물렀다. 항상 동쪽 봉우리의 낭지법사를 찾아뵙고 공경했다. 그의 처녀작으로 추정되는『초장관문』과『안신사심론』은 낭지의 제안으로 이루어진 것이다. 분황은 은사 문선文善을 보내 낭지의 감수를 청했다. 그는 이들 저술편 말미에 다음과 같은 게송을 적어두었다. "서쪽 골짜기의 사미는 머리 조아려 예배하옵고/ 동쪽 봉우리의 큰 스님 높은 바위 앞에다/ 가는 티끌을 불어 영축산에 보태고/ 가는 물방울을 날려 용연에 던집니다." 분황은 자신을 '서곡 사미'로 낮추고 낭지를 '동악 상덕'으로 높이고 있다. 뿐만 아니라 자신의 저술을 '가는 티끌'과 '물방울'에 비유하고 낭지의 살림살이를 '영축산'과 '미르못'에 비유하고 있다. 이 게송은 분황이『법화경』과 삼론학의 대가였던 낭지법사로부터 깊은 영향을 받았음을 시사해 주고 있다.

혜공은 귀족의 집에서 고용살이 하던 노파의 아들이었다. 비록 출자는 미천했으나 열심히 수행하여 그 귀족의 스승이 되었다. 그는 대승경전에도 해박한 식견을 가지고 있었다. 분황은 막히는 곳이 있으면 늘 혜공을 찾아 의문을 풀곤 했다. 그는 스스로를 중국 '승조僧肇의 후신'이라 했다. 혜공은 늘 조그만 절(夫蓋寺)에 살면서 매일 미치광이처럼 술에 취해 있었다. 등에는 삼태기(蕢)를 진 채 노래를 부르고 춤을 추었기에 '부개화상負蕢和上'이라고 불렸다. 그는 우물 속에서 잠을 자도 옷이 젖지 않았다. 빗속을 걸어 왔지만 옷이 젖지 않았다. 또 허공에 떠서 입적할 정도로 생사가 자재로웠다. 다비를 하자 신이하게도 헬 수 없을 만큼의 사리를 남겼다.

이들 이외에도 대안大安과 보덕普德이 있다. 대안은 생김새가 특이했다. 그는 언제나 장터거리에 머무르면서 동발銅鉢을 두드리며 대안大安!

대안大安! 하고 다녔기 때문에 대안이라는 이름이 붙었다. 그는 신라 황제에게 용궁에서 가져왔다는 『금강삼매경』의 차례를 꿰맞추어 책을 완성하라는 명을 받았다. 하지만 왕궁으로 들지 않고 경전을 장터로 가져오게 해서 시장바닥에서 순서를 맞추어 주었다. 대안은 분황에게 주석서를 쓰도록 추천했다.

고구려 고승 보덕은 열반학의 대가였다. 대막리지 연개소문의 권력장악 이후 보장왕에게 잡교雜敎/道敎를 숭상하면 나라가 망한다고 여러 차례 주청했다. 하지만 그의 주청은 받아들여지지 않았다. 결국 그는 자신의 주청이 수용되지 않자 방장(암자)을 날려 전주 경(연)복사에 옮겨와 분황과 부석을 제접했다. 이것은 의천의 시 「도반룡산연복사예보덕성사비방구지到盤龍山演福寺禮普德聖師飛方舊址」에 부석과 분황이 일찍이 도를 물었다는 것에 근거한다. 이처럼 분황은 여러 길라잡이의 도움으로 성숙해질 수 있었다.

• 어디서가 아니라 어떻게 1 •

1 부석과의 만남

"삼국의 정립이 주는 아픔 뼈저리게 느껴"

붓다는 제자들에게 '좋은 벗(善友)은 수행의 전부'라고 했다. 수행자의 의지처는 '스승'과 '도반'과 '도량'이 전부다. 좋은 스승을 만나는 것은 어둠 속의 횃불을 만나는 것과 같다. 선종에서는 스승과 제자의 만남을 병아리와 어미닭이 안팎에서 부리를 쪼으는 것(口卒啄同時)으로 표현했다. 또 좋은 기운이 넘치는 도량은 수행자의 정진을 도와준다. 반면 좋지 않은 기운이 넘치는 도량은 수행자의 구도 의지를 무너뜨린다. 해서 도량은 수행자의 법당이 된다. 좋은 벗은 구도의 길, 성불의 길을 함께 가는 이다. 때문에 좋은 벗은 수행의 전부가 된다. 그리고 수행자의 본분사는 깨침이다. 불(제)자는 이 본분사를 끊임없이 되새겨주는 도반을 만날 때 상승한다. 바로 이런 도반이라면 나이 차이는 아무런 문제가 되지 않는다.

분황 원효는 8살 연하의 부석 의상을 만났다. 그는 사제 뻘이다. 하지만 부석의 명민함과 진지함은 분황의 활달함과 치열함과 잘 어우러졌다. 관세㗊歲(8~9세)에 출가했던 그들은 언젠가 서라벌 제1의 사찰인 황룡사에서 만났을 것이다. 서로 만나서 몇 마디 나눠본 뒤에 두 사람은 의기투합했을 것이다. 그 뒤 여러 사찰에서 만나 동아시아 불학의 동향에 대해 담론했을 것이다. 때마침 인도로 유학을 떠났던 현장玄奘(602~664)이 629년부터 17년의 인도 유학을 마치고 645년에 장안으로 돌아왔다. 이후 그는 제자들과 함께 번역장에 머물며 76부 1,347권의 경론을 번역하였다.

흔히 현장의 번역은 신역新譯으로 표현된다. 그의 번역은 불도징佛圖澄 등의 고역古譯과 구마라집鳩摩羅什 등의 구역舊譯과도 달랐다. 그는 의역意譯에 충실했던 인도 서역 출신의 두 삼장과 달리 당나라 사람이었다. 해서 그의 번역은 직역直譯에 충실했다. 마치 구한말 국내에 들어온 기독교 선교사들이 예수의 가르침을 의미 중심으로 옮겨(意譯) 전했던 것과 같다. 점차 신자가 늘고 신학대학을 졸업한 신학도들이 기독교 탄생지에 가서 히랍어와 라틴어를 직접 배우려 했다. 그들은 예루살렘으로 가서 정통 희랍어와 라틴어를 익히고 돌아와 직역 중심의 『성서』를 번역했다. 마찬가지로 현장은 산스끄리뜨(梵語) 문법에 충실한 직역으로 옮겨냈다. 그의 경교 역본이 신라에 입수되면서 신라의 학승들에게 크게 주목되었다.

부석은 지적 열망이 강했던 수행자로 추측된다. 때문에 그가 먼저 분황이 머무르는 경산(장산)의 초개사와 사라사를 찾아왔을 것이다. 두 사람은 진제眞諦의 제9 암마라식의 존재까지 인정하는 구역 유식과 제8 아려야식의 존재까지만 인정하는 현장의 신역 유식의 차이에 대해 논의했을 것이다. 그리고 그들은 의식의 갯수와 그것의 경계와 공능 등에 대해 토론하면서 밤을 지새웠을 것이다. 하지만 구역 유식의 토대 위에서 논의를 전개하던 그들은 흡족한 결론을 얻지 못했을 것이다. 해서 그들은 현장이 머무르는 장안의 자은사를 찾아가 공부하기로 의견을 모았을 것이다. 그리고 달포 뒤쯤 초개사初開寺에서 다시 만나기로 하고 헤어졌을 것이다. 이 만남을 계기로 그들은 서로를 알아주는 확실한 지음知音이 될 수 있었다.

2 1차 유학 시도

달포가 지나자 부석이 분황의 절로 찾아왔다. 때는 봄이었다. 그들은 준비한 바랑을 메고 길을 떠났다. 그들은 경산에서부터 문경과 충주를 넘어 양평으로 나아갔다. 이 길은 한양으로 가는 지름길이기는 했으나 매우 험했다. 아마도 이후 고려 광종 대에 과거가 실시된 이후 영남의 젊은이들도 이 길을 따라 한양까지 걸어갔을 것이다. 조선조에도 사서 삼경을 익힌 젊은이들이 이 길을 따라 한양까지 과거를 보러 갔을 것이다. 분황과 부석은 양평을 지나 한성을 우회하여 파주로 나아갔을 것이다. 그리고 그 길을 계속 걸어서 개성을 넘어 평양에 다다랐을 것이다.

두 사람은 생각했던 것보다 훨씬 넓은 고구려 왕성을 보고 매우 놀랐을 것이다. 일찍이 장수왕은 요동의 지안集安에서 평양平壤으로 수도를 천도했다. 천애의 요새에 자리 잡은 평양성은 중국의 장안 성에 맞설 만큼 장대했다. 대동강을 거슬러 올라온 수당의 침투에도 견고하게 버티고 서 있었다. 그들은 평양 도성을 우회하여 압록강을 넘어 요동으로 들어갔다. 요동은 천하의 요충지였다. 본디 요동을 차지하는 나라가 동북아시아를 호령했었다. 이 지역은 일찍부터 고조선과 부여와 고구려가

지배해 오고 있었다. 수나라 역시 이 지역을 차지하기 위해서 여러 차례 고구려와 전쟁을 벌였다. 하지만 수문제와 수양제는 끝내 고구려를 무너뜨리지 못했다. 결국 수나라는 과도한 전쟁 후유증으로 무너지게 되었다.

수를 이은 당나라 태종 역시 수차례 요동을 공략했다. 그러나 당나라 역시 당시까지 요동을 차지하지 못했다. 해서 요동은 고구려와 당나라의 힘이 길항하는 전략적 요충지였다. 분황과 부석은 당나라로 넘어가기 위해 민첩하게 움직였다. 그런데 그 곳에서 뜻하지 않은 일이 생겨났다. 끝내 국경 지역에서 고구려 순라꾼에게 세작(간첩)으로 잡혔다. 그들은 당나라로의 유학 역정을 설명했지만 군사들에게는 통하지 않았다. 달포 가까이 감옥에서 머무르며 국문을 받았다. 결국 혐의가 드러나지 않아 가까스로 풀려날 수 있었다.

분황과 부석은 구속되어 있는 동안 온갖 고문에 의해 진이 다 빠졌다. 이 몸과 마음 상태로 도저히 유학길에 오를 수 없었다. 분황은 신라로 돌아가 몸을 추스른 뒤에 다시 시절인연을 기다려 보자고 했다. 유학 의지가 남달랐던 부석은 몹시 아쉬워했다. 하지만 이 상황에서는 어쩔 수 없었다. 부석은 할 수 없이 다음날을 기약하자는 분황의 제안을 받아들였다. 두 사람은 오던 길을 거슬러 신라 땅으로 내려갔다. 결국 1차 입당 유학 시도는 실패로 돌아가고 말았다. 그들은 삼국의 정립이 주는 아픔을 뼈저리게 느꼈다.

• 어디서가 아니라 어떻게 2 •

⁂

1 2차 유학 시도

"살림살이의 일대 전환이자 대중교화의 일대 시작"

　분황과 부석은 신라로 돌아와 수행과 연학에 매진하고 있었다. 660년 백제는 나당 연합군에 의해 멸망하였다. 오랫동안 백제가 지배해 왔던 한강 유역은 이제 신라 땅이 되었다. 신라는 서해를 사이에 두고 당나라와 직접 교류를 하기 시작했다. 많은 상선이 오고 가면서 나당 간에는 무역을 비롯한 문화교류가 급증하였다. 불교 전적典籍의 교류는 특히 활발했다. 이즈음 분황과 의상은 11년 전 미수에 그친 입당 유학을 다시 시도하기로 마음먹었다. 서라벌에 머물던 부석이 다시 경산에 머물던 분황을 찾아왔다. 두 사람은 의기투합하여 달포 뒤에 떠나기로 하였다.
　661년 6월에 삼국통일의 기틀을 마련했던 무열왕이 승하하였다. 국장이 끝날 무렵 두 사람은 길을 떠났다. 때는 장마가 막 시작되던 6월 하순경이었다. 경산을 떠난 두 사람이 어느 경로를 통해 유학길을 떠났는지는 정확히 알 수 없다. 다만 당시의 길을 고려하여 몇 가지 루트를 추적

해 볼 수 있다. 2009년 1월 나는 '세계관광기구 지속가능관광-빈곤퇴치재단(UNWTO-ST-EP, 이사장 도영심)'에다 '원효트레일(원효순례길)'의 코스에 대해 몇 가지 안을 전해 주었다.

제1안: ① 경주 분황사→ ② 경주 황룡사→ ③ 경주 고선사(덕동댐 or 경주 박물관 고선사 3층 석탑)→ ④ 경주 요석궁(경주 최씨 고택 옆→ ⑤ 경주 서악서원(설총 배향)→ ⑥ 포항 오어사→ ⑦ 경산 제석사→ ⑧ 경산 반룡사→ ⑨ *칠곡 선봉사(대각사)→ ⑩ *음성 보탑사(황룡사 구층탑 중 3층 재현, 김유신 생가 옆)→ ⑪ 평택 수도사→ ⑫ 화성 송산면 사강리(송산중고 뒷산) * 표는 원효관련 인접 사찰 부가.

제2안: ① 경산 제석사→ ② 경주 분황사→④ 경주 황룡사→ ⑤ 경주 고선사(덕동댐 or 경주 박물관 고선사 3층)→ ⑥ 경주 요석궁(경주 최씨 고택 옆)→ ⑦ 경주 서악서원(설총 배향)→ ⑧ 포항 오어사→ ⑨ *칠곡 선봉사(대각사)→ ⑩ *음성 보탑사(황룡사 구층탑 중 3층 재현, 김유신 생가 옆)→ ⑪ 평택 수도사→ ⑫ 화성 송산면 사강리(송산중고 뒷산) * 표는 원효 관련 인접 사찰 부가.

제3안: ① 경주 분황사→ ② 경주 황룡사→ ③ 경주 고선사(덕동댐 or 경주 박물관 3층석탑)→ ④ 경주 요석궁(경주 최씨고택 옆)→ ⑤ 경주 서악서원(설총 배향)→ ⑥ 포항 오어사→ ⑦ 경산 제석사→ ⑧ 경산 반룡사→ ⑨ 평택 수도사→ ⑩ 화성 송산면 사강리(송산중고 뒷산)

아마도 분황과 부석은 최단거리를 택했을 것이다. 해서 경산을 떠나

상주를 거쳐 청주와 평택을 넘어 화성으로 갔을 것이다. 당시 화성의
남양만은 중국 저장 성의 항저우와 산둥 반도의 덩저우 및 난징과 시안
등으로 나아가는 항구였다. 나당 무역선은 이곳을 통해 무역 교역을 했
다. 때문에 분황과 부석도 경산에서 이곳을 향해 출발했다. 그런데 이
경로는 오늘날 우리의 걸음으로도 하루 만에 다다를 수 있는 거리가 아
니다. 해서 분황과 부석은 장맛비가 내리는 길을 걸었다. 날이 어두워지
자 그들은 충북 청주 주변의 땅막(土龕) 속에서 하룻밤을 자게 되었다.
온종일 걷다보니 피곤이 몰려왔다. 그들은 땅막에 눕자마자 곯아 떨어
졌다. 이튿날 아침 일찍 일어났던 이들은 화성 남양만을 향해 길을 떠났다.

2 일심의 발견

한참을 걷다가 수원 남양만 인근에 도달하자 다시 날이 어두워졌다.
주변을 돌아보며 잠자리를 찾았으나 마땅한 곳이 없었다. 할 수 없이
무너져 가는 무덤(鬼鄕) 속으로 들어가 하룻밤을 자기로 했다. 무덤 속
에는 이미 육탈된 뼈들이 사방에 흩어져 있었다. 무덤 일부는 균열이
생겨 주변에는 빗물이 고여 있었다. 분황과 부석은 무덤 속에다 잠자리
를 만든 뒤 나란히 누웠다. 무거운 잠이 몰려왔다. 깊은 잠에 들었던
분황은 지신地神의 노여움이자 정신적 스트레스인 '동티(動土)'를 만났
다. 어젯밤과 오늘밤의 잠자리는 단지 자리 옮김을 한 것일 뿐이다. 그
런데 아 '왜 이럴까', '왜 이럴까'를 생각하던 그는 순간 놀라운 인식의
전환을 경험했다. 분황의 입에서는 저절로 노래가 흘러나왔다.

"어젯밤 잠자리는 땅막이라 일컬어서 또한 편안했는데(前之寓宿, 謂

土龕而且安)/ 오늘밤 잠자리는 무덤 속에 의탁하니 매우 뒤숭숭 하구나 (此夜留宵, 託鬼鄉而多祟)/ 알겠도다!(則知!)/ 마음이 생겨나므로 갖가지 현상이 생겨나고(心生故種種法生)/ 마음이 사라지므로 땅막과 무덤이 둘이 아님을(心滅故龕墳不二)/ 또 현실 세계는 오직 마음이 만들어 내고(又三界唯心)/ 모든 현상은 오직 인식일 뿐이다(萬法唯識)/ 마음 밖에 현상이 없는데(心外無法)/ 어찌 따로 구할 필요가 있으리(胡用別求)." 본디 빼어난 명시의 모티프는 당대의 고전에서 빌려온 것이다.

"죽는 날까지 하늘을 우러러/ 한 점 부끄럼이 없기를"이라고 노래한 윤동주의 「서시」는 『맹자』의 "우러러 하늘에 부끄럽지 않고(仰不愧於天), 굽어서 사람에 부끄럽지 않다(俯不怍於人)"는 구절을 원용한 것이다. "가야할 때가 언제인가를/ 분명히 알고 가는 이의 뒷모습은/ 얼마나 아름다운가"라고 노래한 이형기의 「낙화」 역시 우리의 고전에 보이는 "꽃은 십 일을 붉지 못한다(花無十日紅)"는 구절의 모티프를 따온 것이다. 분황 역시 대승불교의 교과서인 『대승기신론』의 핵심인 '마음이 생겨나면 갖가지 현상이 생겨나고(心生則種種法生)' '마음이 사라지면 갖가지 현상이 사라진다(心滅則種種法滅)'는 구절을 원용해서 놀랍게 자리바꿈을 해서 자기화했다. 이처럼 유수한 시인이나 사상가는 고전을 종횡무진 활용하는 것이다. 분황에게는 어젯밤 잠자리와 오늘밤 잠자리의 대비 속에서 커다란 인식의 전환이 일어났던 것이다. 인간의 우주적 마음이자 보편성인 일심을 발견한 그는 당나라 유학의 필요성을 느끼지 않았다. 더 이상 '신라에서 당으로'라는 단순한 공간 이동은 무의미했다.

그의 의식 속은 이미 이전의 삶과 달리 새롭게 펼쳐졌다. 그의 마음과 얼굴은 평온했다. 이때의 일을 찬녕은 『송고승전』 「원효전」에서 "일찍이 의상과 함께 현장삼장의 자은사 문중을 사모하여 당나라에 들고자 했으나 그 인연이 어긋나 버려 떠나려는 마음을 멈추었다(嘗與湘法師入唐, 慕奘三藏慈恩之門, 厥緣旣差, 息心遊往)"라고 기록하고 있다. 부석은 분황의 얼굴과 온몸에 나타난 평온의 몸짓을 보았다. 자유로웠다. 이와 달리 부석은 초심대로 당나라로 들어가기로 했다. 분황과 헤어진 부석은 바닷가로 향했다. 부석과 헤어진 분황은 바랑을 메고 서라벌로 되돌아갔다. '우주적 마음'인 '일심'을 발견한 분황의 삶은 이전과는 달라졌다. 그는 더 이상 개인적 깨달음에 머무르지 않았다. 깨달음을 나누기 위해 거리로 들어갔다. 이것은 분황 살림살이의 일대 전환이었고 대중교화의 일대 시작이었다.

· 나는 쓴다 고로 나는 자유롭다 1 ·

1 글을 쓴다는 것

"훌륭한 고전은 새로운 고전을 낳는다"

인간이란 동물이 '직립보행' 하기까지는 셀 수 없는 세월이 필요했다. 1,800만 년 전 이래 네 발로 걷던 '프로콘슬'[2]과 두 발로 보행한 '오스트 랄로피테쿠스 아파렌시스'[3] 사이에는 1,000만 년이란 거리가 존재해 왔 다. 학자들은 이 시간을 '잃어버린 고리'[4]라고 부르며 수수께끼로 남겨두

---

2 프로콘슬 : 메리 리키에 의해 적도 아프리카의 빅토리아 호수에 있는 루싱가라는 작은 섬에서 화석이 발견되고 이름 붙여졌다. 꼬리가 없으며 네다리로 기어 나무를 타고 다녔는데 인류와 원숭이의 공동 조상으로 추정하고 있다.

3 오스트랄로피테쿠스 아파렌시스Australopithecus Afarensis : 멸종된 사람족 종으로, 약 390 만 년전부터 290만 년 전까지 지구상에 생존했다. 많은 오스트랄로피테쿠스속의 종과 현존하는 사람속Homo의 공통 조상으로 여겨지고 있다. 인류의 공통조상이라고 하지 만 더 오래된 사람속의 공통 조상이 최근 '아르디피테쿠스 라미두스'가 인류의 공통 조상으로 올라가게 됐다. 이 화석은 에티오피아의 아파르 지역에서 도널드 조핸슨에 의해 발견되었다. 비틀즈의 노래 '루시 인 더 스카이 위스 다이아몬드'에서 따온 이름 을 가진 이 유명한 화석을 '루시'라고 부른다.

4 잃어버린 고리missing link : 잃어버린 고리 또는 멸실환滅失環이라고도 한다. 생물이 진 화해 온 경로를 현존하는 생물 및 화석으로 연구할 경우, 큰 종류 사이에는 큰 간극이, 작은 종류 사이에는 작은 간극이 있고 결여된 곳이 있어서 완전한 생물의 계통도를 증명하기가 곤란하다. 즉, 진화 계열의 중간에 해당하는 종류가 존재했다고 추정되는

고 있다. 인간과 침팬지의 공동조상(99% 동일)인 프로콘슬은 아프리카 열대 우림의 나무 위에서 살았다. 지금도 그곳에는 그 후손인 침팬지가 생존하고 있다. 본디 프로콘슬은 아프리카 서부 밀림과 숲 속에서 열매를 따먹으며 '허리 펴기'를 하고 살았다.

두뇌로 생각하고, 기록하는 문자 창안

500만 년 전 즈음 아프리카 대륙의 지하 대륙 맨틀이 지각 활동을 하다가 충돌하여 큰 열이 발생하였다. 뒤이어 화산이 폭발하고 대륙붕이 솟아올랐다.

그 결과 남북 대륙을 관통하는 길고 높은 산맥이 형성되었다. 산맥 양쪽에서는 상이한 진화가 이루어졌다. 풍부한 강수량과 습기로 울창했던 동부의 숲속은 급속히 변화하기 시작했다. 프로콘슬은 과실이 풍부하고 쾌적한 서부 밀림의 숲속에 머무는 침팬지와 유전자의 차이로 갈라서며 동부의 초원으로 나아가 진화의 길로 들어섰다. 그 과정에서 그는 자신의 몸을 맹수들에게 노출시킬 수밖에 없었다. 하여 그는 맹수들과의 싸움에서 살아남기 위해 자신을 변화시켜 갔다. 결국 그는 숲 속에서 과일을 따먹으며 해 왔던 '허리 펴기'를 완수하였다. 허리 펴기를 가능하게 했던 것은 몸체의 상반부를 떠받치는 '중둔근'에 의해서였다. 중둔근은 그를 두 발로 걸어 다니는 '오스트랄로피테쿠스 아파렌시스'로 탈바꿈시켜 주었다.

데도 화석으로 발견되지 않은 것을 말한다. 이것에 해당하는 화석의 발견은 진화학상 또는 분류학상 중요한 의의를 가지는 것으로, 양서류 화석의 일종인 견두류堅頭類는 어류와 양서류 또는 양서류와 파충류의 중간에 해당하는 대표적인 예이다.

호모 에렉투스(직립인간)인 오스트랄로피테쿠스 아파렌시스는 제 목소리로 성대를 공명시키며 대뇌를 자극시켰다. 그는 가장 짧은 시간 내에 대뇌를 진화시켰고 소리를 언어로 정교하게 가공해 내었다. 자유로워진 두 앞발은 두 손이 되어 도구를 만들어냈다. 소리의 진화로부터 언어(문화)가 발견되었고 자유로운 앞발로부터 도구(문명)가 발명되었다. 도구는 다시 '개념화conceptualization'에 의해 문화로 흡수되어 인간 삶의 양식을 변화시켰다. 그는 인체 가장 윗부분에 자리한 두뇌로 '생각하면서' 그것을 '기록하는 문자'를 창안해 내었다. 그는 문자를 통해 소통을 하기 시작하였고 문자로 쓴 기록은 온전히 인간의 역사가 되었다.[5]

분황, 저술 통해 역사 속 끊임없이 소생

직립 인간의 힘은 '생각'에서 비롯되어 '기록'에서 완성되었다.[6] 그리고 인간의 역사는 기록의 역사가 되었다. 인간의 역사에서 글을 쓰는 사람이 최후의 승리자가 될 수 있었던 것 역시 글의 힘 때문이었다. 인간은 언어(말)와 문자(글)를 통해 역사 속에서 살아남을 수 있었다. 분황 원효가 지은 87종 180여 권의 저술 역시 그의 아뢰야식에 남아 있던

5 인류의 진화 과정 : 프로프리오피테쿠스 - 프로콘슬 - 오스트랄로피테쿠스 아파렌시스 : 루시(직립보행 시작 시기로 추정) - 호모 하빌리스(손 쓴 사람) - 호모 에렉투스(곧선 사람) - 호모 사피엔스(슬기 사람) - 호모 사피엔스 사피엔스(슬기 슬기 사람)
6 본래 호미니드hominid(사람과의 인과 동물)는 나무에서 생활하고 있었는데 기후가 급변하여 빙하기가 닥치자 열대 지방에서는 약 5도, 온대 지방에서는 약 10도 정도 기후가 내려갔다. 자연이 변하자 원시림이 사라지고 초원이 생겨났다. 자연히 호미니드 중 일부가 땅으로 내려와 살았다. 초원은 원시림보다 살아가기 힘들었다. 먹을 것을 얻기 위해 노력해야 했고, 맹수들의 공격을 피해야 했다. 이를 위해서 어떤 호미니드는 도구를 이용했고, 주로 앞발을 사용했다. 호미니드는 앞발을 도구 사용 뒷발로 몸을 지탱해서 직립 보행했고, 직립 보행으로 이동성이 줄어든 인류는 무리 생활을 했다. 그 이후에 자연히 언어가 발생했고, 그 후 계속 발전한 인류는 현재에 이르렀다. 이러한 것을 사바나(대초원)가설이라고 한다. 2009년 9월 28일.

생각의 흔적이자 문자의 기록이다. 분황은 그의 저술에 의해 역사 속에서 끊임없이 소생하고 있다. 분황은 생각의 기록인 글로 씀으로써 그 생각으로부터 자유로워질 수 있음을 보여 주었다. 인간은 글쓰기를 통해 생각의 매듭을 짓는 존재이다. 동시에 그는 글쓰기를 통해 이전 생각으로부터 자유로워지는 존재이다. 나아가 글쓰기를 통해 새로운 생각으로 나아가는 존재이다. 내가 이 글을 쓰는 이유도 바로 분황에게서 자유로워지고 싶어서다.

2 저술의 시작

저술, 실존적 인간의 생각 지형도

무릇 저술이란 한 실존적 인간의 생각의 지형도이다. 우리는 해당 주제에 대한 저자의 촘촘한 사유의 지형을 쫓아가며 그의 생각의 벼리를 추체험追體驗할 수 있다. 분황이 언제부터 저술을 시작했는지는 정확하지 않다. 다만 그의 첫 저작들은 『초장관문初章觀門』과 『안신사심론安身事心論』 및 『발심수행장發心修行章』 등으로 추측된다. 이들 세 저작 가운데에서 앞의 두 가지는 분황의 수행론에 대한 초기의 저술로 추정된다. 하지만 이들 책들은 현존하지 않아 그의 생각을 추정해 보기 쉽지 않다. 아마도 책의 제목으로 미루어 보면 '삼론三論'과 '천태天台' 계통의 저술이었을 것으로 추정된다. 『발심수행장』은 젊은 시절의 분황이 발심과 수행에 입각하여 자신의 살림살이를 만들어가는 과정을 담은 글이다.
한 실존적 인간의 '첫 저술'이 머금고 있는 의미는 막중하다. 이것은 책을 써 본 사람이라면 누구나 공감할 수 있는 것이다. 고금의 학문 과정은 연대기적으로 이십대는 어학을, 삼십대는 번역을, 사십대는 논문을, 오십대는 저서를, 육십대는 교과서를 쓰는 것으로 정리해 볼 수 있을 것이다. 설령 해당 십년 단위의 과정을 완수하지 못하고 다음 십년이 다가왔다면 새 단계의 진행 초기에 재빨리 이전 과정을 마무리를 해야만 차질이 없게 된다. 그런데 몇 개의 어학을 해야 하는지, 어느 정도 수준으로 해야 하는지를 알기는 쉽지 않다. 다만 관련 전공분야에 필요한 어학은 사전을 찾아가며 읽어낼 수는 있을 정도여야 할 것이다.

'무수한 시공 속에서 비판의 칼날을 견디고 살아남은 책'

삼십 대에 번역을 한다고 하더라도 부딪치는 문제가 있다. 전공 관련 원전을 번역할 것인지, 아니면 전공 관련 2차 연구서를 번역할 것인지에 대해서도 단정적으로 말하기 어렵다. 아마도 이 두 과정 모두를 어느 정도는 소화해 낼 수 있도록 해야 한다. 사십 대에 쓸 논문들 역시 선행 연구의 검토 위에서 새로운 문제의식과 주제의식을 살펴내는 것일 수밖에 없다. 그리고 분명한 논지와 명료한 논리전개를 통해 자신의 주장을 또렷하게 밝혀내는 것이어야 한다. 그래야만 자신의 저작을 지을 수 있는 힘을 기를 수 있다. 오십대에 저서를 쓸 경우에도 같은 문제에 직면하게 된다. 저술 작업에는 종래 온축해 온 어학 능력과 논문 작성 능력이 기반이 된다. 그와 같은 축적 위에서 자신의 생각을 치밀하게 풀어나갈 수 있게 된다.

저술, 문제의식 푸는 진화 과정의 산물

해당 주제를 논문으로 모두 담아내지 못할 때 태어난다. 다시 말해서 저술은 자신의 문제의식을 풀어가기 위해 논지를 밀고 당기며 입론해 가는 진화의 과정 속에서 태어난다. 이러한 축적을 거친 육십 대에 이르러 비로소 전문성과 대중성을 지닌 교과서가 탄생하는 것이다. 분황의 만년작들은 모두 이러한 과정 속에서 배태되고 숙성되어 이루어진 것들이다. 그래서 우리는 분황의 저작을 '무수한 시공 속에서 비판의 칼날을 견디고 살아남은 책'이라고 부르는 것이다. 고전 속에는 시대를 이겨내는 힘이 배태되어 있다. 훌륭한 고전은 새로운 고전을 낳는다. 분황의 만년작이자 대표작으로 평가받는 일심一心학의 『대승기신론소』, 화회和會론의 『금강삼매경론』, 무애無碍행의 『화엄경소』 등이 이러한 과정을 거쳐 탄생한 고전들이다. 이들 이외에도 중만년작들로 추정되는 『대혜도경종요』, 『법화경종요』, 『열반경종요』, 『이장의』, 『판비량론』, 『보살계본지범요기』, 『십문화쟁론』 등이 있다. 이들 저작들도 고전 중의 고전들이다.

· 나는 쓴다 고로 나는 자유롭다 2 ·

⁂

1 철학하는 사람

"당대 첨예한 화두 자신의 문제로 껴안았던 분황의 삶과 생각을 묻고 배우기 위해"

'철학哲學'이라는 말은 매우 근대적이다. 근대 이전 동서양에 '철학'이란 단어는 없었다. 서양의 '필로소피philosophy'는 '현지賢智한 것을 사랑하고 희구한다'는 의미이다. 이것은 '지혜sophia에 대한 사랑philo'이란 의미이다. 본디 소피아는 기술적이고 실용적인 의미로 쓰던 말이다. 헤로도투스는 '소피아sopha'에 '필로philo'를 합쳐서 '지혜를 사랑한다'는 동사로 사용했다. 그 뒤 필로소피는 '애지愛智'라는 의미의 명사로 바뀌었다. 소크라테스는 '학문하는 것'으로 한정했고, 플라톤은 '순수정신적인 의미의 지혜'로, 아리스토텔레스는 '순수한 이론의 문제'로 정의했다. 그 뒤 기술적이고 실천적인 의미가 되살아나 스토아 학파에서는 철학의 목적을 '덕성을 추구하는 것'으로, 에피쿠로스 학파는 '행복을 합리적으로 추구하는 학문' 즉 '실천적 문제에 답하는 것'이라 했다. 이러한 인간적이고 윤리적인 의미의 철학이 그리스 말기의 신플라톤 학파에서는 '종교적 구제나 깨달음을 목적으로 하는 학문'이며, 나아가 '신을 아는 데 있다'고 했으며, 나중에는 '신학'과 동의어로 변질되었다.

철학, '인간과 세계의 근원에 대한 물음'

중세 말기 교회의 권위가 약해지면서 '자아의 이성과 경험에 의거한 순수학문의 기풍이 다시 일어나자 철학은 '세계관을 구하는 학문'으로 탈바꿈하였다. 그 가운데에서도 특히 '인식론'으로 발달했으며, 결국 철학은 기본적으로 '우주관', '인생관', '인식론을 추구하는 학문'으로 자리잡게 되었다.[7] 일본의 막부 말 명치 초의 서학자이자 계몽가인 니시 아마네西周(1829~1897)는 '필로소피'를 '현賢을 좋아한다'는 뜻에서 '희철학希哲學'(철인을 희구하는 학문)이라고 옮겼다. 그 후 그는 '희'를 생략하고 '철학哲學'(철인의 학문)이라고 썼다. 그러자 청말 민국초의 중국 계몽철학자 장펑린張炳隣(1860~1936)은 '철학'이라는 번역의 부적절함을 지적하였다. 그는 『순자』「천론天論」편의 전거를 들어 '견見'이란 외자를 쓸 것을 주장했으나 당시 학자들에게 부적절하다는 지적을 받았다. 그 뒤 그들이 니시의 번역을 받아들이면서 '철학'이란 용어는 일반화되었다.

철학함, '인간과 세계의 심연에 대한 통찰 노력'

철학에 상응하는 동양의 언어로는 인도철학과 불교철학에서 즐겨 사

---

7 니시다 기타로西田幾多郎, 『철학개론』, 6~13쪽.

용하는 '다르샤나(見)'가 있다. 다르샤나는 '본다' 혹은 '통찰한다'는 의미를 지니고 있다. 즉 인간과 세계의 근원에 대한 견해이자 통찰이다. 이것은 『순자』에서 나온 '견見'과도 상통하고 있다. 그런데 철학의 의미가 이처럼 무엇 무엇에 대한 '통찰' 혹은 '견해'임에도 불구하고 우리나라 철학도들은 '철학'을 보여주지 못하고 이미 당대 문제 해결에서 그 시효가 사라진 '철학사'를 전달하고 있다. 철학교수 역시 '철학'을 하지 않고 '철학사'를 전하는 중개상 역할을 하고 있다. 철학과 철학사는 분리될 수 있는 것도 아니지만 동일한 것도 아니다. 철학이 '인간과 세계의 근원에 대한 물음'이라면 '철학함'은 '인간과 세계의 심연에 대한 통찰을 온몸으로 드러내는 노력'이기 때문이다. 철학함이란 우리가 직면하고 있는 '인간', '세계', '고통', '죽음', '행복', '자살', '노동', '평화' 등등의 근원적인 질문에 대한 '살아있는 응답'을 내오는 '노력'이다. 하지만 제도권 속의 철학과와 철학 교수들은 이러한 물음에 대한 해명이 부족하다.

인문학 위기는 삶의 문제 고민 부재가 원인

철학 교수들은 앎의 문제에만 치중할 뿐 정작 삶의 문제에 대한 고민이 부족하다. 때문에 대중들의 삶에 대한 관심과 배려가 부족하다. 그들은 인문학적인 앎의 문제에만 집중할 뿐 사회과학적인 삶의 문제에 대한 인식이 부족하다. 해서 대중들의 고민과 이해에 대한 철학적 진단이 이루어지지 않고 있다. 이 때문에 인문학의 위기 담론이 무성한 것이다. 분황 원효는 그렇지 않았다. 그는 시대의 한복판에 살면서 백성들의 삶의 문제를 앎의 전환을 통해 해소시킬 수 있는 길을 열어 주었다. 삼국 전쟁의 후유증으로 고통 받는 사람들에게 열 번의 '나무아미타불' 염불을 통해 마음의 평안이 가능함을 이론적으로 뒷받침 해주었다. 나아가 그들의 고통과 아픔을 나눠주기 위해 '소성거사小性居士'가 되어 더불어 살았다. 분황은 넘치는 인간미가 담긴 다수의 저작을 통해 그들의 마음을 어루만져 주었다. 때문에 그는 철학의 전달자가 아니라 '철학하는 사람'인 '철학자'였다.

2 철학한다는 것

'철학함'이란 무엇인가. 당대의 가장 핵심적 문제들의 해결을 위한 철학적 노력이다. 우리 시대의 가장 첨예한 문제는 무엇인가. 아마도 '민족 통일'과 '빈부 해소' 및 '평화 실현' 등이라고 할 수 있을 것이다. 추석을 앞두고 남북 이산가족이 상봉하는 장면을 본 나의 마음은 매우 착잡하다. 우리는 지난 해방공간(1945~1948) 이래 과도한 이념논쟁에 의해 분단되었다. 이제 남북의 분단은 1갑자(60년)를 넘고 있다. 한민족의 역사 문화 의식의 회복을 통해 하나가 될 수 있는 길은 무엇일까. 이념과 지역 문제가 어느 정도 해소되어 가는 지금 우리에게 가장 절실한 문제는 무엇일까. 결국 '민족 통일'과 '빈부 해소' 문제로 귀결되는 것은 아닐까.

현실 문제에 철학자는 어떻게 답변할 것인가.
분황, 삼국시대 문제를 고민했던 철학자

추석을 앞두고 60년 만에 만난 남북 이산가족 상봉 장면은 감동과 함께 아픔을 가져다 주었다. 국민소득 2만 불이 넘는 시대에도 불구하고 몇 년 전 대구의 한 영세민 아파트에서 끼니를 해결하지 못하고 굶어죽은 한 모녀의 일도 생각난다. 분단의 상처와 빈부의 격차에 인해 생겨나는 고통의 문제에 대해 철학자는 어떻게 답변해야 하는가. 첨예한 현실 문제에 대해 철학자는 어떻게 철학적 인식을 내올 수 있는가. 7세기를 살았던 삼국의 백성들은 삼국의 분열과 전쟁으로 고통 속에 살았다. 삼국 황제들의 끊임없는 영토 확장 정책은 늘 백성들의 피눈물을 흘리게 했다. 끊임없이 반복되는 전쟁의 윤회를 끊을 수 있는 길은 과연 없는 것일까. 그 시대를 살았던 분황은 그러한 고민을 했던 철학자였다. 그의 '일심의 철학'과 '화회의 논법' 및 '무애의 철학함'은 바로 이 대목에서 출발하고 있다고 보이기 때문이다.

생명체 살리려는 철학적 저항

분황은 고구려와 전쟁을 벌이고 있던 나당 연합군의 암호풀이를 해준 적이 있다. 그는 매복에 걸려든 김유신 군軍에게 소정방이 보낸 암호를 "빨리 군사를 돌려라. 송아지와 난새를 그린 것(紙畵鸞犢)은 둘이 떨어지라는 것을 일컫는다."[8]라고 풀어주어 전세를 뒤바꾸게 해 주었다. 이와 달리 이 암호를 "'화독'과 '화란' 둘은 반절을 일컫는 것이다."로 풀어 '혹환'으로 읽을 수 있다. '혹'은 경상도 지역의 발음상 '속'이 되어 '속환速還'이 된다. 이것은 곧 "빨리 병사를 돌이키라."라고 읽는 것이 된다. 그런데 이것을 두고 그가 특정의 편에 서서 전쟁에 참여했다고 보는 시각도 있다. 하지만 나는 이러한 현실적 참여를 정치적 당파성에 입각해

8 謂畵犢, 畵鸞二切也, 『三國遺事』 권1.

볼 것이 아니라 생명체들을 살리려는 한 철학자의 철학적 저항(철학함)이라고 보아야 할 것이라고 생각한다.

동아시아 사상계 갈등 해소, 화쟁회통 논법 확립

분황의 87종 180여 권의 저작에는 7세기를 살았던 그의 철학함의 흔적이 고스란히 담겨 있다. 그는 부처와 범부, 열반과 생사, 보리와 번뇌 등으로 대비되는 이항들을 화회의 논리로 통합시켜 동아시아 사상계의 갈등을 해소시켜 나갔다. 당시 동아시아의 주요 학문이었던 삼론과 열반 및 지론과 섭론, 자은(법상)과 화엄, 정토와 선법 등의 사상이 자종의 우수성만을 강조하려 할 때 그는 해당 사상 성립의 '시기'와 '이유' 및 '내용'과 '관계' 등을 고려하여 한 길로 교통정리를 해 내었다. 그 과정에서 그의 '화쟁회통'의 논법이 확립되었다. 민중불교 혹은 서민불교와 상통하는 삼계교와의 긴밀한 연관도 그의 철학과 철학함의 맥락에서 엿볼 수 있다. 이처럼 분황은 당대의 문제를 해소시키기 위한 철학적 인식을 모색하며 온몸으로 철학하였던 철학자였다. 내가 이 에세이에서 분황을 이 시대에 소생시키는 이유는 곧 당대의 가장 첨예한 의단(화두)을 자신의 문제로 껴안고 철학하였던 한 철학자의 숭고한 삶과 생각을 묻고 배우기 위해서이다.

원효 에세이 분황 원효

제2장

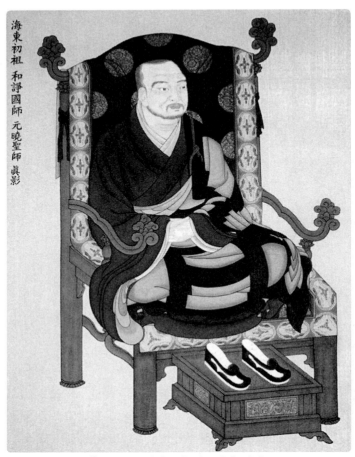

海東初祖 和諍國師 元曉聖師 眞影

「해동초조 화쟁국사 원효성사 진영」

▌영정 개요

일본 교토 고산지 소장 원효 영정을 모사한 원효 영정

• 아유다의 만남과 설총의 탄생 1 •

1 분황의 환계

대승 이전 불교의 전통에서는 출가자의 정체성을 '독신'으로 규정해오고 있다. 출가는 "집이 있는 곳(信家, 正信)에서 집이 없는 곳(非家)으로 집을 넘어서는 것(出家)"으로 규정하고 있다. 여기서 '집'이란 '일상의 공간'이자 '이성' 혹은 '이성과 함께 사는 곳'이기도 하다. 몸의 출가는 적어도 이러한 '집' 혹은 '이성'을 떠난 것을 의미한다. 이것은 출가자의 '독신성'에 대한 역설이기도 하다. 하지만 깨침의 주체를 일체 중생으로 확장시킨 대승불교는 수행과 성불의 주체를 독신으로 한정하지 않았다. 해서 분황과 아유다의 만남은 단지 출가자와 재가자, 한 남자와 한 여자의 만남 이상의 의미를 지닌다. 경론에서는 수행자가 이성에 의해 계를 깨뜨리는 것을 독사의 입에 몸을 던지는 것과 같이 경계하고 있다. 분황과 아유다의 만남에 대해『삼국유사』「의해」편의 '원효불기'조는 이렇게 적고 있다.

어느 날 원효가 춘의春意가 동하여 거리에서 외쳤다: "누가 자루 빠진

도끼를 주겠는가? 내가 하늘 떠받칠 기둥을 깎아 볼까나." (하지만) 사람들이 모두 그 뜻을 알지 못하였다. 이때 태종이 듣고 말하였다. "이 법사가 귀부인을 얻어 어진 아들을 낳고자 하는구나. 나라에 어진 이가 있으면 그 이로움이 막대하도다." 때마침 요석궁에 홀로 된 (아유다) 공주가 있었다. 궁리窮吏를 시켜 원효를 찾아 요석궁으로 데려가라 했다. 궁리가 칙명을 받들고 (원효를) 찾으러 갔다. 원효는 이미 남산에서 내려와 문천교를 지나오고 있어 (쉽게) 만날 수 있었다. 원효가 일부러 물에 떨어져 옷을 적시자 궁리가 법사를 데리고 요석궁에 가서 옷을 갈아 말리다가 이에 유숙하게 되었다. 공주가 과연 잉태하여 설총을 낳았다.

분황의 외침은 『시경』「빈풍豳風」'벌가伐柯'의 구절을 패러디한 것이다. 여기서 '자루 없는 도끼'란 '남편 없는 과부'를 상징한다. '하늘 떠받칠 기둥'은 '훌륭한 후손(신하)'을 은유하며, '도끼자루'는 '남성'을 가리킨다. '무열왕'의 딸로 알려진 아유다는 일찍이 남편을 잃고 요석궁에서 홀로 지내고 있었다. 당시 분황은 거리낌 없는 파격과 기행의 '뉴스메이커'로 살고 있었다. 아유다 공주 역시 그의 풍문을 듣고 있었을 것이다. 결국 두 사람은 부부의 인연을 맺었다. 뒷날 일연은 분황을 기리는 찬시에서 "달 밝은 요석궁에 봄잠이 깊더니"라고 묘사했다. 그런데 분황의 '봄잠'은 길지 않았다. 초기 율장에 따르면 출가자는 모름지기 한 곳에 사흘 이상을 머물면 아니 되었다. 해서 원효의 봄잠도 사흘을 넘지 않았을 것이다.

여기에서 분황의 행위를 '파계'와 '구제'라는 이분법으로 접근하면 복잡해진다. 분황이 '파계'한 것으로만 본다면 그 업보를 감수하면서까지 구제의 자비를 펼친 분황의 진심을 읽어낼 길은 없을 것이다. 분황은 스스로를 소성거사小性居士라고 일컫고 자신을 낮추었다. 이것은 '더 이상 출가의 계를 지키지 못하겠다'고 '환계還戒'를 한 것이자 재가 거사적 삶으로의 탈바꿈이다. 고려의 문인인 이규보李奎報는 종령宗聆수좌가 소장하고 있던 '소성거사진영'을 보고 "머리를 깎아 맨머리면 원효대사요(涕而髡則元曉大師)/ 머리를 길러 두건을 쓰면 소성거사로다(髮而巾則 小性居士)/ 온갖 몸으로 현신해도 알아보기 쉬우니(雖現身千百 如指掌耳)/ 두 모습 지었으나 한바탕 연극인 것을(此兩段作形 但一場戲)"이라는 찬讚을 썼다. 우리도 사바 무대 위에서 한바탕 연극을 하다 떠나는 존재들이 아니겠는가.

2 대승불교 정신의 실현

흔히 우리는 분황의 위대함을 얘기하면서도 정작 아유다 공주의 존재는 염두에 두려 하지 않는다. 그런데 우리 역사에서 분황의 위상과 존재감이 자리하기까지는 요석 공주의 조연이 큰 역할을 하였는지도 모른다. 신라는 골품을 강조하던 사회였다. 해서 육두품이었던 분황이 주류사회에 편입되기는 매우 어려웠다. 물론 분황의 일심-화회-무애의 기호로 보여 준 살림살이와 사고방식만으로도 지금과 같은 역사의 평가를 받을 수 있었을 것이다. 하지만 그의 위상이 대왕의 사위라는 신분에 힘입은 것은 과연 없었을까. 분황은 저자거리에서 '나무아미타불'의 10념 염불을 가르치면서 서민들 속에서 대중적 기반을 확보했다. 그러나 그의 움직임이 왕실과 주류사회 속에서 논의될 수 있었던 것은 아유다와의 인연에 힘입은 부분이 적지 않을 것이다. 그럼에도 불구하고 우리는 출가자는 독신이라는 이미지만을 생각하여 그의 그늘 아래서 설총을 키우며 살아왔던 아유다 공주의 존재감에 대해서는 애써 외면해 온 것은 아닌가.

물론 독신을 정체성으로 삼던 출가자가 결혼하여 파계했다는 일을 널리 알리기 어려운 탓일지도 모른다. 더구나 석존의 예처럼 '라훌라(장애)'인 '설총'을 자랑스럽게 드러내지 않으려 했기 때문인지도 모른다. 그러나 역사 속의 분황을 논할 때 일반인들은 '아유다 공주와의 만남'과 '오도에 관한 일화'를 제일 먼저 거론하고 있다는 사실을 어찌 설명해야 하는가. 과연 아유다와의 만남이 분황의 불교를 더욱 심화시키고 확장시킨 측면은 없는 것일까. 아유다라는 존재가 그의 불학을 더욱 숙성되고 발효시키는 계기를 마련하지는 않았을까. 그리고 그것이 결국 분황 대승불교 정신의 외연을 넓힌 것은 아니었을까. 이러한 맥락 위에서 나는 분황과 인연을 맺고 아들 설총을 낳아 기른 경북 경산의 반룡사에서 「요석공주를 기리는 노래讚瑤石公主歌」라는 시 한 편을 지어 2008년 10월 18일 토요일 오후 5시에 거행된 차례제茶禮祭에서 낭송했다.

내 그대를 기다리다 베갯잇 적신/ 헬 수 없고 셀 수 없는 영원의 날들/ 있는 것과 없는 것이 땅이 되었고/ 뵈는 것 안 뵈는 것 하늘 되었네// 그대 나를 찾아 부른 풍전瘋癲의 노래/ 자루 없는 도끼를 내게 준다면/ 하늘 받칠 큰 기둥 깎으리 라며/ 대승大乘의 큰 길에서 이뤄낸 인연// 아, 그러나 밤마다 뒤척이면서/ 맨 나를 얽어매지 말라는 말이/ 비수처럼 다가와 가슴 찌르며/ 내 속을 후벼 판 줄 아시는지요// 아이 낳은 반룡사의 백의白衣 관음께/ 날마다 기원하며 되물었지요/ 그대가 총聰이와 이녁 사이에서/ 연꽃으로 피어날 수 없는지를요//   (1. 「요석이 원효에게」)

그대 나를 기다리며 빌었던 나날/ 셀 수 없고 헬 수 없는 숱한 원顯들이/ 나에게서 가만히 머물지 않고/ 서라벌 들풀에게 퍼져나갔소// 내 그대를 떠난 것은 오직 한 가지/ 집도 절도 없는 이들 버릴 수 없어/ 부마 자리 남편 자리 던진 것이니/ 너그럽게 헤아려 주기 바라오// 한 여인도 구제하지 못하면서도/ 많은 들풀 어루만져 무엇하냐는/ 뭇 사람들 외침 소리 들었지만은/ 난 이 길을 버릴 수가 정녕 없었소// 내게 어찌 그럴 수가 있느냐지만/ 생사(生死)를 뛰어넘는 이 큰 길만이/ 모두를 건네내는 활로活路란 생각/ 그것만은 버릴 수가 없었소, 공주!//   (2. 「원효가 요석에게」)

이 길이 마지막 길인 줄 알고/ 삼백 예순 날 손꼽아 기다리면서/ 그대와 인연 맺는 일만 생각해/ 세상의 시선에는 눈 감았어요// 뜻하지 않은 일을 당하고서는/ 처음에는 분하고 화났지만은/ 지금은 오히려 다 풀려져서/ 원망도 모두 다 사라졌어요// 이제 그대 머무는 자리 근처에/ 띠 풀을 엮어서 초옥을 짓고/ 세세생생 단월檀越 되어 지켜보면서/ 총聰이를 키워가며 살을 거예요// 하늘 땅 맺은 인연 지켜내면서/ 아침저녁 자나 깨나 백의관음께/ 그대의 굳은 길이 발효되기를/ 기원하고 또 다시 기원하면서.//

                                        (3. 「요석의 독백」)

부석 의상과 정신적 사랑으로 남은 선묘와 달리 분황 원효와 육체적 부부가 된 아유다는 말년까지 그의 주변에 머물며 설총을 키웠다. 전국에 산재한 '요석궁'터는 그녀가 머물며 설총을 키웠다는 사실에 기초한 것으로 추측된다. 양성 평등의 시대가 도래한 지 이미 오래지만 우리는 여전히 가부장제가 공고한 종교계의 현실 속에 살고 있다. 하지만 "살아 있는 것들은 모두 성불할 수 있다"라고 역설하는 대승불교의 정신에서 볼 때 '차이'는 인정할지언정 '차별'은 넘어서야 하지 않겠는가. 그래야 대승불교 정신을 온전히 실현할 수 있는 것이 아니겠는가. 그리고 분황의 살림살이는 대승불교 정신의 실현 과정이 아니었겠는가.

• 아유다의 만남과 설총의 탄생 2 •

1 한국학의 외연 확장

　'분황학' 또는 '분황연구'는 단순히 불교학의 범주에만 머물지 않는다. 분황의 연구와 그에 관련된 연구는 '국학' 혹은 '한국학Korean studies'의 외연을 확장했다. 분황의 주요 전공이 불학이기는 하지만 그의 학문적 범주는 불교를 훨씬 넘어섰다. 오늘날의 학문적 범주로 얘기한다면 분황학은 문학, 사학, 철학, 종교, 예술의 분야로 확장된다. 그의 문체가 지닌 독창성은 문학 연구와 긴밀하게 접목되고 있다. 그의 예술적 심미안은 미학 연구와 친연성이 매우 크다. 그의 불학은 종교가 추구하는 실천적 삶과 분리될 수 없다. 그의 사학은 그의 삶의 연구를 훌쩍 뛰어넘는다. 그의 철학은 인간과 세계의 근원에 대한 깊은 통찰을 머금고 있다. 나아가 그에 대한 연구는 의학과 한의학 및 무용과 연극 그리고 영화 등 인접 분야로 얼마든지 더 확장될 여지가 있다.

　통일 신라 당대에 이미 분황의 저작은 널리 읽혔다. 당시 사람들은 그의 저작들을 '각필角筆'을 붙여 가며 읽곤 했다. '각필'은 훗날 한국어의 주요한 기반을 형성한 '구결口訣'로 수렴되었고 나아가 일본어의 원류가 되었다. 그리고 분황의 아들인 설총은 '이두吏讀'를 통해 우리 말글의 지평을 확장시켰다. 그의 「발심수행장」은 출가자들의 기본입문서인 『초발심자경문』에 편입되어 지눌의 「계초심학인문」과 야운의 「자경문」과 함께 널리 읽혔다. 또 분황의 『법화경종요』, 『열반경종요』, 『진역화엄경소』, 『해심밀경소』, 『금강삼매경론』, 『본업경소』 등 6종의 서문들은 조선 초의 대표적 문인인 서거정의 『동문선』에 수록되어 유자들에게도 널리 읽혔다. 그의 행장을 실은 비문인 「경주고선사서당화상비문」(3조각의 碑片으로 존재)과 「경주분황사화정국사비」(片文만 존재)는 금석학 연구의 주요 자료가 되고 있다.

분황의 87종 180여 권의 저술 가운데 현존하는 저술은 완본 13종과 단간본 7종 및 시 2편 등을 포함한 22종과 산일된 부분을 모은 집일본 3종 등이 있다. 몇몇 집일본을 좀더 보충해 내면 분황의 저술을 좀 더 복원해 낼 수 있을 것이다. 우선 현존 저술을 통해서도 그의 진가는 얼마든지 엿볼 수 있다. 여러 서문에 담긴 대의문大意文과 종체문宗體文은 한국 최고의 명문이자 분황 철학의 정수를 머금고 있다. 분황의 저작들은 창작적 의미가 강한 대자적인 '장章'과 주석적 의미가 강한 즉자적인 '소疏'로 구성되어 있다. 현존하는 몇몇 '종요宗要'와 '소疏'는 그의 '치밀한 사고력(一心)'과 '활달한 문장력(和會)'과 '넘치는 인간미(無碍)'를 담아내고 있다. 이것은 분황학이 불학의 범주를 넘어서고 있음을 보여주는 증좌가 된다. 분황의 저작들은 이후 해동海東 학문의 전범이 되었고 불학의 범주를 넘어 유학과 도학의 영역에도 일정한 영향을 주었다.

국제화 시대를 맞이하여 국내 및 해외 한국학 연구가 주목을 받고 있다. 그런데 국학 혹은 한국학의 사료는 한국고전일 수밖에 없다. 한국학의 주축은 문학, 역사, 철학, 종교, 예술의 횡적 분야와 정치, 경제,

사회, 문화, 과학의 종적 분야로 이루어져 있다. 지금까지는 '족보'와 '과거제도' 및 '한국전쟁'이 해외 한국학의 주류를 차지했다. 이제는 그 범주가 문사철과 종교 및 예술까지 확장되어야 한다. 나아가 정경사문政經社文과 과학의 범주까지 확충되어야 한다. 또 한국유교 고전뿐만 아니라 원효의 『금강삼매경론』에서 성철의 『백일법문』에 이르는 한국불교 고전도 널리 알려야만 한다. 그러기 위해서는 불학이 한국학의 주요한 기반을 이루고 있다는 사실을 불교계 안팎이 정확히 인식하고 대처해야만 한다. 하여 물질적인 투자와 정신적인 후원이 성취될 때 한국불학이 한국학의 주축으로 자리매김될 수 있다. 분황의 저작들은 한국학의 외연을 확장시키고 내포를 단단히 할 지남이 될 수 있을 것이다.

2 아들 설총의 탄생

출가자의 후예라고 해서 결코 의기소침할 필요는 없다. 본디 출가자와 재가자라는 구분은 현실적인 구분에 지나지 않는다. 몸으로는 출가를 했으면서도 마음으로는 재가에 머문다면 그는 온전한 출가자라고 할 수 없다. 몸은 출가를 하지 못했지만 마음으로는 출가를 했다면 그는 출가자 못지않은 삶을 사는 것이다. 때문에 진리의 세계에서 출가자와 재가자라는 구분은 아무런 의미가 없는 것이다. 물론 우리 사회에 존재하는 사회적인 편견과 시선을 넘어서기는 쉽지 않다. 하지만 설사 그러한 사회적인 인식이 있다면 그 편견을 넘어서기 위한 당당한 삶의 자세가 요청된다. 분황의 아들 설총은 어머니 아유다 공주의 보살핌으로 큰 학자로 대성할 수 있었다. 비록 대왕의 외손이라는 신분이었지만 그는 아버지 분황의 먼발치에 자리했던 요석궁에서 잘 자라났다. 김부식은 『삼국사기』「설총전」에 그에 대해 이렇게 기술하고 있다.

설총은 성품이 명민하여 날 때부터 도道를 알았으며 방언方言으로 구경九經을 읽어 후학들을 가르치고 이끌어 지금의 학자들이 그를 으뜸으로 높이고 있다. 또한 문장을 잘 지었으나 세상에 전하는 것이 없다. 다만 지금 남지南池에 어쩌다 설총이 지은 비명碑銘이 있으나 문자가 이지러지고 떨어져나가 읽을 수 없어서 그 뜻이 무엇인지 알 수 없다.

신라 십현 중 하나였던 설총은 '이두吏讀'를 '집대성'하여 주체적인 학문을 정립하려고 힘쓴 국학자였다. 때문에 그는 한문이라는 언어로 학문하던 국제화 시대에도 학문의 뿌리를 생각했던 한국학의 시조였다. 안타깝게도 그의 저작은 『삼국사기』에 「화왕계」만이 남아 있을 뿐이다. 하지만 그는 학문의 주체성을 누구보다도 일찍 깨달은 '눈뜬 이'였다. 일연은 『삼국유사』「의해」'원효불기'조에서 설총에 대해 이렇게 기술하고 있다.

설총은 태어나면서부터 영리하고 총명했으며, 나중에 경經·사史에 널리 통하여 신라 10현 중 하나가 되었다. 우리말로써 중국과 해동의 풍속 문물의 이름을 서로 통해 알게 하고, 육경문학六經文學의 뜻을 풀이하여, 지금까지도 우리 해동에서 경서經書 공부하는 이들이 물려받아서 끊이지 않는다.

유가의 '경사자집'에 능통 했던 설총은 불학자인 아버지 분황과는 다르게 살았다. 비록 오랫동안 불학자와 유학자로서 살았지만 부자 사이의 간격은 없었다. 충과 효를 강조하는 유교에서 효행이 충에 앞서는 것은 당연했다. 불교는 본디부터 불효와 불충의 가르침이 아니라 '만충萬忠'과 '만효'를 가르쳐 왔다. 해서 유교와 같이 현재 중심의 '일국一國'과

'일황—皇'을 위한 '일충—忠'이 아니라 과거-현재-미래의 삼세로 확장시켜 지구-태양-은하-우주계까지의 '만충'을 가르친다. 또 유교와 같이 '일부모—父母'를 향한 '일효—孝'가 아니라 지옥-아귀-축생-수라-인간-천상-성문-연각-보살-부처에 이르는 뭇 생명체를 향한 '효순심孝順心'인 '대효大孝'를 역설한다. 일연은 설총의 신성혼정晨省昏定에 대해 이렇게 기록하고 있다.

원효가 입적하자 (그 아들) 설총이 그때 그 유골을 갈아서 진용眞容의 소상塑像을 만들어 분황사에 모시고 아버지를 언제나(終天) 공경하고 추모하는(敬慕) 뜻을 표하였다. 설총이 어느 때 곁에서 절을 하니 '뼈를 섞어' 흙으로 빚은 상이 홀연히 고개를 돌려 돌아보았다. 지금도 여전히 (아들 쪽으로) 돌아본 상태로 있다. 원효가 일찍이 거하던 혈사 옆에 설총의 집터가 있다고 한다.

언제나 공경하고 추모하는 뜻을 표했던 설총은 곁에서 '뼈를 섞어 흙으로 소상 한 구'를 빚었다. 그런데 어느 날 아침 저녁으로 설총의 지극한 인사를 받은 소상은 고개를 돌려 설총을 돌아보았다. 지극한 효심으로 분황을 살폈던 설총의 효심에 대한 감응으로 보인다. 이곳은 일연 시대에도 설총의 집터가 남아 있었던 것으로 추측된다.

김유신의 현손인 김암金巖을 부사로 하고 분황의 현손인 설중업薛仲業을 대판관大判官(韓奈麻 10위)으로 한 신라 사신단이 779년 10월에 일본에 건너가 천왕을 예방하고 하정賀正한 일이 있다. 그때 일본의 상재上宰가 분황을 찬양하는 시를 써 준 일을 『삼국유사』는 이렇게 전하고 있다.

세상에 전하기를, 일본국 진인眞人이 신라 사신 설판관薛判官에게 준

시서詩序에, "일찍이 원효거사가 저술한 『금강삼매경론』을 읽고서, 그 사람을 보지 못했음을 깊이 한으로 여겼다. 듣자니, 신라 사신 설薛은 곧 거사의 포손抱孫이라고 하니, 그 손자를 만난 것이 기쁜 일이기에 시를 지어 준다."라고 했다고 한다. 그 시는 지금도 남아있다.

여기서 진인은 당시 일본의 한문학의 대가였던 오미노 미후네淡海三船(722~785)로 추측된다. 오미노 진인眞人(신라의 '眞骨'에서 유래되었을 최고급 세습 귀족집단의 칭호)은 분황의 포손인 설중업을 만나 크게 기뻐하였다. 그는 한편의 시에 자신의 기쁨을 담아 전했고 분황의 후손들은 이를 기뻐하며 「고선사서당화상비문」에서 두 차례나 강조하고 있다. 분황의 '파계'가 설사薛思/元曉-설총-설중업으로 이어지는 새로운 가계를 낳았다는 점에서 그의 파계는 여느 출가자의 경우와는 다르게 보인다. 출가자의 파계를 합리화할 수는 없더라도 말이다. 결국 그는 환계를 통해 거사가 되었고 이후에는 다시 지계의 사문으로 복귀한 것으로 추정된다.

起信論海東疏刊行序 ❶

釋於大乘起信論之疏　振古凡有三品
曰法藏　曰慧遠　曰元曉　世謂之本論
三師　就中先二疏行于世年已尚矣　是
機緣方熱也　今斯疏唯閩有其本　更不
閱之者　藏亦深焉　惟時宜未合也　所
謂僧傳　清涼觀公於准南法藏受海東
起信疏義云　個書高出于諸師上者　以
應知也　我之論章中往往引用　而未見
其全釋　所以慵研覈其釋之始末　因兹
同門負帙者　各不能無遺憾矣　近來印
氏某語余言　或人覩這錦本　乃許於刻
梓而流行　願垂考點　其言至切　余復
想遇時根適至　喜此疏入手　而點頭肯
受　便捧讀訂校　雖然天稟駑駘　不獲
磬力　奚敢覃思　俯祈達人幸爲政諸

元祿九龍飛丙子之秋日
　　　　洛東智積門下覺眼謹誌

起信論疏上卷

釋元曉撰

將說此論　略有三門　初標宗體　次釋
題名　其第三者依文顯義

第一標宗體者　然夫大乘之爲體也　蕭
焉空寂　湛爾沖玄　玄之又玄之　豈出
萬像之表　寂之又寂之　猶在百家之談
非像表之五眼不能見其軀　在言裏也
四辯不能談其狀　欲言大矣入無內而
莫遺　欲言微矣苞無外而有餘　引之於
有　一如用之而空　獲之於無　萬物乘
之而生　不知何以言之　強號之謂大乘

自非杜口大士　目擊丈夫　誰能論大乘
於離言　起信論於絶慮者哉　所以馬鳴
菩薩　無緣大悲　傷彼無明妄風　動心
海而易漂　愍此本覺真性　睡長夢而難
悟　於是同體智力　堪造此論　贊述如來
深經奧義　欲使爲學者暫開一軸　遍探
三藏之旨　爲道者永息萬境　遂還一心
之原　所述雖廣　可略而言　開二門於
一心　總括摩羅百八之廣誥　示性淨於
相染　普綜瑜伽十五之幽致　至如鵠林

一味之宗　鷲山無二之趣　金鼓同性三
身之極果　華嚴瓔珞四階之深因　大品
大集曠蕩之至道　日藏月藏微密之玄
門　凡此等輩中衆典之肝心　一以貫之
者　其唯此論乎　故下文言　爲欲總攝
如來廣大深法無邊義故　應說此論此
論之意　既其如是　開則無量無邊之義
爲宗　合則二門一心之法爲要　二門之
內　容萬義而不亂　無邊之義　同一心
而混融　是以開合自在　立破無礙　開
而不繁　合而不狹　立而無得　破而無
失　是爲馬鳴之妙術　起信之宗體也然
以此論意趣深邃　從來釋者尠具其宗
良由各守所習而牽文　不能虛懷而尋
旨　所以不近論主之意　或望源而迷流
或把葉而亡幹　或割領而補袖　或折枝
而帶根　今直依論文　屬當所述經本
庶同趣者消息之耳　標宗體竟

次釋題名
言大乘者　大是當法之名　乘是寄喻之稱
運載爲功　乘是寄喻之稱
廣苞爲義
總說雖然　於中分別者則有二門　先依
經說　後依論說　依經說者　如虛空藏

❶ 新修大藏經　第四十四卷(元祿九年刊宗教
大學藏本)。

⬛

1 일심

　두루 알다시피 시대정신zeitgeist에 충실한 철학자의 철학에는 새로운
언어와 독창적 논리가 담겨있다. 그의 언어는 종래의 맥락을 넘어서는
독자적 맥락을 보여 준다. 그의 논리 역시 마찬가지이다. 해서 시대정신
에 투철한 사상가의 사상적 키워드에는 그만의 살림살이와 사고방식이
투영되어 있다. 붓다는 자신의 철학을 '중도中道'의 기호로 표현했다. 중
도에 통섭되는 개념들에는 연기緣起, 공空, 자비慈悲, 열반涅槃, 해탈解脫,
무상無常, 각覺(깨침), 무아無我, 반야般若 등이 있다. 때문에 붓다의 철학
은 '중도의 철학' 혹은 '공의 철학' 또는 '무아의 철학' 등으로 언표된다.
같은 맥락에서 공자의 철학은 '인仁' 혹은 '예禮'로, 노자의 철학은 '무위無
爲' 혹은 '자연自然'으로, 소크라테스의 철학은 '무지無知의 자각' 혹은 '애
지愛智의 길'로, 예수의 철학은 '사랑의 철학' 또는 '은혜의 철학'으로 명명
된다.

　이들 철학자의 사상적 '열쇠말'은 마치 고기를 잡을 때 던지는 그물의
'벼리(綱)'와 같다. 이를테면 '벼리(綱)'를 당기면 그물의 '망(網)'이 딸려

오고, 망 속에는 '목目'이 딸려오며, 목 끝에는 '추錘'가 딸려오는 것과 같다. 이를 뒤집어 보면 작은 '추'는 '목'에 끌려가고, '목'은 더 큰 '망'에 끌려가고, '망'은 더 핵심인 '강'에 끌려 간다. 이것을 한 채의 집에 비유하면 해당 사상가의 사상적 키워드는 집의 핵심인 대들보에 상당한다. 한 채의 집은 이 몇몇 개념의 정초 위에다 기둥과 퇴량과 들보와 서까래를 올려 대들보로 마감하는 것이다. 분황 원효의 '일심' 역시 '그물의 벼리' 혹은 '집의 대들보'처럼 유기적 의미를 지니고 있다. 해서 그의 철학은 이 '일심' 혹은 '일심지원'의 역동적 관계 속에 통섭된다.

분황은 자신의 주요 저서에서 일심一心에 대한 다양한 스펙트럼을 보여 준다. 이것은 대승불교의 교과서인 『대승기신론』의 '이문 일심(二門 一心)'의 구조 위에서 이루어진다. 즉 "합해서 말하면 생生은 곧 적멸寂滅이나 멸滅을 지키지는 않고; 멸이 곧 생이 되나 생에 머무르지는 않는다. 생과 멸은 둘이 아니고; 동動과 적寂에는 다름이 없다. 이와 같은 것을 이름하여 일심一心의 법法이라 한다. 비록 실제로는 둘이 아니지만(雖實不二) 하나를 고수하지는 않고(而不守一) 전체로 연을 따라 생하고 동하며, 전체로 연을 따라 적멸하게 된다. 이와 같은 도리로 말미암아 생이 적멸이고 적멸이 생이며; 막힘도 거리낌도 없으며; 하나도 아니고 다른 것도 아니다." 또 일심은 생과 멸, 동과 적 등의 모든 이항들을 아우르는 근거가 된다. 그리고 "이와 같이 일심一心은 통틀어 일체의 물들고 깨끗한 모든 법의 의지하는 바 되기 때문에 제법의 모든 근본인 것이다." 이것이 이른바 진眞과 속俗, 동動과 적寂, 생生과 멸滅의 이항이 '둘이 아니면서도 하나를 고수하지 않는(不二而不守一)' 일심의 중층구조가 된다.

이처럼 분황은 모든 것의 근거이자 근본인 일심을 통해 자신의 사상을 입론해 갔다. 즉 "불성의 몸체는 바로 일심一心이며, 일심의 본성은 모든 극단에서 멀리 벗어나 있다. 모든 극단에서 멀리 여의었기에 모두 해당될 것도 없고, 해당될 것도 없기에 해당되지 않을 것도 없다. 더러운 국토와 깨끗한 나라가 본래 일심一心이고, 생사와 열반이 끝내 둘이 아니다." 분황은 일심 개념을 촘촘히 분석하여 불성佛性, 중도中道, 일각一覺, 일미一味 등의 개념으로 확장시켜 일심의 지형도를 촘촘히 그려내고 있다. 이것은 지눌의 진심眞心, 태고의 자심自心, 나옹의 무심無心, 휴정의 선심禪心, 경허의 조심照心, 만해의 유심唯心, 성철의 돈심頓心으로까지 이어진다. 팔만대장경을 한 마디로 압축한 말이 '심'이라고 할 때 시대정신을 지니고 있는 사상가의 철학적 핵어 역시 자신의 살림살이와 사고방식을 아우르는 독창적 개념과 의미를 담아낼 수밖에 없다. 분황의 일심 역시 그러하다.

2 일심지원

마명은 『대승기신론』에서 일심을 여래장如來藏이자 아려야식阿黎耶識이라고 하였다. 그리고 이 여래장과 아려야식을 일심의 생멸문을 나타낸 것이라고 하였다. 또 이 생멸문에는 두 가지 뜻이 있으니 하나는 각覺의 뜻이요 다른 하나는 불각不覺의 뜻이라고 하였다. 이 식은 생멸심만을 취해서 생멸문을 삼는 것이 아니라, 생멸자체와 및 생멸상을 통틀어 취하여 모두 생멸문 안에 둔다는 뜻을 밝히고 있음을 알아야 한다고 역설한다. 분황 역시 이러한 전제를 수용하면서 이문 일심의 구도 속에서 '일심'의 성격과 '일심지원'과의 관계를 밝혀가고 있다.

"처음 중에 '일심법에 의하여 두 가지 문이 있다'는 것은, 『능가경』에서 '적멸이라는 것은 일심이라 이름하며, 일심이란 여래장이라 이름한다'고 말한 것과 같다. 이 『기신론』에서 심진여문이라고 한 것은 곧 저 『능가경』의 '적멸이라는 것은 일심이라 이름한다' 함을 해석한 것이며, 심생멸문이란 『능가경』 중의 '일심이란 여래장을 이름한다'고 한 것을 해석한 것이다. 왜냐하면 일체법은 생함도 없고 멸함도 없으며 본래 적정하여 오직 일심일 뿐인데, 이러한 것을 심진여문이라고 이름하기 때문에, '적멸이란 일심이라 이름한다'고 한 것이다. 또 이 일심의 체가 본각本覺이지만 무명에 따라서 움직여 생멸을 일으키기 때문에, 이 생멸문에서 여래의 본성이 숨어 있어 나타나지 않는 것을 여래장이라 이름한 것이다. 이는 『능가경』에서 말하기를 '여래장이란 선과 악의 원인으로서 일체의 취생趣生을 두루 잘 일으켜 만든다. 비유하자면 환술사가 여러 가지 취를 변화시켜 나타내는 것과 같다'고 한 것과 같다."

그러면서 분황은 "이러한 뜻이 생멸문에 있기 때문에 그래서 '일심이란 여래장이라 이름한다'"라고 하였다. 이는 일심의 생멸문을 나타낸 것으로, 아래 글에서 "심생멸이란 여래장에 의하기 때문에 생멸심이 있으며……."라고 하고, 이어 "이 식에 두 가지 뜻이 있으니, 첫째는 각의 뜻이고, 둘째는 불각의 뜻이다."라고 말한 것과 같다. 그러니 다만 생멸심만을 취해서 생멸문을 삼는 것이 아니라, 생멸자체와 및 생멸상을 통틀어 취하여 모두 생멸문 안에 둔다는 뜻임을 알아야 할 것이다. 두 문이 이러한데 어떻게 일심이 되는가? 더러움과 깨끗함(染淨)의 모든 법은 그 본성이 둘이 없어, 진실함과 망녕됨(眞妄)의 두 문이 다름이 있을 수 없기 때문에 '일'이라 이름하며, 이 둘이 없는 곳이 모든 법 중의 실체인지라 허공과 같지 아니하여 본성이 스스로 신해神解하기 때문에 '심'이라고 이름함을 말한 것이다."라고 역설한다. 여기서 주목해야 하는 것은 일심의 '본성이 스스로 신해하다(性自神解)'는 대목이다. '신해'란 '영묘하게 이해함' 혹은 '신령스럽게 알아차림'의 뜻이다. 그렇다면 분황은 왜 일심에 '신해성'을 부여했는가. 알다시피 진망화합식인 아려야식과 자성청정심인 암마라식은 서로 구분되는 의식이다. 이 때문에 분황은 제8식과 제9식 사이의 관계를 설명하기 위해 일심에 신해성을 부여하고 있다. 만일 이 두 식이 구분되기만 한다면 이 논의는 더 이상 아무런 진전을 꾀하기 어렵게 된다. 그렇게 되면 부처와 범부의 측면이 상통될 가능성이 사라지게 될 것이다. 그러므로 이 두 의식 사이를 매개하는 노력이 요청되는 것이다. 분황이 제시한 일심 본성의 신해성은 바로 이 대목에 대한 고민의 소산에서 비롯된 것으로 보인다. 중생심인 일심을 어떻게 해명하여야 팔식이면서도 구식과 상응하고 구식이면서 팔식과 상응할 수 있는가. 이러한 물음으로부터 이 두 의식 사이를 관통하는 길이 열릴 수 있게 된다. 때문에 분황은『대승기신론』의 심생멸문과 심진여문이 보여 주는 이문 일심의 구도를 원용하여 일심에 역동성과 영묘성을 부여하여 해명하고 있다.

그는 또 "여래의 설한 바 일체의 교법은 일각一覺이 맛에 들지 않음이 없다. 일체 중생이 본래 일각一覺이었지만 다만 무명으로 말미암아 꿈따라 유전하다가 모두 여래의 일미一味의 말씀에 따라 일심의 원천(一心之源)으로 돌아오지 않는 자가 없음을 밝히고자 한다."라고 말하고 있다. 또 "모든 경계가 무한하지만 모두 일심의 안에 들어가고, 부처의 지혜는 모양을 떠나 마음의 원천(心源)으로 돌아가고, 지혜와 일심은 혼연히 같아서 둘이 없는 것이다." 하였고 "티끌의 통상通相을 완전히 파악하므로 이름하여 심왕心王이라 한다. 그것은 본래의 일심一心이 모든 법의 근본적인 원천(諸法之總源)이기 때문이다." 하였다. 그리고 "'암마라唵摩

羅에 들어간다는 것'은, 일심의 체가 두 변을 떠나서 이 마음의 근원에 돌아가기 때문에 '들어간다'고 하였다. 이와 같이 머무름이 없어야지 해탈을 얻으니, 열반에 머물면 속박을 떠나지 못한다."라고 하였다. 분황은 머무름과 떠남 혹은 들어감과 떠남 사이의 역동적 지평을 통해 일심과 일심지원 사이의 미묘한 관계를 설명해 내고 있다. 그리하여 그는 제8식인 일심에 '신해성'을 부여하여 제9식인 일심지원과의 관계를 영묘하게 풀어가고 있다.

• 일심의 근원으로 돌아가게 함으로써
중생을 풍요롭고 이익되게 하다 2 •

⛩

1 중생

중생은 다양한 울림이 있는 말이다. 중생은 불경 번역에서 구역舊譯으로 규정된다. 중생은 '뭇 인연이 화합하여 생겨난 존재(衆緣和合所生)'란 뜻이다. 이 말을 줄인 중생은 '여러 생을 윤회한다' 혹은 '여럿이 함께 산다' 또는 '많은 인연이 화합하여 비로소 생한다'는 의미를 지니고 있다. 중생은 산스크리트 '사트바sattva'의 우리말 옮김이다. 여기서 '사트sat'는 존재를 가리키며 '트바tva'는 추상명사 어미를 일컫는다. 종합해서 말하면 중생은 인식과 사유와 판단 능력으로 규정되는 '정식情識이 있는 생물'을 가리킨다. 해서 '사트'를 '정情'으로 옮겼을 때와 '생生'으로 옮겼을 때의 의미는 화자나 청자에게 있어 매우 다르게 느껴진다. 신역新譯에서는 구역의 '중생'과 달리 '유정有情'으로 번역하였다. 좀 더 넓은 뜻으로 중생(유정)을 보면 깨침의 세계에 이른 부처와 보살에게도 통하지만 일반적으로는 미혹의 세계에 사는 생명체들을 일컫는다.

분황은 그의 『금강삼매경론』과 『대승기신론소』와 『대혜도경종요』 등에서 중생과 유정을 혼용해 쓰고 있다. 즉 『론』에서는 "일체 유정이 시작을 알 수 없는 아득한 그 옛날로부터 무명의 긴 밤 속에서 망상의 큰 꿈을 꾸고 있다. 보살이 관觀을 닦아 무생을 알았을 때, 중생이 본래 적정寂靜하고 다름 아닌 본각本覺임을 깨달아 한결같이 그러한 자리에 눕게 되면, 그때 이 본각의 힘으로써 중생에게 이익을 주는 것이다."라고 말하고 있다. 또 "모든 중생이 다 일심의 유전 아님이 없다."라고 역설한 다. 여기서 중생은 '살아있는 모든 것들'에 해당된다. 즉 지옥, 아귀, 축생, 수라, 인간, 천인을 넘어 동물과 식물과 광물 등까지 확장된다.『금강경』에서는 중생의 범주를 '태에서 태어난 태생胎生'과 '알에서 태어난 난생卵生'과 '습지에서 태어난 습생濕生'과 '원인 없이 홀연히 태어난 것 혹은 죽음 이후의 존재인 화생化生'으로 나눠 설명한다. 뿐만 아니라 분황은 유정과 무정의 구분이 존재하지 않는 법신法身의 입장에서 무정의 성불 가능성까지 열어두고 있다.

또 분황은『대혜도경종요』에서 "일체 유정이 모두 여래如來의 씨알이요. (보현보살 자체가 두루 미쳐 있는 까닭이요) / 일체 유정이 모두 금강金剛의 씨알이요. (금강장이 물을 끼얹고 말끔히 씻어주는 까닭이요) / 일체 유정이 모두 정법正法의 씨알이요. (모두 正語에 따라서 굴러가기 때문이요) / 일체 유정이 모두 묘업妙業의 씨알이다. (일체의 사업을 加行하는 주체가 되기 때문이다)"라고 말한다. 이처럼 모든 유정은 여래의 씨알이자 금강의 씨알이며, 정법의 씨알이자 묘업의 씨알이다. 이러한 씨알(藏)을 머금고 있기에 유정은 여래장이자 아려야식이며 일심을 지닌 존재이자 중생심을 머금고 있는 존재가 된다. 분황은 일체 유정은 "여래장 자체 안에 있는 훈습의 힘이 모든 유정들로 하여금 괴로움을 피하고 즐거움을 구하게끔 한다." 하면서 "모든 선한 사업과 그런 사업을 더 힘써 일으키게 하는(加行) 선한 마음이 모두 이 괴로움을 피하고 즐거움을 구하는(避苦求樂) 마음에서 생긴다." 말하고 있다.

이러한 중생을 구하고자 하는 '보디사트바' 즉 '보리살타'의 줄임말인 '보살'은 '각유정覺有情'으로 번역하였다. 각유정은 '깨친 중생' 혹은 '깨친 유정'이라는 의미이다. 그는 중생의 몸체를 지니고 있으면서도 부처의 정신을 지니고 있는 존재이다. 아니 중생에 대한 자비심 때문에 부처의 지위를 버리고 중생의 자리로 내려온 존재이다. 보살은 부처이되 부처에 머무르지 않고 중생이되 중생에 머무르지 않는 존재이다. 그는 연기에 대한 사무친 통찰을 통해서 새롭게 태어난 존재이다. 보살은 중생이 머금고 있는 고통을 뽑아주고(拔苦, 悲) 중생에게 기쁨을 수여하는(與樂, 慈) 존재이다. 그러므로 부처로 나아가기 위한 출발지가 중생이라면 보살은 중생의 자각을 촉발시키는 매개자가 된다. 그리고 중생이 다하면 부처도 다하는 것이다. 중생이 있기에 부처가 있기 때문이다.

2 요익중생

불교는 '발심'으로 시작하여 '서원'으로 맺어진다. 발심이 '위없이 바르고 평등한 바른 깨침(無上正等正覺)'을 얻고자 하는 것이라면, 서원은 오늘의 내 성취가 있도록 도움을 준 모든 인연들에게 '나의 성취를 다 나눠주기를 맹서(誓)하고 다짐(願)하는 것'이다. 분황의 생평은『금강삼매경론』의 기술처럼 '일심의 근원으로 돌아가게 함(歸一心源)'으로써 '중생들을 풍요롭고 이익되게 하려는(饒益衆生)' 헌신의 역정이었다. 이것은 그가『대승기신론』의 '귀경게'인 "뭇 삶들로 하여금/ 의혹疑惑을 없애고 '사집邪執'을 버리게 하여/ 대승에 대한 바른 믿음을 일으켜/ 불종자가 끊이지 않게 하기 위함이다"를 풀이하는 대목에서 잘 드러난다. 분황은 앞의 반 구절을 '아래로 중생을 교화함(下化衆生)'으로 풀고, 뒤의 반 구절을 '위로 불도를 넓힘(上弘佛法)'으로 푼다. 이것은 중생이 생사의 바다에 빠져 열반의 언덕에 나아가지 못하는 까닭은 '의혹'과 '사집' 때문이라는 마명보살의 의도를 잘 간파한 것이다. 때문에 분황은 하화중생의 요체는 '의혹'을 제거하고 '사집'을 버리게 하는 것이라고 역설한다.

중생을 풍요롭고 이익되게 하기 위해서는 먼저 대승을 의심하고 삿된 집착에 붙들려 있는 그들의 인식을 전환시켜 주어야 한다. 분황은 '대승大乘'을 구하는 이의 '의혹'으로 두 가지를 들고 있다. "하나는 '교법敎法'을 의심하는 것'이다. 이것은 '발심에 장애가 되는 것'이다. 다른 하나는 '교문敎門'을 의심하는 것'이다. 이것은 '수행에 장애가 되는 것'이다." '교법'을 의심하는 것'에 대해 분황은 "대승의 법체가 하나인가 여럿인가 하는 것"이라고 풀고 있다. 그러면서 만일 그것이 "하나라면 다른 교법이 없는 것이요, 다른 교법이 없기 때문에 모든 중생이 없을 것이다. 그렇다면 보살은 누구를 위하여 넓은 서원을 일으키는 것인가? 만일 법이 여럿이라면 이는 일체가 아닌 것이요, 일체가 아니기 때문에 상대와 내가 각기 다를 것인데 어떻게 동체의 대비를 일으키게 되겠는가?" 이처럼 분황은 교법에 대한 의심과 그것의 유일성과 다양성에 대한 의심 때문에 발심하지 못하는 것이라고 보고 있다.

이것은 '교문을 의심하는 것'에 대해서도 같은 기조를 보여 주고 있다. "여래가 세운 교문이 많으니 어느 문에 의지하여 처음 수행을 시작할 것인가? 만일 다 함께 그 많은 문을 의거해야 한다면 한꺼번에 들어갈 수 없을 것이다. 만일 한두 문에 의거해야 한다면 어느 것을 버리고 어느 것에 나아가야 하는가? 이러한 의심 때문에 수행을 일으킬 수 없는 것이다." 그러면서 분황은 마명보살은 『대승기신론』에서 "이러한 두 가지 의심을 제거하기 위하여 '일심법'을 세워서 두 가지 문을 열었다" 밝히고 있다. 이에 대해 분황은 "일심법을 세운 것은 교법을 의심하는 것을 없애기 위함"이고 "두 가지 문을 연 것은 교문을 의심하는 것을 없애기 위함"이라고 풀어낸다. 또 그는 "여러 교문이 많이 있지만 처음 수행에 들어감에는 이 두 문을 벗어나지 않기 때문"이라고 본다. 이어 분황은 "심진여문眞如門에 의하여 사념과 망상이 일어남을 막아 마음을 한 곳에 머물게 하는 지행止行을 닦고, 심생멸문生滅門에 의하여 선정에 들어서 지혜로써 상대되는 경계를 자세히 식별하는 관행觀行을 일으킨다."라고 풀어간다.

나아가 분황은 '삿된 집착을 버린다는 것'은 "인집人執과 법집法執을 버리는 것"이라고 말한다. 인집은 오온이 화합하여 성립된 몸에 상일성常一性과 주재성主宰性의 실아實我가 있다고 주장하는 집착이다. 법집은 객관인 물심 현상을 실재인 것처럼 잘못 알고 고집하는 집착이다. 그리하여 아집을 버리고 아공我空을 얻으며, 법집을 버리고 법공法空을 체득하는 것이 발심 수행의 관건이 된다. 이처럼 분황은 '발심'과 '수행'을 분리하지 않는다. 또 발심과 서원도 분리하지 않는다. 그에게서 '발심'은 '수행'으로 유전되고 '깨침'은 다시 '회향'과 '서원'으로 환원된다.

분황은 『발심수행장』 구절처럼 견고한 발심과 치열한 수행으로 '개인적 깨달음'을 얻었다. 나아가 문자향과 서권기가 가득한 분황사 골방에서 『화엄경』「십회향품」의 주석을 쓰다가 붓을 끊고 거리로 뛰쳐나가며 '사회적 깨달음'을 얻었다. 그 결과 그의 '일심'은 중생을 '귀원歸源'하게 하였고, 그의 '무애'는 중생을 '요익饒益'되게 하였다. 우리 시대의 많은 불자들이 견고한 '발심'과 치열한 '서원'을 보여준 분황 원효를 저마다의 '역할 모델'로 삼는 까닭도 바로 여기에 있는 것으로 보인다.

1 교상판석

우리는 흔히 붓다의 자내증을 '사성제'와 '십이연기'로 해명한다. 붓다는 선정 속에서 사성제와 십이연기를 발견했다. 고집멸도의 사성제설과 무명-행-식-명색-육입-촉-수-애-취-유-생-노사의 순관과 역관으로 이루어진 십이연기설은 불교의 철학적 기반을 이루고 있다. 젊은 시절부터 생사윤회의 고통을 벗어나기 위해 출가했던 싯다르타는 오랜 수행 기간을 거쳐 마침내 중도와 연기를 발견했다. 중도와 연기는 사성제와 십이연기의 포괄적인 표현이다. 다시 말해서 중도의 구체적 표현이 사성제이고 연기의 실제적 내용이 십이연기이다. 해서 사성제와 십이연기는 중도와 연기의 수렴이요, 중도와 연기는 사성제와 십이연기의 확장이라고 할 수 있다. 수렴과 확장은 시각에 따라 달리 보일 수 있다. 수렴의 입장에서 보면 사성제와 십이연기가 붓다의 자내증이고, 확장의 입장에서 보면 중도와 연기가 붓다의 자내증이다.

붓다는 정각을 얻은 뒤 전법을 망설였다. 자신이 체험한 깨달음을 중생들이 이해하지 못할 것을 염려했기 때문이다. 붓다의 깨달음인 일음교一音敎는 '하나의 목소리로 전해지는 가르침'이자 '오직 한결같은 가르침'이다. 그 '일음'은 위에서 살펴본 것처럼 사성제와 십이연기이기도 하고 중도와 연기이기도 하다. 그런데 당시 사람들 역시 자신의 관점에 의해 불교를 이해하기 시작했다. 때문에 사성제와 십이연기 즉 중도와 연기 역시 사람들에 따라 다양하게 받아들여졌다. 인도와 서역에서 건너온 전법승들에 의해 다수의 불경이 격의를 통해 한역되었다. 그러자 중국인들은 이들 불경들을 목록으로 정리할 필요를 느끼게 되었다. 우선 그들은 무엇인 구극의 불설인가를 판단하고자 했다. 그리하여 불설 전체를 합리적으로 판정하고 해석하려는 움직임이 일어났다. 이 과정에서 불설 이해의 체계적 해석틀인 '교상판석教相判釋'이 이루어졌다. 교상판석은 흔히 교판으로 줄여 부른다. 중국인들은 시간과 방법(형식)과 내용에 따라 붓다의 교상을 위계 짓고(判) 풀이했다(釋).

7세기 인도의 청변清辯 계통 중관학자인 지광智光은 유가행학파에 대항하여 공空사상의 우월성을 드러내기 위해서 교상판석을 입론했다. 그는 붓다의 가르침을 삼시三時로 나눈 뒤, 소승은 사성제四聖諦를 통하여 '마음과 대상이 모두 존재하고(心境俱有)', 유가행파는 만법유식설萬法唯識說을 통하여 '대상은 공하지만 마음은 존재한다(境空心有)'고 주장하지만, 중관철학은 제법개공諸法皆空의 이치를 통하여 '마음과 대상이 모두 공하다(心境俱空)'고 하므로 이것을 진리로 간주한다고 주장하였다. 지광의 경우처럼 인도에서도 교판이 성립되기는 했지만 본격적인 정립은 중국에서 이루어졌다. 그러나 수당隋唐 시대 이래 교판은 점차 본래 의미를 잃고 자기 종파의 우월성을 드러내는 방식으로 변질되어 갔다. 그 과정에서 종파가 형성되었다. 때문에 붓다의 일음교는 하나의 목소리, 하나의 가르침, 하나의 의미로 이해되지 않았다. 결국 붓다의 일음은 성문장聲聞藏과 보살장菩薩藏의 이음二音이 되고, 소승과 대승과 일승의 삼음三音이 되고, 성문과 연각과 보살과 일불의 사음四音이 되고, 사제-무상-억양-일승-상주의 오음五音 등으로 이해되기 시작했다.

이와 달리 분황은 교판을 공명정대하게 해명해 내었다. 그는 우열의 관점에 서서 해당 교의를 낮추고 높이는 각 종파의 편향을 조목조목 지적하면서 이론과 실천의 관점에서 바로 잡아 나갔다. 분황은 먼저 상위에서 삼승과 일승으로 이분한 뒤 다시 하위에서 통교와 별교 및 분교와 만교의 넷으로 나누었다. 그는 '존재의 공함'을 표현하는 '법공法空'을 통해 삼승을 별교와 통교로 나누었고, '일체법에 두루하여 걸림이 없이 상입相入하고 상시相是한다'는 '보법'을 통해 이승을 분교와 만교로 구분했다. 이것은 치우침 없이 공명정대한 분황의 안목이 투영된 교판이었다. 그리하여 그의 교판은 후대의 유수한 학자들에 의해 거듭 원용되었다.

2 종파의 형성

붓다가 살아계실 때는 종파가 없었다. 오직 붓다의 가르침만이 있을 뿐이었다. 평등과 화합의 생활공동체인 상가의 규범 역시 붓다의 조정에 의해 유지될 수 있었다. 하지만 붓다가 열반에 들자 상황이 달라졌다. 금구金口로부터 비롯된 말씀(所說)은 듣는 이에 따라 달리 들렸다. 붓다는 한 입으로 말했지만 중생은 팔만 사천의 귀로 들었다. 해서 말과 소리, 입과 귀의 거리는 팔만 사 천 리로 벌어졌다. 붓다의 가르침을 따르는 제자들은 붓다 열반 직후 분열을 거듭하였다. 세일론의 『도왕통사島王統史』에는 18부의 부파를 기술하고 있다. 세우世友의 『이부종륜론異部

宗輪論』에는 20부의 부파를 서술되어 있다. 부파는 세우의 근본분열(上座部/ 大衆部)을 거쳐 지말분열[상좌부=설일체유부/ 설산부/ 독자부/ 법상부/ 현주부/ 정량부/ 밀림산주부/ 화지부/ 법장부/ 음광부(선세부)/ 경량부(설전부)// 대중부=일설부/ 설출세부/ 계윤부/ 다문부/ 설가부/ 제다산부/ 서산주부/ 북산주부]에 이르기까지 모두 20부파에 이른다. 교단의 분열에 따른 부파의 형성은 계율 해석에 따른 것이기도 했지만 저마다 확고한 사상적 입론이 있었다. 부파의 이름은 오늘날의 종파와 달리 당시의 토템과 풍습 혹은 지역과 교리 등에 의해 명명되었다.

각 부파는 각기 철학적 기반을 모색하여 점차 소의경론을 확보하였다. 소의경전은 흔히 계경契經으로 표현되는『아함경』군 중『장아함경』과『잡아함경』및『중아함경』과『증일아함경』등이었다. 소의경론은 이들 경전들의 해석 과정에서 탄생한 논서들이었다. 이를테면 가다연니자의『발지론』(일명『八犍道度論』),『육족론』(『아비달마集異門論』,『아비달마法蘊足論』,『아미달마識身足論』,『아비달마品類足論』,『아비달마識身足論』,『아비달마施設足論』),『대비비사론』(200권),『아비달마구사론』,『성실론』등이다. 대승경전이 성립되면서 이들 경전에 대한 주석 과정에서 논서들이 탄생하였다.『대품반야경』의 일부 주석인『대지도론』을 필두로 하여『십지경론』,『섭대승론』,『정토론우파제사』,『대승기신론』,『유가사지론』,『현양성교론』,『성유식론』(600송+주석) 등이 성립되었다. 이들 논서들은 각기 중국 종파의 소의경론으로 자리매김 되면서 이론적 기반이 되었다. 때문에 인도의 부파와 중국의 종파는 '몇몇 경전'과 '몇몇 논서'(중국 법상종의 6경 11론)를 통해 자기 나름대로의 논리적 근거를 확보할 수 있었다. 그 결과 중국은 삼론/ 열반/ 구사/ 성실/ 지론/ 섭론/ 밀학/ 율학/ 법상학/ 천태종/ 화엄종/ 정토종/

선종의 13종파를 이루었다. 여기에다 수나라 황제에 의해 폐교된 삼계교까지 치면 모두 14종이 된다.

이와 달리 한국불교는 종파성을 지양하고 있다. 한국인들은 중국의 불교를 주로 받아들이면서도 종파성에 머물지 않았다. 통일신라 시기에는 한때 자은(법상)학과 화엄학이 융성하기도 했지만 정토학과 계율학 및 밀학도 유행하였다. 통일신라와 대발해 이래 유가업과 율업 및 총지종 등도 그 흔적을 보이고 있으나 고려이래 한국불교의 주류는 선종과 화엄종이었다. 물론 중국의 13종처럼 종파성을 온전히 견지하지 못했기 때문에 교학의 심도는 약했다고 볼 수도 있다. 하지만 한국불교는 종파성을 탈피하였기 때문에 오히려 해당 교학의 유기적인 관계를 강화시킨 측면도 있다.

원에는 구심으로 회귀하려는 힘과 원심으로 뻗어가려는 힘이 있다. 구심으로 회귀하려는 힘이 구심력이고 원심으로 뻗어가려는 힘이 원심력이다. 우리의 삶에 구심과 원심이 있는 것처럼 한국불교에도 구심력과 원심력이 있다. 구심에 충실하면 통합불교를 지향하게 된다. 반면 원심에 충실하면 종파불교를 지향하게 된다. 중국은 종파불교로 나아갔고 한국불교는 통합불교로 나아갔다.

이것은 옳고 그름의 문제가 아니라 해당 민족의 기질과 토양 및 문화와 개성에서 비롯된 것이다. 한국불교는 불설의 핵심인 중도中道를 향한 구심력 안에다 연기緣起를 향한 원심력을 확보하려고 했다. 구심을 지향하는 것이 선학(종)이라면 원심으로 뻗어가는 것이 교학(종)이라고 할 수 있다. 그런데 구심에도 조사선과 여래선 및 염불선이 있고 원심에도 법화학과 화엄학이 있다. 조사선은 구심을 향한 관성이 강하고 여래선은 원심을 향한 관성이 강하다. 염불선 역시 구심을 향한 관성이 강하다.

반면 법화학의 전반부(本地門)는 구심을 향한 관성이 강하고 그 후반부(垂迹門)는 원심을 향한 관성이 강하다. 또 화엄학은 구심을 향한 관성이 강한 성기性起사상과 원심을 향한 관성이 강한 연기緣起사상으로 이루어져 있다. 우리의 삶에 양면성이 있는 것처럼 불교의 지평에도 이같은 양면성이 존재한다. 분황 원효 역시 이러한 측면에 대한 깊은 이해 위에서 일심에 신해성을 부여하려고 했다. 그것은 구식론과 팔식론의 팽팽한 긴장 속에다 윤활의 탄력을 부여하려고 했던 것으로 읽을 수 있다. 한국불교에 종파성이 미진하고 통합성이 강한 것은 현상에 가까이 다가서려는 원심력보다 본질에 가까이 다가서려는 구심력이 강하기 때문이라고 할 수 있다. 이것은 분황의 불학에서도 확인할 수 있다.

1 삼승의 구분

여기에 한 수행자가 있다고 하자. 그는 자신의 문제를 해결하기 위해 출가 수행했다고 하자. 우리는 흔히 '자기의 문제를 해결하기 위해 출가해 사는 이 수행자'를 '소승의 비구'라고 부르고 있다. 이와 달리 '자신의 문제가 자기 개인의 문제에 한정되어 있지 않다고 자각하고 그 문제를 해결하기 위해 온몸을 던져 사는 수행자'를 '대승의 보살'이라고 부르고 있다. 하지만 소승의 비구와 대승의 보살을 이렇게 단순화시켜 갈라보아도 되는 것일까. 몸은 소승의 비구로 있지만 마음은 대승의 넓은 가슴을 품은 보살은 없을까. 그리고 몸은 대승의 보살로 있지만 마음은 소승의 좁은 가슴을 품은 비구는 없을까. 그리고 재가에도 소승의 비구와 재가의 보살처럼 수행을 하며 사는 이들이 있지 않을까. 나아가 출가자와 재가자 사이의 원활한 통로를 모색하는 것이 진정한 수행이자 불교의 통로가 아닐까.

분황 원효는 부처님의 가르침을 삼승과 일승으로 나누어 살펴보고 있다. 여기서 '삼三'은 셋을 가리키고 '승乘'은 '수레' 혹은 '가르침' 또는 '수행자'를 일컫는다. 삼승은 작은 수레인 '소승'과 큰 수레인 '대승'을 아우르는 표현이다. 소승小乘의 '소Hīna'는 '하찮은' 또는 '비열한'의 의미를 지니고 있다. 또 소승은 '혼자만 타는 일인용 자전거'처럼 '홀로 타는 탈 것'을 말한다. 그리고 소승은 성문과 연(독)각 같은 수행자를 가리킨다. 대승大乘의 '대Mahā'는 '큰' 혹은 '위대한'의 뜻을 지니고 있다. 대승은 '여러 명을 태워 옮기는 큰 버스'와 '많은 사람을 하늘로 태우는 비행기'와 '이 해안과 저 해안을 옮겨주는 큰 배와 같은 탈 것'을 말한다. 여기서 대승은 '위로는 깨달음을 구하고(上求菩提) 아래로는 중생을 교화하는(下化衆生)' 보살 같은 수행자를 가리킨다. 일승一乘은 일불승의 약칭이다. 일불승은 하나의 부처가 끄는 수레를 말한다. 이것은 『묘법연화경』의 「화택유품」에서 구체적으로 설명하고 있다.

이 경전에는 양이 끄는 수레 장난감(羊車)과 사슴이 끄는 수레 장난감(鹿車), 소가 끄는 수레 장난감(牛車)과 한 마리의 큰 흰 소가 끄는 수레 장난감(一大白牛車) 비유가 나온다. 여기서 양거는 성문승, 녹거는 연(독)각승, 우거는 보살승을 은유한다. 그리고 일대백우거는 일불승을 은유한다. 양거와 녹거와 우거의 세 수레는 하나의 큰 수레를 드러내기 위한 방편이다. 즉 성문승을 위한 사성제의 가르침과 연(독)각승을 위한 십이연기의 가르침, 보살승을 위한 상구보리와 하화중생의 가르침도 결국은 진리를 가리키는 일불승을 위한 방편이 된다. 불교의 궁극적 가르침도 일승의 진실을 드러내기 위해 삼승의 방편을 설하는 것이다. 그래서 '방편을 연 뒤 진실을 드러낸다(開權顯實)'고 표현하는 것이다. 처음 중국의 수당 이전에는 불설의 공정한 이해를 위해 성문장과 보살장으로 교판을 정리해 왔다. 하지만 수당 이후에는 자기 종파의 우월성을 드러내기 위해 교판의 성격이 변질되었다.

천태 지의(538~597)는 '남삼북칠南三北七'(양자강 남쪽의 3종과 북쪽의 7종)로 종래의 교판을 정리한 뒤 시간과 방법(형식)과 내용의 구분에 의해 불설을 5시 8교판(화의4교+화법4교)으로 정리했다. 그의 교판 역시도 종래의 교판과 마찬가지로 '가장 뒤에 오는 장작이 제일 위에 놓인다(後來居上)'는 원칙에서 자유롭지 못했다. 그는 화엄시-녹원시-방등시-반야시를 거쳐 자종의 입각지인『법화경』과『열반경』을 최우선위에 비정했다. 이와 달리 분황은 해당 교의를 낮추고 높이는 우열의 축으로 짠 것이 아니라 각 종파 교판의 편향을 조목 조목 지적하면서 이론과 실천의 관점에서 세워 나갔다. 하여 분황은 불설의 공정한 해명을 위해 삼승-일승의 시각을 원용하여 자신의 교판을 세웠다. 분황의 사교판은 이후 혜원과 징관과 종밀 등과 같은 유수한 화엄학자들에게 지대한 영향을 미치게 되었다.

2 일승의 지향

분황의 교판 역시 일정한 변화를 보여 주고 있다. 그는 자신의 교판을『대혜도경종요』,『법화경종요』,『열반경종요』,『미륵상생경종요』등 '종요'류에서 주로 소승과 대승을 성문장聲聞藏과 보살장菩薩藏의 틀로서 설하고 있다. 그러면서『반야경』을『화엄경』과 동격인 궁극의 가르침(究竟了義敎)으로서 자리매김시키고 있다. 그는 종래의『마하반야바라밀경』을 '큰 지혜로 깨달음의 언덕에 건너간다'는 의미를 취해 '대혜도경'이라고 일컬었다. 분황은 '다수(多)로 전개하는 것이 종宗이고, 하나一로 통합하는 것은 요要'이며, '일미一味와 일승一乘의 뜻으로 펼치면 헬 수 없고 가없는 것을 종宗으로 삼고, 합치면 (마음의) 두 양상 한 마음의 법을 요要로 삼는다'며 '종요'라는 자신의 독자적 술어를 만들어 『대혜도경종요』라고 이름을 붙였다. 분황은 『대혜도경종요』에서 중국 혜관慧觀의 돈점頓漸 오시설(四諦·無相·抑揚·一乘·常住)과 『해심밀경』을 소의로 하는 법상종의 삼종법륜(四諦·無相·了義)을 소개한다. 그리고 나서 『대품반야』가 두 번째 무상시로 판석되고 『해심밀경』(제3시)에서는 두 번째 무상법륜으로 판석된 것은 그럴 듯하지만 "이치는 반드시 그렇지 않다(理必不然)"고 주장한다. 그리고 『대품반야』도 『화엄경』과 같이 가장 높고(無上) 더할 것이 없는(無容) 궁극의 가르침이라고 논한다.

　　나아가 분황은 『법화경종요』에서도 『해심밀경』의 삼종법륜설을 소개한 뒤 거기에서 『법화경』이 불요의(제1·2법륜)로서 판석된 것은 잘못이라고 말하고 있다. 그 논리적 근거로서 그는 다른 삼종법륜설(根本·枝末·攝末歸本)에서 이 『법화경』(제3법륜)이 『화엄경』(제1법륜)과 함께 구경요의究竟了義로서 판석하고 있음을 들고 있다. 그는 또 교판에 관한 견해로서 『열반경종요』에는 중국의 남방법사가 주장하는 인천人天·삼승차별三乘差別·공무상空無相·법화法華·열반涅槃의 돈점 오시설에 『열반경』을 요의경으로 소개하고 있고, 북방법사들이 주장하는 『반야경』·『유마경』·『법화경』·『열반경』 등이 모두 요의경이라고 정리하고 있다. 하지만 분황은 여기에 그치지 않고 이 남북 교판에 대해 "만일 한쪽에만 한결같이 그렇다고 집착하면 두 설을 다 잃을 것이요, 만일 상대를 인정해 주어 자기 설만 고집함이 없으면 두 설을 다 얻을 것이다."라고 갈파하고 있다. 그런 뒤에 5시時 4종宗으로 경전의 깊은 뜻을 판석하려는 좁은 견해를 경계하고 있다. 이와 같이 분황은 『대품반야경』·『법화경』·『열반경』·『화엄경』 등을 다 같이 궁극의 가르침이라고 보는 포괄적 입장을 취하고 있다.

이러한 입장에서 분황은 『법화경』의 삼승(방편) 일승(진실)설에 의거하여 자신의 사교판을 입론하고 있다. 먼저 '승문乘門에 의해 4종을 약설한다'고 말하면서 삼승통교와 삼승별교, 일승분교와 일승만교의 4교판을 세우고 있다. 그는 "이승二乘과 함께 하지 못하는 것을 일승一乘이라 하고, 그중에서 보법普法이 안 나타난 것을 수분교隨分教라 하고, 보법을 밝힌 것을 원만교圓滿敎라 한다" 역설한다. 또 그는 '아직 공에 대해 밝지 못한(未明法空)' 것을 근거로 하여 『사제경』과 『연기경』 등을 삼승별교로 비정한다. 또 '연기된 제법의 공성에 대한 이해(諸法空)'를 근거로 하여 『반야경』과 『심밀경』 등을 삼승통교로 비정한다. 나아가 '자신의 깜냥만을 따라가는 가르침(隨分敎)'으로서 『영락경』과 『범망경』 등을 일승분교로 비정하고 있으며, '원만한 가르침(圓滿敎)'으로서 『화엄경』과 보현교를 일승만교로 비정한다.

분황 4교판의 독자성은 특히 삼승의 상위개념으로 일승을 분교와 만교로 나눈 점이다. 그리고 일승분교에다 대승윤리를 설하는 『보살영락본업경』과 『범망경』을 넣은 것이다. 이것은 기존의 교판에서는 찾아볼 수 없는 매우 독창적인 설정이다. 또한 일승만교에 보현교로서 보법인 『화엄경』을 짝지은 것도 독자적인 것이다. 이는 그가 삼승을 별교와 통교로 나누는 기준이 '존재의 공함'을 표현하는 '법공'이었다면, 이승을 분교와 만교로 가르는 기준은 '일체법에 두루하여 걸림 없이 상입相入하고 상시相是한다'는 '보법'이었기 때문이다. 이처럼 그의 교판은 삼승과 일승의 구도 아래 '법공'과 '보법'의 틀 위에서 구축된 것이다. 그리고 분황의 교판은 불설의 핵심인 중도와 일승의 지향에 있었다. 그의 교판이 오늘날에도 유용하게 원용될 수 있는 이유가 바로 여기에 있다.

大慧度經宗要 ①

釋元曉撰

將說此經六門分別 初述大意 次顯經宗 三釋題名 四明緣起 五者判敎 六者消文

第一述大意者 夫波若爲至道也 無道非道無至不至 蕭焉無所不寂泰然無所不蕩 是知實相無相無所不相 眞照無明故無不爲明 無明無不明者 誰滅癡闇而得慧明 無相無非相者 豈壞 也 今是經者波若爲宗 無說無示無聞無得絕諸戲論之格言也 無所示故無所不示 無所得故無所不得 六度萬行於之圓滿 五眼萬德從是生 成菩薩之要藏也 諸佛之眞母也 所以無上法王將說是經 尊重波若親自敷坐 天雨四華以供養 地動六變而警喜 十方大士最在邊而遠來 一界諸天下高光而退 至 常啼七歲立之不顧骨髓之摧 一座聞之便得菩提之記 蓋天下周孔之冠群仙 不敢逆於天則 今我法王波若眞典諸天奉而仰信於天敎 以此而推 至如唐虞之而猶諸天設敎 去彼遠矣 豈可同日而論乎哉 爾乃信受四句福廣虛空 捨恒沙之身命所不能 況起謗一念罪重五逆 墮千劫之無間猶不能償者也 所言摩訶般若波羅蜜者皆是彼語 此土譯之云大慧度 由無所有故無所不有故如名爲慧 無所畢竟空故反流歸源之眞則也 此經六百有十六分 在前四百以爲初分 初分之內有七十八品 於中在前明起經之緣故言初分緣起品第一

第二顯經宗者 此經正以波若爲宗 通而言之波若有三 一文字波若 二實相波若 三觀照波若 今此經者後二爲宗 所以然者文字但是能詮敎故 後二是乃名諸法實相 一明實相 二明觀照 三者合明二種般若 初明實相般若相者 諸法實說者不同 有義依他起自性上遍計所執自性 永無所顯眞如是爲實相 依他起性實空故 瑜伽論云 若諸名言熏習之想所建立識緣色等相事 計爲色等性 當知此性非實物有 非勝義有 唯是遍計所執自性 當知假有 若遣名言熏習之想 所建立識 如其色等相事 緣離言說性 當知此性是實物有是勝義有 乃至廣說 故或有說者 依他性空眞如亦空 如是乃爲諸法實相 如下文言 色無所有不可得 受想行識無所有不可得 乃至如法性實際無所有不可得 又言諸法實相云何有諸法無所有 如是有是事不知名爲無明 乃至廣說故 或有說者 依他性亦有亦空 世俗故有勝義故空 他說性亦有亦空 世俗故有勝義故空相 如下文云 世俗法故說有業報 第一義中無業無報 瑜伽論云 於勝義上更無勝義故 或有說者 二諦法門但是假說而非實相 非眞非俗非有非空 如是乃名諸法實相 如下文云 有所得無所

● 卍續藏經 第一編三十八套二册.

• 마하반야바라밀과 세 가지 반야 1 •

1 반야바라밀

분황 원효의 일흔 생애는 철학자, 사상가, 종교인, 시인, 저술가, 문화인 등으로 규정된다. 이 중에서도 '저술가'에서 그의 정체성이 잘 드러나고 있다. 분황은 동시대 혹은 후시대의 승려들과 견주어 가장 많은 저술을 남겼다. 그가 지은 103(105)종 280(214)여 권은 불교사상가 그 누구에게서도 확인할 수 없는 다량의 저술이다. 흔히 '백본소주百本疏主' 혹은 '백본논사百本論師'로 알려진 당나라 자은 규기慈恩窺基(632~682)나 신라시대 경흥과 함께 대표적인 저술가였던 용장 태현茸長太賢(680?~760?)도 분황의 저술량에 미치지 못했다. 더욱이 완성도를 고려해 볼 때 그의 내공이 상당했음을 알 수 있다. 해서 그의 정체성은 독창적 저술가에 있다고 할 수 있으며 이를 기반으로 그는 독자적 사상가가 될 수 있었다.

두루 알다시피 역사에 분명한 획을 긋는 저술은 하루아침에 탄생하지 않는다. 오랜 온축과 숙성과 발효를 거쳐 비로소 하나의 저작이 태어나는 것이다. 분황의 저술은 103(105)부 전체가 온전히 전해지지 않지만 남은 20여 부만 하더라도 해당 분야의 획을 긋는 대표적 저작들이다.

대승불교가 단기간에 이루어지지 않은 것처럼 대승경전 역시 오랜 기간에 걸쳐 이루어졌다. 가장 먼저 성립된 대승 반야부 경전은 기원전 1세기부터 기원후 여러 세기에 걸쳐 찬불승과 같은 종교적 천재들에 의해 성립되었다. 가장 대표적인 경전은『대반야바라밀경』(唐 玄奘 번역)이다. 반야부에 대한 대표적 저술은『대반야바라밀경』(16회 600권)의 주석서인『대혜도경종요』이다. 이 경의 분량에 비해 그의 '종요'는 매우 소략한 편이다. 하지만 이 '종요'는 이 경전의 엑기스를 요령있게 정리해 내고 있다.

이 경의 제목은 '대'+'반야'+'바라밀'+'경'으로 나눠볼 수 있다. 여기서 '대'는 '크다(大)'는 것이며 그것은 작다는 것의 대척점만이 아니라 넓다(廣)는 것까지 아우르는 것이다. 음역어 '반야'는 언어적 분별을 뛰어넘은 지혜의 다른 표현이다. 번역어 '지혜智慧'는 모든 사물을 '있는 그대로 보는 것'이다. '반야般若/波若'는 있다(有)와 없다(無), 이다(其)와 아니다(未), 하나(一)와 여럿(多), 같은 것(同)과 다른 것(異)의 이항을 뛰어넘은 '지혜의 활로'를 뜻한다. 해서 반야는 '분별 이전의 활로' 혹은 '분별 너머의 살길'을 가리키며 '진리의 이치에 계합한 최상의 지혜'를 말한다. 이 반야를 얻어야만 성불하며, 이 반야를 얻은 이가 부처님이다. 그러므로 반야는 모든 부처님의 스승이자 어머니이다. 그리고 이 반야는 진리의 여실한 이치에 계합한 평등·절대·무념·무분별이다. 해서 반야는 상대 차별을 관조하여 중생을 교화하는 힘을 가지고 있는 개념이다.

'바라밀波羅密'이란 '저 언덕에 건너간다(到彼岸)' 혹은 '지혜로 건너간다(智度)'는 뜻이다. 즉 저 이상의 경지에 이르고자 하는 대승 보살 수행의 총칭이다. 보살은 뱃사공처럼 이 사바의 언덕에서 자맥질하는 중생을 피안의 언덕으로 건네주는 사람이다. 그는 지혜의 큰 배로 무명의 중생을 건네주는 존재이다. '경'은 '수다라修多羅' 혹은 '소달람素呾纜'으로 음역되었고, '선線' 또는 '연綖' 혹은 '계경契經'으로 번역되었다. 부처님의 설법은 실絲로 화환을 꿰어 만드는 것같이 경은 온갖 이치를 꿰어 흩어지지 않게 한 것이다. 그러니까 '대반야바라밀경'은 '큰 지혜로 저 피안의 언덕에 이르는 경전이다. 분황은 이 경전을 '대혜도경大慧度經'이라 하고 이 경전의 핵심을 '종요宗要'의 형식으로 풀어 '대혜도경종요'를 펴냈다. 이 저술은 그의 현존하는 반야부 경전에 대한 유일한 저술이다.

2 대혜도와 대혜도경종요

분황은 '마하반야바라밀'을 '대혜도大慧度'라 번역하고 이 제목을 해명하고 있다. 먼저 그는 이 경의 제목 풀이에서 "안다고 할 것이 없음으로 말미암아 알지 못할 것이 없으므로 '혜慧'라고 이름하며, 이를 곳이 없음으로 말미암아 이르지 못할 곳이 없으므로 '도度'라고 이름한다. 그러므로 능하지 못할 것이 없이 능히 최상의 대인大人/大覺者을 내며, 능히 끝없는 대과大果/菩提果를 드러낸다. 이런 뜻에서 '대혜도'라 이름한다"고 말한다. 그리고 이 경전의 대의大意를 분황은 이렇게 말하고 있다. "무릇 반야의 지극한 도는 도道니 도가 아니니(非道) 할 것이 없고, 지극하니(至) 지극하지 않느니(不至) 할 것도 없다. (그 바탕이) 텅 비어서 고요하지 않은 것이 없고, (그 이치가) 탁 트이어 화통하지 않은 것이 없다. 이로부터 (법의) 진실한 모습(實相)은 형상이 없으므로 형상 아닌 것도 없고, 진실한 비침(眞照)은 따로 밝다고 할 것이 없으므로 밝지 않은 것이 없음을 알 수 있다." 이처럼 분황은 서두의 대의문大意文에서 이 경전의 종요를 명쾌하고 추려내고 있다. 대의문과 종체문宗體文의 구도로 밝혀내는 이 형식은 그의 저술에 보이는 주요한 특징이다.

그는 "이 경은 파야(반야)를 종지(宗)로 삼으니 설할 것도 없고, 보일 것도 없으며, 들을 것도 없고, 얻을 것도 없어 모든 희론戲論이 끊어진 격언이다. 보일 것이 없으므로 보이지 않은 것이 없으며, 얻을 것이 없으므로 얻지 못할 것이 없다. 육바라밀(六度)의 온갖 행이 이로부터 원만하고, 다섯 눈(五眼)의 온갖 덕이 이로부터 생겨나서 보살의 비밀 창고(秘藏)와 제불의 참된 어미(眞母)를 이루는 것이다." 분황은 보살의 삶의 방식인 보시-지계-인욕-정진-선정-반야 육도의 만행萬行과 육안-천안-혜안-법안-불안 오안의 만덕萬德이 모두 반야에서 생겨난다고 역설한다. 반야를 얻어야만 성불할 수 있고 반야를 얻은 이가 부처님이니, 반야는 모든 부처님의 스승이자 어머니인 것이다. 그러므로 여섯째의 반야바라밀은 나머지 보시-지계-인욕-정진-선정의 다섯 바라밀(五波羅密)을 통섭하고 있으며, 다섯째의 불안佛眼은 나머지 육안-천안-혜안-법안의 네 눈을 융섭하는 것이다.

여기에서 우리는 '지혜' 또는 '반야' 앞에 왜 '마하摩訶' 혹은 '대大'가 붙는지 알 수 있다. 반야 혹은 지혜는 불교의 종지요, 뭇 경전의 종지이며, 불자의 종지요, 분황의 종지이기 때문이다. 반야는 눈에 보이고 손에 잡히는 그 무엇이 아니라 눈에 보이지 않지만 눈을 떠나 있는 것도 아니고, 손에 잡히지 않지만 손을 떠나 있는 것도 아니다. 반야는 설할 것도 없고, 보일 것도 없고, 들을 것도 없고, 얻을 것도 없다. 그래서 반야는 유무有無와 피차彼此와 시비是非와 고저高低 등의 모든 희론戲論이 끊어진 가장 높은 규격의 말(格言)이다. 때문에 우리는 모든 분별이 사라진 반야 지혜로 이 경전의 이름을 삼은 이유를 알 수 있게 된다. 아울러 이 경전의 이름이 '큰 지혜로 저 피안의 언덕에 건네주는 경전'인 줄 알 수 있게 된다. 나아가 왜 반야부 경전이 대승불교의 기반이 되는지도 알 수 있게 된다.

『대혜도경종요』에서 분황은 문자반야에 입각하여 반야를 실상반야와 관조반야의 둘로 나누어 설명하고 있다. 문자반야는 문자로 된 경문의 가르침(能詮敎)을 말한다. 분황은 문자반야를 통해 이 경의 내용(所詮 旨)인 실상반야와 관조반야를 설한다. 실상반야는 진성眞性의 본바탕이 되는 밝은 지혜인 제법실상을 말한다. 이와 달리 관조반야는 수행자가 회광반조하는 지혜를 말한다. 여기에서 그는 특히 여래장을 실상반야라 고 비정하고 이 경전의 요체를 풀어나가고 있다. 전체 구성은 1) 대의를 서술하다, 2) 경전의 근본을 드러내다, 3) 경의 제목을 풀이하다, 4) 경전 이 설해진 연기를 밝히다, 5) 여러 경전들 속에서 이 경전의 위치, 6) 경문을 풀이하다로 해명하고 있다. 이러한 구도는 다른 경전에서도 확 인된다.

• 마하반야바라밀과 세 가지 반야 2 •

⁂

1 여래장

여래장如來藏은 미혹의 세계에 있는 진여를 의미한다. 즉 모든 중생에게 갖춰져 있는 깨달음의 가능성을 말한다. 다시 말해서 미혹의 세계에 존재하는 사물은 모두 진여에 섭수되므로 여래장이라고 하는 것이다. 또 진여가 바뀌어 미계의 사물이 될 때 그 본성인 여래의 덕이 번뇌 망상에 덮이게 되므로 여래장이라고 한다. 그리고 미혹의 세계에 있는 진여는 그 덕이 숨겨져 있을지라도 아주 없어진 것이 아니고 중생이 여래의 성덕性德을 머금고 있기 때문에 '여래장'이라고 한다. 『대방등여래장경』은 "모든 중생이 여래를 담고 있는 그릇"으로서의 여래장을 설하고 있다. 이 경전에 의하면 중생이 그릇이고 그 안에 담긴 것이 여래가 된다. 여기서 '장藏'은 1) '중생이 여래를 통섭하고 있다(所攝藏, 중생여래)', 2) '여래의 법신은 우주와 같이 커서 능히 중생을 통섭할 수 있다(能攝藏, 여래중생)', 3) '중생이 여래에 깃들어 있다(隱覆藏, 중생-여래)'의 세 가지 뜻을 지니고 있다. 그런데 태 안에 숨어 있는 여래는 좀처럼 드러나지 않는다. 깊디 깊게 감춰져 있기 때문이다. 이 여래장은 중국으로 건너와 인성론人性論에 힘입어 '불성佛性'의 개념으로 전환되었다.

여래장은 '따타가따tathāgata/如來/如去'와 '가르바garbha/藏/胎/胎兒'의 복합어이다. 따타가따는 '이와 같이 온(如來)'이라는 '여래'와 '이와 같이 간(如去)'이라는 '여거'의 의미를 모두 지니고 있다. 여래는 본디 오고감이 없으나 중생들이 자신의 깜냥에 따라 오고 간다고 보는 것이다. 그러므로 '따타가따'에는 이미 '거래去來'의 의미가 다 들어있는 것이다. '가르바'는 '태' 혹은 '장' 또는 '태아를 담는 그릇'인 어머니의 자궁을 말한다. 이것을 종합해 보면 여래장은 '여래의 본성(如來藏)' 혹은 '부처의 본성(佛性)'을 의미한다. 그런데 분황은 이 경에서 여래장 개념으로 실상반야를 해명하고 있다. 그는 여래장에 대한 여러 주장들을 제시한 뒤 자신의 생각을 보이고 있다. 이 『대반야경』에 의하면 여래장으로 '실상반야'를 삼는다. 아래 문장의 이취분理趣分 가운데서 말하기를 "그때에 세존이 다시 일체의 장법藏法을 주지하는 여래상如來相에 의하여 모든 보살을 위하여 반야바라밀다를 선설하여 일체 중생을 변만하게 하고 매우 깊은 이취의 우수한 법문을 주지住持케 하였다.

이를테면 가) 일체중생이 다 여래장如來藏이니 보현보살의 자체가 두루하기 때문이다. 나) 일체중생이 다 금강장金剛藏이니 금강장으로써 정수리에 뿌려 씻기 때문이다. 다) 일체중생이 다 정법장正法藏이니 다 바른 말에 따라 변화하기 때문이다. 라) 일체 중생이 다 묘업장妙業藏이니 일체 사업의 가행加行의 근거가 되기 때문이다. 그러면서 분황은 "부처님은 이같이 매우 깊은 이취理趣의 뛰어난 법장法藏을 주지하는 법문을 설하시고 금강수 보살에 이르시기를 '만일 이렇게 변만한 이취의 뛰어난 법장의 법문을 듣고 믿고 이해하며 받아 지니고 읽어 외우며 닦아 익히면 곧 능히 뛰어난 법장의 법성장을 통달하며 재빨리 최상의 정등보리를 증득하리라' 하셨다"고 덧붙이고 있다.

그러면서 분황은 『보성론』의 게송을 덧붙이고 있다. "비롯한 데 없는 법성이/ 모든 법의 의지처가 된다/ 그 법성에 의하여 육도가 있으며/ 또 열반을 증득하게 된다." 그러면서 분황은 이 게송에서 '비롯한 데 없는 법성'이라고 한 것은 경에서 "모든 여래가 여래장에 의하여 모든 중생의 비롯한 데 없는 진여실상의 근본바탕(本際)을 알 수 없다" 한 것이 그것이요, 말한 바 '성性'이라고 함에 대해서는 "세존이시여, '여래장'은 곧 '법계장法界藏'이며, '세간을 초월한 법신장法身藏'이며, '세간을 초월한 상상장上上藏'이며, '자성이 청정한 법신장'이며, '자성이 청정한 여래장입니다'"고 한 『승만경』을 경증으로 삼고 있다. 『승만경』과 『보성론』은 여래장 사상을 떠받치는 대표적인 경론이다. 분황은 앞의 다섯 구절에 대하여 다시 『섭대승론』과 『불성론』을 원용하여 논증을 덧붙이며 여래장과 실상반야의 관계를 해명하고 있다.

2 실상반야

실상반야는 반야로 증득해야 할 진리의 본체를 말한다. 즉 반야 지혜로 체득해야 할 있는 그대로의 모습을 일컫는다. 분황은 세 가지 반야 가운데에서 먼저 실상반야를 설명한다. 그는 제법실상諸法實相에 대한 정의가 일정하지 않다고 전제하고 몇몇 법사들의 관점을 제시한다. 그러면서 몇몇 논서에 입각하여 법사들의 제법실상관을 검토하고 있다. 여기서 논서는 주로 『대지도론』(釋論)과 『유가사지론』, 『구경일승보성론』, 『섭대승론』, 『불성론』에 근거하여 논증하고 있다. 분황은 먼저 첫 번째 법사의 설로서 "의타기依他起의 자성 위에 변계遍計로서 집착하는 그 자성은 영원히 없고 드러난 진여가 실상이다. 의타기성은 진실로 공하지 않기 때문이다"고 소개한 뒤 『유가사지론』에 의거하여 논증을 하고 있다. 즉 "만일 모든 '명언훈습名言熏習'의 생각으로 건립된 식識은 색色 등의 현상에 반연하여 색 등의 자성이 있다고 생각한다. 이 색 등의 자성은 실물이 있는 것이 아니며 승의로는 있는 것이 아니요, 오직 변계로서 집착하는 자성이니, 그것이 가유假有인줄 알라. 만일 명언훈습名言熏習의 생각으로 건립된 식을 배제하면 그 색 등의 현상이 언설의 자성自性을 여의었으니 이 성은 실지로 있는 것이며 승의勝義로 있는 것이다"고 해명한다.

또 분황은 두 번째 법사의 설로서 "의타성은 공한 것이며 진여도 또한 공한 것이니 이것이 모든 법의 실성實性이 된다. 색의 참모습은 공하여 얻을 것이 없으며 수·상·행·식도 공하여 얻을 것이 없으며, 법성실제法性實際도 공하여 얻을 것이 없다. 모든 법의 실상을 어떻게 있다고 하며 모든 법은 있는 것이 없나니 이와 같이 이 일을 알지 못하는 것을 이름하여 무명이라 한다"고 정리한다. 이 대목에 대하여 분황은 논증을 덧붙이지 않고 있다.

이어 세 번째 법사의 설로서 "의타기성은 '있다(有)'고도 할 수 있고 '없다(空)'고도 할 수 있다. 세속제로 보면 '있고', 승의제로 보면 '없다'. 공이 곧 '진여'요 '진여'는 공만도 아니다. 이런 것을 이름하여 제법실상이라고 한다. 세속법적으로는 업보가 있다고 말하지만 제일의第一義 가운데는 업業도 없고 보報도 없다"고 소개한 뒤 『유가사지론』에 의거하여 "승의勝義 위에 다시 승의가 없기 때문이다"는 논증을 덧붙이고 있다. 뒤이어 마지막의 네 번째 법사의 설로서 "이제二諦 법문은 다만 가설일 뿐, 실상이 아니다. 진도 아니요 속도 아니며, 유도 아니요 공도 아닌 것을 여기서 제법실상이라 이름한다. 얻을 것이 있다는 것과 얻을 것이 없다는 것이 평등한 것을 얻을 것이 없다고 이름한다"라고 제시한 뒤 『유가사지론』에 의거하여 "만일 잘못 생각하고 조금이라도 진실이 있다고 하면 제일의제도 진실이 있다고 하기 때문이다"라는 논증을 덧붙이고 있다.

분황은 제법실상에 대한 네 법사들의 논의를 소개한 뒤 그들의 설이 모두 진실이라고 평가한다. 그 까닭은 "모두 성전聖典에서 근거한 것이므로 서로 어긋나지 않기 때문이라고 한다. 모든 법의 실상은 모든 희론이 끊기어서 도무지 그렇다 할 것도 그렇지 않다 할 것도 없기 때문"이라며 『석론釋論』에 근거하여 "일체가 진실이요, 일체가 진실이 아니며, 일체가 진실이면서 또한 진실이 아니며, 일체가 진실이 아니면서 또한 진실 아닌 것도 아닌 것 이것을 모든 법의 실상이다"며 논증을 들고 있다. 그러면서 앞의 사구四句가 이 '실상'이라 한 것을 그 차례와 같이 앞의 네 가지 설에 배당할 수 있으니 집착을 여의고 설하면 부당함이 없기 때문이라고 하고 있다. 만일 집착하여 말과 같이 취하면 서로 파괴되기 때문에 실상의 사구四句를 여의지 않고서는 파괴할 수 없으니 이것을 곧 제법의 실상이라 이름한다."라고 하였다. 분황이 여래장을 실상반야로 비정하고 경전의 요체를 풀어나간 까닭도 이 때문으로 보인다.

· 마하반야바라밀과 세 가지 반야 3 ·

1 관조반야

분황 원효는 반야바라밀을 실상반야와 관조반야 및 문자반야의 세 가지 반야로 해명한다. 이미 살펴본 실상반야와 달리 관조반야는 '사리를 비추어보는 지혜'를 일컫는다. 여기서 '비추어 보는 지혜'란 실체의 관점이 아니라 작용의 관점에 선 지혜를 의미한다. 그래서 모든 법의 실상을 관조함이 반야 지혜의 작용이고, 관조하는 몸체인 지혜는 반야가 된다. 분황은 관조반야의 모습을 통틀어서 말하면 "모든 보살이 처음 발심하여 일체종지一切種智를 구하는데 그 중간에 모든 실상을 아는 지혜가 반야바라밀이다"라고 『논』에 의거하여 말하였다. 이와 달리 분별하여 말하면 아래의 네 주장과 같이 여러 설이 같지 않다며 그 넷의 견해를 아래와 같이 소개하고 있다.

1) 어떤 이는 "무루無漏 혜안慧眼이 반야바라밀의 모습이다. 왜냐하면 일체의 지혜 가운데 제1지혜를 파야(반야)바라밀이라고 하는데 무루 지혜 종자가 제일이기 때문이다"라고 하였다. 2) 어떤 이는 "반야바라밀은 유루有漏 지혜이다. 왜냐하면 보살이 보리수 아래 이르러 결사結使를 다

끊은 것이니 그 전에는 비록 큰 지혜와 무량한 공덕이 있더라도 아직 번뇌를 다 끊지 못하였으므로 보살의 반야바라밀이 유루 지혜이다."라고 하였다. 3) 어떤 이는 "보살의 유루·무루 지혜를 다 반야바라밀이라 이름한다. 왜냐하면 보살이 열반을 관하면서 불도를 수행하였으니 이 때문에 '무루'라고 한다. 그리고 아직 결사를 다 끊지 못하고 성불하는 일을 판단하지 못하였으므로 유루라고 이름한다. 4) 어떤 이는 이 "반야바라밀은 일정한 그 무엇을 얻을 수 없는 모습이니 '유'와 '무', '상'과 '무상', '공'과 '실'이 모두 반야바라밀이다. 18계와 12처에 소속된 것이 아니다. 유위법도 아니요, 무위법도 아니며, 일체법도 아니요 일체법 아닌 것도 아니며, 취할 것도 아니며 버릴 것도 아니며, 생하는 것도 아니고 멸하는 것도 아니며, '유'니 '무'니 하는 사구四句 분별을 벗어나되 나아가면서도 드러나는 것이 없다. 비유하면 타는 불을 네 면에서 접촉할 수 없는 것과 같으니 (삿된 견해가) 손을 태우기 때문이다. 반야바라밀도 그러하여 접촉할 수 없으니 삿된 견해가 손을 태우기 때문이다" 하였다.

분황은 위에서 여러 사람이 반야바라밀을 설한 것에 대해 어느 것이 진실인가에 대해 자문 자답하고 있다. 먼저 그는 "각기 도리가 있으니 모두 진실이다"라고 말한다. 그런 뒤에 "오백 비구가 각기 유와 무의 이변견二邊見과 중도의中道義를 말하였는데 부처님이 말씀하기를 모두 도리가 있다" 하셨다는 경전의 논거를 들고(經證) 있다. 어떤 이는 '깨뜨릴 수 없고 무너뜨릴 수 없기 때문에 네 번째의 답이 진실이다'고 말한다. 만일 털끝만치라도 '있다'고 하면 모두 과실이 있으므로 깨뜨릴 수 있게 된다. 또 '없다'고 말할지라도 또한 깨뜨릴 수 있게 된다. 이 반야바라밀 가운데는 있음도 또한 없음이며, 없음도 또한 없음이며, 있음도 아니요 없음도 아니라는 것 또한 없음이며, 이런 말을 하는 것 또한 없음이며,

이 설 또한 없음이다. 이것을 적멸하여 걸림이 없고, 희론이 없는 법이라고 이름한다. 때문에 깨뜨릴 수 없고 무너뜨릴 수 없으니 이것을 진실한 반야바라밀이 가장 수승하여 허물이 없는 것이라고 이름한다. 마치 전륜성왕이 모든 적을 항복받고도 스스로 교만하지 않듯이 반야바라밀도 능히 일체의 언어와 희론을 깨뜨리더라도 또한 깨뜨린 것이 있다고 하지 않는다" 말한다.

분황은『대반야경』(600권) 초회(제11권)「교계교수품敎誡敎授品」에서 "모든 법이 가명假名이며 보살마하살도 가명이며 반야바라밀도 가법假法이며 보살마하살과 반야바라밀 의 두 가지 이름도 모두 가법이며 가명이다"라는 설을 근거로 반야바라밀의 진정한 의미를 드러내고 있다. 즉 '보살마하살'과 '반야바라밀'과 '보살마하살과 반야바라밀'이라는 이 '세 가지 이름'은 생하지도 않고 멸하지도 않지만 다만 생각과 언설이 있을 뿐이다. 그러므로 이 보살과 반야와 언설 이 세 가지 법은 안에 있는 것도 아니요, 밖에 있는 것도 아니며, 중간에 있는 것도 아니요, 무엇을 얻을 것이 없다. 그래서 그는 이 '얻을 것이 없다는 것(不可得法)'이 곧 중도의 실상임을 분명히 인식하고 있다.

2 두 반야를 합쳐서 밝히다(合明二種般若)

분황은 앞의 세 가지 논의는 "어떤 방편에 의하여 실상을 나타낸 것이며 십지 이전(地前)이나 십지 이상(地上)의 반야로서 번뇌가 있거나 번뇌가 없거나의 경우를 따라 통털어 설한 것"이라고 말한다. 그러면서 네 번째의 논의는 "오직 십지 이상(地上)의 무분별지를 드러내어 실상을 증득하여 모든 희론을 끊고 네 가지 논리(四句)를 초월하고 다섯 가지 무상(五(無)相)을 멀리 여의었다. 그러므로 '맨 뒤의 것이 진실이 된다' 고 하였다." 이것은 가장 우수한 데에 나아가서 이런 말을 한 것이요, 일체 지혜를 다 포섭한 것은 아니므로 '모든 설에 다 도리가 있다'고 하였다. 그런 뒤에 아래 문장에서는 '반야바라밀이 일체 지혜를 포섭했다'고 하였다. 왜냐하면 "보살이 불도를 구할 때에 마땅히 일체법을 배워 일체 지혜를 얻나니, 이른바 성문과 벽지불이 불지혜를 구하는 것이다. 이 지혜에 세 가지가 있으니, 배울 것이 있는 지혜(有學智)나 배울 것이 없는 지혜(無學智)나 배울 것이 있지도 않고 배울 것이 없지도 않은 지혜(非學非無學智)이다. 배울 것이 있지도 않고 배울 것이 없지도 않은 지혜란 마치 지혜는 있으나 아직 온전히 진제眞諦와 법성法性의 이치를 깨닫지 못한 건조한 간혜지乾慧智의 부정관, 안나반나安那般那의 수식관 이라거나 욕계에 속한 몸이 부정하다는 관찰(觀身不淨)·느낌이 고통이 라는 관찰(觀受是苦)·마음이 무상하다는 관찰(觀心無常)·비감각적 대 상에는 나라고 할 만한 것이 없다는 관찰(觀法無我)의 사념처四念處라거 나 난법·정법·인법·세제일법 지위의 네 가지 가행법(四加行法) 등을 널 리 말하였다."라고 하였다.

그런 뒤에 분황은 두 가지 반야인 실상반야와 관조반야를 합쳐 밝히 고 있다. 그는 능소能所의 논리를 적용하여 두 가지 반야는 끝내 다른 것이 아님을 해명하고 있다. 그 까닭은 보살이 반야를 수행할 적에 모든 법성이 '아'와 '무아', '상'과 '무상', '생'과 '멸', '유'와 '공' 이러한 일체가 도무지 얻을 것이 없어서 일체가 취해질 형상(所取相)도 없으며 능히 취할 소견(能取見)도 없다. 이 때문에 일체의 형상과 소견을 멀리 여의 어 평등하며 둘도 없고 다른 것도 없으며 비롯한 데도 없고 마지막도 없으며 생겨난 것도 없고 없어진 것도 없으며 '유'도 아니요 '공'도 아니어서 일체 언어의 길을 초월하고 일체 심행心行의 길도 길이 끊어졌거늘 어찌 그 가운데 두 가지 반야가 있겠는가? 다만 일체 모든 법이 같지 않은 것이 없기 때문에 '제법실상'이라 하며, 일체 분별을 여의었으므로 또한 '무분별지'라고 한다. 지혜가 실상 아님이 없으며 실상이 지혜 아님이 없다. 논설에 "보살은 일체 법이 항상한 것(常)도 아니고 항상하지 않은 것(無常)도 아니며, 나(我)도 아니고 나 아님(無我)도 아니며, 유도 아니고 무도 아니며" 그리고 또한 "법을 보는 관찰도 있지 않는 것이니 이것을 보살이 반야바라밀을 실행하는 것이다"고 하였으니 이 뜻은 "일체의 관찰을 놓아버리고 일체 언어를 없애며 일체의 심행을 여의어 본래부터 생겨난 것도 아니요, 없어지는 것도 아니어서 열반상과 같다. 모든 법이 또한 그러하다. 이것을 모든 법의 실상이라 한다"라고 이렇게 널리 설하였다.

다시 분황은 관조반야에도 세 가지 구분이 있는지를 스스로 묻는다. "만일 견분이 있다면 어찌하여 보는 것이 없다고 하였으며, 만일 견분이 없다면 어째서 '관조'라고 이름하며, 자증분이 있어서 반야의 자체를 증득한다면 이 지혜의 몸체(智體)가 실상과 같지 않거늘 어떻게 둘이 없고 다름이 없다고 하며, 만일 견분이 없고 또한 자증분이 없다면 허공과 같을 것이니 '혜慧'라 이름할 수 없을 것인가." 그런 뒤에 그는 스스로 답한다. 어떤 이는 "이 지혜는 견분은 있으되 상분이 없다"고 하며, 어떤 이는 "이 지혜는 상분도 없고 견분도 없으며 오직 자증분이 있어서 자체를 증득한다"고 하며, 혹은 만일 따로 있다고 집착하면 견분見分과 무견분無見分과 자증분自證分의 삼분이 다 없다고 하며, 만일 다름이 없다고 하면 방편으로 삼분이 함께 있다고 설한다. 이 평등한 가운데는 상분이 없는 것으로 상분을 삼고, 견분이 없는 것으로 견분을 삼으며, 자증분이 따로 없지만 자증분 아닌 것이 없다. 이와 같이 자증분은 증득하지 않는 것이 없으니 모든 법의 실상은 '자自' 아닌 것이 없기 때문이다. 그러므로 이 자증분이 곧 이 견분이며 실상을 보는 자는 곧 보는 것이 없다. 보는 것이 있다면 실상을 보지 못하기 때문이다. 그러므로 이 견분은 실상 아님이 없다. 이처럼 삼분은 다만 일미一味일 뿐이다. 만일 이렇게 유견 분과 불견분이 장애가 없다고 설하면 이것이 곧 해탈이다"라고 말한다.

그런 뒤에 "만일 보는 것이 있다고 하면 곧 '있다는 치우친 견해(有邊 見)'에 떨어지고, 만일 보는 것이 없다고 하면 곧 '없다는 치우친 견해(無 邊見)'에 떨어진다. 이 두 가장자리를 여의지 못하면 곧 거기에 얽매이게 된다"며 논서의 게송을 덧붙이고 있다. "만일 사람이 반야를 보았다면/ 이것은 곧 얽매임이 된다/ 만일 반야를 보지 못했다면/ 이것도 또한 얽 매임이 된다/ 만일 사람이 반야를 보았다면/ 이것은 해탈을 얻게 된다./ 만일 반야를 보지 못했다면/ 이것도 또한 해탈을 얻게 된다." 보아도 보았다는 생각에 붙들리지 말아야 하고, 보지 못해도 보지 못했다는 생 각에 붙들리지 않을 때 비로소 반야를 보게되고 해탈을 얻게 된다. 이처 럼 분황은 실상반야와 관조반야를 통합하여 중도를 재천명하고 있다. 그리하여 분황은 분별과 집착과 소유의 생각들을 깨뜨리기 위해 다시 강한 논리형식을 부가한 '즉비卽非~시명是名'의 논리로 『대반야경』의 종 지를 잘 드러내고 있다.

• 마하반야바라밀과 세 가지 반야 4 •

♣

1 문자반야

인간은 직립을 통해 소리를 가공하여 언어를 발견해 내었다. 때문에 언어는 여타의 동물과 인간을 변별하는 주요 근거가 된다. 철학은 '언어'와 '존재'와 '인식'과 이들 사이의 '논리'를 기본도구로 한다. 그런데 이 가운데에서도 언어와 존재의 동일시 여부는 철학함의 기본 전제가 된다. 언어와 존재는 분명 동일하지 않다. 하지만 언어는 종종 존재를 대신한다. 왜냐하면 인간은 언어를 매개하지 않고서는 존재를 인식하지 못하기 때문이다. 해서 인간은 눈앞에 그 존재가 없더라도 그 존재에 투사한 이름을 떠올리며 그 존재를 인식하게 된다. 그러므로 존재와 언어는 분명 다르지만 사실 다르다고만 할 수 없게 된다.

언어는 두 개 이상의 범주로 나누는 것을 특성으로 한다. 그리고 그것은 분별과 망상의 근거가 된다. 반야般若는 '언어 이전' 혹은 '언어 너머'를 있는 그대로 파악하는 '무분별지無分別智' 혹은 '근본지根本智' 또는 '여리지如理智'를 가리킨다. 즉 반야는 분별과 망상을 뛰어넘은 있는 그대로의 모습을 가리킨다. 하지만 이 반야 역시 인간에게는 '분별지分別智'와

'후득지後得智'와 '여량지如量智'를 매개하지 않고는 전달할 수 없다. 때문에 우리의 삶은 이 언어와 언어 이전 혹은 언어와 언어 너머의 긴장과 탄력 속에서 영위된다. 언어는 상호 소통을 위한 주요한 기제가 되며 문자는 반야의 인식을 가능케 해 주는 주요 근거가 된다. 그러므로 인간은 언어의 방편을 매개하지 않고는 진리의 진실을 전하지 못하는 것이다. 그래서 역설적이지만 모든 언어는 진리를 왜곡하지만 언어로 설명하지 못하는 진리는 진리가 아니다고 하는 것이다.

문자로 나타낸 『반야경』이 반야의 지혜는 아니지만 그것을 설명하는 방편이므로 우리는 반야경의 표현을 문자반야라고 일컫는다. 용수보살은 『중론』 제24장의 「관사제품」의 18게인 삼시게三是偈를 통해 문자반야의 공능을 잘 드러내 주었다. 즉 "뭇 인연에 의해 생겨난 법(衆因緣生法)을/ 나는 곧 무(無, 空)라 부르며(我說卽是無)/ 또한 가명이라 부르며(亦謂是假名)/ 또한 중도의 의미라고 한다(亦是中道義)" 제2구의 '무'는 '공'의 다른 표현이다. 용수보살은 이미 8게에서 "제불의 설법은 완전히 이제二諦에 의지한다/ 한편은 세속제이고 한편은 진제(제일의제)이다"라고 설한 뒤 9게인 앞의 게송에서 "이 이제를 분별하지 못하는 자들은/ 불법에 있는 심오한 진실(실상)을 분별하지 못한다"고 말하였다.

진제와 속제 혹은 승의제와 세속제로 불리는 이제는 진리의 두 가지 형식 또는 붓다 설법의 두 가지 형식이다. 해서 '중도-이제'의 구도는 실상반야와 관조반야 및 문자반야의 관계를 잘 보여 주고 있다. 흔히 선종에서는 문자를 세우지도 말고(不立) 문자를 떠나지도 말라(不離)고 한다. 이 상황에서도 선사들은 문자를 세우되 문자에 붙들리지 않았고 문자를 떠나되 문자를 벗어나지 않았다. 중국의 화엄종 완성자로 불리는 법장(643~712)은 이 '립'과 '불립' 혹은 '집착'과 '무집착' 또는 '소유'와

'무소유' 내지 '분별'과 '무분별'의 이항들을 뛰어넘는 활로로서 '서로의 허물을 깨뜨려 줌으로써 도리어 서로를 살려주는 성품(相破反相性)'을 제시하고 있다. 이것은 '깃발이 흔들린다(旗動)'와 '바람이 분다(風動)'를 떠난 제3의 명제가 아니라 '기동'과 '번동'이 지닌 한계(허물)를 깨뜨려 줌으로써 도리어 서로를 살려주는 '활로'가 된다. 분황 역시 문자반야를 원용하여 언어에 붙들려 고통스러워하는 이들을 자유롭게 해 주었다.

2 사람을 살리는 검(活人劍)

무인의 무기는 칼(劍)이고 문인의 무기는 붓(筆)이다. 때문에 옛날이나 지금이나 무인의 칼과 문인의 붓은 그들의 정체성이자 인식틀일 수밖에 없다. 그들은 칼과 붓으로 자신의 신분을 드러내었고 붓과 칼로서 자신의 인식틀을 구성하였다. 해서 칼과 붓은 그들의 전 삶을 지배해 왔다. 흔히 우리는 붓(文)이 칼(武)보다 강하다고 말한다. 하지만 붓을 붓답게 쓰지 못하면 붓은 칼보다 약할 수밖에 없다. 그런데 고승에게 있어 칼과 붓은 모두 언어 문자로 환치된다. 때문에 언어의 칼과 언어의 붓은 사람을 살리기도 하고 사람을 죽이기도 한다. 그래서 '말 한 마디로 천 냥 빚을 갚는다'고도 하지만 '말 한 마디로 사람을 죽이고 살리기도 한다'는 사실을 알아야 한다. 말의 칼은 사람을 죽일 수도 있고 사람을 살릴 수도 있다. 그러므로 모두 고승에게 칼은 이미 칼이 아니라 중생을 향한 자비의 검으로 환치된다.

흔히 칼은 물건을 자르고 사람을 해치는 기구로만 알려져 있다. 그런데 불교 전통에서 칼은 물건을 자르고 사람을 해치기 위해서 쓰는 도구가 아니다. 병자의 암을 치료하는 동안 칼은 의료기구가 된다. 동시에 사람의 마음을 살리는 기제가 된다. 나아가 미학적 안목을 싹트게 하는 오브제가 되기도 한다. 이처럼 의료기구나 마음을 살리는 기제 그리고 미학적 안목을 싹트게 하는 오브제가 될 때 칼은 비로소 활인검이 된다. 현대인들은 잘못된 정보와 그릇된 견해로부터 자유로워지기가 쉽지 않다. 잘못된 정보와 그릇된 견해는 독성보다 강하다. 그러므로 전도된 망상과 이항적 분별에서 벗어나기 위해서는 인식의 전환을 경험하지 않으면 아니된다. 선종에서 말하는 활인검은 우리 의식 속에 매 순간 떠오르는 망상과 분별의 싹을 잘라내어 있는 그대로 보게 하는 검이다. 인식의 전환은 간절한 노력에 의해 경험할 수 있다.

분황은 문자반야의 공능에 대해 누구보다도 깊이 알고 있었던 철학자였다. 언어 문자의 한계와 공능에 대한 깊은 인식 위에서 언어 문자를 활용하되 언어 문자에 붙들리지 않았다. 그는 실상반야와 관조반야를 언급하면서도 문자반야의 효능을 잘 활용하고 있다. 분황은 실상반야와 관조반야를 개별적으로 설명한 다음 이들 두 반야를 합쳐서 중도를 재천명하고 있다. 그는 중도를 재천명하는 기제로 문자반야를 적절히 원용하고 있다. 즉 무분별지를 드러내기 위해 분별지의 언어를 종횡무진 활용한 분황은 다른 사상을 드러내는 데에서도 문자반야의 효능을 적절히 활용하고 있다. 그리하여 분황은 자기만의 독자적인 언어와 개념을 사용하고 자신만의 인식틀과 논리를 활용하여 독자적인 사유체계를 만들어 내었다.

분황의 방대한 저작체계는 바로 문자반야의 공능을 깊이 체인하였기에 가능한 작업이었다. 언어가 분별과 망상의 근원이지만 동시에 사유와 인식의 기제라는 측면을 간과할 수 없다. 그러므로 분황은 언어가 모두를 그려낼 수는 없지만 언어를 떠나 모두를 드러낼 수 없다는 역설을 잘 이해하고 있었다. 그것은 언어의 한계와 언어의 효용에 대한 깊은 통찰이 있었기에 가능한 일이었다. 이러한 점은 그의 저작들을 통해서 확인할 수 있다. 분황은 스스로 두 개의 항 혹은 두 개의 문장을 활용하면서도 서로 밀고 당기며 꼬고 풀기를 반복하면서 독자들로 하여금 이항으로부터 자유로워지도록 유도하고 있다. 그리하여 중도 지혜의 활로를 열어 제치고 있다. 이것은 '일심의 근원으로 돌아가게 함'으로써 궁극적으로는 '중생들을 풍요롭고 이익되게 하기' 위한 자비의 통로 열기였다.

원효 에세이 분황 원효

제3장

▌영정 개요

경주 분황사 보광전 소장 원효 영정

若非一衆多 有在前說有在後說如論
說言 此經二萬二千偈大般若十萬偈
乃至廣說 以是義故不相違也 又此論
若龍王宮阿修羅宮天宮中者千億萬偈
云復次有二種說法 一者靜處二者
靜處靜處者如餘經 今欲明無靜處故
說是摩訶般若波羅蜜經 以此經知 今
此經者同於第三顯了法輪 非諸諍論
安足處故 而判此經等示第二法輪 是
即此經爲諍論處 不應謂論說是無諍
又此經言欲求三乘菩提當學般若波羅
蜜 又言波若波羅蜜中雖無法可得 而
有三乘之教乃至廣說 如解深密經中
亦言一切聲聞獨覺菩薩皆是一妙淸淨
道 當知此經同彼第三普爲發趣一切
乘者 以顯了相轉正法輪 而彼第二法
輪中言唯爲發趣修大乘者 何得以此
屬彼第二 又此經如化品言 若法有生
滅者如化 若法無生無滅 所謂無誑相
涅槃 是法非變化 須菩提言如佛所說
一切諸法性空 非但涅槃一法非如化
作 云何涅槃一法非如化 佛言如是如
是 一切法性常空 若新發意菩薩聞一
切法皆是性空乃至涅槃亦皆如化心卽

❶「乘」「剩」。

驚怖 爲是新發意菩薩故分別生滅者
如化不生滅不如化 須菩提言 世尊
云何令新發意菩薩知是性空 佛告須
菩提 諸法先有今無耶 以是文證 當知
此經說涅槃法亦無自性 而彼第二法
輪中言一切諸法無生無滅 第三了義
性涅槃 不言涅槃無自性性 第三了義
法輪中言一切諸法無生無滅乃至涅槃
無自性性 以是故知 今此經宗超過第
二同第三也 又華嚴經云 生死及涅槃
是二悉虛妄愚智亦如是 二皆無眞實
今此經云 色受想等如幻如夢乃至涅
槃如幻如夢 若當有法勝涅槃者 我說
亦復如幻如夢 當知此經同彼華嚴無
上無容究竟了義 但其教門各各異一
耳第五判教略述如之

第六消文依論廣釋

大慧度經宗要終

法華宗要❶

元曉師撰

將欲解釋此經略開六門分別 初述大
意次辨經宗三明詮用四釋題名五顯教
攝六消文義
初述大意義 妙法蓮華經者 斯乃十方
三世諸佛出世之大意 九道四生咸入
一道之弘門也 文巧義深 無妙不極 辭
敷理泰 無法不宣 文辭巧敷而含
二義理深泰而帶權 理深泰者 無
實 義理深泰者 開權示實是化
無一道之弘門也 文巧義深 無妙不極 辭
二無別也 辭巧義敷者 開權示實是化
者 開門外三車是權 中途寶城是化
下成道非始 林間滅度非終 示質者 示
□生並是吾子 一乘皆當作佛 算數
不足量其 命 劫火不能燒其 立是謂文
辭之巧妙也 言二者 唯一大事 於
佛知見開示悟入無有令知令證故
言無別者 三種平等 諸乘諸身皆同一
揆 世間涅槃永離二際故 是謂義理之

❶❹新修大藏經 第三十四卷(弘安六年相承二
和寺藏本)。❷東文選 第八十三卷所載法華經宗
要序。❸「滅」作「感」。❾「花」作「華」❶。❶「□」
作「四」❶。❺「算」作「筭」❶。❻「立」作「土」❶。

· 묘법과 묘종 1 ·

♣

1 『법화경』의 벼리

　종종 불교는 공空, 자비慈悲, 지혜智慧, 중도中道, 연기緣起, 각覺, 무상無常, 무아無我, 열반涅槃, 해탈解脫 등의 기호로 외화되고 있다. 이들 기호 이외에도 각 학파나 종파를 가리키는 용어가 적지 않다. 즉 사가四家 대승의 하나인 '삼론'은 반야 중관학의 중국적 변용을 가리키며, '법상'은 유가 유식학의 중국적 전개를 의미한다. 또 '묘종'은 법화학의 중국적 특성을 나타내며, '법성'은 화엄학의 중국적 개성을 보여 준다. 이 가운데에서도 『법화경』은 특히 '묘법妙法' 혹은 '정법正法'으로 일컬어지며, 여기에 기반하여 성립된 천태종의 수행법은 '지관止觀'으로 불리워진다. 또 선종의 수행법은 '간화看話'와 '묵조黙照'로 일컬어지며, 정토의 수행법은 '염불念佛'과 '칭념稱念' 등으로 언표된다.

　'정법正法'은 축법호의 『정법화경』(10권, 286년)에서 비롯되었고, '묘법妙法'은 구마라집의 『묘법연화경』(7권, 405?년) 번역에서 시작되었다. 뒤이어 사나굴다와 달마급다는 구마라집 역의 저본에다 축법호 역을 종합하여 『첨품묘법연화경』(7권, 601년)을 역출해 내었다. 결국 이들은 구마라집의 '묘법'을 취했다. 사실 축법호가 취한 '정'과 구마라집이 취한 '묘'는 모두 범어 '사드sad'를 한역한 것이다. 구마라집의『묘법연화경』은 가장 널리 읽혔고 대중적 기반을 확보했다. 하여 이 경전은 묘종인 천태종에서 절대도 아니고 상대도 아니며, 상대도 끊어버리고 절대도 끊어버린 '신묘神妙', '정묘精妙', '오묘奧妙', '절묘絶妙', '현묘玄妙', '미묘微妙', '교묘巧妙', '영묘靈廟', '기묘奇妙', '원묘圓妙', '승묘勝妙'의 묘법을 꽃피우는 경전 중의 경전이 되었다. 여기서 '묘'는 참으로 묘하고도 묘한 글자라고 할 수 있다. 구마라집은『법화경』의 '법法'을 '묘妙'로 수식하여 '묘법'이라고 했다.

분황 원효는 젊은 날에 영축산 서쪽 골짜기의 반고사磻高寺에 머문 적이 있었다. 지적 호기심이 강했던 그는 영축산의 동쪽 봉우리에 주석하는『법화경』과 삼론학의 대가인 낭지법사를 자주 찾아뵙고 묻고 배웠던 것으로 짐작된다. 분황의 처녀작인『초장관문初章觀文』과『안신사심론安身事心論』역시 낭지의 권유에 의해 저술된 것으로 알려져 있다. 그는 이 두 저술을 은사 문선文善을 통해 낭지에게 전하여 감수를 요청했었다. 분황이 이들 저술편 말미에 적어 둔 게송은 낭지법사로부터 그가 깊은 영향을 받았음을 시사해 주고 있다. 영축산은 붓다가『법화경』을 설한 곳이자 낭지가 머물고 있던 산이다. 이 게송에 의하면 아마도 분황은 그에게『법화경』의 가르침을 전승했을 것으로 추측된다. 아울러 통일신라시대의 법화학은 낭지의 가르침을 전승해 받은 분황 전후로부터 널리 전해졌을 것으로 미뤄볼 수 있다.

분황의 87부 180여 권 중 법화 관련 저술은 현존하는『법화경종요』(1권)를 비롯하여 산실된『법화경방편품요간』(1권),『법화경요략』(1권),『법화약술』(1권) 등 네 가지가 있다. 현재 남아 있는 것은『법화경종요』

뿐이어서 이 저술을 통해 그의 법화경관을 살펴볼 수밖에 없다. 전하는 기록에 따르면 분황은 『법화경』과 대단히 긴밀했던 것으로 보인다. 그가 사불산의 백련사白蓮社에서 『법화경』을 강의하자 맨 땅에서 흰 연꽃이 피어났다고 전한다. 때문에 뒷날에 이를 기념하여 절 이름을 '백련사'라고 불렀다고 한다. 이것은 분황의 『법화경』 강론이 얼마나 깊었는가를 보여주는 실례라고 할 수 있다. 그것은 그의 『법화경종요』에 담긴 안목에서도 확인되고 있다. 이 저술은 한국에서 멸실된 지 오래되었다. 다행스럽게도 일본 왕실의 원찰인 인화사仁和寺에 소장된 필사본을 통해 복원할 수 있었다.

2 법화학의 원전적 지위

분황의 『법화경』 인식은 그의 교판에서도 확인된다. 그는 이 경전을 구경의 요의교를 설하는 것으로 보았다. 그는 이 경전에 대한 선학들의 연구도 검토했을 것으로 생각된다. 하지만 그의 폭넓은 『법화경』 이해와 달리 이 경전을 자신의 논리로 체계화한 천태 지의天台 智顗(538~597)의 저술에 대한 논구는 보이지 않는다. 다만 분황은 그의 『열반경종요』말미에서 천태 지의와 신인神人과의 문답 형식으로 된 내용의 글을 교판敎判에 대한 문증文證으로 인용하고 있다. 때문에 분황은 자신의 교판을 수립할 때 천태의 교판을 참조하였던 것으로 짐작된다. 그럼에도 불구하고 분황의 저술 목록에 천태 지의의 저술과 관련한 어떠한 논저도 없는 이유는 어디에 있을까? 아마도 이것은 신라 시대의 불교학이 인도불교의 경론을 중심으로 진행되었기 때문일 것이다.

현존하는 분황의 저술 목록을 검토해 보면 그의 저술은 종래 중국 찬술의 장소류에 대한 2차 주석서의 지위가 아니라 인도 찬술의 경론에 대한 직접적인 주석이 대부분이다. 분황은 붓다와 보살논사들의 경론을 살펴 자신의 안목을 담아 저술하였다. 때문에 분황의 저술은 1차 원전의 지위를 지니고 있다. 그의『금강삼매경소』를 인도의 번경삼장들이 보살논사의 저작인 '론'으로 높여『금강삼매경론』으로 불렀다는 설화는 분황 저술의 독자성을 시사해 주고 있다. 동아시아 불교사상사에서 비교적 이른 시기에 활동했던 분황의 관심은 인도 찬술의 경론이 중심일 수밖에 없었다. 그의 저술 목록에 중국 찬술의 장소류에 대한 주석이 없는 것은 자신의 안목에서 소화한 중국 불학자들의 저술이 눈에 띄지 않았기 때문일 것이다. 때문에 애초부터 분황은 중국 찬술 장소류(교장)에 대한 주석에 대해서는 염두에 두지 않았을 것이다. 다만 중국 찬술의 장소류에 대한 검토는 하였을 것으로 추정된다. 하지만 그의 저술목록이나 현존 저술 그 어디에도 중국 찬술의 교장에 대한 저작은 확인되지 않는다.

　　분황은『법화경』을 "『묘법연화경』은 시방과 삼세의 모든 부처님이 세상에 나온 커다란 뜻이요, 오취지(五趣地, 欲界 1지)와 이생희락지(離生喜樂地, 色界 초선천)와 정생희락지(定生喜樂地, 色界 제2선천)와 이희묘락지(離喜妙樂地, 色界 제3선천)와 사념청정지(捨念淸淨地, 色界 제4선천)와 공무변처지(空無邊處地, 無色界 1지)와 식무변처지(識無邊處地, 無色界 2지)와 무소유처지(無所有處地, 無色界 3지)와 비상비비상처지(非想非非想處地, 無色界 4지)의 아홉 중생계(九道)의 태생과 난생과 습생과 화생 네 생명체(四生)가 모두 한 길(一道)로 들어가는 넓은 문이다"라고 선언하고 있다. 또 그는 이 경전은 "문장이 교묘하고 함의가 깊디 깊어 묘법의 궁극을 다하지 않음이 없고, 언사가 활짝 펴고 이치가 환히 트여 묘법의 선언을 드러내지 않음이 없다"라고 했다. 그리고 "문장과 언사가 교묘하고 활짝 펴서 꽃피었으면서도 열매를 품었으며 함의와 이치가 깊디 깊고 환히 트여 진실하면서도 방편과 함께 한다"라고 하였다. 나아가 "이치가 깊디 깊고 (환히) 트였다는 것은 (일승만 있을 뿐) 둘이 없고 (이승과 삼승의) 다름도 없음이요, 언사가 교묘하고 활짝 피었다는 것은 방편을 열어 진실을 보임이다"라고 하였다.

　이처럼 분황은 『법화경』을 『화엄경』과 동일한 구경究竟 요의교了義敎로 파악하고 있다. 이것은 그의 교판 인식에서도 확인되고 있다. 분황의 『법화경종요』는 가장 널리 읽히는 구마라집의 『묘법연화경』의 대의와 강요를 개론화한 것이다. 해서 이 저술은 『법화경』의 종지를 가장 요령 있게 회통한 저술로 평가받고 있다. 동시에 법화 연구의 원전적 지위를 획득하고 있다고 말할 수 있다. 그것은 천태 지의의 법화 연구와도 또 다른 분황 원효 법화학의 진경을 열고 있기 때문이다.

· 묘법과 묘종 2 ·

🔱

1 방편과 진실

분황은 『법화경종요』 서문에서 이 경전의 대의를 방편의 삼승과 진실의 일승에 입각하여 회삼귀일會三歸一 사상으로 요약하고 있다. 하여 그는 '무량승이 곧 일승'임을 선언하고 있다. 이것은 시방삼세의 일체 불법이 모두 이 법화일승法華一乘으로 회통됨을 의미한다. 이처럼 이 저술에는 분황의 통화統和적인 불교사상이 잘 드러나 있다. 그는 「법사품」에의거하여 이 경전의 묘용을 "일체 보살의 위없는 깨침(阿耨菩提)이 모두이 경전에 속하니 방편문을 열어 진실상을 보임이 곧 이 경전의 수승한작용을 밝힌 것이다"라고 언표하고 있다. '방편을 열어젖혀 진실을 드러낸다(開權顯實)'는 것은 '삼승을 회통하여 일승으로 귀결한다(會三歸一)'는 것을 의미한다. 이것은 이 경전의 문제의식이자 핵심과제이기도하다.

분황은 경문의 교의에 맞추어 '묘법'을 '교묘巧妙', '승묘勝妙', '미묘微妙', '절묘絶妙'의 네 가지 뜻으로 풀면서 이 열 여섯 가지의 지극히 미묘한뜻은 시방(공간)과 삼세(시간)에 둘도 없는 교법의 궤칙(法軌)이라고 하였다. 분황은 연꽃도 네 가지 묘(四妙)의 내용에 배합하여 풀이하고 있다. 즉 연꽃이 안에 열매를 싸고 있는 것은 방편을 열어 진실을 드러내는 '교묘'에 비유한 것이다. 연꽃이 만개한 것은 이 경전이 일승의 바른 근기(一乘正機)를 위하여 그윽히 설한 '승묘'와 같다. 이 꽃이 진흙탕 속에서 물들지 않고 아름답고 묘하며 향기롭고 청결한 것은 설해진 불승佛乘이 번뇌탁의 생사바다에서 벗어난 '미묘'에 견준 것이다. 이 꽃의 잎이 넓고 꽃 속이 깊어서 물방울이 묻지 않고 흙탕에 물들지 않는 것은 이 일승 교문의 광대한 도리가 말을 여의고 생각이 끊긴 '절묘絶妙'에 견준 것이다고 하였다.

그는 먼저 이 저술을 1) 대의를 서술하고, 2) 경전의 종지를 변별하고, 3) 경문의 묘용을 밝히고, 4) 제목 이름을 풀이하고, 5) 교법의 소속을 나타내고, 6) 경문의 뜻을 해설하는 대목으로 짜고 있다. 분황이 "『묘법연화경』은 시방과 삼세의 제불이 세상에 나온 커다란 뜻이요, "시방과 삼세의 모든 부처님이 세상에 나오신 큰 뜻이며, 아홉 세간(九道)의 네 가지 생명체(四生)가 일도一道에 들어가는 큰 문"이라고 갈파한 것 역시 이 경전이 권교權敎 삼승의 방편문을 열어 일승一乘 성불의 진실상을 보인 것임을 알려주는 대목이다. 반면 화엄가인 현수 법장은 법화를 자신의 오교판 중 '대승종교'에 배정하였다. 또『해심밀경』을 최상의 요의경이라고 주장하는 법상가는 적멸(열반)에 안주하여 대승심을 발하지 못하는 이승 성문은 아무리 부처님의 교화를 입어도 결정코 성불할 수 없음을 구극의 진리(了義)로 본다. 때문에 그들은 성문승과 연각승의 정성定性 이승과 무성無性 중생도 성불할 수 있다고 하는 『법화경』은 구극적 진리를 설하는 경전이 아니라 '방편적 진리(不了義)'를 설하는 경전이라고 하였다. 하지만 분황은 그러한 법상가의 관점은 옳지 않다고 보았다.

분황은 법상가의 주장은 방편설이고 법화교의 가르침이 진실한 대승의 뜻임을 경론을 널리 인용하여 변론하고 있다. 분황은 한결같이 『법화경』을 일승의 원교이자 진실한 대승임을 역설하고 있다. 이것은 법상가의 일승에 대한 삼승 우위와 다른 삼승에 대한 일승 우위의 주장이라고 할 수 있다. 그리고 이것은 이 경전이 시종일관 역설하고 있는 삼승 방편문과 일승 진실상의 구도로 드러내는 일승 우위의 가르침에서도 엿볼수 있다. 뿐만 아니라 이 경전의 종지인 대승의 보살도를 대승불교의 궁극이자 완성으로 여기는 관점에서도 알 수 있다. 이러한 관점은 분황의 교판 정립 과정에서도 확인된다.

2 닦아 깨치는 사람(能詮)과 닦아 깨쳐지는 교법(所詮)

인도불교는 '주체'인 능연 혹은 능전과 '대상'인 소연 혹은 소전을 중심으로 설명한다. 이것은 중국불교에서 '몸체'인 체體와 '몸짓'인 용用 중심으로 설명하는 것과는 다르다. 중도를 설하는 불교에서 볼 때 능연 또는 능전만을 강조하여 그것을 실체시해서는 아니되며, 소연 혹은 소전만을 강조하여 그것을 실체시 해서도 아니된다. 능연 또는 능전은 소연 또는 소전과 상응하여 업식業識이 이루어지는 것이기 때문이다. 해서 주체와 대상의 '관계'를 강조하는 능소론能所論과 주체와 대상의 '존재'를 강조하는 체용론體用論은 그 결이 동일하지 않다. 씨앗과 열매의 관계를 통해서 알 수 있는 것처럼 같다는 것을 강조하거나, 다르다는 것을 강조하거나, 같기도 하고 다르기도 하다고 강조하거나, 같은 것도 아니고 다른 것도 아니다고 강조하는 치우친 소견을 넘어설 때 중도 지혜의 활로를 열어갈 수 있기 때문이다.

이를테면 분황이 『대승기신론소』에서 수론數論외도의 '원인 속에 결과가 있다(因中有果)'는 것처럼 동일성을 고집하거나, 승론勝論외도의 '원인 속에 결과가 없다(因中無果)'는 것처럼 차이성을 고집하거나, 무참無慙외도의 '같기도 하고 다르기도 하다(亦一亦異)'는 것처럼 동일성과 차이성을 동시에 고집하거나, 사명邪命외도의 '있는 것도 아니고 없는 것도 아니다(無有無俱)라는 것처럼 동일성과 차이성을 동시에 부정하는 사구를 끊어버려야(絶四句)됨을 역설하는 대목을 통해서도 알 수 있다. 즉 사구는 곧 두 가지 요점인 유·무有無와 일·이一異로 요약되고, 유有=增益와 비유非有=損減와 쌍허雙許=相違와 쌍비雙非=戲論와도 상통하며, 사구의 단절은 유상有相의 부정과 무상無相의 부정과 역유역무상亦有亦無相의 부정과 비유비무상非有非無相의 부정을 통해 중도를 드러내는 것이다.

분황은 이 경전의 종지를 가려내는 대목에서는 "이 경전은 '넓고 큼(廣大)'과 '깊고 깊음(甚深)'과 '일승 실상一乘實相'으로 종지를 삼는다"고 전제한다. 그런 뒤에 그는 '이 법을 닦아 깨치는 사람'인 '능승인能乘人'과 '닦아 깨쳐지는 교법'인 '소승법所乘法'으로 일승 실상을 나누어 해명한다. 분황은 능승인으로는 성문과 연각과 보살의 삼승을 행하는 사람과 결정決定성문과 퇴보리退菩提성문 및 응화應化성문과 증상만增上慢성문의 부류 성문과 욕계와 색계와 무색계 세 갈래 세계의 모든 태생과 난생과 습생과 화생 네 생명체가 모두 이 일불승一佛乘을 탈 사람이며, 부처의 종자를 끊은 지극히 악한 중생인 무성유정無性有情도 장차 모두 성불한다고 역설한다. 나아가 한 중생도 불자 아님이 없으므로 광대한 중생세계가 곧 열반세계이므로 '깊고 깊다(甚深)'고 했다.

분황은 이 법을 닦아 깨치는 사람인 '능승인'에 의해 닦아 깨쳐지는 교법인 '소승법'을 일승의 이치(一乘理)와 일승의 교법(一乘教)과 일승의 종자(一乘因)와 일승의 과위(一乘果) 네 가지로 변별한다. 먼저 그는 '일승의 이치'는 일법계이며 법신法身과 여래장如來藏으로 평등하고 한결같이 그러한 모습(一如相)이라고 하였다. 이어 '일승의 교법'은 과거와 현재와 미래의 여러 붓다들이 처음 성도할 때부터 열반에 이르기까지 일불승에 이르기 위해 설한 모든 것이라고 하였다. 그리고 '일승의 종자'는 증상만과 성문과 연각과 무성유정이 장차 모두 성불의 씨앗이 된다고 하였다. 나아가 '일승의 과위'는 법신불이 이름과 모습 없이 본래부터 지니고 있는 원만한 보리의 과체인 본유과本有果와 십지의 수행이 가득 차서 열반을 증득하는 보신불 및 중생의 인연을 따라 시현하는 응(화)신불의 시기과始起果로 구분하고 있다.

· 묘법과 묘종 3 ·

⁂

1 네 가지 묘의 뜻(四妙義)

'묘'는 참 '묘'한 글자다. 천태 지자天台 智者(538~597)는 『법화현의』에서 "'묘'는 '절絶'이며 '절'은 '묘'의 다른 이름이라 했다. 그는 '묘'를 '절대도 아니고 상대도 아닌 것(非絶非對)'이며, '상대도 끊어버리고 절대도 끊어버린 것(滅待滅絶)'이라 했다. 그리고 『법화경』의 적문迹門과 본문本門을 연꽃의 생리로 비유하고 있다. 적문의 비유에서는 1) 연꽃이 열매를 맺기 위하여 피는 것처럼 붓다는 먼저 방편을 설한 다음 진실을 설한다. 2) 연꽃이 피면 열매가 나타나는 것처럼 붓다는 수행이 좀 이루어진 중생을 위하여 방편 속에 포함된 진실을 가르침을 드러낸다. 3) 연꽃이 떨어진 다음 열매가 성숙하여 드러나는 것처럼 붓다는 근기가 무르익은 중생들에게 방편교를 폐하고 진실교를 가르친다. 본문의 비유에서는 1) 석가모니 붓다는 부다가야의 보리수 밑에서 성불하셨다고 적문에서 말하지만 사실은 아득한 옛날에 이미 성불한 붓다임을 나타낸다. 2) 석가모니 붓다인 현재의 적불을 나타내어 구원의 본불을 나타낸다. 3) 현재의 적불을 폐지하고 구원의 본불을 세운다.

이와 달리 분황 원효는 『법화경』의 제목 풀이에서 '묘'를 1) 교묘, 2) 승묘, 3) 미묘, 4) 절묘의 네 가지로 해명하고 있다. 1) 이 경전은 교묘하게 방편문을 열어두고, 교묘하게 삼승에 집착하는 소견을 덜며, 교묘하게 진실의 모습을 보이고, 교묘하게 일승의 지혜를 내게 했다. 이 네 가지 뜻으로써 참된 궤범(眞軌)을 삼기 때문에 '묘법'이라고 하였다. 2) 이 경전은 일체의 불법을 펼칠 수 있고, 일체 위신력을 보일 수 있으며, 일체의 비밀장을 나타낼 수 있고, 일체의 깊은 일을 설할 수 있으니 이 네 가지 뜻이 가장 승묘하므로 '묘법'이라고 하였다. 3) 이 경전이 설한 일승의 과는 묘한 덕이 둥글지 않음이 없고, 잡염이 정화되지 않음이 없으며, 의리가 다하지 않음이 없고, 세간을 제도하지 않음이 없다. 이 네 가지 뜻으로 미묘한 법이라고 하였다. 4) 이 경전이 설한 일승법상은 크고 넓으며, 깊고 깊으며, 말을 여의고, 생각이 끊겼다. 이 네 가지 뜻을 가지고 있기 때문에 '절묘'의 법이라고 하였다.

분황은 이 네 뜻 가운데 '교묘'와 '승묘'의 법은 '능전의 묘용'으로써 이름을 세운 것이고, '미묘'와 '절묘'의 뜻은 '소전의 종지'에 따라 명목을 삼은 것이라 했다. 합하여 말하면 묘법이란 교묘·승묘·미묘·절묘의 16종의 가장 묘한 뜻을 포함한 시방 삼세의 둘도 없는 궤칙이라고 했다. 그는 이 네 가지 묘의 부분적 의미(別義)와 전체적 의미(通義)를 연꽃의 비유를 통해 그 의미를 확장하고 있다. 전체적 의미에서 이 꽃은 반드시 꽃·꽃수염·꽃받침대·열매 등의 넷을 합하여 미묘함을 이루듯이 이 경이 네 묘의를 갖추어 한 경을 이루었으므로 묘법이라 이름한 것이라고 했다. 부분적 의미에서 이 꽃에는 네 가지 종류가 있다.

1) '분다리分陀利'는 백련화로서 선백鮮白하고 분명하여 꽃이 피자 열매가 나타난다. 이것은 이 경전이 뚜렷하고 분명하여 방편(꽃)을 열어 진

실(열매)을 나타내는 교묘함에 비유한 것이다. 2) 이 꽃에는 세 가지 이름이 있으니 아직 피기 전에는 '굴마라屈摩羅'라 하고, 장차 질 적에는 '가마라迦摩羅'라 하며, 이미 피어 한창 번영할 적에는 '분다리'라고 한다. 이것은 큰 근기가 바로 발심할 적에 일승법을 베풀어 보이고 드러내 설하는 승묘에 비유한 것이다. 3) 이 꽃은 흙탕물에서 빼어날 뿐 아니라 또한 향기롭고 조촐하여 온갖 아름다움을 갖추었다. 이것은 이 경이 설한 불승이 번뇌의 흙탕에서 벗어나고 생사의 바다에서 뛰어나서 온갖 덕이 원만한 미묘함에 비유한 것이다. 4) 이 꽃은 꽃잎이 넓고 꽃 속이 깊을 뿐만 아니라 또한 물방울이 묻지 않고 흙탕물에 물들지 않는다. 이것은 이 경이 설한 일승법문이 크고 넓으며, 도리가 매우 깊어서, 말길을 여의고 생각이 끊어진 절묘함에 비유한 것이다.

2 네 가지 묘용의 뜻(四義方便)

우리의 삶은 진실과 방편에 의해 이루어진다. 진실이 몸체(體)라면 방편은 몸짓(用)이 된다. 진공眞空이 진실이라면 묘유妙有는 방편이 된다. 이 경전의 「법사품」에는 "일체보살의 아뇩보리(最上正覺)가 모두 다 이 경에 속하나니 방편문을 열어서 진실상을 보인다"고 하였다. 여기서 방편문은 바로 이 경전의 묘용이 된다. 방편Upāya이란 일체 중생의 기틀(機類)과 성격(根性)에 계합하기 위해 편리하게 쓰는 방법과 수단을 말한다. 여기서 '방'이란 '방법'이자 '방정한 이치'이며 '중생의 방역方域'이다. '편'이란 '편리'이자 '교묘한 말'이며 '교화하는 편법'이다. 즉 방편은 중생을 제도하기 위해 여러 수단 방법을 강구하는 것이다. 다시 말하면 여러 가지 기류의 방역에 순응하여 적당히 교화하는 편법을 쓰는 것이다.

그런데 이 방편에는 늘 진실이 함께 한다. 현실적 인간들에게는 방편을 매개하지 않고서 진실이 전해질 길이 없다. 방편은 달을 가리키는 손가락이 되고, 강을 건너는 뗏목이 되고, 일불승을 전하기 위한 삼승이 된다. 해서 방편은 근기가 아직 성숙하지 못하여 깊고 묘한 교법을 받을 수 없는 이를 위하여 그를 깊고 묘한 진실도에 꾀어들이는 수단 방법이다. 즉 방편은 진실을 전하기 위한 권도權道이므로 권가權假 방편 혹은 선교善巧 방편이라고 한다. 때문에 방편은 권도로 시설된 낮고 보잘 것 없는 법문을 가리킨다. 반면 방편에는 불보살이 여러 가지 수단 방법(權道)을 써서 중생을 진실한 대도로 이끌어 들이는 지혜의 방편(權智)이란 의미도 있다.

분황은 '방편을 열어서 진실을 보였다(開權示實)'에서 '열었다'는 것을 "문 밖에 세 수레가 방편이요, 중도의 보배성이 교화이며, 나무 아래 성도가 처음이 아니며, 숲 사이의 멸도가 마지막이 아니다"로 풀고 있다. 또 그는 '보였다'는 것을 "사생四生이 모두 내 아들이요, 이승二乘이 마땅히 부처가 되며, 산수算數로 그 수명을 헤아리지 못하고, 겁화劫火가 능히 그 국토를 불사르지 못한다"라고 한 것은 이 경전이 지니고 있는 글과 말의 교묘함을 가리키는 것이라고 풀이한다. 그는 '능전의 묘용을 밝히는(明能詮用)이 종요의 세 번째의 대목에서 '개開'-'시示'-'오悟'-'입入'의 네 가지 뜻으로 방편을 해명하고 있다. 우리는 이 네 가지 묘용을 통해 이 경전의 시설 의도를 명료하게 엿볼 수 있다. 동시에 방편을 매개하지 않고 진실을 전할 길이 없다는 사실을 새삼 확인하게 된다.

그는 묘용을 '개'와 '시'의 두 가지로 나누어 보고 있다. 여기서 '개'는 삼승의 방편문을 엶이고, '시'는 일승의 진실상을 보임이다. 먼저 그는 첫째 '개'를 밝히고 둘째 '시'를 밝힌 뒤 다시 개와 시의 묘용을 합하여 밝히고 있다. 다시 '개'에도 '열어 보인 교문(所開之門)'과 '열어 젖힌 묘용(能開之用)'의 두 가지가 있다. 방편은 삼승교로 열어 보인 교문을 말한다. 분황은 다시 다음의 네 가지 뜻에 의하여 방편을 해명한다. 1) 붓다가 방편 지혜로 설한 가르침이니 주체에 의해 이름을 세워 방편교라 한다. 2) 삼승교로 세 가지 근기에 잘 맞도록 한 것이니 이것은 업을 가지고 이름을 지어 방편교라 한다. 3) 일승교를 위하여 앞의 방편을 지음이니 삼승교로 인하여 뒤에 일승정교一乘正敎를 설하니 뒤의 정교에 대하여 방편이라 하다. 4) 일승의 이치에 권교權敎로 방편을 설함이 진실한 설이 아니라 한 것이니 이 방편의 뜻은 진실에 대하여 방편이라 한 것이다. 이처럼 분황은 '나온다는 뜻(出義)'과 '들어간다는 뜻(入義)'을 지닌 '문'의 의미를 통해 '방편문方便門'의 뜻을 잘 드러내고 있다.

· 묘법과 묘종 4 ·

1 회삼귀일

삼승을 일깨워서 일승으로 되돌리다(會三歸一)

대승경전의 편찬과정에 대해서는 다양한 연구들이 이루어져 있다. 하지만 아직도 어느 주장을 정설로 확정하기까지에는 아직도 여러 문제들이 남아 있다. 다만 여러 사료들 간의 정합성에 근거하여 문제를 좁혀나갈 수는 있다. 우선 여기에서 문제가 되는 것은 대승경전 '편찬의 주체'와 '편찬의 이유'라고 할 수 있다. 연구에 의하면 편찬의 주체는 재가보살을 중심으로 한 보살집단으로 좁혀지고 있다. 그중에서도 진보적이고 신앙심이 강렬한 집단에 의해 결집된 것으로 추정된다. 그들은 시공을 초월한 깊은 선정(디야나) 체험 속에서 석존을 만나 청문한 내용들로 대승경전을 편찬해 내었다. 바로 이것이 붓다의 진실한 말씀을 담은 근거가 된다는 점이다. 최근 네팔 등지에서 발견된 『법화경』의 필사본에 근거한 연구에 따르면 이 경전은 서북 인도에서 일어났던 종교문학운동 속에서 진보적이고 신앙심이 강한 어떤 집단이 출현시킨 것으로 보고 있다.

편찬의 이유는 자기의 해탈만이 목적일 뿐 타인의 구제를 생각하지 않는 소승 수행자들에 대한 문제 제기라고 보고 있다. 그들은 자신만의 해탈을 최고의 이상으로 하는 성문 제자와 인과의 도리를 깨달았으나 자신만으로 만족하고 타인에게 설법하지 않는 독각(연각)을 넘어서고자 했다. 이것은 '삼승 방편'과 '일승 진실'을 주장하면서 '삼승을 모아서 일승으로 되돌리다(會三歸一)' 혹은 '방편을 열어 진실을 낸다(開權現實)' 또는 '삼승을 열어 일승을 낸다(開三顯一)'고 역설하는 경설에 잘 나타나 있다. 이처럼 이 경전의 성립 배경에는 소승이 지닌 한계를 극복하기 위한 당위성과 역사 발전에 따라 생겨난 역사성이 투영되어 있다. 때문에 우리는 당위성과 역사성의 갈등과 길항을 있는 그대로 인정하면서 경전을 읽을 수밖에 없게 된다. 대승경전의 비불설론도 같은 맥락에서 이해하면 크게 문제될 것이 없을 것이다.

대승불교를 상징하는 경전은 『법화경』만이 아니다. 대승경전 성립사의 서두를 장식하는 반야경류를 비롯해서 정토경류와 화엄경류 등도 있다. 하지만 『법화경』은 그 내용이나 지향이 남달라 『화엄경』과 함께 대승경전을 대표한다. 편찬자들은 먼저 「서품」 일부와 「방편품」과 「비유품」을 탄생시켰고 이어 「견보탑품」의 앞부분과 『권지품』의 일부를 집성했을 것으로 짐작되고 있다. 그 뒤 그들은 「종지용출품」과 「여래수량품」 및 「여래신력품」을 찬술한 뒤 일정 시간 뒤에 「분별공덕품」과 「상불경보살품」을 첨가한 10장 정도의 소품경전을 만들어 냈을 것으로 추측되고 있다. 이것은 소승과 대승의 구도 아래에서 대승으로의 회귀를 촉구하기 위해 편찬한 것으로 추정된다.

천태 지자는 이 경전의 전반부를 '제법 실상'을 설한 적문迹門(1~14품)

으로, 그리고 후반부를 '구원 실성'을 설한 본문本門(15~28품)으로 나누어 보았다. 반면 분황의 『법화경종요』에는 천태의 이 같은 관점이 드러나 있지 않다. 때문에 분황은 천태와는 다른 방식으로 법화를 이해한 것으로 추정된다. 그것은 현존 『법화경종요』를 통해서 확인할 수 있다. 분황은 적문과 본문의 구도를 설정하지 않았다. 다만 그는 '삼승을 일깨워서 일승으로 되돌리고(會三歸一)' '지말을 거두어 근본으로 돌이키는(攝末歸本)' 구도 속에서 『법화경』을 파악하고 있는 것으로 보인다. 여기서 '삼'과 '말'은 모두 방편이고 '일'과 '본'은 진실이다. 해서 분황은 방편의 이론과 진실의 실천이란 구도 속에서 진실의 실천으로 화통해 가고 있음을 알 수 있다.

2 섭말귀본

지말을 거두어 근본으로 돌이키다(攝末歸本)

교상판석은 붓다의 가르침을 위계짓고 해석하는 것이다. 분황의 교판 역시 변모를 해 왔다. 그에게는 젊은 시절의 관점과 만년의 관점에 일정한 변화가 있었던 것으로 추정된다. 우리는 '가장 나중에 오는 장작이 제일 나중에 오른다(後來居上)'는 이 말로서 시간과 방법 및 형식과 내용을 가르는 교판의 의미를 잘 이해할 수 있다. 이 말을 패러디 하면 "가장 나중에 설해진 경전이 제일 위에 오른다"가 된다. 분황은 『법화경』이 속한 교문을 밝히기 위해 인도 계현戒賢 논사의 설과 중국 길장吉藏 대사의 설을 인용하면서 화쟁과 화통을 통하여 자신의 생각을 밝히고 있다. 먼저 분황은 계현의 세 가지 법륜설 속에서 이 경전을 방편적 진리(요의교)로 보고 있음을 소개하고 있다.

첫째는 『아함경』 등과 같이 유상有相법륜이니 오직 성문승을 지향하는 이를 위하여 사제상四諦相에 의하여 법륜을 굴린다. 둘째는 『반야경』 등과 같이 무상無相법륜이니 오직 보살승을 지향하는 이를 위하여 법공에 의하여 법륜을 굴린다. 셋째는 『해심밀경』 등과 같이 상이 없는 최상의 법륜이니 널리 삼승을 지향하는 이를 위하여 모든 법이 공하여 자체의 성이 없는 이치에 의하여 법륜을 굴리어서 최상으로서 다른 것을 용납함이 없다. 이 가운데에서 앞의 두 가지는 방편적 진리(了義)요, 세 번째는 참된 구극적 진리(眞了義)이다고 했다. 이어 분황은 길장의 세 가지 법륜설 속에서 이 경전을 구경요의로 보고 있음을 소개하고 있다.

첫째는 근본법륜이요, 둘째는 지말법륜이며, 셋째는 지말을 거두어 근본에 돌아가는 법륜이다. 근본법륜이란 붓다가 처음으로 도를 이루시고 화엄회상에서 보살을 위하여 널리 일인一因과 일과一果 법문을 열으셨으니 그것이 근본교이다. 다만 박복한 둔한 근기가 일인과 일과 법문을 감내하지 못하므로 일불승을 나누어 삼승을 설하였으니 이것이 지말교이다. 40여 년을 삼승교를 설하여 그 마음을 도야하고 연마하여 이제 법화회에 이르러 비로소 삼승을 회통하여 일승에 돌아가게 하니 이것이 곧 지말을 거두어 근본에 돌아가는 교이다라고 했다. 그런 뒤에 분황은 자문 자답의 형식을 통해 자신의 법화관을 보여주고 있다. 먼저 "만일 처음 법사(법상가)의 뜻을 주장한다면 나중 법사(삼론가)가 인증한 글을 어떻게 화회할 것인가"라고 자문한다.

그런 뒤에 "저 법사(법상가)가 통변하기를 '모든 일승교에서 설한 모든 글이 다 저 부정성을 보호하기 위한 방편이므로 서로 어긋나지 않는다. 『법화론』과 『보성론』도 또한 뒤의 방편교의 뜻으로 논술한 것이며, 『지도론』에 아라한이 정토에 난다는 것은 부정성성문에 대한 것이다. 이런 도리로 말미암아 또한 서로 어긋나지 않는다"는 의견을 제시한다. 또 "두 법사가 소통하는 것이 한결같이 서로 어긋나니 어떤 것이 실제가 되며 어떤 것이 수승한 것인가" 물으며 "모두 경론에 의거한 것이어서 실제답지 않음이 있겠는가. 그 까닭은 한결같이 공적 열반에 나아가는 자(趣寂者)를 옹호하기 위한 뜻에서는 처음 법사가 회통하는 것이 실제 요, 부정종성인不定種性人을 옹호하기 위한 뜻에서는 나중 법사 설이 실제이다. 만일 도리에 나아가 그 승부를 가린다면 처음 법사의 뜻은 좁고 또 짧으니, 그 불도를 설함이 일체에 두루하지 못하기 때문이다." 이와 같은 방식으로 분황은 요의설과 불요의설의 관계를 해명하면서 이 경전이 "이승을 위하여 보배 성채를 환술로 만들어 그곳에 머물러 쉬게 하고는 마침내 불과佛果에 끌어들였다" 하면서 "이런 도리에 의하여 일승을 설하였으니 이것이 이 경이 구경요의가 되는 것"이라고 논증하고 있다.

❶ 晉譯華嚴經疏序

釋元曉

原夫無障無礙法界法門者　無法而無
不法　非門而無不門也　爾乃非大非小
非促非奢　不動不靜　不一不多　由非
大故作極微而無遺　以非小故爲大虛
而有餘　非促之故能含三世劫波　非奢
之故故能體入一刹　不動不靜故生死爲
涅槃　涅槃爲生死　不一不多故一法
是一切法　一切法是一法　如是無障無
礙之法　乃作法界法門之術　諸大菩薩
之所入也　三世諸佛之所出也　二乘四
果之所盲　凡夫下士之所笑驚　若人得
入是法門　卽能不過一念普現無邊
三世　復以十方世界咸入一微塵內　斯
等道術　豈可思議　然依彼門　用看此
事　猶是一日三出門外　十人共坐堂內
倐然之域　有何奇特　況乎須彌入於芥
子者　稍來入於大倉也　方丈內乎衆座
者　宇宙內於萬物也　內入甚寬　何足
爲難乎哉　若乃鳳皇翔于青雲　下觀山
岳之卑　河伯屆乎大海　顧羞川河之狹

學者入乎此經普門　方知會學之醒疑
也　然短翮之鳥　庇山林而養形　微鱗
之魚　潛涓流而安性　所以淺近教門　亦
不可已之耳　今是經者　斯乃圓滿無上
頓教法輪　廣開法界法門　顯示無邊行
德　行德無畏而示之階　階乃可以造修
矣　法門無涯開之的　的故可以進趣矣
趣入彼門者　卽無所入故無所不入也
修行此德者　卽無所得故無所不得也
於是三賢十聖　無行而不圓　三身十佛
無德而不備　其文郁郁　其義蕩蕩　豈
可得而稱焉　所言大方廣佛華嚴者　法
界無限大方廣也　非佛華嚴無以廣大
非大方無以廣佛華　所以雙擧方華之
方　所以雙擧佛華之事　表其廣嚴之宗
所言經者　圓滿法輪周聞十方無餘　世
界遍轉三世無際　有情極軏窮常　故名
曰　逕舉是大意以標題目　故言道大
方廣佛華嚴經也

❸ 東文選　第八十三卷　所載序文.
❹「經」疑.

❷ 花嚴經疏卷第三

如來光明覺品

釋元曉述

此中如來放光普照十方　令諸大衆除
滅闇障　覺如來身周遍法界　以之故言
光明覺品　是答二問　義如前說　又此
佛光滅諸惑惑　拔衆災難由是義故答
彼二句更起元位　信心分內有二之中
後二品　正說行德而令進修　初中亦
二初品遣疑　次品通難通難者於法難
解故諸難　遣疑者於佛未信　起諸
疑故此疑因何而起者前二品說佛號
諦名遍布十方一世界於是疑言　爲
佛身遍故名聲隨遍耶　爲身局世此唯
名聲遍耶　若唯名聲遍而身不遍者　如
何身業之報狹　口業之果寬　本修二
業皆無量故　若如名遍身亦遍者　何
故但見佛世　此會爲遣疑故此品來

❷ 新修大藏經　第八十五卷(寬文十年寫本).

· 잡화엄식 1 ·

1 광엄廣嚴과 절필

『대방광불화엄경』에서 '화엄'은 '온갖 꽃으로 장엄하고 수식한다(雜花嚴飾)'는 뜻이다. 즉 잡화엄식은 붓다의 깨침의 세계인 불세계(연화장세계)의 장엄과 수식을 일컫는다. 이 경전은 대방광불의 깨달음 세계를 '여러 가지 아름다운 색을 가진 꽃을 묶어서 만든 화환과 같은 장식'을 원용하여 설한다. 여러 부분 경들의 집성으로 이루어진 『화엄경』은 각기 독립된 경전으로 한역되기도 했다. 이 경전은 부다가야의 보리수 아래에서 위없이 바른 깨침을 얻고 제2의 7일 날 아침에 그 경계를 그대로 보현보살에게 알린 것으로 되어 있다. 석존은 제1의 7일간은 스스로 증오한 진리의 경지를 스스로 즐기고 있었을 뿐 다른 사람들을 향해서는 법을 설하지 않았다. 해서 이 경전은 '붓다의 자각' 즉 '깨침의 내용'을 펴고 있으며 '여래 출현' 혹은 '여래 성기' 및 '일승보살도'와 '법계연기'를 중심사상으로 잡고 있다.

보살행을 강조하고 있는 이 경전은 진공眞空에서 묘유妙有로 전개되는 광경을 가르쳐주고 있다. '대방광'은 석존의 체·상·용을 표현한 것이며,

'불화엄경'은 '부처님이 설하신 경'이다. 그런데 여기서 '부처님이 설하신 경'은 오히려 뭇 보살들이 '부처님을 설한 경'이라는 표현이 적확할 것이다. 분황 원효는 『진역화엄경소』에서 이 경전의 메시지를 입체적으로 살피고 종횡무진으로 풀면서 보현행원의 진정한 의미를 드러내고 있다. 부석 의상은 이 경전의 대의를 『화엄일승법계도』에서 '법성法性'으로 화엄의 정수를 읊었고, 현수 법장은 불보살세계를 '연하여 함께 일어나는 인과(因果緣起, 전편 8회)와 비로나자 법신의 현현인 법계(理實法界, 후편 제9회)' 연기로 나타냈다. 즉 제9회의 「입법계품」은 전편에서 보인 '불자내증경'과 '보살도' 및 '구경지'를 선재동자가 출현하여 재편시키고 있다. 조선조의 묵암 최눌은 '만법을 통섭해서 일심을 밝힌다(通萬法明一心)'고 했고, 같은 시대의 연담 유일은 '만법을 회통해서 일심으로 귀일시킨다(會萬法歸一心)'이라고 했다.

하지만 분황의 『화엄경소』는 서문과 제5 「여래광명각품」에 대한 '소' 일부분이 전해져 오고 있어 매우 아쉽다. 이 저작은 그의 화엄 관련 저술 5종 가운데 유일하게 남아 전해오고 있기 때문이다. 『삼국유사』 권4 「의해」, '원효불기' 조목에는 분황이 "일찍이 분황사에 머물면서 『화엄경소』를 찬술하였는데 제4 「십회향품」에서 절필하였다"라고 전한다. 때문에 그가 절필 이후에 다시 붓을 잡지 않았다면 이 저작은 그의 만년작 중 마지막 저작이 될 것이다. 하지만 그가 절필 이후에 다시 붓을 잡지 않았다고 단정하기는 어렵다. 이후 분황의 행적을 보면 그는 '절필'을 통해 재충전의 시간을 확보하려고 했던 것으로 보인다. 짐작컨대 분황은 온축 없이 쓰는 것은 곧 자기 밑천을 드러내는 것이고, 실천 없는 이론 풀이는 곧 자기 만족일 뿐이라고 보았을 것이다. 해서 그는 종래의 심층적인 논구를 보다 구체화시키기 위해 붓을 꺾고 저자 속으로 들어갔을 것이다. 그가 온몸으로 보여 주었던 무덤 속에서의 깨달음이 개인적 깨달음이었다면 골방 속에서의 깨달음은 사회적 깨달음이었던 것이다.

그의 화엄관련 저작은 『화엄강목』(1권, 실), 『진역화엄경소』(8권 또는 10권 중 제3권만 存, 「서」만 存), 『화엄경종요』, 『화엄경입법계품초』 등이 있었으나 현존하는 것은 서문과 제3권의 「여래광명각품소」뿐이다. 고려 의천의 『신편제종교장총록』(3권)에 의하면 "분황의 『화엄경소』는 본디 8권이었는데 종요와 제5권을 모아 10권으로 새로이 편집했다"라고 한다. 그렇다면 그의 화엄관련 주석서인 이 저술은 모두 산일되고 지금은 서문과 권3만 남아있다. 우리가 현재 보고 있는 것은 『진역화엄경』(60권)의 제5 「여래광명각품」에 대한 주석서이다. 이 저작은 일본의 관문寬文 10년(1670)에 필사한 것을 『대정신수대장경』에 옮겨 실은 것이다. 조명기 편 『원효전집』과 동국대출판부 간행 『한국불교전서』(제1책)에 수록되어 있다.

2 보문과 보법

분황은 이 저술에서 화엄을 '무장무애(無障無碍)한 법계法界의 법문法門'으로 파악하고 있다. 여기서 '무장'이란 '막힘'이 없고 '무애'란 걸림이 없다는 뜻이다. '법계'란 몸과 마음의 본체이자 몸과 마음에 구애를 받지 않는 경계이다. '법문'이란 진리의 세계에 들어가는 통로이자 방법이다. 또 법계란 '몸과 마음의 본체이자 본래부터 신령스럽게 밝아 막힌 데가 없으며 넓고 커서 텅 비고 고요한 것(裴休)'이다. 나아가 '모습(形貌)이 없되 대천세계를 펼쳐놓고 가장자리(邊際)가 없되 만유를 머금는 것(裴

休)'이다. 그런데 분황이 『이장의』에서 현상적(유식적, 현료문) 관점과 근본적(여래장적, 은밀문) 관점에서 장애를 치유하고 단멸해 가고 있는 것처럼 마음의 장애와 무지의 장애에 대한 그의 이론은 정치하다. 그는 '장'을 '열반으로 나아가는 길을 막아 멎게 하는' 뜻(義)과 '마땅히 알아야 할 올바른 앎을 덮어 가리는' 공능(用)으로 나누어 설명하고 있다. 그리하여 현료문에서는 '번뇌장'과 '소지장'으로, 은밀문에서는 '번뇌애煩惱碍'와 '지애智碍'로 구분하여 언급하고 있다. 이것은 『아함경』에서 보이는 '탐욕을 떠난' 심해탈心解脫과 '무명을 떠난' 혜해탈慧解脫의 중층 구조와 긴밀하게 연결되어 있다.

분황은 삼승별교(『사제경』, 『연기경』)와 삼승통교(『반야경』, 『해심밀경』) 및 일승분교 (『영락경』, 『범망경』)와 일승만교(『화엄경』, 『보현교』)의 4교판을 세운다. 여기에서 화엄과 보현교는 중국의 13종 중 하나로서의 화엄이기보다는 오히려 나머지를 아무르는 상위개념으로서 자리한다. 그것을 그는 보현교라는 명명으로 『화엄경』뿐만 아니라 화엄계 경전까지 아우르고 있다. 해서 '화엄'은 '일심' 개념과 더불어 분황사상의 존재론적 기반이 된다. 그런데 그는 이 화엄을 '광엄'과 '보법'이라는 개념으로 다시 해명하고 있다. 분황은 『화엄경소』「서문」에서 '대방광불화엄경'의 일곱 글자의 풀이에서 이 경전의 근본 뜻을 한 마디로 '광엄종(廣嚴之宗)'이라고 명명하고 있다. 그리고 그것을 '문 없는 문(普門)'의 경지로 자리매김시키고 있다.

분황은 "봉황이 푸른 구름을 타고 올라 (자신이 날던) 산악의 낮음을 내려다 보고, 물 신(河伯)이 큰 바다에 이르러 (자신이 놀던) 냇물의 좁음을 부끄러워하는 것처럼, 배우는 사람은 이 경의 문 없는 문(普門)의 경지에 들어와서야 비로소 종래의 배움(曾學)이 잗달았음(齷齪)을 알 것이다. 허나 날개가 짧은 새는 작은 숲을 떠나지 못하고, 여울의 작은 고기는 좁은 내(涓流)에 안온히 깃들어 있다. 그러므로 얕고 속된 문자의 가르침(教門)을 또한 버리지 못하는 것이다"라고 힘주어 말한다. 분황이 인식하는 '문 없는 문(普門)'은 다시 '보법普法'으로 전이된다. 때문에 그는 "'보'란 '두루하다(溥)'는 뜻이니 '두루 미치다(遍)'는 의미가 곧 '보'이다. '법'이란 자체의 뜻이 궤칙이라는 의미이니 일체법이 서로 투영되고 서로 교섭하는 것을 일컫는다"라고 풀이한다.

또 분황은 보법에 대해 막음도 없고 가림도 없어 상즉하고 상입하는 관계 속에서 해명한다. "'상입'이란 분황이 '모든 세계가 한 티끌에 들어가고, 한 티끌이 모든 세계에 들어가며, 삼세의 모든 겁이 한 찰나에 들어가고, 한 찰나가 삼세의 모든 겁에 들어가서, 크고 작음과 빠르고 느림(促奢)이 서로 침투하듯이 나머지 일체의 문이 서로 삼투하는 것도 그러하다'고 하였다. 이와 같은 설은 '상시相是'도 마찬가지여서 일체의 법(一切法)과 일체의 문(一切門)에서 하나가 곧 전체요(一卽一切), 전체가 곧 하나다(一切卽一)이다. 이와 같이 넓고 넓은 것을 보법普法이라 한다"라고 언표하고 있다.

· 잡화엄식 2 ·

⛩

1 대방광과 불화엄

분황은 문이 없는 문의 경지인 '보법'을 상즉하고 상입하며 무장하고 무애한 법계의 법문으로 풀고 있다. 이것은 그의 일곱 자의 제목 풀이에서도 잘 드러나고 있다. 즉 "'대방광불화엄大方廣佛華嚴'이라 한 것은, 법계法界의 끝없음이 '대방광'이며, 행덕行德의 가없음이 불화엄이므로, 대방이 아니고서는 불화佛華를 넓힐 수 없고, 불화가 아니고서는 대방大方을 장엄할 수 없다. 그러므로 방方과 화華를 아울러 광엄廣嚴한 뜻(宗)을 밝힌 것이다. 경經이라 한 것은 원만한 진리의 바퀴가 시방의 세계에 두루 들리게 하며, 남김 없는 세계가 삼세에 두루 끝없는 중생들을 교화하는 지극한 법도와 궁극의 표준이 되는 까닭이다. 이제 그 근본 뜻을 들어 표제로 삼아 『대방광불화엄경』이라 한다"고 풀어낸다. 분황은 대방광을 보여지는 대상(所證法)으로 보고, 불화엄을 보는 주체(能證人)로 보아 대방이 아니면 불화를 두루하게 할 수 없고, 불화가 아니고서는 대방을 장엄할 수 없기에 '방'과 '화'를 모두 들어 광엄의 종지를 표현한다고 말하고 있다.

계속해서 분황은 서문에서 자신의 화엄관을 또렷하고 보여주고 있다. "대저 막음도 없고(無障) 가림도 없는(無碍) 법계의 법문이란, 법이 없으면서도 법 없음이 없고 문이 아니면서도 문 아님이 없다. 이에 크지도 않고(非大) 작지도 않으며(非小), 빠르지도 않고(非促) 느리지도 않으며(非奢), 움직이지도 않고(不動) 고요하지도 않으며(不靜), 하나도 아니고(不一) 여럿도 아니다(不多). 크지 않으므로 지극히 작더라도 남는 것이 없고, 작지 않으므로 지극히 크더라도 남는 것이 있다. 느리지 않으므로 능히 삼세의 겁(三世之劫)을 머금고, 빠르지 않으므로 몸을 들어 한 찰라(一刹那)에 들어간다. 고요하지도 않고 움직이지도 않으므로 하나의 법(一法)이 전체의 법(一切法)이고, 전체의 법(一切法)이 하나의 법(一法)이다. 이러한 막음도 없고 가림도 없는 법이 법계 법문의 묘한 기술이니 모든 보살이 들어갈 곳이요, 삼세의 모든 부처들이 나올 곳이다."

분황은 화엄을 '막음도 없고 가림도 없는 법계의 법문'이라 전제하고 '법이 없으면서도 법 없음이 없고, 문이 아니면서도 문 아님이 없다'고 역설한다. 이것은 '진리와 자유'가 진리와 자유가 아니면서(無法) 진리와 자유 아님이 없음(無不法)을 말해주는 논법이다. 그러므로 진리와 자유의 세계에 들어가는 데에 있어서도 특정한 문이 없으면서(非門) 특정한 문이 아님이 없다(無不門). 이처럼 분황은 진리와 자유의 세계 및 그곳에 들어가는 방법과 통로 사이에는 미묘한 긴장이 설정되어 있음을 암시해 주고 있다. 그러므로 진리는 "크지도 않고 작지도 않으며, 빠르지도 않고 느리지도 않으며, 움직임도 없고 고요함도 없으며, 하나인 것도 아니고 여럿인 것도 아니다. 이런 까닭에 진리의 세계는 크고 작은 공간적 상대성, 빠르고 느리다는 시간적 상대성, 움직임과 고요함이라는 운동의 상대성, 부분과 전체라는 구조적 상대성을 초월해 있다"라고 역설한다.

분황은 상즉과 상입하는 무장애의 근거를 열 가지 원인(十種因)으로 설명하고 있다. 그 중에서도 여섯 번째의 '지극히 큰 것과 지극히 작은 것 모두가 하나의 양이기 때문이다'는 대목에 대해 주목하고 있다. 그는 『화엄경』「십주품」의 "지극히 큰 것에 작은 모습이 있음을 알고자 하는 보살은 이로 인하여 보리심을 일으키게 된다"는 구절에 대해 다음과 같은 주석을 덧붙이고 있다. "'지극히 크다(至大)'는 것은 이른바 '밖이 없는 것(無外)'이니, 밖이 있다면 지극히 크지 않기 때문이다. '지극히 작다(至小)'는 것 또한 그와 같아서 이른바 '안이 없는 것(無內)'이니, 설사 안이 있다면 지극히 작은 것이 아니기 때문이다. 안이 없기 때문에 또한 밖도 없으니 밖과 안은 반드시 서로 의지하기 때문이다. 이는 곧 지극히 작은 것은 지극히 큰 것과 같다는 것이다. 태허는 밖이 없기 때문에 또한 안도 없는 것이다. 이는 곧 지극히 큰 것은 지극히 작은 것과 같다는 것이다. 그러므로 지극히 큰 것에는 작은 모습이 있다고 하는 것이다. 만일 이와 같이 크고 작음이 같은 양임을 안다면 모든 크고 작음에는 막는 것과 가리는 것이 없을 것이니 이것이 곧 불가사의한 해탈이다. 그러므로 '인因이 곧 초발심'이라고 하는 것이다." 이러한 분황의 인식은 그의 화엄관 전체에 깊게 투영되어 있다.

2 일심과 일승

불교 유식에서 일심은 망심으로 분류한다. 그 예는 이미 '유루식을 전환시켜 무루지를 얻고자(轉識得智)' 하는 유식의 지향에 잘 드러나 있다. 즉 전5식을 성소작지로, 제6식을 묘관찰지로, 제7식을 평등성지로,

제팔식을 대원경지로 전환시키는 과정 속에서 '번뇌가 남아있는 식'을 '번뇌가 다 사라진 지'로 탈바꿈시키는 것이다. 다시 말해서 감각적 의식인 전5식을 성소작지로 바꾸고 난 뒤 언어적 분별의식인 제6식을 묘관찰지로 바꾼다. 또 자아의식인 제7식의 사량의식을 평등성지로 바꾼 뒤 마지막으로 우리의 인식과 경험을 저장하는 제8식을 대원경지로 바꾸는 것이다. 이러한 전환의 과정 속에서 '식識'은 '지智'가 되고 '심心'이 된다.

이와 달리 『대승기신론』은 여래장심을 진망화합심으로 제시한다. 그런데 여래장심은 진심이기도 하지만 망심과 화합되어 있어서 온전히 진심이라고만 단정할 수 없다. 반면 유식과 여래장을 아우르는 화엄일심은 진심이자 여래성기심이다. 분황이 새로 짠 4교판에서 일승만교에 『화엄경』과 보현계 경전까지 비정한 것에서 우리는 만년의 분황이 인식한 일심은 진망화합의 여래장심(이문일심)에서 여래성기의 화엄일심으로 전환되었음을 읽어낼 수 있다. 그의 사상적 전환과 철학적 심화 과정에서 보여지는 것처럼 분황의 일심 인식은 유식-여래장-화엄으로 이어지는 사상적 흐름과 긴밀하게 연속되어 있다. 분황이 만년에 『화엄경』 주석서를 통합하여 『화엄경소』(10권)를 집성한 것은 단순히 화엄의 선행 논구를 집성한다는 의미만이 아니었던 것으로 보인다. 그것은 곧 『대승기신론』의 심진여문과 심생멸문을 아우르는 진망화합의 '여래장심(이문일심)'을 넘어서서 여래성기의 '화엄일심'을 적극적으로 선양하기 위해서였다고 볼 수 있을 것이다.

분황이 『대승기신론』의 일심을 풀이하면서 일심에 '신해성'을 부여한 것은 아마도 진망화합의 여래장심을 여래성기의 화엄일심으로 승화시키기 위해서였을 것으로 보인다. 그는 『기신론소』에서부터 "무엇을 일심이라 하는가. 그 더러움과 깨끗함의 모든 법은 그 성품이 둘이 아니고,

참됨과 거짓됨 두 문은 다름이 없으므로 하나라 이름한다. 이 둘이 아닌 곳에서 모든 법은 가장 진실되어 허공과 같지 않으며, 그 성품은 스스로 신령스레 알아차리므로(神解) 마음이라 이름한다. 이미 둘이 없는데 어떻게 하나가 있으며, 하나도 있지 않거늘 무엇을 두고 마음이라 하겠는가. 이 도리는 언설을 떠나고 사려를 끊었으므로 무엇이라 지목할지 몰라 '일심'이라고 부른다"고 했다. 분황이 일심에다 일심 본성의 신해성인 '영묘하게 이해함' 혹은 '신령스럽게 알아차림'이라는 개념을 부여한 것은 제8 아려야식과 제9 암마라식 사이를 넘나드는 역동적 지평을 설정하기 위해서였던 것으로 보인다. 하여 그는 이 신해성을 제9 암마라식과 제8 아려야식을 넘나드는 매개 개념으로 활용하였던 것이다.

결국 분황이 부여한 '신해성'은 진망화합식으로 규정되는 『대승기신론』의 여래장심을 넘어서 여래성기의 화엄일심으로 나아가기 위한 징검다리였으며, 이 신해성은 '일심'과 '일심의 원천(一心之源)'을 이어주는 '매개항'이었던 것이다. 그 결과 그는 일심에다 일심 자체의 본성이 지닌 신해성을 부여함으로써 일심과 일심지원 사이에 역동성을 확보하고 있다. 분황의 이러한 설정은 진망화합의 여래장심을 여래성기의 화엄일심으로 승화시키기 위한 의도였지만 결과적으로 사상을 심화하는 과정에서 자연스럽게 이루어진 것이라고 할 수 있다. 그리고 이는 분황 일심 이해의 최종적 과녁이 화엄일심에 겨냥되어 있다는 것을 보여 주는 근거이다. 그가 4교판에서 일승만교에 『화엄경』과 보현교를 비정한 것도 이 때문으로 짐작해 볼 수 있다. 그것은 곧 7세기 당시 동아시아 사상계의 가장 주요한 과제가 바로 『기신론』 일심과 『화엄경』 일승을 화쟁하고 회통하는 것이었기 때문이었다. 분황의 화엄 인식에서 가장 주목할 대목은 바로 이 지점이 아닐까 생각한다.

· 잡화엄식 3 ·

1 광명光明과 각관覺觀

분황 원효의 저술들은 저마다 독자성이 있다. 그의 글에는 본질에 대한 명쾌한 통찰이 있다. 아마도 한문이 널리 통용되었던 당시에 분황의 언어로는 쉽고 명료했을 것이다. 그런데 천삼백여 년을 격한 지금 그의 글은 문장의 빼어남은 느낄 수 있지만 의미의 수월함은 느끼기 어렵다. 그것은 한문과 한글의 언어 차이 때문이기도 하고 필자와 독자의 소통 부족 때문이기도 하다. 더욱이 일부만 남아있는 분황의 단간본을 통해 그의 생각을 온전히 재구하기는 매우 어렵다. 하지만 현존하는 분황의 『대방광불화엄경』 주석에서나마 그의 독자적인 보법普法 화엄관은 어느 정도 엿볼 수 있다. 분황의 화엄관을 엿볼 수 있는 것은 현존하는 『화엄경소』 서문과 60화엄 권 제3에 수록되어 있는 「여래광명각품」 주석뿐이다. 때문에 그의 화엄관은 서문과 「여래광명각품」에 대한 주석 및 신라 표원表員의 『화엄경문의요결문답華嚴經文義要決問答』과 일본 수령壽靈의 『화엄오교장지사華嚴五敎章指事』 등의 저술을 통해서 알 수 있을 뿐이다.

『화엄경』 초회에서 세존은 두 미간백호眉間白毫로 광명을 놓으신다.

이것은 비로자나불의 깨달음의 세계를 보이기 위함이다. 분황은『화엄경소』에서 제5「여래광명각품」의 대의를 "여래가 빛을 발하여 시방의 우주를 널리 비추고 여러 대중의 어둡고 막힌 장애를 걷어내 없애게 하는 한편 여래의 몸이 법계에 널리 변만함을 깨닫게 하니 이런 까닭에 '빛을 밝혀 깨닫게 한다'고 밝히고 있다. 특히 그는 이 품을 광명光明과 암장暗障의 대비를 통해 빛의 주체인 여래의 몸에 대해 설하고 있다. 분황은 앞의 제3「여래명호품」과 제4「사성제품」에서 설한 가르침이 제기하는 두 가지 의문을 해명하면서 이 품에 대한 풀이를 진행해 가고 있다. 그는 이 두 가지 의문에 대한 답변으로서 "부처의 빛이 의혹을 걷어내고 여러 비난을 뿌리뽑게 하니 이런 뜻에서 그 두 가지 물음에 답하는 것이 동시에 부처에 이르는 첫 자리(元位)에 올라서는 것이다"고 대답한다. 첫 자리인 신심분信心分 안에는 '인과因果'의 두 가지 일이 있는데 여기서는 얻어지는 과보를 들어 보임으로써 '열반'의 기쁨에 이르겠다는 마음을 내게 한다. 이것은 이미 앞의 두 번째 '수행과는 인연이 없는 사람들(不所修行)'을 분발시키려는 것이다.

분황은 이 장을 네 가지 단락으로 구분한 뒤 다시 "앞의 두 단락에서는 '의혹(疑)'과 '비난(難)'을 떨쳐내고 정법에 대한 믿음과 이해를 심어주려고 하고, 뒤의 두 단락에서는 수행(行)을 통해 얻게 되는 덕(德)을 바로 설해 사람들로 하여금 정진(進)과 수행(修)으로 나아가게 하려고" 한다. 그는 앞 부분을 이루고 있는 두 단락 중 첫 단락은 '의혹을 제거하는 것'으로, 뒷 단락은 '힐난을 풀어내는 것'으로 짜고 있다. 왜냐하면 1) 진리를 이해하기가 자못 어려워 갖가지 의문을 제기하기 때문에, 2) 의혹을 제거하는 일이 긴요한 까닭은 불법에 대해 '투철한' 믿음을 내지 못하고 여러 의혹에 휩싸이기 때문이다. 이러한 의문은 "앞의「여래명호품」과 「사성제품」에서 '부처의 이름(佛號)'과 '진리의 명칭(諦名)'이 온 누리 '시방일체세계十方一切世界'에 널리 퍼져 있다고 한데서 의문이 생겼다."라고 풀고 있다.

해서 분황은 "부처의 몸(佛身)'이 온누리에 두루한 까닭에 이름이 그를 따라서 두루한 것인가. 아니면 몸은 비록 사바의 현 세계에 국한되지만 이름만은 누리에 두루한 것일까"라고 반문한다. 그러면서 "만일 이름은 온누리에 두루하나 몸은 그렇지 못하다고 한다면, '몸이 이루어 놓은 것'은 좁은 영역에 치우치면서 어찌 말로 누리에 미치는 영향은 넓디넓을 수 있겠는가. 왜냐하면 부처는 본래 '몸'과 '말'로 짓는 두 가지 업이 모두 한없이 무량하기 때문이다. 그렇다고 '이름'이 두루하듯 몸도 역시 그렇다면 어째서 부처를 다만 부처의 재세시에만 볼 수 있었던가. 이 모임은 이 같은 의문을 풀기 위해 이루어졌다"라고 밝히고 있다.

마찬가지로 분황은 『화엄경소』 「여래광명각품」의 풀이에서도 이러한 자세를 견지하고 있다. 이것은 보살이 부처에 이르기 위해 반드시 거쳐야 될 52개의 관문(五十二位) 중에서 맨 처음이 열 가지 신심의 지위(十信)인 이유에 대해 해명하는 것이다. 동시에 정법에 대한 믿음이 없이는 한 발자국도 앞으로 나아갈 수 없음을 일깨워 주는 것이다. 「여래광명각품」은 믿음을 통해 뒤에 얻게 될 불과佛果를 보여 줌으로써 사람들로 하여금 '신명을 바쳐 거기에 이르겠다'는 발심을 유도하는 효과가 있다. 이 품에서 '광명'과 '각관'은 이런 의미로 이해할 수 있을 것이다.

2 빛이 나오는 곳과 빛이 비추는 곳

우리가 육안으로 바라보는 빛은 자외선과 적외선이 아니라 가시광선이다. 우리는 사물에 비치는 빛의 반사각을 통해 그 사물의 존재를 인식한다. 그런데 사물에 반사각을 비추는 빛은 눈에 보이고 손에 잡히지 않지만 없는 것은 아니다. 해서 빛은 비실체의 이미지를 지닌다. 이를테면 제로(0)가 실수는 아니지만 자연수 뒤에 붙어서 무궁한 수를 늘리는 것처럼 말이다. 불교에서 빛은 비로자나불을 상징한다. 법신 비로자나불은 빛의 이미지로 시방 삼세에 두루한다. 법신은 시간과 공간 위에 사는 역사적 존재가 아니라 시간과 공간을 뛰어넘은 비역사적 존재이다. 그는 빛으로 다가와 우리의 내면에 있는 빛을 점화시킨다. 그러므로 화엄에서는 '빛이 나오는 곳'과 '빛이 비추는 곳'으로 나뉘게 던다. 빛은 광명이자 깨침의 세계를 상징한다.

「여래광명각품」은 비로자나불의 미간백호에서 나툰 초회의 그 방광을 이어받는다. 이어 세존이 두 발바닥으로 광명을 내어 시방일체세계를 비추자 그 가운데 있는 것들이 모두 다 분명하게 나타나게 된다. 문수文殊/濡首보살과 9명의 '수首'자 돌림 보살 등 시방세계 보살들이 나타나 게송으로 불세계를 찬탄하며 그들은 세존의 의업意業세계가 한량없음을 보인다. 발바닥으로 광명을 내시는 것은 신심이 불과에 오르는 바탕이 되기 때문이다. 『화엄경』은 '믿음은 도의 근원이요 공덕의 어머니'라고 역설하고 있다. '불도의 근원'이란 불도를 진리로 확신하고 목숨을 걸고 앞으로 나아가는 근거라는 의미이다. 또 '공덕의 어머니'란 복덕을 쌓아가는 원천이라는 의미이다. 그러니까 '불도의 근원'이란 지혜를 의미하고 '공덕의 어머니'란 자비를 가리킨다. 이 불도의 원천과 공덕의 어미는 지혜와 자비의 다른 표현이 된다. 지혜와 자비 역시 믿음의 기반 위에서 성립될 수 있다는 것을 의미한다.

「여래광명각품」의 첫머리에는 '두 발의 상륜相輪에서 백억의 광명을 뿜어낸다'는 구절이 있다. 상륜이란 부처의 발바닥에 있는 천 개의 바퀴 살무늬(千輻相輪)로서 '가르침을 믿고 따르는 신행'을 상징한다. 처음 믿음을 일으킨 사람은 우선 바라밀을 닦는 열 가지 마음을 내어 그것을 점점 늘려가는데 지止와 관觀을 병진시켜 현수보살의 지위에 이른다. 이런 까닭에 '두 발의 상륜에서 빛이 나온다'고 하고 있다. 천폭 상륜은 부처만이 갖고 있는 신체적 특징 가운데 하나이다. '발바닥에서 빛이 뿜어 나온다'는 것은 그곳이 신체의 가장 낮은 곳이면서 몸 전체를 받쳐주는 기초이듯이 '신행'의 가르침을 믿고 십심을 내고 동시에 지관을 닦아나가면 현수의 자리에 이를 수 있다고 했다. 가까운 곳에부터 점아 먼 곳으로 나아가는 열 번의 중복(十重)의 형식을 취한 것은 바로 수행이 처음 신심에서 출발해서 점차 닦아나가 원만한 경지(滿位)에 이르는 과정을 상징하고 있다.

이 경에서는 세존의 미간백호로부터 광명을 놓아 깨달음의 세계를 비추는 「서품」, 발바닥으로부터 광명을 놓아 시방일체세계를 비추어 부처님의 의업세계가 한량없음을 비추는 「여래광명각품」(광명각품), 세존의 발가락으로부터 광명을 놓아 수미산 꼭대기를 비추어 제석천 궁전안의 부처님과 대중들이 그 속에 나타나지 않는 이가 없음을 보이는 「불승수미정품」(수미정상게찬품), 세존의 두 발등으로부터 광명을 놓아 시방세계를 비추는 「불승야마천궁보살설게품」(야마천궁설게품), 두 무릎으로 광명을 놓아 시방법계를 두루 비추며 신통을 나투는9 「도솔천궁보살운집찬불품」(도솔궁중게찬품)처럼 방광의 처소가 미간백호-두 발바닥-두 발가락-발 등-두 무릎 등을 옮겨가면서 그 의미가 전이되고 있다. 그러니까 위치의 이동, 이름자의 돌림, 십 수의 안배 등이 모두 사무량심-사성제-십이연기-십바라밀-무생법인-사무애지-법운지-보현평등인행-일체보살행 등의 비유의 상징적 의미를 지니고 있다.

· 잡화엄식 4 ·

1 수십전법數十錢喩

동전 십전 비유나 불탑 십층의 비유는 화엄의 십수十數와 일수一數의 대비로 나타난다. 이것은 동전 열 개를 세는 비유와 불탑 십층을 부르는 비유로 구체화된다. 여기에서 동전이나 불탑의 부분과 전체 혹은 하나와 여럿의 관계는 생사와 열반, 번뇌와 보리의 관계를 상징하고 있다. 부석 의상의 「법성게」에 잘 나오고 있는 것처럼 '일미진중함시방一微塵中含十方'과 일중일체다중일一中一切多中一의 중문中門의 향상래와 향상거 및 '일즉일체다즉일一卽一切多卽一'과 '일체진중역여시一切塵中亦如是'의 즉문卽門의 향상거와 향하래로 분기된다. 이 '중문'과 '즉문'의 관계는 '생사를 버리고 열반을 향하는' 향상래向上來와 '열반을 버리고 생사를 향하여 중생을 교화하는' 향하거向下去의 구조로 되어 있다.

분황은 이는 다시 '하나가 일체(一卽一切)'라는 것은 차별(事)의 시작이요, '일체가 곧 하나(一切卽一)'라는 것은 '차별의 끝(多卽一)'이라고 파악하는 것이다. 수십전유에 대한 분황의 생각은 일본 불학자인 수령의 저술에서 확인되고 있다. "원효가 말하기를, 이 동전 열 개를 세는

데에는 두 가지 문이 있다. 첫째는 (하나에서 열로) 세어서 올라가는 것이고, 둘째는 (열에서 하나로) 세어서 내려오는 것이다. 세어서 올라가는 데에는 열 개의 문이 있다. 첫째는 하나(一)이니, 그 까닭은 만일 하나라고 하는 것이 없다면 둘이 성립할 수 없기 때문이다. 나아가 열 번째는 하나에 즉卽한 열(十)이니, 그 까닭은 만일 하나란 것이 없다면 열(十)이 성립할 수 없기 때문이니 연緣에 의해 이루어지기 때문이다"고 파악한다. 분황은 연緣에 의해 이루어진 하나(一)와 하나에 즉卽한 열(十)을 통해 수십전유를 해명하고 있다.

또 분황은 향하문에 대해서 이렇게 파악하고 있다. "세어서 내려오는 데에도 또한 열 개의 문이 있다. 첫째는 열(十)이니, 그 까닭은 열이 없으면 아홉이 성립할 수 없기 때문이다. 나아가 열 번째는 열에 즉한 하나이니, 그 까닭은 만일 열이 없으면 하나도 성립할 수 없기 때문이다. 나머지는 이것에 준하여 알 수 있다. 그러므로 하나 하나의 동전 가운데에 모두 열 개의 문을 갖추어서 각기 서로 상즉相卽함과 같이, 일체의 모든 법도 또한 이와 같아서 하나와 전체가 더불어 연기하여 일즉일체一卽一切 일체즉일一切卽一임을 알아야 한다. 이 동전을 세는 법은 지엄 법사가 시작한 것인데 또한 도리가 있기 때문에 이제 그것을 취하는 것이니, 이것으로 말미암기 때문에 이제 하나란 열에 포섭된 하나라는 것을 알게 된다. 간략하게 처음과 끝을 들어서 하나라 하고 열이라 하여 시작하는 문(門)의 처음으로 삼지만, 하나에 포섭된 것은 열 개의 문이 마찬가지이니, 이른바 열이라고 하는 것은 열이 하나에 포섭되어 있는 것이다."[10]

10 壽靈, 『華嚴五敎章指事』 上(『大正藏』 제72책, 240상 쪽).

여기에서 동전 열 개는 존재 전체를 비유하는 것이다. 이를테면 하나의 동전과 나머지 동전들 사이의 관계는 곧 하나의 사물과 무수한 다른 사물들 사이의 관계로 전이된다. 모든 사물들은 연기적으로 존재하기 때문이다. 그런데 이 열 개의 동전을 세는 방법에는 두 가지가 있다. 첫째는 하나에서 세면서 열까지 올라가는 것이다. 둘째는 열에서 세면서 하나로 내려오는 것이다. 그러므로 앞의 것은 연緣에 의해 이루어지기 때문에 하나(一)이며, 뒤의 것은 하나에 즉卽한 열(十)이다. 그런데 여기서 하나라고 할 때, 이 하나는 자성이 있는 하나가 아니다. 그것은 연緣으로 이루어진 하나이다. 그 때문에 일체의 자연수는 이미 하나 안에 성립되어 있는 것이다. 그렇다면 일체라는 수에서 하나, 즉 하나의 인연(一緣)을 빼면 일체가 성립될 수 없다. 따라서 분황은 하나라는 수역시도 연緣에 의해 이루어진다고 한다. 이것은 그 하나를 실체화하거나 존재화하지 않는 관점이다. 그는 오직 인연으로 해서 생긴 하나이므로 그 인연으로 이루어진 하나에는 모든 수가 포함되어 있다고 파악한다. 수십전유와 불탑비유는 상즉상입의 세계를 해명하는 비유들이라고 할 수 있다.

2 상즉상입

분황은 일체법이 '넓고 두루하다'는 '보普'와 '자체나 궤칙'을 뜻하는 '법法'을 아우르는 보법普法의 개념으로 자신의 화엄관을 보여주고 있다. 즉 일체의 법은 '크고 작은 것(大小)', '빠르고 더딘 것(促㑄)', '움직이고 고요한 것(動靜)', '하나와 많은 것(一多)' 등의 범주에서 서로 들고 서로 하나인 넓고 탕탕한 『화엄경』의 세계를 보법이라고 부른다. 때문에 그는 일체 법이 상입相入하고 상시相是/相卽하는 이유를 열 가지로 들고 있다. 1) 하나와 일체가 서로 비추고 비추어지니 제석천 궁전의 보배그물망과 같은 까닭이다. 2) 하나와 일체가 서로 인연하여 모임이 되니 동전수와 같은 까닭이다. 3) 모든 것이 유식이니 꿈과 같기 때문이다. 4) 모든 것이 실유가 아니니 환과 같기 때문이다. 5) 동상·이상이 일체에 통하기 때문이다. 6) 지극히 큰 것과 작은 것이 같은 양이기 때문이다. 7) 법성연기는 성을 여의기 때문이다. 8) 일심 법체는 하나도 다른 것이 아니기 때문이다. 9) 무애법계는 가장자리도 없고 가운데도 없기 때문이다. 10) 법계는 으레 그러하여 장애가 없는 까닭이다.

이 열 가지 이유 가운데 특히 여섯 번째의 지대지소至大至小가 양이 같다는 대목은 분황 화엄의 독자성이라고 할 수 있다. 분황은 『화엄경』「십주품」에서 설하고 있는 "지극히 큰 것에 작은 상이 있음을 알고자 하여, 보살은 이로 인하여 보리심을 일으킨다"는 구절을 원용하고 있다. 그리하여 "이같이 대소가 같은 양인 줄 안다면 모두 대소에 걸림이 없으리니, 이것이 불가사의한 해탈이다. 그러므로 이로 인하여 초발심한다"라고 해명한다. 그가 이해하는 화엄경계에서 우리는 하나 속에 여럿이 있고 여럿 속에 하나가 있으며, 동시에 하나가 여럿이며 여럿이 하나라는 무진(無盡: 가로, 理)과 중중(重重: 세로, 事)의 무애를 경험할 수 있다. 그것은 분황의 사교판에서 언급된 보법의 이치에 부합된다. 이사理事의 무애無碍라는 관점은 현존하는 그의 『화엄경소』의 「여래광명각품」 주석에서도 잘 보여 주고 있다. 분황은 「광명각품소」의 10계송 중 1송에서부터 10송에 이르기까지 각 송구의 의미를 간단하고 명료하게 해석하고 있다. 그는 특히 제1송인 문수보살의 법문에 주목하여 많은 양을 할애하여 자신의 생각을 드러내고 있다.

분황은 열 명의 보살들이 등장하여 설한 법문에 대해 하나하나 해석해 가는 문수文殊/濡首·각수覺首·재수財首·보수寶首·덕수德首·목수目首·정진수精進首·법수法首·지수智首·현수賢首보살 등 해당 분야의 최고(首) 보살들이 설한 10송의 법문에 대해 각각 풀이해 가고 있다. 문수보살의 법문에 나오는 일다一多무장애문은 일법(理)과 일체법(事)의 무애를 말하는 이사理事무애법계를 설명하는 것이며 이는 비실체의 실체(眞空妙有, 非實而生)를 말하는 반야사상과 깊은 연관성을 맺고 있는 것으로 보인다. "보는 자는 지닌 것이 없고 보이는 대상 또한 없으며, 일체법이 저 세간을 능히 비춤을 명료히 알며, 한 생각으로 여러 부처들이 세간에 출현함을 보고도 실로 일어남이 없는 그 사람을 큰 이름이라 일컫는다."

또 분황은 큰 이름으로 일컬어지는 이는 일으키는 바가 없어 소유도 없고 보이는 대상도 없다. 그는 이미 언어적 상대성에 근거한 일체의 분별과 차별을 모두 다 떠나 끊임없이 실체가 아니라는 생각으로 사는 지혜로운 존재이므로 두려움이 없다. 문수(濡首)보살의 게송에 대해 분황은 "진리는 있음과 없음을 여의었고, 부처는 줄어듦과 늘어남이 없다"고 풀이하고 있다. 나아가 "나도 없고 중생도 없으며 또한 패함과 무너짐도 없어서, 마치 이 같은 모습을 전환하면 그는 곧 위없는 사람이 되리니, 하나 속에서 전체(無量)를 알고 전체 속에서 하나를 알며, 끊임없이 실체가 아니다는 생각을 일으키면 지혜로운 사람은 두려움이 없게 되네"라고 파악한다. 일체의 분별을 넘어선 지혜로운 사람은 자아도 없고 세계도 없으며 또한 패함도 없고 무너짐도 없다. 그는 하나 속에서 무량을 보고 무량 속에서 하나를 보아 위없는 사람이 된다. 이 사람은 곧 무애와 자재 속에서 살게 된다. 계속되는 문수보살의 게송에 대해 그는 이렇게 해명하고 있다.

먼저 인人과 법法이 얻을 것이 없는 문으로 중생을 교화함을 밝히고, 나중에 하나와 전체가 막음과 가림이 없고(無障礙) 두려워 할 것이 없음(無所畏)을 드러낸다. 일체의 법이 하나의 법에 스며들기 때문에 하나 가운데에서 무량을 알고, 하나의 법이 일체의 법에 들어가기 때문에 무량 가운데에서 하나를 안다. 그러므로 능히 서로 스며들 수 있는 것은 끊임없이 서로 거울과 그림자가 되어 생겨나고 실체가 없이 생겨나므로 막음과 가림이 없다." 불가사의한 진리의 세계는 나와 대상이 서로 얻을 것이 없고, 하나와 전체가 서로 장애가 없고 두려움이 없는 세계이다. 이 세계는 서로 스며들고 서로 어우러져서 한 법 속에서 일체법을 알고 일체법 속에서 한 법을 안다. 장애가 없고 두려움이 없게 되므로 하나 속에서 무량을 알고 무량 속에서 하나를 알게 된다. 그리하여 끊임없이 서로 거울과 그림자가 되어 실체가 없이 생겨나기 때문에 막음도 없고 가림도 없는 것이다. 이처럼 '막음도 없고' '가림도 없기' 때문에 상즉하고 상입하는 것이다.

❶ 解深密經疏序

釋元曉 撰

原夫佛道之爲道也 湛爾冲玄 玄於無
聞泰然廣遠 遠於無邊 爾乃有爲無
爲 如幻化而無二 無生無相 括内外
而偕泯 偕泯之者 脱二縛而懸解 無
二之者 同一味而澹神 故能遊三世而
平觀流十方而現身 周法界而濟物窮
未來而彌新 於是如來對一生之大士
解彼甚深密義 居二九之圓土 轉此了
義法輪 其爲教也極精粹焉 棄繁華而
錄實 撮要妙而究陳 開有無之法相
示勝義之離邊 明止觀之本末 簡立破
之似眞 教窮三藏聖教 理盡四種道理
行卽分別六度 位卽宣說十地 十地行
成之時 證得圓滿依 轉依法身 不
可思議 絕諸戲論 極無所爲 無所爲
故無所不作 無所論極 無所不言 無
不言言之敎流三千而彌誼 彌誼之
說 未嘗有言 頓起之相 本來不然 是
謂如來甚深密藏 今此經者 開發密

藏 所以立題目 名解深密經

❶ ⓔ東文選 第八十三卷。

❶ 無量壽經宗要

釋元曉❷ 撰

❸原夫經旨欲明 略啓四門分別 初述
敎之大意 次簡經之宗致 三者擧人分
別 四者就文解釋
言大意者 然夫衆生心性 融通無礙
泰若虚空 湛猶巨海 若虚空故 其體
平等 無別相而可得 何有淨穢之處
猶若巨海故 其性潤滑 能隨緣而不逆
豈無動靜之時 爾乃或因塵風 淪五濁
而隨轉 沈苦浪而長流 或承善根 截
四流而不還 至彼岸而永寂 若斯動寂
皆是大夢 以覺言之 無此無彼 穢土
淨國 本來一心 生死涅槃 終無二際
然歸原大覺 積功乃得 隨流長夢 不
可頓開 所以聖人垂迹 有遐有邇 所
設言教 或褒或貶 至如牟尼世尊 現
此娑婆 誡五惡而勸善 彌陀如來 御
彼安養 引三輩而導生 斯等權迹 不

❶ ⓔ續藏經 第一編三十二套三册 ⓣ新修大藏
經第三十七卷寶永八年刊大谷大學藏本 ⓔ「無」
上有 兩卷 ⓟ。 ❷ 撰 ⓣ作「選」疑誤植 ⓔ編。
「原夫經旨欲明」作「將申兩卷經旨」ⓣ。 ❸

· 청정불국토 1 ·

1 정토란 무엇인가

이 시대를 살아가는 사람들은 아마도 이런 생각을 하며 살고 있을 것이다. 어떻게 해야 현재의 삶보다 좀 더 평안하고 안락하게 살 수 있을까. 지금 보다 나은 경제적 여유와 시간적 자유가 주어진다면 과연 안락하고 평안할 수 있을까. 아마도 경제적 여유가 있는 사람들은 그것의 관리를 위해 걱정할 것이다. 또 시간적 자유가 있는 사람들은 그들의 하루를 위해 고민할 것이다. 그렇다면 경제적 여유와 시간적 자유가 있게 되면 그 상승효과로 모든 고민과 걱정이 사라질 수 있을까. 고민과 걱정이 없는 사회는 과연 존재하는 것일까. 그런 곳이 존재한다면 그곳은 어디일까. 그곳은 정토이자 극락이며 천국이자 천당일까. 영원한 대자유인이고자 했던 분황 원효는 정토를 어떻게 생각했을까.

불교의 이상세계인 정토는 '정불국토淨佛國土' 또는 '청정불국토淸淨佛國土'의 줄임말이다. 그런데 정토에는 '불국토를 청정하게 한다'는 뜻과 '청정한 불국토'라는 뜻이 함께 있다. '국토를 청정하게 한다'는 것은 '정淨'을 '동사적 의미'로 사용한 것이다. 그런데 '불세계를 청정하게 한다'는 것에는 두 가지의 뜻이 있다. 하나는 보살이 스스로 그 몸을 청정하게 한다는 것이며, 다른 하나는 중생의 마음을 청정히 하고 청정한 도를 행하여 모두의 인연이 청정하기 때문에 원하는 대로 청정세계를 얻게 하는 것이다. 여기에서 중생이 사는 이 세계를 맑고 깨끗한 곳으로 만든다는 것은 부처의 교화 활동(중생 제도)과 보살의 수행 활동을 전제로 말하는 것이다.

'청정한 불국토'라는 것은 '정淨'을 '형용사적 의미'로 사용한 것이다. 이것은 대승의 보살이 오랜 세월동안의 수행을 완성하고 마침내 성불하여 만든 청정한 세계를 가리킨다. 즉 정토는 이미 수행을 끝낸 뒤에 이루어진 맑고 깨끗한 불국토이다. 그러므로 정토는 붓다에 의해 이미 완성된 정토이다. 해서 더 이상 범부들의 노력에 의해 맑고 깨끗하게 만들 필요가 없는 곳이다. 『아미타경』에서 아미타불의 서방정토는 안락安樂, 극락極樂, 안양安養, 낙나樂那 등으로 불려진다. 극락을 일컫는 싼스끄리뜨 '수카아바띠'는 '즐거움이 있는 곳(樂有)'이라는 뜻이다. 그러면 정토는 어디에 있는가. "여기서부터 서방 십만 억의 불국토를 지나서 극락이라고 하는 세계가 있느니라. 그 국토에 아미타라고 불리시는 부처님이 계시는데 현재도 설법을 하고 계시느니라." 경에서는 정토를 '지금 여기'가 아니라 우리가 살고 있는 여기로부터 '서방 십만 억의 불국토를 지난 저기'에 설정하고 있다. 즉 정토를 인토忍土와 안양安養 사이의 일념一念의 거리가 아니라 '일념 밖에 있는 저기'로 시설하는 것이다. 이것은 정토를 상대적 범주가 아니라 절대적 범주로 파악하고 있음을 보여 주는 것이다.

또 정토의 범주에는 타방他方정토, 영장靈場정토, 유심唯心정토, 범신론汎神論적 정토 등의 다양한 설이 제기되어 있다. 분황 당시 동아시아에서는 미륵보살의 도솔兜率정토, 아촉불의 묘희妙喜세계, 약사불의 유리광琉璃光정토, 관세음보살의 보타락補陀落정토, 석가여래의 영산靈山정토, 유마거사의 유심唯心정토, 아미타불의 서방극락西方極樂정토 등 많은 설이 제기되었다. 이 중에서도 아미타불의 서방극락정토가 가장 대표적인 정토로 인식되었다. 그러면 우리는 어느 정토로 나아가야 하는가. 정토에 가면 내 마음이 진실로 안락해지는가. 정토는 내 마음 바깥에 있는가. 그렇다면 내 마음 속의 파도를 잠재우지 않고도 정토에 가면 평온해질 수 있는가. 내 마음 바깥의 무엇이 변하게 되면 나도 평안하고 안락해질 수 있는가. 그런데 정토에 대한 분황의 메시지는 매우 중층적이다. 그는 경전의 가르침을 수용하면서도 주체와 내용에 따라 달리 해명하고 있기 때문이다.

2 서방정토와 일심정토

경전은 왜 정토를 동방이 아니고 서방에 설정하고 있을까. 흔히 우리는 해가 뜨는 곳을 부상扶桑이라고 부른다. 해는 동방에서 떠서 원을 그리며 서방으로 진다. 서방은 해가 지는 곳(咸池)이자 고요하고 아름다운 곳이다. 서방은 이 해가 의지하여 나아갈 방향이 된다. 이와 같은 순리를 생각해서 극락정토를 서방으로 설정한 것이다. 범부들은 사물에 대해 분별하기 쉽고 얽매이기 쉽다. 해서 그들을 짐짓 방향과 지역이 없는 시방세계에서 선교방편을 쓰지 않고는 올바른 방향으로 인도하기가 쉽지 않다. 때문에 어떠한 방향을 서방이라고 가리킴으로써 진실한 국토에 들게 하기 위한 것으로 보아야 할 것이다. 염부제 세계에서는 해가 뜨는 곳을 생生이라 하고, 해가 지는 곳을 사死라고 한다. 해가 지는 곳이 영혼이 들어가는 곳이듯, 서방은 현실적 인간들의 성품이 돌아가야 할 곳이다. 분황 역시 자신의 저술에서 서방극락 정토의 존재를 인정하고 있다.

그러면 10만억의 거리를 설정한 이유는 어디에 있을까. 10만억이란 숫자는 우리가 살고 있는 이 땅(예토)과 우리가 나아가야 할 저 땅(정토) 의 거리를 가리킨다. 여기서 10만억이란 숫자는 무한의 거리를 상징한 다. 물론 이 도량형을 현실세계와 동일하게 적용할 수는 없다. 이 도량 형은 주체와 내용에 따라 다를 수밖에 없기 때문이다. 정토계 경전에서 는 정토를 '내영來迎' 또는 '호념護念' 혹은 '왕생往生'이라고 부른다. 이것 은 곧 범부와 부처의 대립이 사라진 경지를 나타낸 것이다. 어떠한 계기 를 통해 범부가 잠을 깨고 나면 부처와 대립이 없는 자리에 서게 된다. 때문에 멀다고 여기면 더욱 가까워지고, 가깝다고 여기면 더욱 멀어지는 이 역설적인 거리가 바로 이 10만억의 거리인 것이다. 그러므로 이 거리 는 너와 나의 관계를 나타내는 것이며 동시에 여기(주체)와 저기(객체) 의 거리인 것이다.

나아가 『아미타경』에서는 왜 모양을 갖추고 있는 정토로 형상화하는 가. 극락세계는 "일곱 겹의 난간과 일곱 겹의 그물과 일곱 겹의 가로수가 있는데, 금·은·청옥·수정의 네 가지 보석으로 눈부시게 장엄되어 있다. ……칠보로 된 연못이 있고, 그 연못에는 여덟 가지 공덕이 있는 물로 가득 채워져 있으며 연못 바닥에는 금모래가 깔려 있다. …… 그 연못 속에는 수레바퀴만한 연꽃이 피고, ……언제나 천상의 음악이 연주되 고, 대지는 황금색으로 빛나고 있으며, 밤낮으로 천상의 만다라 꽃비가 내린다. ……아름답고 기묘한 여러 빛깔을 가진 백학·공작·앵무새·사리새·가릉빈가·공명조 등이 밤낮을 가리지 않고 언제나 화평하고 맑은 소리로 노래한다. ……사리불이여! 극락세계는 이와 같은 공덕 장엄으로 이루어졌느니라." 또 이 경전은 "사리불이여! 저 국토를 무엇 때문에 이름하여 극락이라 하는가. 그 나라의 중생들은 여러 가지 괴로움이 없고, 단지 여러 가지 즐거움만을 받기 때문에 극락이라고 한다." 이처럼 경전에서는 괴로움이 없고 즐거움만이 있는 세계가 극락이요 정토라고 역설하고 있다.

범부는 최고의 가치를 지니고 있는 유형의 사물을 기준으로 살아간다. 즉 정토는 범부들이 인정하고 있는 가치의 잣대를 원용하여 어떠한 유형의 풍경을 상징적으로 처리한 공간인 것이다. 경전에서는 정토를 실재하는 것으로 묘사하고 있다. 때문에 범부에게 그 실재를 이해시키기 위해서는 범부의 인식을 전환시키는 여러 가지 장치가 필요할 것이다. 정토의 유형화는 범부를 교화하기 위한 선교방편이라고 할 수 있을 것이다. 분황은 극락정토의 장엄의 모습을 열 네 가지의 개별적인 공덕 장엄과 한 가지의 총괄적인 공덕장엄을 아울러 열다섯 가지의 공덕장엄으로 설명하고 있다. 분황은 경설처럼 극락정토의 서방 시설, 10만억의 거리, 형상을 지닌 유형의 설정 등을 받아들여 해명하고 있다. 그는 경설을 따르면서도 주체와 내용을 구분하여 자신의 주장을 내보이고 있다. 바로 그 대목에서 분황의 독자적인 관점이 돋보인다.

· 청정불국토 2 ·

1 정토 인식

분황 원효는 정토에 대해 13종 남짓의 저술을 남겼다. 하지만 지금은
『불설아미타경소』와 미완본인 『무량수경종요』와 「미타증성게」만이 남
아있다. 분황의 이름으로 가탁된 『유심안락도』는 그의 저술로 인정하기
어렵다. 그의 정토 인식은 『불설아미타경소』의 서두에 적은 대의문에
잘 나타나고 있다. "중생 마음의 마음됨은 형상을 떠나고 성품을 떠나
바다와 같고 허공과 같다. 허공과 같으므로 형상이 융합되지 않음이 없
거늘 어찌 동쪽과 서쪽이 있겠으며, 바다와 같으므로 성품을 보존하지
못하는데 어찌 움직일 때와 고요할 때가 없겠는가." 분황은 중생 마음의
마음됨은 허공과 같아서 동쪽과 서쪽이 없으며, 바다와 같아서 움직일
때와 고요할 때가 있음을 역설한다.

이어서 분황은 "사바세계와 극락세계가 본래 한 마음이며, 생사와 열
반은 끝내 두 극단이 없다. 그러나 둘이 아님을 깨닫는 것은 매우 어려운
일이며, 하나에 혼미해진 꿈을 버리는 것도 쉽지가 않다. 때문에 큰 성인
이 남기신 자취는 멀고 가까움이 있으며, 베푼 가르침을 칭찬하기도 하

고 폄하하기도 한다. 나아가서는 석가여래 부처님께서 이 사바세계에 출현하시어 오탁의 나쁜 세상을 경계하시고 왕생을 권장하셨으며, 아미타 부처님께서는 저 극락세계에 계시면서 세 부류로 중생을 왕생하도록 이끌어 주신다. 이 경은 바로 두 부처님께서 세상에 출현하신 큰 뜻이며, 네 가지 무리들이 바른 길에 들어가는 종요로운 문이다. 정토가 원만할 만한 곳임을 보이고, 오묘한 덕이 있어 돌아갈 만한 곳임을 찬탄하였다." 라고 파악한다. 해서 그는 이 경전의 주체인 두 붓다들이 오탁의 나쁜 세상을 경계하시고 왕생을 권장하시며 세 부류로 중생을 왕생하도록 이끌어 주신다고 했다. 여기서 세 부류로 왕생시킬 중생은 '항상 진전하여 결정코 성불할 근기'인 정정취正定聚와 '성불할 만한 소질이 없어 더욱 타락하여 가는 근기'인 사정취邪定聚와 '성불하기가 결정되지 않은 근기이자 향상과 타락에 결정이 없는 근기'인 부정취不定聚이다.

"이 경의 이름을 들으면 일승一乘에 들어가 거스르는 일이 없으며, 입으로 부처님의 이름을 외우면 삼계三界를 벗어나 되돌아오지 않는다"고 역설한다. 그는 이 경의 정체성을 '일승'의 진입과 '삼계'의 해탈을 가능케 하는 것이라 규정하고 있다. 그리고 "이 경은 곧바로 삼계를 뛰어넘는 두 가지의 청정淸淨으로써 그 근본(宗)을 삼는다. 여러 중생으로 하여금 위없는 도에서 불퇴전위不退轉位를 얻는 것을 의취意趣로 삼기 때문이다. 무엇을 이름하여 두 가지 청정이라 하는가. 『정토론』에서 설하는 것과 같이 이 청정에는 두 가지 청정이 있다. 첫째는 기器세간 청정이며, 둘째는 중생衆生세간 청정과 그에 대해 자세히 설한 것이다." 분황은 극락세계는 기세간과 국토國土세간이 청정하므로 괴로움은 없고 즐거움만 받는 등의 열 네 가지 공덕이 있어 삼계육도三界六道를 넘어설 수 있다고 말한다.

나아가 그는 부처의 이름을 외우는(念) 손쉬운 방법으로도 극락에 왕생할 수 있다고 해명한다. 10념이란 '나무아미타불'을 끊어짐 없이 열 번 부르는(念) 것이다. 이것은 극락의 왕생을 대중화시킨 것이다. 분황은 극락의 세계는 윤회하지 않는 세계이며 극락에 왕생함으로써 정정취에 오르게 된다고 했다. 그는 극락에 왕생하는 두 가지 청정한 과보로서 의보 청정의 공덕과 정보 청정의 공덕을 전제하고 있다. 의보 청정의 공덕으로는 주主공덕, 반伴공덕, 대중大衆공덕, 상수上首공덕의 네 가지 공덕이다. 그는 기세간과 국토세간과 같은 의보依報 청정의 공덕뿐만 아니라 중생세간과 같은 정보正報 청정의 공덕을 강조한다. 그리하여 의보와 정보의 청정이 서로 연기緣起됨으로써 정토왕생이 가능하다고 말하고 있다.

2 정성이승의 왕생

분황은 『무량수경』에 의거하여 정보인 중생을 삼취三聚로 규정하고 이름(名)과 모습(相)과 계위(位)로 삼분한 뒤 『보성론』에 의거하여 1) 해탈의 도를 비방하고 열반의 성품이 없어 항상 세간적인 삶만을 구할 뿐 열반의 증득을 추구하지 않는 '유를 구하는 존재(求有)', 2) 도를 구하는 방편이 없는 사람과 도를 구하는 방편이 있는 사람인 '유를 구하기를 멀리 여읜 존재(遠離求有)', 3) 그 둘 모두를 구하지 않는 존재(不求彼二)인 세 가지 취입 중생(三聚衆生)과 이를 다시 나눈 다음의 네 가지 의혹중생(四疑惑衆生)에 대해 자신의 견해를 덧붙이고 있다. 즉 1)의 '유를 구하는 존재'를 ㄱ) 일천제와 ㄴ) 불법에 따르지만 일천제와 같은 사람인 사정취로, 2)의 '유를 구하기를 멀리 여읜 존재'를 ㄱ) 방편 없이 도를 구하는 사람(외도, 독자부 등의 무리)인 부정취와 ㄴ) 방편을 가지고 도를 구하는 사람(이승, 성문, 벽지불)과 ㄷ) 그 둘을 모두 구하지 않는 존재를 보살로 비정하고 ㄴ), ㄷ)의 두 그룹을 정정취로 설명하고 있다. 그러면서『보성론』의 이 주장에 대해 "이 중에서 이승과 보살을 통틀어서 정정취라고 한 것은 그 계위의 구분을 나누지 못한 것"이라면서 "결정코 선근을 끊지 않은 이"를 정정취라 한다고 풀이한다.

또 분황은『무량수경종요』에서 1) 금강金剛 이하의 보살이 있는 곳은 과보토果報土라고 부르지 정토淨土라 부르지 않고,『인왕경』에서 설하는 것처럼 삼현三賢과 십성十聖이 머무르는 과보토에는 오직 한 부처가 거주하는 곳만을 정토라 하며, 2) 팔지八地/不動地 이상의 보살이 머무는 곳만을 정토라 하고, 3) 대지大地(보살지의 높은 지위)에 들어간 보살이 머무는 곳만을 청정세계라 하지 이승이 섞여 사는 곳은 청정세계라 하지 않으며, 4) 정정취만이 사는 곳을 정토라 하고, 사정취·부정취·정정취의 3취 중생이 사는 곳은 예토라 한다고 했다. 그는 이 네 가지 정토를 각기『인왕경』,『섭대승론』,『유가론』,『무량수경』을 인용해서 금강金剛 → 팔지 이상 → 환희지歡喜地 이상 → 정정취로 단계를 낮추어서 결국은 이승정위 이상과 보살 초발심주 이상이면 정정취이고, 이 정정취가 머무는 곳이면 아비발치의 극락정토라 했다. 그리고 그는 다시 위의 4문 가운데에서 제1문인 부처가 머무르는 곳만을 타수용토라 하고 나머지 3문은 자수용토에 짝지우고, 3문이 유색有色임은 말할 것도 없고 자수용토에 대해서도 유색이니 무색無色이니 하는 설이 동일하지 않다고 하면서 중도 제일의제中道第一義諦에 근거하여 회통하고 있다. 그의 이와 같은 논리는 극락이 타수용토이며 물질로 이루어진 국토임을 말하고 있는 것이다. 그렇다면 극락은 우리가 사는 여기에는 설정될 수 없는 것일까.

분황의 정토관에서 가장 돋보이는 지점은 이승이 섞여 사는 곳은 청정세계라고 하지 않는다는 대목이다. 그는 정성 성문과 부정성 성문의 정성 이승에 대해 여타의 정토가들과 다른 논의를 전개하고 있다. 즉 보살과 부처가 될 가능성이 열려있는 부정성 성문과 달리 수행을 통해 소승의 열반인 무여열반에 들게 되어 다시는 태어나지 않도록 선천적으로 정해져 있는 정성 성문은 극락에 왕생하지 못한다고 말한다. 설사 극락에 왕생하더라도 무량수불을 만나기 힘들어 바로 성불할 수 없다고 한정하고 있다. 분황은 『무량수경종요』의 과문 중 세 번째의 약인분별約人分別에서 한 문(一門)을 세워 7세기 후반 당시 동아시의 자은 법상종의 주요 담론인 '오성각별설'을 원용하여 자신의 정토 이해를 보여 주고 있다. 그는 1) 수행을 통하여 마침내 부처가 될 수 있는 존재인 보살정성, 2) 수행을 통하여 마침내 회신멸지灰燼滅智의 무여열반에 들 수 있는 존재인 독각정성, 3) 수행을 통하여 마침내 회신멸지의 무여열반에 들 수 있는 존재인 성문정성, 4) 독각과 성문을 거친 뒤에 대승으로 전향하여 부처가 될 수 있는 존재인 부정종성, 5) 부처도 될 수 없고 무여열반에 들 수도 없는 존재인 무성종성이다.

분황은 2)와 3)을 정성定性이승이라고 통칭한다. 그리고 4)를 다시 ㄱ) 독각과 성문과 보살의 삼승부정, ㄴ) 독각과 보살의 이승부정, ㄷ) 성문과 보살의 이승부정, ㄹ) 독각과 성문의 이승부정으로 사분한 뒤 앞의 셋을 '참된 의미의 부정종성'으로 규정한다. 그렇다면 성문정성과 독각정성이 '취입하지 않았을 때(未趣入時)'와 '이미 취입했을 때(已趣入時)'에 수행의 계위에 어떠한 변화가 생겨날까. 소승의 수행도에서는 견도위에 이르기 전의 수행인 사선근四善根에서처럼 난煖-정頂-인忍-세제일법世諦一法의 순서로 진행된다. 때문에 분황에 따르면 이들 상품의 이승종성은 취입하자마자 정정취에 들어가지만, 중품은 난법위의 단계에서 들어가고 하품은 정법위의 단계에서 들어간다. 그리하여 분황은 이승 종성은 극락정토에 왕생할 수 없지만 부정종성의 세 부류 사람 중 대승심(보리심)을 일으켜 대승으로 전향한 사람은 극락에 태어나 곧바로 정정취가 된다고 언급한다. 분황는 극락에는 오직 정정취만이 있다고 하면서도 사과四果의 성문도 있다고 주장한다. 하지만 극락에 왕생할 수 있는 성문은 보리심(대승심)을 일으킨 부정종성에 한정된다. 그리고 극락에 있는 사과의 성문은 대승심을 일으킨 부정성이승이자 정정취에 해당된다. 또 분황은 십주의 초주에 들어갔을 때 예토에서의 부정성 이승은 정정취가 된다고 했다. 이것은 십주의 초주에 이른 성문은 이미 보살로 전향했다는 것을 의미한다고 했다. 무엇보다도 분황은 중생을 구제하려는 대승심 혹은 보리심의 유무에 근거하여 극락왕생의 여부를 판명하고자 했다. 그리하여 극락에서 성문의 과보를 얻는다고 한 『무량수경』의 설과는 일정한 거리가 있지만 왕생하는 성문을 대승심(보리심)을 일으킨 부정종성에 한정시켰다는 측면에 분황의 독자성이 있다.

• 보살계본 1 •

1 보살의 이상

"나쁜 일들 짓지 말고(諸惡莫作), 좋은 일들 높여 하라(諸善奉行). 스스로 제 마음을 맑히는 것(自淨其意), 이것이 제불들의 가르침(是諸佛教)". 과거 일곱 붓다들이 공통으로 경계한 게송(七佛通誡偈)에는 불교의 본질과 윤리가 담겨 있다. 여기에서 '막작莫作'과 '봉행奉行'의 궁극은 제3구의 '자기 마음의 정화(自淨)'에 겨냥되어 있다. '자기 정화'는 비바시불-시기불-비사부불-구류손불-구나함모니불-가섭불-석가모니불 등의 붓다들이 모두 강조한 것이다. 사실 종교에서 자기 정화는 제일의 전제가 된다. 이 게송은 불교의 지향이 '자정'에 있음을 보여 준다. 그런데 부파의 '아르하트阿羅漢'처럼 '자정'만 강조하게 되면 '이타'를 배제하게 된다. 그렇게 되면 자기를 넘어서는 보편적 인간인 대승보살의 윤리를 등지게 된다.

대승의 수행자들은 이타의 행법을 자정의 수행으로 보았다. 이들은 이상적 인간상으로서 '보디사트바菩提薩陀'를 창안해 냈다. 보리살타는 보디사트바의 음역이며, 이것의 줄임말이 보살菩薩이다. 보살은 '깨친(보

디)' '유정(사트바)'이다. 이미 '깨친 유정(覺有情)'이지만 아직 '깨치지 못
한 유정'을 구제하기 위해 무명의 세계로 돌아간 존재이다. 때문에 보살
은 모든 사람들의 깨침을 고뇌하는 인간상이다. 대승의 수행자들은 개
념과 형식, 종교의 성역을 세속적 명리의식으로 오해하고 있는 부파의
상좌들에게 인간 구원의 문제를 환기시키려고 노력했다. 그 방식은 불
교의 본질인 연기성緣起性과 무자성성無自性性과 공성空性의 재천명과 그
것의 실천에 있었다. 그 실천은 육(십)바라밀과 사섭법과 사무량심 등으
로 나타났다. 보살의 이상을 실현하기 위해 생평을 바친 분황 원효 역시
'이론적 논사'로서의 보살뿐만 아니라 '실천적 행자'로서의 보살로 살았다.

훗날 '해동보살海東菩薩'이라고 불렸던 분황의 이상은 일개 문중과 종
단의 발전이나 성장에 있지 않았다. 그는 온갖 중생을 보살로 태어나게
하고 모든 세계를 정토로 거듭나게 하려고 했다. 이러한 그의 이상은
우주 자연을 무애한 연기의 법계인 불신佛身으로서 드러나게 하는 것에
있었다. 이것은 일체의 중생이 모두 법신法身의 분신으로 해명하는『화
엄경』의 주장과 맞닿아 있다. 분황은 자신의 사종四種 교판에서 최종위
에『화엄경』과 보현계普賢敎 경전을 두었다. 그는 중생을 여래의 태아로
보는 여래장계 경론과 화엄계 경론의 상통성을 모색해 왔었다. 그 결과
유식-여래장-화엄으로 이어지는 당시 동아시아 사상계의 주요한 흐름을
'식識'과 '심心'의 기호로 정리했다. 분황은『화엄경』에서처럼 불세계를
장엄하는 주역을 대승보살로 보았다. 때문에 보살계본에 대한 올바른
이해가 요청되었다.

종래 동북아시아에서 중요시되어 온『범망경梵網經盧舍那佛說菩薩心地戒
品第十』은 출가 중심의 형식주의와 율법주의를 지향해 왔다. 이것은 당
시의 보편적 흐름이었다. 분황의 계율관련 저술은『(범망경)보살계본지

범요기』와 『범망경보살계본사기』 및 『보살영락본업경소』(하권)가 남아 있다. 그의 계율관에 대한 기존 연구는 앞의 『범망경』 주석서를 텍스트로 하여 이루어져 왔다. 반면 대승보살의 윤리관을 담고 있는 『보살영락본업경』은 출가 중심의 『범망경』 윤리관과 달리 출가와 재가 모두에게 열려있다. 본디 보살계본은 대승보살의 윤리생활을 견지하려는 이들에게 자가 수계의 형식을 갖추어 발심하고 서원하는 의식 절차에 사용되어 왔다. 보살적 인간상의 출현을 염원해온 분황은 『범망경』보다는 『보살지지경菩薩地持經』(『瑜伽師地論』의 菩薩戒本)을 더 긴요하게 여겼다. 평생을 대승보살로 살고자 한 그는 출가와 재가를 넘어선 대승의 윤리 위에서 보살의 이상에 기초한 새로운 삶의 이정표를 세우고자 했다. 입적 뒤 분황은 '청구보살靑丘菩薩'로도 불렸다.

2 보살계본의 특징

분황이 주목했던 『보살영락본업경』은 『보살영락경』, 『영락본업경』, 『영락경』으로도 불린다. 이 경전은 요진姚秦 건원建元 12년에서 14년(기원 376~378)에 걸쳐 한역되었지만 정확한 역자는 알 수 없다. 물론 『법경록法經錄』 이하 모든 목록에는 '축불념竺佛念(350~417)'이라고 적혀 있다. 반면 승우僧祐(435~518)는 『출삼장기집』 제4에서 이 경전을 실역失譯으로서 『잡경록雜經錄』에 편입시켜 놓았다. 그런데 축불념은 이 경과 전혀 다른 내용과 역어譯語로 된 『보살본업경』을 번역하기도 했다. 때문에 일부 학자들은 이 경을 중국 찬술의 위경僞經으로 의심하기도 한다. 망월신형望月信亨은 그의 『불교대사전』에서 이 경을 중국 양대梁代 이전의 위찬僞撰으로서 『화엄경』, 『인왕반야경』, 『범망경』, 『보살본업경』, 『보살지지경』, 『승만경』, 『대지도론』 등 여러 경론의 요의를 초략抄略하여 편찬한 것으로 추정한다. 현재 이 설은 학계에서 수용되고 있다.

그 근거는 『보살영락본업경』의 「대중수학품」의 끝부분에서 1) 『화엄경』(60권)의 칠처 팔회(사실은 보광법당중회가 빠져 7처 7회이다)의 설법처, 2) 말씀한 가르침을 싣고 그 법문을 들은 자는 모두 육입명문六入明門에 들었다고 말하는 부분, 3) 그 후에 제8회의 설법이 있어 동일한 육입명문을 설한다고 말하는 대목에서 확인된다. 『보살본행경』에서는 이 경의 1~2품인 「집중품」과 「현성명자품」의 게송, 또 이 경의 이름, 여타의 경과 달리 설법장소를 붓다의 성도처로 하고 있는 것, 그리고 시방국토와 그 불보살의 이름 및 28천 등의 불토 이름을 옮겨왔다. 『화엄경』에서는 십신十信보살의 24원을 원용해 왔다. 『범망경』에서는 하권의 게송 후반에 있는 장행長行 마지막 부분의 "육도의 중생은 계를 받아 단지 이해하기만 하면 계를 잃지 않는다"는 것과, "수행을 시작하는 보살로서 혹은 신남 혹은 신녀들 중에서 몸이 온전치 못한 자·황문黃門(남근이 없는 이)·음남婬男·음녀婬女·노비奴婢·변화인變化人도 계를 받을 수 있다. 모두 마음이 있기 때문이다."라는 구절을 이 경에 옮겨온 것으로 보인다. 또 『범망경』 제23경계의 "계사戒師가 없을 때 수계자가 부처님 앞에서 맹세하고 스스로 계를 받는다"(自誓受)는 것, 『범망경』 제42경계의 "보살계의 공덕을 고양하고 그것을 권장하는 외에 수계받지 못할 자를 배척함"과 "사람이 마음을 열고 수계를 기뻐할 때까지 기다려 계를 받도록 하라"는 것 등을 원용한 것으로 짐작된다.

『보살지지론』(유가사지론)의 섭율의계攝律儀戒가 소승계율의 칠중별해탈계七衆別解脫界임에 반해서, 이 경전은 삼수문三受門의 형태를 받아들이면서도 율의의 내용을 전환해서 십중금계十重禁戒를 받아들이고 있다. 해서 대승계학사의 중요 형식인 삼취정계와 십중금계를 결합한 것은 이 경전이 처음이라는 점에서 주목되고 있다. 동시에 칠중별해탈계를 섭율의라고 하는『지지론』과 같이 칠중계七衆禁마다 십중금을 취급하는 한계도 지니고 있다는 것을 간과할 수 없다. 그리고 "사람이 마음을 열고 대계大戒를 희구할 때까지 기다려 수계授戒하라"고 함은 이 경전의 "믿음이 없는 중생에게는 갑작스럽게 설하지 않아야 한다" 말하는 것에 부합한다. 여기에서 우리는 이 경전이 대승계의 순화純化에 마음을 두고 있음을 확인할 수 있다. 또『인왕반야경』의 "삼현三賢 십성十聖은 과보에 머문다. 오직 부처님만이 홀로 정토에 머무신다."라는 구절은 이 경전에선 "일체중생과 나아가 무구지無垢地까지는 모두 정토가 아니다. 과보에 머무르기 때문이다. 오직 부처님만이 중도제일법성中道第一法性의 국토에 거주하신다"로 되어 있다. 또 보살의 행위에 대한『인왕반야경』의 '오인삼종성五忍三種性'은 이 경전의 '육인육종성六忍六種性'과 연관관계가 있음이 분명하며, 동·은·금의 삼륜왕三輪王에 대한 설과 삼제三諦에 대한 설도 이 경전의 설과 통한다.

『우바새계경』의 사리불 등 육주퇴六住退의 설과 부분적 혹은 전체적으로 계를 받을 수 있다는 설도 이 경전의 설과 통한다. 또 이 경전「불모품」의 이제二諦의 문제는 육조시대 당시의 불교사상계의 문제와 연관이 있다. 즉 이제의 문제에 대해서『광홍명집』제21권에서는 23가의 이제의二諦義를 싣고,『대승현론』제1권에서는 5가의 이설을 싣고 있다. 여기에서 이제에 대한 당시의 결론 내용을 엿볼 수 있다. 이 경전은 이에 대해 삼제三諦로서 답하고 있다. 점돈漸頓의 이각二覺에 대해서는 육징陸澄의「법론목록」(『출삼장기집』제12권 수록)에서 발견되고 있다. 하지만 이 경전은 돈각설에 반대하고 있다. 분황은 이 경전이 지니고 있는 특징들을 충분히 숙지하여 해당 부분에 주석을 덧붙이고 있다.

梵網經菩薩戒本私記卷上

曉公造

將釋此經 略作兩門分別 一者釋題名
字 二者入文解釋

初釋題名者 所言菩薩戒本者 法喻所
置目 故非正此經目也 若論是經正目
者 應言梵網經菩薩心地品 所言梵網
者 約喻爲名 謂如來說是法時 觀梵
天以寶網覆於幢而目此 發言說故 此
經名爲梵網 有經單以法爲名 謂涅槃
經等 或有經單以人名爲經 謂勝鬘
經等 或有經合法喻而爲經目 謂妙法
蓮華經等 今此經者 單以喻爲目 但
以網譬於佛所說法 略有三義 一者如
來能說無量世界海法門 謂蓮華上世
界 此世界者 從下平等風輪 乃至於
界 此界者 有無量世界 亦有橫十方無
量世界 華嚴經中乃至廣說 如是諸世
界 彼世界非此世界 此世界亦非彼世
界 如是世界若別非無義者 卽當於網
目 此目非彼目 亦世界
目無不網義 如來所說如是三義者 當
若別雖無量 而若以法性淨土攝者 世

界而無非法性淨土 此義卽當於目 雖
非無差別 而以網攝目者 目亦無非網
義 是故以網譬於佛所說法 二者論
諦法者 此法非彼法 彼法非此法 區
而故成萬差別 此義卽當於此目非彼
目 彼目非是目
諦 俗諦差別雖非無 而以眞空一味爲眞
一法而無非一 此義卽當於網以攝
目目 而無非網義 是故以網喻爲經目
也 三者佛所說法門 雖有多門 而不
出止觀二門 謂能融法故 而體於一如
法界 故爲止 雖證於法無非一如
而能照假有法 非無道理 故名爲觀
何故說衆多法門者 有人由別觀故得
入道 或有人 由通觀故得入於道 若
就道觀者 雖不出止觀二門 而且爲名
令入欲界人故說多 雖有多門 而亦
入理無二喩如一城有四門 入門雖非
一 而亦此門 非彼門亦非此門 而若
以通門攝別門者 而無非止觀二門 攝
以通門攝別門也 雖有目差別 而以網二門
無非止觀也 是以網攝目
目無不網義 如來所說如是三義者 當
應言梵網經盧舍那佛所說心地法門釋

此部別名 經此通名 經通名如常所說
菩薩心地品者 菩薩者 具論梵音
菩提薩埵者 菩提薩埵 摩訶薩埵
摩訶薩埵者名爲衆生 摩訶薩埵者名
大道心有情 菩提薩埵者 約利他行也
薩埵者名爲衆生 利他行者勝於自
卽果 衆生者卽是因 合因果而爲一名
故言大道心衆生也 心地者 能生義
所住義 是地義 地義略有三說 一云
地前四十心及地上十心者 合五十心者
修行菩薩心地 故爲心地 所住此五
十地 能住是菩提心 一云 以三聚戒
爲所住地 以菩提心爲能住 一云 以
法界爲所住地 以行人爲能住 一切衆
生雖流轉五道 而無出一法界以外 皆
爲法界 爲所住地 能住者 衆生也
品者如常所說 今此卷者 梵網經大部
中一品 上卷者明菩薩心地法門 此下
卷中明菩薩戒相 論彼大部者 百十二
卷 六十一品也 此品者 第十菩薩心
地品也 員教師言 若具論此經題目者
應言梵網經盧舍那佛所說心地法門釋

●●續藏經 第一編九十五套第二册。

· 보살계본 2 ·

1 보살의 본업

　『보살영락본업경』에서 '본업'이란 보살의 '근본 행업'을 일컫는다. 보살의 본업은 '보살행의 본바탕을 열어 드러내는 것'이다. 보살은 중생의 '괴로움을 뽑아주고(拔苦, 悲)'와 '즐거움을 건네주는(與樂, 慈)' 것을 본업으로 삼는다. 그러면 자비의 행업은 어떻게 하는가. 우선 보살행의 본바탕인 '십주·십행·십회향·십지·등각·묘각을 통해 마음 경계(心境)를 비추는 것'이다. 때문에 이 경전은 42위에 오른 마흔 두 분 현성賢聖의 마음 경계(心境) 해명을 큰 줄거리로 삼는다. 이 42현성의 학관學觀에 10신을 더하면 52위가 된다. 천태 지자는 "『영락경』의 52위는 이름과 뜻이 가지런하고 빠짐이 없다. 틀림없이 이는 여러 대승경전 및 별교와 원교의 계위를 빠짐없이 갖춘 것"이라고 했다.

　'초발심주(初住)'에 들어가지 전에 '열 가지 믿음(十信)'의 행원이 있다. 이 십주 이전(住前)보살은 명자名字의 보살, 신상信想의 보살, 가명假名의 보살 등으로 불린다. 이 경전은 10신의 보살은 받아 행해야 할 것으로서 "젊은 사람이 처음으로 삼보의 바다(三寶海)에 들어가기 위해서는 믿음(信)을 근본으로 삼고, 붓다의 집안(佛家)에 머무르기 위해서는 지계(持戒)로써 근본을 삼는다"라고 한다. 때문에 이 경전은 지계가 보살행의 근본이 되며 이 지계는 삼수문三受門인 섭율의계攝律儀戒(십바라이)와 섭선법계攝善法戒(팔만사천 법문)와 섭중생계攝衆生戒(자비희사로서 중생을 안락하게 하는 것)의 삼취정계三聚淨戒를 가리킨다. 대승에서는 수행자의 일체의 생활을 계라고 보고 있다. 여기에서는 소승의 율처럼 단순히 악을 막는 규정의 조항에 그치지 않는다. 오히려 선을 닦는 것과 중생을 제도하려는 무조건적이고 끝없는 노력까지도 계율의 조항에 포함시킨다. 이 경은『범망경』의 십중금계十重禁戒를 도입하여 거기에 권위를 부여하고 그것이 널리 알려지기를 바라고 있다.

　해서 1) 사람과 이십 팔천과 모든 불보살을 죽이지 않는다. 2) 풀잎한 포기라도 훔치지 아니한다. 3) 비인非人과 음행하지 않는다. 4) 비인에게도 거짓말을 하지 않는다. 5) 출가보살과 재가보살의 죄과를 말하지 않는다. 6) 술을 팔지 않는다. 7) 스스로 찬탄하면서 남을 헐뜯지 않는다. 8) 인색하거나 탐내지 않는다. 9) 비인에게도 성내지 않는다. 10) 삼보를 비방하지 않는다와 같은 십불가회계十不可悔戒를 중시한다. 이 십불가회계十不可悔戒는 십바라이十波羅夷 또는 십무진계十無盡戒라고도 한다. 이것은『범망경』의 십중금계十重禁戒와 동일한 것이다. 이 경에서는 이것을 섭율의계로 단정하고 수계의 의식을 행할 때 주고받는 것으로 보고 있다. 이 때문에 이 경전은 범망계를 전파하고 보급하는 역할을 하고 있는 것처럼 보인다. 하지만 이 경은『범망경』의 48경계에 대해서는 아무런 언급이 없다. 오히려 "팔만의 위의계威儀戒는 모두 가벼운 것이다. 설혹 범했다 하더라도 수좌首座에게 참회하여 소멸시킬 수 있다." 설한다. 이외에도 모든 사람에게 수계의 기회를 개방한 것, 대승계를 희망할 때를 기다려서 계를 줄 것, 부분적으로 혹은 전체적으로 계를 받을 수 있는 것 등 대승계의 특성을 보여 준다. 다만 이들 특성은 다른 경론에서 유래하는 것이다.

이 경전은 삼취정계의 내용을 보충하고 것과 더불어 보살계에도 받을 법(受法)만이 있고 버릴 법(捨法)은 없으며, 범犯한 것이 있어도 잃어버리지 않으며, 미래제가 다하도록 보살의 마음 밑바닥으로부터 용솟음쳐 올라와 정진행의 중심에서 나타나는 지계의 세력과 소승율의 계율 조항 준수의 위태롭고 가벼운 것과 다르다는 것 등의 특유한 교설을 보인다. 계사戒師에 대해서는 심지어 "부부나 육친六親(부·모·형·제·처·자)이 서로 간에 스승이 되어 계를 전할 수 있다"는 진보된 설을 담고 있다. 또 대승계는 타율적으로 규정된 조목이 아니고, 사람의 마음속에 그 몸체體가 있음을 설하여 "모든 보살이나 범부와 같이 성인의 계는 모두 마음을 몸체로 한다. 이 때문에 마음이 다하면 계 또한 다한다. 마음이 다함이 없으므로 계 또한 다함이 없다"고 말한다. 이 구절은 이 경전 특유의 문장으로서 한중일 삼국의 계율학자들에 의해 주목되었던 구절이다. 학자들은 이 문구를 일컬어 계법의 중심에 들어있는 '악을 막고 선을 닦는 원동력'이 되는 힘인 '계체戒體'를 설한 것으로 다루었다.

2 발심주의 지위

분황은 출가와 재가를 넘어 대승보살의 윤리를 건립하고자 했다. 때문에 『화엄경』과 보현교(보현계 경전)와 맞닿아 있는 『보살영락본업경』에 주목하게 된 것이다. 이 경전에 처음 주목한 인물은 천태 지자天台

智者였다. 그의 공관과 가관과 중관의 삼관三觀설, 십신·십주·십행·십회향·십지·등각·묘각위의 오십이위五十二位설, 심무진心無盡설 등은 모두 이 경전의 경증經證을 통하여 이루어진 교리들이다. 이어서 현수 법장賢首 法藏도 주목하여 대승계 사상의 조직에 있어서 『범망경』에 빠진 부분을 이 경전을 통해 보충하고 있다. 수당 이래 중국 및 한국과 일본 등의 대승계율사에서 『범망경』을 유일한 성전으로 간주해 온 많은 사상가들 대부분도 이 『보살영락본업경』에 대해 언급하고 있다. 그런데 분황만이 이 경에 대한 주석(『소』, 하권 存)을 남겼다는 것과 한국에선 그만이 주목했다는 사실은 특별한 것이다. 아쉽게도 완본이 현존하지 않지만 의천은 『신편제종교장총록』 제2의 '해동유본현행록海東有本見行錄'에서 그것이 3권이었다고 전한다. 그런데 분황은 『보살영락본업경』에 주목한 사상가이지만 이 경전의 전부를 중시한 것은 아니다. 그는 이 경전을 『화엄경』과의 긴밀한 관련 속에서 이해하고 있다. 해서 『범망경』이 42현성의 학관을 언급하지 않는 것과 달리 이 경이 화엄의 보살도인 십주-십행-십회향-십지-등각지-묘각지의 단계적 수행과정을 논의해 가는 점에 주목한다.

분황은 인간이 보살의 길에 들어설 때 필요한 보다 기본적이고 원천적인 심성의 함양에 중점을 두면서 이 경을 파악하고 있다. 이 경은 특히 불보살의 근본 수행(根行)으로서 십불가회계를 강조한다. 이 십계를 깨뜨리고 현성賢聖의 과위를 얻는다는 것은 불가능하다고 했다. 때문에 이 십불가회계는 십바라이죄이자 십중금계와 같아서 결정코 깨뜨려서는 아니된다고 역설한다. "만일 십계를 깨뜨리게 되면 잘못을 참회할 수 없는 바라이죄에 들어가게 된다. 바라이죄를 범하면 십 겁 중에 있어 하루에 팔만 사천 가지의 죄를 받으며 팔만 사천의 생이 다하도록 이러한 고통스런 과보를 받아야 하므로 이 계를 깨뜨리지 말아야 한다. 그러므로 불자여! 발심주를 잃어버리게 되면 나아가 이주二住·삼위三位·십지十地의 일체 모든 것을 잃게 되느니라. 따라서 이 계는 모든 붓다와 보살에게 있어 수행의 근본이 되느니라. 만일 모든 붓다와 보살이 이 십계법문에 의하지 아니하고 성현의 과위를 얻는다고 한다면 이러한 일은 있을 수 없느니라. 이것이 초발심주의 모습이고 습종성習種性 가운데 제일가는 사람이니라. 이와 같이 아래 아홉 사람의 법행法行도 점점 증장되어 넓어지면 나아가 구주九住·십행·십(회)향·십지와 무구지無垢地도 또한 점점 불가사의한 행이 증장되어 넓어지느니라." 하지만 십주의 단계에 오르기 전의 구박具縛범부는 삼보의 성인을 모르고 인과의 도리를 모른다. 그러다가 불보살의 교법을 만나면 일념의 신심이 일어나고 보리심을 발하게 되면 십주 이전(住前) 보살인 신상信想보살 혹은 가명假名보살 또는 명자名字보살로 불린다. 때문에 십주의 첫단계인 초발심주에 오르기 위해서 보살은 커다란 원을 일으켜야 한다. 보살의 십주위는 그 마음씨를 익히고 또 익혀 완전히 본성처럼 되어지는 습종성習種性의 단계이다. 중생은 업으로 살지만(業生) 보살은 원으로 산다(願生). 그는 발원과 회향을 존재 이유로 삼는다. 때문에 보살은 일체의 원인 광대한 원을 일으킬 것을 권유받는다. 그 원은 이 경 전체의 윤리강령을 망라한 24원으로 표현된다. 1~10원은 보시(施)·지계(戒)·인욕(忍)·정진(勤)·선정(定)·반야(慧)·방편方便·원願·력力·지智의 십바라밀이다. 일체의 교화(11원)를 거쳐 12~21원은 사견邪見·아견我見·상견常見·단견斷見·계도견戒盜見·과도견果盜見·의견疑見의 칠견七見 및 탐貪·애愛·진瞋·치癡·욕欲·만慢의 육착심六著心이다. 그리고 나머지(22~24원)는 무명의 장애를 멸하고(22) 의보의 과보를 멸하여(23) 불법의 바다에 드는(24) 원이다.

이 24원은 입법계의 관문이 된다.

여기서 가장 문제가 되는 것은 일곱 가지 잘못된 생각(見)이며 이것으로부터 여섯 가지 집착심(著)이 생긴다. 여기서 '견(dṛṣti, darsana)'이란 보는 행위이자 관점, 견해, 주의, 사상을 가리킨다. '착'이란 집착이자 번뇌를 일컫는다. 때문에 이 일체의 번뇌는 이 열 세 가지를 근본으로 삼는다. 그 근본은 무명이다. 분황은 이것을 좋지 않은 결과를 낳는 식(異熟識, 阿黎耶識)의 소섭所攝인 견見과 착著의 두 가지 혹업惑業으로 본다. 여기에서 벗어나는 것이 보살행의 출발이다. 분황은 유식논서의 탐·진·치·만·의·견의 육착심에서 의疑와 견見을 칠견으로 옮기는 대신 탐에서 애와 욕을 분리시켜 육착심으로 삼았다. 분황은 이를 "탐을 열어서 셋으로 했다"(開貪爲三)면서 이것은 "출가수도出離道에 장애가 되는 최고의 원인이기 때문이다. 음욕淫欲을 욕欲이라 하고, 나머지를 탐貪과 애愛라 한다. 눈앞에 보이는 어떤 대상에 대해 집착하는 것을 탐貪이라 부르고, 지나간 일을 되돌아보며 연연하고 미래를 내다보며 희구하는 것을 통털어 애愛라 한다. 또 욕계의 갖가지 외적 대상을 보고 일으키는 것을 탐貪이라 하고, 색계와 무색계의 내적 대상에 대해 일으키는 감정을 애愛라고 한다."라고 했다. 하지만 분황은 1~4견에 대해서는 특별히 주석을 붙이지 않는다. 대신 5~7견에 대해서는 자신의 견해를 덧붙이고 있다. "계도견이란 곧 계를 취함(戒取)이니 삿된 원인(邪因)을 진짜라고 믿기 때문이다." 또 과도견에 대해서 설명을 하고난 뒤 "이와 같이 두 가지 도견盜見이라는 이름이 왜 붙여졌느냐 하면 '삿된 견해를 취함(邪取)은 곧 도둑질이기 때문이다.'"라고 덧붙인다. 24원에는 '과도견'과 같은 표현의 조항은 없으나 견도견이 여기에 해당될 수 있을 것이다. 분황은 24원 중 15원의 "중생들이 무연대비를 이뤄내어 그것이 임시 원인(假

因)으로 소생所生한 것임을 알아 삿된 견해를 취하는 마음(見盜心)을 없애게 되기를 바라나이다"라고 한 것에 대해 "과도견은 곧 삿된 견해를 취함(見取)이다. 이것은 삿된 결과(邪果)를 진짜라고 믿기 때문이다. 이를테면 생사와 같은 것을 낙樂이요, 정淨이라고 하거나 그 이상이라고 잘못 생각하기 때문에 과견果見이라고 부른다" 하였다. 의견에 대해서는 24원 중 18원의 "중생들이 금강력으로써 십이인연을 깨달아 의견심을 멸하게 되기를 바라나이다"에 대해 분황은 "도리를 추구하면서 아직도 분별에 머뭇거림을 혜분별慧分別이라고 여기므로 견이라고 이름한다. 아직도 머뭇거리는 혜는 의심이기 때문이다."

그러므로 십주 이전 보살은 십심을 갖고 십선법을 행하며 오계, 팔계, 십계 또는 육바라밀을 닦아 오랜 세월이 지난 뒤에 십주의 초주위에 들어서게 된다. 여기서 '주住'라고 하는 것은 '비로소 공계空界에 들어와 공성위空性位에 머물기 때문'이다. 경에서는 이 보살의 지위가 '지地'가 아니라 '주住'라고 하는 것은 "옛 불법을 모방하고 일체공덕을 스스로 짓지 못하기 때문"이라고 해명하고 있다. 이것은 단순히 '옛날의 불법을 익히는 단계를 넘어서 그 시대의 상황에 맞는 법을 창조하는 것이 보살의 중요한 존재이유임을 강조한 것'으로 보인다. 이러한 초발심주初發心住에 이르른 뒤 비로소 치지주治地住, 수행주修行住, 생귀주生貴住, 방편구족주方便具足住, 정심주正心住, 불퇴주不退住, 동진주童眞住, 법왕자주法王子住, 관정주灌頂住에 오르게 된다. 십주十住보살의 이러한 십주행에 기반하여 십행十行보살-십회향보살-십지보살의 윤리적 심행이 이루어지게 되는 것이다. 이어 그는 십주와 십행의 설명 중에서 십(주)위는 인공人空/我空, 십행은 법공法空, 그리고 십회향은 평등공관平等空觀의 강조에 그 뜻이 있음을 보여 주고 있다. 이 십주와 십행과 십회향과 십지 위에서 등각지와 묘각지에 이르는 것이다. 그것을 분황은 십회향의 수순평등선근隨順平等善根을 설명하면서 '형상으로 나타난 선(相善)'은 공空·가假·중中 삼관三觀 중의 가연상假緣上에 나타난 선이며, '번뇌가 없는 선(無漏善)'은 공空이라는 실상에 부합하는 선善이라는 풀이를 통해 이『본업경』이 십바라밀十波羅密을 특별히 십반야바라밀十般若波羅密 혹은 십지十智라고 하는 타당성에 대한 자신의 견해를 보여 주고 있다.

· 보살계본 3 ·

1 일체지 보승의 승차

분황은 『본업경소』 「서문」에서 『화엄』과 『반야』 및 『정토』와 『법화』 『열반』경의 사상 위에서 이 경전의 위상을 자리매김하고 있다. 즉 이 경전은 화엄의 7처 8회의 광대한 요체를 종합하고, 반야 육백부의 현묘한 종지를 꿰뚫었으며, 정토의 이토 이신으로 시방세계를 함께 하여 널리 드러냈으며, 법화 열반의 일도 일과로 덕을 머금어 모두 융회시켰다고 했다. 이것은 보살의 본행에 입각하여 이 경전이 머금고 있는 불설의 무한 원융을 드러낸 것이다. 대승 이전 불교에서는 붓다의 몸을 색신(변화신)과 법신(자성신)의 두 가지 측면에서 파악했다. 하지만 대승불교에서는 수행의 결과로서 받은 붓다의 몸인 보신(자/타수용신)을 덧붙였다. 색신은 역사적으로 실존했던 고타마 싯다르타가 출가하여 깨침을 얻어 탈바꿈한 역사적 붓다(석가모니)를 가리킨다. 반면 법신은 역사적으로 실존했던 붓다는 아니지만 수행을 통해 깨침을 얻은 석가모니 붓다의 말씀을 육화한 비역사적 붓다(비로자나)를 일컫는다. 또 수행의 과보로 받은 보신은 역사적 붓다와 비역사적 붓다를 통섭한 역사적이자 비역사적인 붓다인 아미타불 혹은 원만보신인 노사나불을 언표한다.

천태 지자대사는 그의 『법화현의』에서 이들 삼신을 각기 청정법신 비로자나불, 원만보신 노사나불, 천 백억 화신 석가모니불로 명명했다. 이들 붓다들은 각기 자신의 특성을 발휘하여 중생을 교화하고 있다. 무릇 하늘 아래에 두 개의 태양이 없고, 한 나라에 두 명의 왕이 없다. 때문에 경전에서는 '하나의 불 세계에는 하나의 붓다만이 존재한다'고 설한다. 하지만 중생의 세계에서는 중생의 근기와 상황에 따라 다양한 붓다가 등장할 수밖에 없다. 법장비구는 수행자 시절에 세운 원력과 그 소원을 실천 수행한 법장보살로서 아미타 붓다의 몸을 얻었다. 때문에 원만보신인 노사나불 혹은 아미타불은 과보토에 머무르며 중생을 교화한다. 반면 천백억 화신인 석가모니 붓다는 변화토에 머물며 응화신을 나툰다. 그리고 청정 법신인 비로자나 붓다는 법성토에 머물며 법성신을 나툰다. 해서 분황 원효는 "법성토法性土와 변화토變化土의 두 가지 국토와 법성신法性身과 응화신應化身의 두 불신으로 동남서북 사유 상하의 시방세계를 함께하여 널리 나투었다."라고 했다.

"궁극적이고 방편적인 진리(二諦)의 중도는 이에 건너갈 길이 없는 나루(津)요, 그윽하고도 또 그윽한 진리(重玄)의 법문은 또한 들어갈 문이 없는 이치(理)이다. 건너갈 길이 없으므로 마음으로 닦아갈 수가 없고, 들어갈 문이 없으므로 행하여 들어갈 수가 없다. 그러나 큰 바다는 나루터가 없어도 배를 띄워 노를 저어 건너갈 수가 있고, 빈 창공은 사다리가 없어도 깃을 펼쳐 높이 날아갈 수 있다. 그래서 길이 없는 길이 곧 길 아님이 없고, 문이 없는 문이 곧 문 아님이 없음을 알 것이다. 문 아님이 없는 까닭에 일일이 모두 진리(玄)에 들어가는 문이요, 길 아님이 없는 까닭에 곳곳이 모두 근원(源)에 돌아가는 길이다. 근원에 돌아가는 길은 매우 평평하지만 다녀갈 사람이 없고, 진리에 들어가는 문은 매우 활짝 열려있으나 들어갈 사람이 없다. 진실로 세간의 학자들은 유有에 집착하여 무無에 막혀 있기 때문이다."라고 했다. 하여 분황은 "붓다는 무조건적(無緣) 대비심으로 '유상有相'에 집착하여 '공무空無'에 막혀 있는 이들로 하여금 불도에 들게 하기 위해 두 권의 영락법문을 설한다."라고 했다. 그리하여 그는 불설 본체 즉 보살 본업의 본질을 '이제 중도'의 특성과 '중현 법문'의 진가로서 드러내고 있다.

즉 분황은 "오래도록 생사를 흐르는 이들(長流者)을 멈추게 하여, 여덟 계탁(八不)의 탄탄한 길에서 노닐게 하고, 일곱 교만(七慢)의 높은 마음을 꺾어 주며, 흐릿하게 취한 이들(惛醉者)을 깨닫게 하여, 여섯 지위(六入)의 밝은 관문을 배우게 하고, 다섯 주지(五住) 번뇌의 어둔 진영을 물리치게 하고자 한다." 풀이한다. 또 그는 "복덕과 지혜의 두 노를 모두 얽어서 불법의 큰 바다를 능히 건너고, 선정止念과 지혜觀察의 두 날개를 함께 움직여 법성法性의 빈 창공을 높이 날 수 있으니 이것이 이 경전의 대의이다."라고 역설한다. 그리고 나서 그는 이 『영락경』을 『화엄』과 『반야』 및 『정토』와 『법화』·『열반』 사상과의 동렬에 놓고 풀어가고 있다. 다시 말해서 분황은 "보살의 수행으로 말미암아 여섯 가지의 행과에 이르는 행위 종성(六性)과 보살의 지위에 대하여 여섯 가지의 법인(六忍)을 세워서 『화엄』7처 8회의 드넓은 요지(廣要)를 종합했고, 세 가지 지혜(三觀)와 세 가지 진리(三諦)로 『반야』 육백 부의 현묘한 종지(玄宗)를 꿰었으며, 『정토』의 법성토法性土와 변화토變化土의 두 가지 국토와 법성신法性身과 응화신應化身의 두 불신으로 시방을 두루 둘러서 나타냈고, 『법화』『열반』 경전의 하나의 진실도(一實道)와 하나의 진불과(一佛果)로 만 가지의 덕을 포함하여 모두 다 융회하였다. 그 뒤에 살운(sarvajna, 즉 一切智智의 음역인 薩雲, 薩云)의 보배 수레(寶乘)를 타고 욕계 색계 무색계 삼계三界의 고택古宅으로 돌아와, 보살의 본행本行을 열어 여섯 겹(六重)의 영락瓔珞을 보인 것이다. 그러므로『보살영락본업경菩薩瓔珞本業經』이라 이른다." 했다. 이처럼 분황은 대승계를 설하는 이 경전을 대승경전의 정화인 화엄과 반야와 정토와 법화·열반과 동렬에 자리매김시키고 있다.

2 삼계 고택의 귀환

분황은 일체지의 보배수레를 탄 보살이 삼계의 고택으로 돌아옴을 보살의 본업에 비유하고 있다. 그는 이 경전의 문체와 내용에 대해 "그 언교(敎)에 있어서는 문장(文)과 이치(理)가 모두 정밀하다. 종지(旨)는 극히 미묘하지만 언사는 은일하고, 경문(文)은 매우 포괄적이나 언어는 자상하며, 행업(行)은 단계적이나 학덕을 겸비하고, 사태(事)는 양양하지만 이치는 지극하며, 인과因果의 원류源流를 궁구하고, 범성凡聖의 시종始終을 추구하며, 천 갈래의 삼라森羅를 비추고, 일미一味의 넓은 회통을 밝혔다."라고 보았다. 그는 이 경전이 보살의 본행을 드러내기 위해『본업경』은 문장과 이치의 정밀과 종지의 미묘와 은일, 경문의 포괄과 자상, 행업의 단계와 겸덕, 사태의 양양과 지극, 인과 원류의 궁구와 범성 시종의 추구, 삼라의 조망과 홍통의 조명을 꾀하고 있다고 파악한다. 이러한 관점을 담은 분황의 주석은 현재 찬자 이름을 알 수 있는 유일한 저술로 남아 있다. 일본 영초永超의『동역전등목록』(弘經錄 1, 衆經部)에는 신라 의적義寂의『소』2권도 기록되어 있지만 현존하지 않는다.

그 외에 대영박물관 소장의 결락본인 돈황본 『본업영락경소』 1권이 전해지고 있으나 찬자를 자세히 알 수 없다.

분황은 이 경전의 특성을 『화엄경』과 『반야경』뿐만 아니라 『정토경』의 법성토와 과보토 두 국토 및 법성신과 응화신의 두 불신으로 시방세계를 함께하여 널리 나타냈고, 『법화경』·『열반경』의 '일도'와 '일과'로서 만 가지의 덕을 포함하여 모두 융회했다는 점과 관련시켜 보았다. 여기서 일도一道란 사성제의 도성제를 가리킨다. 이것은 고제와 집제와 함께 하는 도제이며 금강심金剛心이다. 분황은 이 도제를 모든 붓다의 도와 같기 때문에 '일도'라고 했다. 현존하지는 않지만 분황에게는 『일도장一道章』이란 저술이 있었다. 이 저술은 『기신론일도장』이란 그의 저술과도 상통한다. 또 『본업경』과 『화엄경』의 '일체무애인一切無碍人 일도출생사一道出生死'란 구절을 통해 '일도'의 의미를 환기하고 있다. 일찍이 천태 지자대사는 사제를 생멸(藏敎-因緣)사제, 무생(通敎-空)사제, 무량(別敎-假)사제, 무작(圓敎-中)사제의 네 가지로 분류해서 설명했다. 여기에서 무작無作사제四諦는 원교를 가리킨다. 생사가 곧 열반이란 견지로 보면 고를 멸하고, 멸을 증득함을 요하지 않으며, 번뇌가 곧 보리란 견지로 보면 집을 끊고, 증과에 이를 도법을 닦음을 요하지 않으니, 이렇게 단斷과 증證을 요하지 않으므로 무작사제라 한다. 분황은 무작사제의 입장에서 일제와 일도를 해명하고 있다.

분황은 『본업경소』에서 일도를 구경의 불지에 이르면 고제와 집제를 떠나 오직 한 가지만 남는 것이며, 이것은 일제가 잘 통하여 막힘이 없고 붓다의 도와 같기 때문에 '일도'라고 한다고 했다. 그는 또 "일제一諦 일도一道란 무작無作사제四諦문 가운데 도제의 금강심 때에는 고제와 집제와 함께 하기 때문에 삼제가 있게 되고, 지금은 불지에 이르러 이제를 벗어나 오직 일제뿐이니, 하나를 일도라 한다. 이와 같은 일제가 잘 통하여 막힘이 없고 모든 붓다의 도가 같기 때문에 일도라고 한다. 이것을 『화엄경』의 게송에서 "문수보살의 법이 항상 그러하듯이 법왕의 법은 오직 한 법이다. '일체에 걸림 없는 사람이 일도一道로 생사에서 나왔다'고 한 것과 같다."라고 했다. 그는 응화신에 대해서도 명료한 해답을 덧붙이고 있다. "응화신으로 삼계에 들어온 것이다. 『인왕경』 중에 삼계장三界藏이라는 명칭이 있는데 거기에서 말하기를 일체 중생의 번뇌는 삼계장을 벗어나지 않는다. 일체중생의 과보인 22근根도 삼계장을 벗어나지 못한다. 모든 붓다의 응화신과 법신도 삼계장을 벗어나지 못한다. 삼계 밖에는 중생이 없다고 설하는데 붓다가 어떻게 이들을 교화하겠는가. 그렇기 때문에 나는 삼계 밖에 별도로 한 중생계의 법장이 있다는 것은 외도의 『대유경大有經』 가운데서 설해지는 것이지 붓다들이 설한 바가 아니라고 말한다. 이와 같은 내용은 『일도장』에서 설한 것과 같다."

일도에 대한 이러한 분황의 인식은 다시 일승을 통해 일과로 나아간다. 그런데 일승의 도리가 일과로 전환되기 위해서는 일과가 만덕을 머금어서 모두를 융회한 뒤에야 비로소 여래 묘덕(法華와 涅槃)의 보배수레를 탈 수 있게 된다. 해서 분황은 "붓다가 심은 바 선근은 모두 이취異趣가 없이 다 함께 열반의 과에 이르지 않음이 없기 때문에 불덕을 설하여 일승이라 한다"고 했다. 그리고 그는 또 "여래가 심은 선근은 능히 일체의 유위번뇌를 무너뜨리고 구경에는 여래의 열반 지혜에 이른 뒤에야 멈춘다"고 역설한다. 이러한 그의 인식은 다시 "이 과는 독법獨法으로서 원만하게 상주하는 것"이라는 의미를 지닌 '체과體果'와 "하나의 과체 상에는 무량한 뜻이 있다"는 것은 체과에 의지하여 뜻을 세운 것이며, "뜻에는 헬 수 없는 얼음(德)이 있고, 덕에는 헬 수 없는 이름(名)이 있다"는 것은 "하나하나의 뜻 가운데에 무량한 덕이 있고, 덕 가운데에는 또한 무량한 이름이 있다"는 의미라고 해명한다. 이것은 체과를 통해서 '의과義果'의 뜻을 파악하고자 한 것이라고 할 수 있다.

• 보살계본 4 •

1 보살의 본행

어느 종교를 막론하고 '믿음(信)'은 해당 종교의 대전제가 된다. 진리에 대한 '확신(信)' 위에서 진리에 대한 '이해(解)'와 '실행(行)'과 '체증(證)'이 가능하기 때문이다. 분황 원효는 『보살영락본업경』(하권, 서문)과 『범망경보살계본사기』(상권) 그리고 『보살계본지범요기』(1권)를 통해서 자신의 보살계관을 보여 주고 있다. 그는 이들 저술 속에서 믿음에 대한 명료한 해석을 통해 지계의 의미를 해석해 내었다. 대승계경인 『보살영락본업경』에는 보살 수행의 52계위(황엄에선 10신 전제, 42계위)가 갖추어져 있다. 뿐만 아니라 보살들이 실천해야 할 대승계에 입각한 수행위가 설해져 있다. 제8 회좌(道場樹下成正覺處, 普光法堂, 帝釋堂, 焰寶堂, 第四天法光堂, 第六摩尼堂, 祈洹林, 重遊此-道場樹下-第八會座)로 구성된 이 경전은 7처 8회(寂滅道場會, 普光明殿會, 忉利天-須彌頂-會, 夜摩天會, 兜率天會, 他化天會, 普光明殿會, 逝多林-祈園重閣-會)로 구성된 『화엄경』과 부합되는 내용이 많아 『화엄경』(1~34품)의 결경結經으로 알려져 있다.

대승보살이 지켜야 할 살림살이를 염두에 두었던 분황은 이 경전이 설하고 있는 대승보살상에 특별히 주목한 것으로 보인다. 머리와 가슴을 아우르며 온몸으로 사는 보살의 모습은 어떠해야 하는가. 보살은 중생을 구제하기 위해 소소계小小戒의 범계는 감수할 수밖에 없는가. 상위계를 지키기 위해 하위계를 범하더라도 참회를 거치면 업보를 해소할 수 있는가. 대승계에 대한 이러한 문제의식이 분황의 『본업경소』에는 녹아있다. 그는 계의 몸짓(戒用)에서는 구애가 없는 듯했지만 계의 몸체(戒體)에서는 절도가 있었다. 해서 분황은 요석궁의 아유다를 만난 뒤부터는 '파계의 사문'이 아닌 '환계의 거사'가 되었으며 이후 '마음의 재출가'를 통해 '지계의 수행자'로 살았다. 지금도 많은 이들이 그의 파계 여부를 여전히 문제삼고 있으나 그의 행위에 대해서는 보살의 본행에 전제되어 있는 '믿음'과 '지계'의 긴밀한 관계 속에서 살펴보아야만 할 것이다.

『본업경』은 "일체 보살과 범부와 현성의 계는 진심盡心을 몸체로 삼기 때문에 마음이 다하면 계 또한 다하지만, 마음이 다하지 않기 때문에 계 또한 다하지 않는다"는 '계체무진설戒體無盡說'을 역설한다. 또 이 경전은 "보살계는 수법受法만 있고 사법捨法은 없으며", "한 번 얻으면 길을 잃지 않는다"(一得永不失)고 설한다. 나아가 바라이죄를 범하더라도 계의 본체를 잃는 것이 아니라고 설한다. 이처럼 보살의 본업을 설하는 『본업경』은 대승계의 웅대한 스케일과 심원한 지형도를 담고 있다. 분황의 『본업경소』는 하권과 서문만이 존재하지만 이들을 통해서나마 대승보살의 지계관을 더듬어 볼 수 있다. 그는 이 경전이 '건너갈 길이 없는 나루(이제 중도)'와 '들어갈 문이 없는 진리(중현 법문)'로 대승의 올바른 길을 제시할 뿐만 아니라 '유상'에 집착하는 이들과 '공무'에 막혀 있는 이들을 불도에 들게 하기 위해서 설해졌다고 파악하고 있다. 분황의 이러한 인식은 '이론'과 '실천' 또는 '논사'와 '행자'를 아우르며 '일심'과 '화회'와 '무애'의 살림살이와 사고방식으로 드러났다.

　보살의 본행 즉 본업은 중생을 제도하는 것이다. 분황은 여래가 이 경전을 설하게 된 까닭을 이렇게 설하고 있다. "유의 상에 붙들려 있는 이들은 먹을 것과 입을 것 등을 기다리며 살아가는 인신(有待)의 위태로운 몸을 거느리고 가없는 진리의 모습(法相)을 끊임없이 촉구하여 그침이 없으며, 이름만을 쫓아서 길이 생사의 흐름에 빠진다. 공의 무에 빠져서 있는 이들은 알지도 못하는 어둔 마음을 믿고 지혜를 나게하는 교문을 등지며, 혼미함에 취하여 깨어나지 못하고 머리를 흔들며 배우지 아니한다. 때문에 여래께서 무조건적인(無緣) 대비大悲로써 저 두 가지 부류의 사람들로 하여금 불도에 들어오도록 하기 위하여 이 두 권의 영락법문을 설하신 것이다." 분황은 바로 이 '유의 상에 붙들려 있는 이(着有相者, 長流者)'와 '공의 무에 빠져서 있는 이(滯空無者, 惛醉者)'를 위하여 여래께서 인연이 없는 대비로써 구제한다고 풀이한다. 해서 '착유상자'로 하여금 여덟 계탁(八不)의 중도를 노닐어 일곱 교만(七慢)의 높은 마음을 꺾고 생사의 긴 윤회를 그치게 하며, '체공무자'로 하여금 여섯 지위(六入)의 명문明門을 배워 다섯 주지五住의 번뇌(闇陣)를 항복받아 크게 깨닫게 한다고 했다. 이처럼 『본업경』은 보살의 본행을 여섯 가지의 영락으로 장엄하며 42현성의 수행위로서 불설의 무한 원융을 상징화하고 있다.

2 육중의 영락

분황은 이 경전의 위상을 『화엄경』과 『반야경』 및 『정토경』과 『법화경』・『열반경』과 동렬로 나타낸다. 그는 '육성'과 '육인'으로 화엄을, '삼제'와 '삼관'으로 반야를, '이토'와 '이신'으로 정토를, '일도'와 '일과'로 법화・열반의 사상을 언표한 뒤, 이 경전은 일체지지의 보승을 타고 삼계의 고택으로 귀환하여, 보살의 본행을 열어 여섯 가지의 영락을 드러낸다고 보았다. 여기서 분황이 주목한 육성은 아라한의 6종성種性이 아니라 보살의 수행(因行)으로부터 붓다의 과위(佛果)에 이르는 여섯 갈래의 행위行位종성이다. 즉 1) 10주위의 습종성習種性, 2) 10행위의 성종성性種性, 3) 10회향위의 도종성道種性, 4) 10지위의 성종성聖種性, 5) 등각위의 등각성等覺性, 6) 묘각위의 묘각성妙覺性을 가리킨다. 육인六忍은 보살의 지위에 대하여 6위의 법인을 세운 것이다. 즉 1) 10주위의 신인信忍, 2) 10행위의 법인法忍, 3) 10회향위의 수인修忍, 4) 10지위의 정인正忍, 5) 등각위의 무구인無垢忍, 6) 묘각위의 일체지인一切智忍이다.

그리하여 분황은 『본업경』의 '육성'과 '육인'으로 『화엄경』 칠처 팔회의 광요를 종합하고, 또 종가입공관從假入空觀, 종공입가관從空入假觀, 중도제일의제관中道第一義諦觀의 삼관과 공제空諦와 가제假諦와 중도제中道諦의 삼제로 육백 권의 『대반야바라밀다경』을 꿰뚫었다고 했다. 종가입공관은 가제로부터 공제로 들어가는 관법이며, 종공입가관은 공제에서 가제로 들어가는 관법이고, 중도제일의제관은 공제와 가제를 뛰어넘어 중도의 제일의에서 바라보는 관법이다. 종가입공관은 공관에 집중하고, 종공입가관은 가관에 치중하지만 중도제일의제관은 공관과 가관에 치우침 없이 중도의 관점에서 원용하게 제일의제를 파악하는 관법이다.

그리고 과보토와 법성토의 이토와 과극법신果極法身과 응화법신應化法身 이신의 법문으로 시방을 함께하여 널리 나투었다고 했다. 아울러 일실도一實道와 일불과一佛果로 만덕을 포함하여 모두 다 융회하였다고 보았다. 그리하여 그는 살운(薩云, 一切智智)의 보배수레를 타고 삼계의 옛 집으로 돌아와 보살의 본행을 열어서 여섯 겹의 영락을 보였으니 이것이 『보살영락본업경』이라고 했다. 이것은 이 경전에서 보배구슬인 '영락'에 대해 "일체의 보살은 공덕의 영락으로 보살의 두 가지 법신을 장엄한다. 보살은 백만 아승기의 공덕행을 영락으로 삼아서 간직한다"고 한 의미를 잘 천명한 것이라 할 수 있다.

분황은 이처럼 10신으로부터 시작된 보살의 수행이 42현성의 구경인 묘각지에 이르는 육입 명문의 보살수행과 그 과덕 및 제법의 연기실상을 밝힌 법문 내용을 찬탄하였다. 그것은 곧 화엄사상과 반야사상 및 정토사상과 법화 열반사상의 융회로서 이 경전을 보고 있음을 보여 주는 증좌이기도 하다. 분황은 「현성학관품」 제3의 후반부에서처럼 일체의 붓다들이 다 같이 설하였다는 육종성을 육인六忍 또는 육정六定 혹은 육관六觀이라 하여 여섯 가지 보배영락에 비유하고 있다. 이것은 다시 10주위(보살)의 동(銅, 습종성), 10행위(보살)의 은(銀, 성종성), 10회향위(보살)의 금(金, 도종성), 10지위(보살)의 유리(琉璃, 성종성), 등각위(無垢地보살)의 마니(摩尼, 등각성), 묘각(무상지)위의 수정(水精, 묘각성)의 육보六寶영락을 42현성에 대응하고 있는 대목에서도 확인할 수 있다.

분황의 『소』에는 이 경전 전체 8품 중 상권(「集衆品」 제1, 「賢聖名字品」 제2, 「賢聖學觀品」 제3)에 포함되는 서문과 제3품 후반부(하지만 현존 권차는 하권) 및 하권에 소속된 「석의품釋義品」 제4, 「불모품佛母品」 제5, 「인과품因果品」 제6, 「대중수학품大衆受學品」 제7, 「집산품集散品」

제8의 주석이 실려있다. 우리는 "붓다께서 보살 본업의 행도를 열어서 여섯 겹(육입 명문)의 보살수행 공덕을 밝혀 보이셨다"라는 표현에 서 분황의 보살계관을 엿볼 수 있다. 육입의 명문은 '명입위明入位'와 '현학 행顯學行'의 구도로 밝혀지고 있다. 분황은 육입을 '계위에 들음(入位, 修十戒滿足入初住位)'과 '수행의 공부(學行, 復從是住修行百法觀門)'로 해명하고 있다. 그것은 10주-10행-10회향-10지-등각(무구지)-묘각위의 42현성의 지위로 요약된다. 이 수행의 여섯 층위를 이 경전은 여섯 겹의 보배 구슬로 상징화하고 있다. 경전에서는 이 육입의 명문이 점차 대승 보살의 십신十信-십진十進-십발취十發趣-십승十乘-십금강十金剛-십수희十隨喜-십계十戒-십원十願-십호十護-십회향十廻向의 백법명문으로 확장되고 있다. 이처럼 분황은 『본업경』의 수행위를 자신의 삶을 드러내는 이정표로 삼으면서 대승보살의 보살계관으로 확립해 가고 있다.

涅槃宗要

元曉師撰

是經有其二門 一者略述大意 二者廣開分別

述大意者 原夫涅槃之爲道也 無道而無非道 無住而無*非住 是知其道至近至遠 證斯道者彌寂彌喧 彌喧彌*之故 普震八聲而通虚空而不息 彌寂之故遠離十相同眞際而湛然 由至遠故*忘教近之綿歷千劫而不臻 由至近故*忘言尋之不過一念而自會也 今是經者 斯乃佛法之大海 方等之祕藏 其爲教也難可測量 由良廣蕩無*崖甚深無底 以無底故無所不窮 以無*崖故無所不該 統衆典之部分歸萬流之一味 開佛意之至公和百家之異諍 遂使擾擾四生僉歸無二之實性 夢夢長睡之到大覺之極果極果之大覺也 而*忘 心實性之無*二 混眞眞*忘而爲一 既無二也何得有一 *忘名義斯絕 熟爲其實「斯卽理智都*忘名義斯絕 是謂涅槃之玄旨也 但以諸佛證而不

位 無所不應無所不說 是謂涅槃之至教也 玄旨已而不說寂 至教說而未嘗言 是謂理教之一味也」爾乃聽滿字者咸蒙毛孔之益 求半偈者不傾骨髓之摧 造逆罪者信是經而能滅燋種之種者依效教而還生之矣

所言大般涅槃之經者 若也具存西域之音應謂摩訶般涅槃那 此土譯之言大滅度 欲明如來所證道體周無外 用遍有情廣苞遠濟 莫不依焉既無別體 大用無二無別既無彼*崖可到 何有此*崖可離 無所離故無所不離 無所到故方是大度 以是義故名大滅度 所言經者 大聖格言貫十方而一揆歷千代而莫二 而且常故名爲經 正說之前先序時事 以之故序品第一

一故導大般涅槃經序品第一

二者廣開之內有其四門 初說因緣 次明教宗 三出經體 四辨教迹

第一說經因緣門者 問佛臨涅槃而說是經 爲有因緣爲無因緣 若無因緣亦應無說 若有因緣有幾種 答佛說是經無因無緣 所以然者 所說之旨絕於

名言不開因緣故 能說之人離諸分別不思因緣故 無因強說是經 如此下文言 如拉羅婆夷名爲食油 實不食油強爲立名字爲食油 是大涅槃亦復如是無有因緣強離分別衆生 云何得是無分別智所顯離分別衆生 若依是義無因緣而有所說 若復言無因緣故亦無所說 如是言若知如來常不說法 從初得道夜至涅槃夜具足多聞知如來常不說法 從初得道夜至涅槃夜二夜經云 從初得道夜至涅槃夜二夜中間不說一言一字 以是證知無因作事 故重說偈言 譬喩摩尼天鼓無功成自事 如是不分別種種佛事成 解云若如是義無因緣而有所說 又復言無因緣故亦無所說 如是經下文言若作衆生利益事 如理無倒爲顯無思成

---

❶『新修大藏經』第三十八卷所載「涅槃經宗要」，非『東文選』第八十三卷所載「涅槃經宗要」。
❸「聲」作「音」。
❹「由良」作「良由」。
❺「通」作「縣」。
❻「遍」。
❼「廣」作「瞻」。
❽「苞」作「包」。
⑨「根」作「顯」。
⑩「忘」作「亡」。
⑪「實」作「斷」。
⑫「忘」次同。
⑬「位」作「住」也。
⑭「崖」作「涯」次同。
⑮「忘」作「妄」次同。
⑯「遍」。
⑰「種」。
⑱「已」作「也」。
⑲「住」。
⑳「燋」作「燋」也。
㉑「證」作「其」。
㉒「用」作「周」。
㉓「綿」。
㉔「苞」作「包」。
㉕「崖」作「岸」次同。
㉖「體」作「上」。
㉗「序」。

· 열반과 불성 1 ·

⁂

1 열반의 이해

불교의 최고 이상은 열반의 증득과 불성의 체현이라고 할 수 있을 것이다. 열반과 불성은 실존적 인간인 불자들이 인식의 전환을 통해 체험하는 지혜와 복덕의 다른 이름이다. 지혜는 사물을 있는 그대로 보는 것이다. 어떠한 선입견과 잘못된 정보에 의해서가 아니라 존재가 지니고 있는 그대로의 모습(眞如)을 보는 것이다. 때문에 진여의 바른 지혜는 열반의 다른 표현이요, 자비는 복덕의 다른 이름이다. 그리고 지혜와 자비는 열반과 불성의 이름으로 환원된다. 그러므로 열반은 개인의 성불로 나타나고, 불성은 타인의 성불로 드러난다. 그러면 성불은 열반과 같은 것인가. 성불은 부처가 되는 것이며 부처는 열반에 이른 분이다. 그러면 열반이란 무엇인가.

'열반'은 '취멸吹滅', '원적圓寂', '적멸寂滅'의 뜻이자 탐냄과 성냄과 어리석음을 없애버린 안온하고 평정한 상태를 가리킨다. 붓다는 사념처四念處를 통해 육신이 부정하고, 느낌이 괴롭고, 마음이 무상하고, 비감각적 존재가 무아임을 억념하라 했다. 하지만 유위有爲에 붙들린 범부들은 육신이 청정하고, 느낌이 즐겁고, 마음이 항상하고, 비감각적 존재가 유아라는 전도된 생각을 지니고 산다. 반면 무위無爲에 노니는 불보살은 눈앞에 나타나는 마음과 느낌과 대상과 육신 그대로가 항상하고(常), 즐겁고(樂), 내가 있고(我), 청정하다(淨)고 인식한다. 생로병사의 고통을 극복하기 위하여 출가하였던 싯다르타는 자기와의 싸움에서 승리하여 열반 사덕涅槃四德인 상락아정常樂我淨의 인간상을 제시하였다. 그것은 인간이 위대한 창조의 주체임을 선언한 것이자 곧 인본주의로 극치를 보여 준 것이라고 할 수 있다.

분황 원효는 '열반'에 대해 종래의 여러 설을 소개한 뒤에 자신의 관점 위에서 화쟁해 가고 있다. 먼저 열반의 이름에 대해 뜻을 번역해야 할 것인가 말 것인가의 문제에 대해 논한 뒤에, 열반의 뜻을 해석하는 문제에 대해 논하고 있다. 그는 열반에 대한 여러 주장 가운데에서 '멸도滅度'라는 번역을 소개하고 있다. 이 논증을 위해 분황은 『법화경』과 『대열반경』을 원용하고 있다. 열반의 이름을 뜻으로 풀이해서는 아니된다는 주장에 대해서 '외국의 말들은 많은 뜻을 머금고 있기에 이 나라의 말로는 한 가지 뜻만으로 번역해서는 치우쳐서 알맞게 할 수가 없다'는 주장을 소개하고 있다. 그런 뒤에 중도의 입장에 서서 두 주장에는 모두 도리가 있다(皆有道理)면서 (은)밀어(근본적 관점)와 현료어(현상적 관점)에 따라 해명하고 있다.

『열반경』은 성립 시기에 따라 소승 『열반경』과 대승 『열반경』으로 분류한다. 소승 계통의 『열반경』으로는 『장아함경』 제2 「유행경」의 이역인 『대반열반경』(法顯 역, 3권)과 『불반니원경』(白法祖 역) 및 『반니원경』(失譯) 등이 있다. 이것은 또 남조에 번역되어 있던 『대반니원경』(법현 역, 6권)을 토대로 혜엄慧嚴(363~443)과 혜관慧觀과 사영운謝靈運

등이 40권을 손질한 남본『열반경』(36권, 436년)과 북본『열반경』(담무참 역, 40권, 421년)이라고 불린다. 분황은 이 경전에 대해 "불법의 커다란 바다요 방등의 신비한 보장이어서 그 가르침의 깊은 뜻은 참으로 헤아려 알기 어렵다. 진실로 넓고 넓어서 끝이 없으며, 깊고 깊어서 밑이 없다." 하였다. 뿐만 아니라 "여러 경전들의 부분을 통괄하고, 온갖 물줄기를 일미로 귀납시켰으며, 붓다의 뜻이 지극히 공평하고 바름을 열어서, 백가들의 다른 쟁론들을 화회하였다."라고 평하였다.

분황의『열반경종요』는 남본을 밑본으로 삼아 저술한 두 편의 논문이라 할 수 있다. 그는『대반열반경』의 주요 종체와 교적의 요체를 추려서(簡要) 풀이해 논술했다(論釋). 먼저 분황은 이 경전을 크게 '대의를 간략히 기술하고(略述大意)' '설명을 자세히 개시하는(廣開分別)' 두 문으로 풀고 있다. 특히 후자인 '광개분별'에서는 인연因緣을 시설하고, 교종教宗을 변별하며, 교체教體를 밝혀내고, 교적教迹을 풀어내고 있다. 분황은 이를 다시 열반문과 불성문을 총설과 분별 두 축으로 풀어간다. 그리하여 앞의 열반문을 명의名義, 체상體相, 통국通局, 이멸二滅, 삼사三事, 사덕四德의 육문으로, 뒤의 불성문을 출체出體, 인과因果, 견성見性, 유무有無, 삼세三世, 회통會通의 육문으로 풀어가고 있다. 이들 6문 중 앞 열반문의 마지막 사덕문의 화쟁문에서는 화쟁 논리가, 그리고 그 뒤 불성문의 마지막 회통문에서는 회통 논법이 적용되고 있다.

2 화쟁의 논리

분황은 이쟁의 조화에 대한 실례로서 1) 경교 종지에 대한 두 설, 2)

열반의 성품에 대한 두 설, 3) 왕복 결택에 대한 두 설, 4) 불신의 상주와 무상에 대한 이쟁, 5) 불성의 체에 대한 제설諸說을 든다. 그런 뒤에 이 다섯 실례에 대한 화쟁을 시도한다. 열반에 대한 분황의 생각은 붓다와 보살에 대해 달리 해명하는 대목에서 잘 드러나 있다. "만일 번뇌가 멸하여 없어진 곳을 '열반'이라 한다면 모든 보살들은 한량없는 시겁時劫에서 이미 번뇌를 끊어 없앴을 것입니다. 그런데 어찌하여 '열반'의 명칭을 받지 못합니까? 부처님이나 보살이 다같이 번뇌를 끊어 없앴는데 무슨 까닭에 '열반'이 모든 부처님에게만 있고 보살들에게는 없다고 합니까?" 이에 대해 분황은 "보살들이 '번뇌'를 끊어 없애는 곳에는 아직도 미혹이 남아 있다. 그러기에 '열반'의 이름을 받을 수 없다. 그러나 부처님이 '번뇌'를 끊어 없앤 곳에는 '번뇌'가 필경에는 다시 나지 아니한다. 그러기에 '열반'이라는 명칭을 받는 것이다" 해명한다. 이처럼 보살과 부처의 차이를 설명한 뒤에 분황은 "이러한 도리에서 정밀하게 구분하여 '번뇌를 끊어 없애는 것'은 열반이라 하지 않고, '번뇌를 내지 않는 것'을 열반이라고 한다'고 한 것이다. 이러한 뜻으로서 보면 서로 틀리는 말이 아니라 하겠다" 마무리 짓고 있다. 이처럼 그는 열반을 '번뇌를 내지 않는 것'으로 이해하고 있다.

분황은 화쟁의 논리를 적용하여 여섯 부문으로 열반에 대해 살펴가고 있다. 먼저 그는 열반의 '체상體相 부문'에서 체성을 드러내고 허실을 간추린다. 또 '통국通局 부문'에서는 국한해 보는 소승부파와 공통해 보는 대승학통으로 나눠 살펴본다. 이어 '이멸二滅 부문'에서 성정열반과 방편괴열반, 유여열반과 무여열반으로 나누어 '멸'의 의미를 살피고 있다. 뒤이어 '삼사三事 부문'에서는 체상과 건립과 총별과 왕복의 결택으로 검토하고 있다. 마지막으로 '사덕四德 부문'은 분황이 인식하는 열반에 대한 관점을 잘 보여 주고 있다. 그는 1) 사덕의 모양, 2) 사덕을 세운 뜻, 3) 사덕의 차별을 살펴봄, 4) 서로 다른 쟁론을 화회하는 부문을 통해 자신의 열반관을 종합적으로 보여 주고 있다. 이것은 곧 열반 사덕에 대한 분황의 인식으로 드러난다. 그는 법신은 '상락아정常樂我淨'의 사덕을 갖추고 있다면서 이 사덕을 공통되는 측면과 구별되는 측면으로 나눠 말한다.

구별되는 측면에서 그는 "'상'은 '법신의 뜻'이다. 이는 곧 저 색신이 무상함에 상대하기 때문이다. '락'은 '열반의 뜻'이다. 이는 곧 저 나고 죽는 고통의 바다에 상대하기 때문이다. '아'는 '부처의 뜻'이다. 이는 곧 중생들이 자아自我롭지 못하기 때문이다. '정'은 '법의 뜻'이다. 이는 곧 비법非法이 더럽고 흐린 것에 상대하기 때문이다."라고 본다. 분황은 이 경전 「애탄품」(3품)의 "'아'라 함은 곧 부처란 뜻이요, '상'이라 함은 곧 법신이란 뜻이요, '락'이라 함은 곧 열반이란 뜻이요, '정'이라 함은 곧 법이란 뜻이다"라는 구절에 대해 "이것은 일변一邊만을 잡아서 이렇게 배당한 것이다. 하지만 실제에 의거해서 공통되는 측면으로 말하면 사덕이 서로 해당되지 않음이 없다."라고 말한다. 분황은 "이 사덕은 '법신의 뜻'이 되며, 또 이 사덕은 '열반의 뜻'도 되어 그 나머지의 '반야와 해탈'도 그렇다는 것이다"면서 이 경전의 「덕왕보살품」(22품)의 "부처의 성품을 봄으로써 열반을 얻는다. '상'과 '락'과 '아'와 '정'을 큰 열반이라 이름한다"라는 구절을 제시하고 있다. 아울러 구별되는 측면에서 열반 사덕인 상덕常德, 락덕樂德, 아덕我德, 정덕淨德에 대해 기술하고 있다.

'상덕'은 유위인 생사를 버리지 않고 무위인 열반을 취하지 않아 단견과 상견을 초월한 '법신상덕法身常德'으로 풀어낸다. '락덕'은 의생신意生身의 고통을 벗어나고 번뇌의 습기를 없애 '적정寂靜의 락'과 '각지覺知의

락'을 나타냄으로 해명한다. '아덕'은 아라는 견해의 치우침에서 벗어나고 무아라는 견해의 치우침에서 멀리 벗어나 '아我도 아니고 무아無我도 아닌 대아大我'를 얻는 것으로 풀이한다. '정덕'은 분별의 성품을 통달하여 자성의 청정함을 나타내고, 의타의 성품을 덜어 없애고 방편괴方便壞의 청정을 나타내는 것으로 풀이한다. 분황은 이러한 방법과 논리를 통해 여러 논사들의 다른 주장(異諍)을 화해和解시켜 화쟁해 나갔다. 그의 이러한 화쟁 논리에 대해 뒷날 고려의 석후 의천(1055~1101)은 「제분황사효성문祭芬皇寺曉聖文」에서 분황을 가리켜 "많은 이쟁의 극단을 화해하여 일대 지공의 정론을 획득했다" 하였다. 형왕인 숙종에게 주청하여 '화쟁국사和諍國師'의 시호를 내려주게 했던 의천은 분황의 진가를 가장 잘 파악한 불학자였다.

· 열반과 불성 2 ·

1 불성의 이해

　'불성'은 인도 서역의 '여래장' 개념을 중국의 인성론人性論으로 풀어낸
개념이다. 이것은 범어 '다르마 다투'를 한역하여 '법계法界'와 '법성法性'
으로 옮겨냈듯이 '따타가타 가르바'를 한역하여 '여래장'과 '불성'으로 옮
겨낸 것과도 상통한다. 여래장은 '여래의 성품(태아)을 간직함'을 의미한
다. 마찬가지로 불성은 '부처의 성품' 혹은 '부처의 본성'을 가리킨다. 분
황은 이 불성의 뜻에 대해 1) 그 체를 나타내는 부문(出體門), 2) 그
인위와 과위를 밝히는 부문(因果門), 3) 그 성품을 보는 부문(見性門),
4) 그것의 있고 없음을 살펴보는 부문(有無門), 5) 그 삼세에 대하여 살
펴보는 부문(三世門), 6) 그것을 회통하는 부문(會通門)으로 해명하고
있다. 분황은 앞의 논문인 열반문에서 여러 주장들을 '화쟁'한 뒤에 다시
뒤의 논문인 불성문에서 여러 주장들을 '회통'해 가고 있다. 그가 사용하
는 회통의 논법은 '경문이 다름을 통해하여(通文異)'와 '교의가 같음을
회명하는(會義同)' 방식을 취하고 있다. 그는 예로부터 불성에 대한 백
가의 주장들이 많지만 그 주장들을 부류대로 간추려 묶으면 대략 여섯

가지 그룹을 벗어나지 않는다고 정리한다.

즉 1) 미래에 있을 불과로 불성의 체를 삼는다. 2) 현재에 있는 중생이 불성의 체가 된다. 3) 중생들의 심성을 불성의 정인正因의 체로 삼는다. 4) 마음은 신령스러워 잃어버리지 않는 성품이 있다. 5) 아려야식의 법다운 종자(法爾種子)가 불성의 체가 된다. 6) 암마라식의 진여 해성이 불성의 체가 된다. 분황은 이 여섯 법사들의 주장을 소개한 뒤에 '소통하여 풀고(通解)'와 '회통하여 밝힘(會明)'의 논법을 통해 이들 주장의 옳고 그름을 판정한다. 그는 "이들 여섯 분들의 주장은 모두 맞기도 하고 모두 맞지 않기도 한다. 그 까닭은 불성은 그런 것이 아니요, 그렇다고 그렇지 않은 것도 아니기 때문이다"라고 한다. 이어 "'그런 것이 아니기 때문에' 여러 분들의 주장이 모두 맞지 않고, '그렇지 않은 것도 아니기 때문에' 여러 분들의 주장이 모두 맞는 것이다. 그 이유는 무엇인가. 여섯 분들의 주장이 두 가지의 길을 벗어나지 않는다. 처음의 한 분은 '미래에 있을 과위를 가리켜 주장한 격이요, 뒤의 다섯 분은 모두 지금에 있는 원인을 근거로 하여 주장한 것이다" 말한다.

그런 뒤에 1) 불성에 대한 여러 주장들을 들어 보이고, 2) 그들의 옳고 그름에 대해 판정하는 방식을 취하고 있다. 뒤의 다섯 주장 가운데에서도 뒤의 한 주장은 진제眞諦를 기준으로 하여 말한 것이며, 앞의 네 주장은 속제俗諦를 기준으로 하여 말한 것으로 나눠 본다. 또 속제를 기준으로 하여 말한 네 주장은 인人과 법法을 근거로 한 데에서 벗어나지 않다고 말한다. 그리고 앞의 한 주장은 '인'을 들어 말한 것이고, 뒤의 세 주장은 '법'을 근거로 하여 말한 것으로 본다. 나아가 법을 근거로 한 세 주장은 기起와 복伏의 표현에 지나지 않으며, 뒤의 한 주장은 종자種子의 '복伏'을 들어 말한 것이요, 앞의 두 주장은 상심上心 '기起'를 들어 말한 것이니 이 두 주장은 상심 안에서 뜻을 달리 말했을 뿐이라고 역설한다. 그러면서 분황은 "불성의 체는 바로 일심이다"고 강조한다. 그 이유는 일심의 성품은 모든 '변견'을 멀리 초월한 것이다. 모든 '변견'을 멀리 초월하였기 때문에 도무지 해당되는 것이 없다. 해당되는 것이 없기 때문에 해당되지 않는 것이 없다.

그러므로 '심心'에 나아가 논하면 심은 인위因位도 아니요 과위果位도 아니며, '진제眞諦'도 아니요 '속제俗諦'도 아니며, 주체(人)도 아니요 대상(法)도 아니며, 기起도 아니요 복伏도 아닌 것이다. 그러나 이를 다시 '연緣'에 의거해 논하면 심은 기도 되고 복도 되며, 법도 되고 인도 되며, '속제'도 되고 '진제'도 되며, 인위도 되고 과위도 되는 것이다. 그러기에 '그런 것도 아니요, 그러하지 않은 것도 아닌 뜻'이라고 말한다. 그러므로 모든 주장이 다 맞지 않기도 하고, 다 맞기도 한 것이라고 역설한다. 이것은 '총체적인 설명(總說)'이지만 '부분적인 구분(分別)'에 의하면 일심의 법에는 때묻지 않으면서도 때묻는 것과 때묻으면서 때묻지 않는 것이 있다고 설한다. 이처럼 분황은 '총설'과 '분별'에 의해 논하면서도 이를 다시 '통론通論'에 의해 회통하기도 한다. 이러한 논의의 방식은 모두 화쟁의 논리와 회통의 논법을 통해 불성의 실제를 천명하는 것이라고 할 수 있다.

2 회통의 논법

분황은 그의 여러 저술에서 10문에 걸친 '이쟁異諍'들을 '화해和解'하여 '이치에 맞게 회통하고(如理)' '실제에 맞게 화회하였다(如實和會).' 그

기준은 중도의 이치(이법)와 실제(실상)였다. 그리하여 "불성의 체는 인위도 아니고 과위도 아니다. 그렇지만 또한 인위와 과위가 아닌 것도 아니다. 그러므로 체體를 들어 원인을 짓고 결과를 짓는다. 과위의 불성이란 부처의 체성이므로 불성이라 부른다" 해명한다. '총체적인 설명'에 의하면 "'인위의 불성'이란 부처를 짓는 성품이므로 불성이라 부른다"고 말한다. 반면 '부분적인 구분'에 의하면 '과위의 불성'에는 열반의 과이자 법신의 부처인 소료과所了果와 보리의 과이자 보신의 부처인 소생과所生果로 나눠진다. '법신 부처의 성품'은 '성정性淨의 부문'에 있는 것이요, '보신 부처의 성품'은 '수염隨染의 부문'에 있는 것이다. 분황은 다시 '공통되는 논의'에 의하면 "성정인 본각이 또한 '보신과 응신' 이신의 성품이 되는 것이며, 때묻음(染)을 따르면서도 신해神解하는 성품이 또한 법신의 인이 되는 것이다" 역설한다.

성불의 대상에 제한을 두었던 부파불교와 달리 대승불교는 모든 생명체는 누구나가 불성을 지니고 있어 성불할 수 있다고 했다. 그렇다면 언제에 성불하는가. 지금 이 순간에 성불할 수 없다고 해서 끝내 성불하지 못하는가. 그렇지는 않다. 성불은 시절인연이 도래해야만 가능한 것이다. 그 시절은 방편의 인연이 관건이 된다. 때문에 이 경의 「사자후보살품」(23품)은 "비유하면 어떤 사람에게 요구르트(乳酪)가 있었다. 그때에 어떤 이가 '네게 치즈(酥)가 있느냐'고 물었다. 그는 '내게는 요구르트만 있을 뿐 실제로 치즈는 없다. 하지만 방편을 잘 쓰면 결정코 치즈를 얻을 수 있기 때문에 치즈가 있다'고 말하였다. 중생도 또한 그러하여 모두 마음이 있다. 무릇 마음이 있는 자는 결정코 가장 높은 깨침(菩提)을 이룰 수가 있다. 이러한 뜻이기에 항상 '일체의 중생들이 다 부처가 될 성품이 있다'고 선설한다." 말한다.

또 「가섭보살품」(24품)은 "그대가 물었던 '선근을 끊어 없앤 자(斷善根人)에게도 부처가 될 성품이 있는가'에 대하여 그 중생들에게도 또한 부처가 될 불성이 있으며, 또는 후신보살後身菩薩이 될 불성도 있다. 이 두 가지의 불성이 있지마는 그들은 번뇌 때문에 미래에 장애를 받는다. 그러기에 '그들에게는 부처가 될 성품이 없다'고 말한다. 그러나 그들이 필경에는 '부처가 될 성품을 얻기 때문에 그들에게도 부처가 될 성품이 있다'고 말한다 하였다." 분황은 "이와 같은 경문들은 '중생들이 미래에 얻을 부처님의 과위로서의' 부처의 성품을 밝힌 것이다" 해명한다. 「사자후보살품」(23품)은 "부처의 성품에는 '인'이 있고, '인의 인'이 있으며, '과'가 있고 '과의 과'가 있다. '인'이 있다는 것은 곧 열 두 가지의 인연이요, '인의 인'이 있다는 것은 곧 지혜를 말함이다. '과'가 있다는 것은 곧 가장 높은 보리를 말함이요, '과의 과'가 있다는 것은 곧 가장 큰 열반이다" 하였다. 이에 대해 분황은 "이와 같은 경문들은 한결같이 '일심은 인위와 과위의 성품이 아님'을 나타낸 것이다" 역설한다. 그러면서 그는 "일심은 인위도 아니고 과위도 아니다. 그러기에 인위를 짓기도 하고 과위를 짓기도 한다. 그러기에 '부처의 성품'에는 '인'도 있고, '인의 인'도 있고, '과'도 있고 '과의 과'도 있다."라고 했다. 나아가 "이 일심의 성품은 오직 부처님만이 몸소 증득한다. 때문에 이 마음을 일러 '부처의 성품'이라고 이름한다. 다만 여러 부문을 의지하여 이 일심의 성품을 나타낸 것이어서 다른 부문을 따라 따로따로 성품이 있는 것은 아니다" 하였다.

이러한 관점에서 이 경전의 교체에 대해 분황 원효는 천태 지자의 교판관과 대비하여 자신의 생각을 드러내 보이고 있다. "그런데 천태는 선정과 지혜를 모두 통달하여 온 세상이 그를 존중하여 범부와 성인들이 그를 헤아려 알 수 없는 분이다. 그런데도 부처님의 뜻이 심원하기 한량이 없음을 알면서도 네 가지의 종(四宗)으로써 경의 뜻을 과목하려 하고, 또 다섯 시기(五時)의 교로써 부처님의 뜻을 한정하려고 한 것은 마치 소라로 바닷물을 재려는 격이요, 대롱으로 하늘을 엿보려는 격일 뿐"이라고 하였다. 그리하여 분황은 "교리의 자취의 얕고 깊음에 대하여 간추려 판단한 것은 이와 같다"라며 마무리 짓고 있다. 그는 자종의 우월성을 강조하려는 천태의 교판인식을 '소라로 바닷물을 재려는 격'이요 '대롱으로 하늘을 엿보려는 격'이라고 통렬하게 비판하고 있다. 그의 생각은 삼승과 일승의 공명정대한 시각 위에서 구축한 분황의 4종 교판에 잘 담겨 있다.

彌勒上生經宗要❶

釋元曉撰

將說此經 十門分別 初述大意 次辨宗致 三二藏是非 四三經同異 五生身處所 六出世時節 七二世有無 八三會增減 九發心久近 十證果前後

第一述大意者 盖聞彌勒菩薩之爲人也 遠近莫量 深淺莫測 無始無終 非心非色 天地不能載其功 宇宙不能容其德 八聖當窺其逵 七辨無足談其極 窈窈冥冥 非言非嘿者乎 然不周之山之高其跡可跂 朝夕之池之深其❷壇可涉 是知至人之玄 猶有可尋之跡 之近蹤 誠論始終之遠趣 言其始也 感玄德之遠非無可❸之行 今隨跡*壇

慈定之光熾 發廣度之道心 浴八解之清流 息⑤□覺之菀林 四等之情 等閏四生 三明之慧 明導三界 論其終也 度苦海於法雲 發等覺於長夢之重闇 照四智之明鏡 乘六通之實車 遊八極之曠野 千應萬化之迹事罄百億⑥□□□ 今此經者 斯乃略歎至人垂天之妙迹 勸物脩之眞典也

彌勒菩薩者 此云慈氏覺士 賢劫千佛之內是其⑦□□ 如來弗沙佛時 ⑧無智慈定 熏脩其心 逸成常性 從此已來 每稱慈氏 乃至成佛 猶立是名也

兜率陀者 譯言知足 欲界六天之中是其第四⑨□□ 欲情重 上二浮逸心多 此第四天 欲輕逸少 非沈非浮 莫蕩於塵 故名知足 ⑩□受用具 不待營作 故名爲天 菩薩從人昇天故曰上生 行者靜慮思察名之爲觀 ⑪聞金口演玉句 澍法雨之沃閏 成佛種之華菓 故言佛說 若人受持此經 觀察彼天 則能生妙樂之淨處 承慈氏之至人 登無退之聖階 謝有死之凡塵 擧是大意 以標題目 故言佛說觀彌勒菩薩上生兜率陀天經云云

次第二明經宗致者 此經正以觀行因果而爲其宗 令人生天 永無退轉 以

名涅槃不戲論法性名本分種 如黃石金性白石銀性 一切衆生有涅槃性 此與佛性有何差別而不說故是淺耶 又法花論云 所成壽命復倍上數者 此文示現如來常命 以巧方便顯多數量 不可數知故 又言 我淨土不毀而衆生見燒盡者 報佛如來眞淨土第一義諦之所攝故 既顯常命及眞淨土 而言是不了說者不應道理 問南北二說 何者爲得爲失 答若執一邊謂一向爾者 一說皆失 若就隨分無其義者 二說俱得 所以然者 佛說般若等諸教意廣大甚深 淺通復不可定限於一邊故 又如隨時天台智者問神人言 北立四宗會經意不 神人答言失多得少 又問成實論師立五敎稱佛意不 神人答曰 遠無限 而欲以四宗科於經旨 亦以五時限於佛意 是猶以螺酌海用管闚天者耳 教迹淺深略判如是

涅槃經宗要

天治元年五月十四日書之

---

❶⑮續藏經 第一編三十五套四册經 第三十八卷。 ❷壇作疆。「疆」次同⑰。 ❸實 ❷「疆」。 ❹疑「度」之域哉。 ❺疑「七」。 ❻⑥疑 ❼疑「第五」。 ❽無疑「天下三沈」。 ❾□□□ ❿疑諸 ⑪疑「先」。 ⑭新修大藏 ⑯疑「開」。

· 미륵과 상생 1 ·

1 미륵의 이해

불교는 시간時間을 "공간空間 이전에 이미 '존재'하는 것이 아니라 물리적으로 변화하는 '사물의 이동'이 표현된 것"으로 본다. 시간은 점유'의 속성을 지닌 공간과 달리 '변화'의 속성을 지니고 있기 때문이다. 시간은 사물의 변화가 전제돼야만 나타나는 '임시적 존재'이다. 때문에 존재하는 '사물'은 실체성을 지니지 않기에 종말론도 없다. 이런 의미에서 모든 존재는 시간적 존재이자 의식 내적 존재이며 언어적 존재이다. 불교는 시간을 '마음의 시간'이자 '언어적 시간'이며 '의식 내적 존재'로 본다. 시간은 '시'와 '시'의 '사이(間)'이다. 여기서 '시'는 '눈을 깜박이는 사이(瞬間)' 또는 '손가락을 퉁기는 사이(彈指)'처럼 지극히 짧은 시간이다. 그러므로 시간은 불변하는 실체도 아니고 눈에 보이고 손에 잡히는 실재도 아니다.

과거는 이미 흘러가 버려서 우리의 '기억' 속에 남았을 뿐이다. 미래는 아직 오지를 않아서 우리의 '예지' 속에 그려질 뿐이다. 현재는 과거의 기억과 미래의 예지와 달리 오직 우리의 '인식' 속에 지각될 뿐이다. 그러므로 과거는 이미 지나 버렸고 미래는 아직 오지 않았다. '현재'는 인식하는 순간 이미 과거가 되어버린다. 때문에 존재하는 것은 사물의 '개념'뿐(唯名)이다. 불교의 시간관과 밀접한 관련이 있는 미륵은 미륵불과 미륵보살 및 미륵청년으로 구분된다. 붓다 당시의 진지한 젊은 수행자였던 미륵청년과 달리 미륵보살은 대승보살이며 미륵불은 미래의 붓다이다. 미륵의 이름은 범어 '아지타Ajita'였다. 구역은 이것을 '아기다阿嗜多' 혹은 '아일다阿逸多'로, 신역은 '아제다阿制多' 또는 '아씨다阿氏多' 음역했다. 의역으로는 '가장 빼어나다'는 뜻에서 '무승無勝', '막승莫勝', '무능승無能勝'으로 옮겼다. '더 이상 아름답고(殊) 빼어난 것(勝)이 없다'는 뜻이다. 석존의 업적을 돕는다는 뜻으로 '보처補處'의 미륵이라 한다. 경전에서는 우리가 살고 있는 이 세계가 생겨 없어지는 동안을 현겁賢劫이라한다. 그리고 이 현겁에는 붓다 천 분이 출현한다고 설한다.

그런데 미륵경전들에서는 과거 장엄겁에 대해서는 생략한 채 주로 현재의 붓다와 미래의 붓다에 대해서만 언급하고 있다. 미래 성수겁의 미륵불은 현재 현겁의 구류손불-구나함모니불-가섭불-석가모니불에 이어지는 붓다이다. 때문에 미륵불은 현재 현겁의 네 붓다를 잇는 미래 성수겁의 부처이자 현재 현겁 이후 다섯 번째의 붓다가 된다. 분황 원효는 "미륵보살은 우리나라의 말뜻으로는 '자씨각사慈氏覺士'이니 현겁賢劫의 천불 가운데 다섯 번째의 여래이다. 불사불弗沙佛이었을 때에 닦아 익힘(修習) 없이 얻은 자비로운 선정(慈定)으로 그 마음을 흠뻑 닦아(熏修) 마침내 한결같은 성품(常性)을 이루었고, 이로부터 매양 자씨慈氏라고 일컬었으며 성불하기에 이르러서도 오히려 이 이름을 세워 나갔다" 했다. 그의 이름인 마이트레야Maitreya는 '매달려야梅怛麗耶', 또는 '매달리야梅怛哩耶', 혹은 '매달리예每怛口履曳' 등으로 음역되었다. 그 뜻은 자비(慈)

와 사랑(愛)을 가리키며 미륵은 자애의 붓다를 상징한다. 그는 현재의 석존을 이어 미래의 붓다가 된다.

『미륵하생경』에 의하면 미륵은 인도 바라나국의 바라문 집안에서 태어났다. 그는 석존의 교화를 받았으며 미래에 성불하리라는 수기까지 받았다. 그 뒤 미륵은 도솔천에 올라가 도솔천주가 되어서 그곳에서 천인天人들을 교화하고 있다. 그는 석존 입멸 후 56억 7천만 년을 지나 다시 이 사바세계에 출현하여 화림원華林圓 안의 용화수龍華樹 아래서 성도한 뒤 3회의 설법을 한다. 첫 번째 법회에서 96억 인을 교화하고, 두 번째 법회에서 94억 인을 교화하며, 세 번째 법회에서 92억 인을 교화하여 석존의 교화에서 빠진 모든 중생들을 제도한다. 현재는 절터만 남아 있지만 익산의 미륵사는 미륵불의 3회 설법을 건축학적으로 재현하여 3원 3금당 3탑으로 지었던 절이다. 미륵사는 미륵사상에 의거하여 왕권을 공고히 하고 백제의 부흥을 모색했던 백제의 무왕이 익산에 별도別都를 세우고 중흥을 과시했던 절이다. 그 절의 설립주체는 무왕과 왕비(선화공주)로 되어왔으나 근래 다른 주장이 제기되었다.

2 관행의 인과

미륵보살은 욕계 6천인 사(대)왕(중)천, 도리천, 야마천, 도솔천, 화락천, 타화자재천 가운데에서 제4천인 도솔타(知足)천에 머무른다. 그는 욕계 제4천에 머무르다가 미래에 미륵불이 된다. '상생'과 '하생'과 '하생 성불'의 기호로 변주되는 '미륵 6부경'은 구마라집이 번역한 『미륵하생경彌勒下生經』, 『미륵내시경彌勒來時經』, 『미륵하생성불경』 삼부경과 의 정의淨이 번역한『미륵대성불경』,『미륵상생경』,『미륵하생성불경』삼부경을 통합한 명명이다. 이것은 이들 동본 '미륵 3부경'의 이역의 세 경전을 통합하여 일컫는 명명이다. 때문에 같은 경전을 경 이름(經名)을 달리 번역했지만 내용은 큰 차이가 없다. 현재는 구마라집이 번역한 미륵 3부경이 널리 유통되고 있다. 분황은『미륵상생경』인『불설관미륵보살상생도솔천경佛說觀彌勒菩薩上生兜率天經』의 주석서로서『미륵상생경종요』를 지었다.

이『미륵상생경』은 1) 아일다(미륵보살)가 수기를 받는 것과 2) 그가 12년 뒤에 도솔천에 올라가 태어날(上生) 것, 3) 그가 머무르는 도솔천의 장엄이 매우 훌륭한 모습을 말하고, 4) 이것을 관찰觀察 하는 사람은 도솔천에 왕생하게 되는 것, 5) 그가 도솔천에 나게 된 인연을 기록하고, 6) 그가 갖춘 공덕을 말한다. 분황의 종요는 먼저 1) 대의大意를 서술하고, 2) 종치宗致를 구별하며, 3) 이장二藏의 시비를 가리고, 4) 3부경의 동이를 가리며, 5) 생신生身/現身의 처소를 밝히고, 6) 출세한 시절을 말하며, 7) 현세와 내세(二世)의 유무를 밝히고, 8) 삼회三會의 증감을 말하며, 9) 발심의 장단(久近)을 밝히고, 10) 증과證果의 전후를 가리는 10문을 시설하고, 본문에선 의문점이 될 만한 것을 들어 뭇 경전을 인용하여 경증經證을 하고 있다. 그는 "이 경전은 지인至人/聖人이 하늘 가득히 드리운 묘적妙迹을 간략하게 찬탄하고 사람들에게 관을 닦는 것을 권유한 진실한 경전이다." 역설한다.

분황은 경의 이름 풀이에서 '미륵보살'에 이어 "도솔타천 아래의 세 하늘은 욕구의 심정이 두터워 가라앉게 되고, 그 위의 두 하늘은 방일(浮逸)의 마음이 많아서 위로 솟구치게 된다. 이 네 번째 하늘은 욕심이 가볍고 방일이 적어서 가라앉지도 않고 솟구치지도 않으며, 티끌에 섞이지도 않으므로 '지족'이라고 한다. 도구(用具)를 받아쓸 때 용도(營作)에 구애없이 생각대로 저절로 하기에 '하늘(天)'이라 하고, 보살이 인간에서 하늘로 오르기에 '상생'이라 한다". 또 "행자가 고요히 헤아리며 생각하고 살피기에 '관(觀)'이라 하고, 붓다의 글귀(金文)를 듣고 좋은 문구(玉句)를 연설하여 진리의 빗물로 비옥하고 윤택하게 젖게 하고, 붓다의 씨앗(佛種)으로 꽃과 열매를 이루게 하기에 '불설佛說'이라고 한다."라고 풀이한다. 이처럼 분황은 여타 경전명의 해석에서처럼 이 경전의 이름을 독창적으로 풀어내고 있다.

『미륵상생경』과 달리 『미륵성불경』으로 불리기도 하는 『미륵하생성불경』에는 미륵보살의 국토, 시절, 출가, 성도, 전법륜轉法輪, 도인, 대가섭 등에 대해 자세히 설하고 있다. 미륵 삼부경에 대한 분황의 현존 저술은 『미륵상생경종요』만 남아 있다. 그의 저술목록에는 『미륵상하생경기』(3권)가 보이지만 현존하지 않는다. 때문에 현존하는 그의 『미륵상생경종요』의 '상생' 인식을 통해서 '하생'과 '성불' 이해에 대해서 짐작해 볼 수밖에 없다. 분황은 '대의'에서 "만일 어떤 사람이 이 경전을 받아 지니며 저 하늘을 관찰한다면 묘약妙藥의 정처淨處에 날 수 있으며, 자씨의 지인至人에 이어 물러남 없는 성인의 자리에 올라 죽음이 있는 사바(凡塵)를 여읠 것이다."라고 했다. 또 '종치'에서는 "이 경전은 곧바로 관행의 인과로써 그 종지宗旨를 삼고, 사람으로 하여금 하늘에 나서 길이 물러남이 없게 하는 것을 의치意致로 삼는다" 했다. 그리하여 "이와 같은 관행의 인과를 성취하면 위없는 깨달음에도 저절로 이르게 되나니 이것이 상생의 과위로 성취하는 것이라 일컫는다" 했다.

· 미륵과 상생 2 ·

1 화회의 시도

분황은 관행觀行의 '관'을 ① 도솔천의 의보 장엄을 관하는 것, ② 보살
의 정보가 수승함을 관하는 것으로 푼다. 그는 "생각을 오롯이 관찰하기
때문에 삼매라 하고, '수혜修慧가 아니라 문혜聞慧와 사혜思慧만 있기에
다만 전광電光삼매라 하며, 경안輕安이 없기 때문에 욕계의 인因이라 한
다."라고 했다. 또 '행'은 ① 대자大慈의 이름을 듣고 공경하는 마음으로
그 앞에 지은 죄를 뉘우치는 것, ② 자씨慈氏라는 이름을 듣고 이 명호가
지니고 있는 덕을 우러러 믿는 것, ③ 탑을 닦고 땅을 쓸며, 향과 꽃을
공양하는 일들을 하는 것으로 푼다. 나아가 '관'과 '행'을 합해 한 뿌리로
삼아 1) 싹과 줄기가 땅을 여의는 열매(이전에 지은 뭇 죄를 調伏 斷滅하
는 것, ①의 실행으로 얻음), 2) 꽃과 잎이 서늘한 그늘이 되는 열매(三
途와 邊地와 邪見에 떨어지지 않는 것, ②의 실행으로 얻음), 3) 묘한
꽃이 활짝 피는 열매(도솔천의 依報와 正報의 묘한 과보를 얻는 것, ③
의 실행으로 얻음), 4) 향기로운 과일을 맺는 열매(無上道에서 불퇴전을
얻는 것, 앞의 두 觀에 의지해 얻음)를 소생시킨다.

또 분황은 이 경전의 교판 시비에 대해 "1) 아일다는 범부의 몸을 갖추고 아직 모든 번뇌를 끊지 못하였으며, 도솔천의 과보는 십선의 과보가 된다고 설하였으므로 소승교로서 성문장에 섭수된다. 2) 가) '성문장 가운데는 보살중이 없지만 큰 바다가 뭇 흐름을 받아들이듯 이 경에는 성문중과 보살중이 있어' 대승이다. 나) '뇌도대신牢度大臣이 시방의 붓다께 예경을 올리고 큰 서원을 발하였다'고 설하기 때문에 대승이다. 다) '밤낮 육시六時로 항상 불퇴전지의 법륜의 행을 설하고 그 일시가 지날 때마다 오백억 하늘 사람으로 하여금 아뇩보리에서 물러나지 않도록 성취시켰다'고 설하므로 대승이다. 라) '이 경을 설하는 것을 듣고 다른 세계에서 모여 든 십만의 보살이 수능엄首楞嚴삼매를 얻었고, 팔만의 제천이 보리심을 발하였다'고 했으니 대승이다"라는 선행 주장을 소개한 뒤 화(쟁)회(통)을 시도하고 있다.

분황은 "작은 것은 큰 것을 용납하지 못하지만 큰 것은 작은 것을 용납할 수 있으므로 이 경전의 종치를 따른다면 보살장에 섭수되기 때문에 뒤 논사의 주장이 옳다" 했다. 또 '만일 뒤 논사의 말과 같다고 하면 앞에서 인용한 글을 어떻게 화회할 것인가'라고 반문한 뒤 이렇게 해석한다. "'범부의 몸을 갖추었다'는 것은 소승이 집착한 바를 들어서 묻는 것이다. 경문에 '보살의 몸에 나타난 원광圓光 가운데 수능엄삼매와 반야바라밀 글자의 뜻이 또렷하게 있는 것이다'고 대답하였는데, 이것은 보살의 위가 십지에 오른 것을 나타낸 것이요, 이 삼매는 저 보살의 경지에 이르러야 있는 것이기 때문이다."라고 한다. 또 "십선의 보응을 말하는 이가 있지만 이것은 보살 십선의 과보는 실로 시방에 두루하여 바로 여기에만 있는 것이 아니요, 다만 사람의 근기에 응하여 저 도솔천에 국한하여 보인 것을 밝히고자 한 것이다. 이 때문에 십선의 보응을 말한 것은 이

도리로 말미암은 것이니 더욱 대승의 가르침에 합당하다" 했다. 그리고
는 '내가 만일 이 세상에 일소겁을 머무는 중에 일생보처 할 보살의 보응
과 십선의 과를 설한다 하더라도 능히 다하지 못할 것이다'는 석가모니
붓다의 말씀을 덧붙여 자신의 생각을 보강한다. "십선의 과란 뜻이 아니
고 명칭만 보응이라 말한 것임을 알아야 할 것이요, 또한 깨끗한 과보는
중생의 근기에 따라 응한다는 것을 보인 것이다. 이런 뜻에 의한 것이기
때문에 보응이라고 말한 것은 실보가 아니요, 이름만 십선과이다. 이로
말미암기에 이것은 대승의 도리에 어긋나지 않는다" 화회하고 있다. 또
'어떻게 보살의 보응을 말할 수 있겠는가'라는 물음에 대해 "저 모든 낱
낱의 모습은 모두 분한(分齊)이 있다. (중략) 그러나 실제에 나아가서
말한다면 인因으로 만행을 갖추어 닦았기 때문에 과果로서 만덕을 원만
히 이루는 것이나, 다만 지금은 하늘의 보응에만 국한하여 설하는 것이
므로 그 인因인 십선을 바로 취하여 설한 것이다."라며 마무리 짓고 있
다. 분황은 이러한 방식으로 시비, 동이, 처소, 시절, 유무, 증감, 구근久
近, 전후를 따지는 각 주제의 '글의 다름(文異)'을 '뜻의 같음(意同)'으로
화회해 가고 있다.

2 처소와 출세

분황은 미륵의 처소에 대해 각 경전의 주장을 제시한 뒤 '문이'와 '의
동'의 기호로 화회시켜 가고 있다. 즉『화엄경』「입법계품」의 '염부제
남쪽 마리국摩離國 안 구제취락拘提聚落'의 기록과『현우경』제12권의 '바
리부라국의 바바리 집'의 기록 그리고『미륵상생경』의 '바라나국 겁파리

촌 바바리波婆梨 대바라문가'의 기록과의 상위에 대해 "뒤의 두 경문은 글을 다르나 뜻은 같다. 그 까닭은 『현우경』은 아버지에게 의지해 출생한 것을 나타냈기에 '보상輔相이 한 남자 아이를 낳았다'고 한 것이다. 때문에 이것은 그 난 곳을 적실하게 밝힌 것이 아니다. 그러나 『상생경』에는 난 곳을 적실하게 밝힌 것이다. 저 나라의 법은 부인이 회임하면 본가로 가서 낳게 되어 있고, 본가는 겁파리촌劫波梨村에 있다고 하였다. 이 두 경문은 서로 어긋나지 않음을 알 수 있다. 『화엄경』에는 특별히 다른 곳을 나타냈지만 대성大聖의 분신은 기틀에 따라 다르게 나타나고, 곳곳에 기이하게 나기도 하므로 괴이하게 여길 것이 없다. 이 도리로 말미암아 서로 위배되지 않는다."라고 화회해 간다.

미륵은 '어느 겁(何劫)'에 출세하는가. 불교는 무한의 시간을 나타내는 '겁劫'의 단위를 사용한다. 우주는 각 20겁으로 이루어진 생성(成)과 유지(住)와 파괴(壞)와 소멸(空)의 4주기로 이루어진다. 미륵 경전에는 "20주겁 중에는 오불이 출현하였는데 앞의 5겁 중에는 붓다의 출현이 없다. 제6겁 중에 구류손타불이, 제7겁 중에 구나함모니불이, 제8겁 중에 가섭불이, 제9겁 중에 석가모니불이, 제10겁 중에 미륵불이 출세할 것이며, 뒤의 10주겁 중에는 붓다의 출세가 없다."라고 널리 설한다. 미륵은 어느 시절(何節)에 출세하는가. 경전에는 겁이 감해지는(減劫) 때에 붓다가 출세한다고 설한다. 게송에서는 "성불하는 것은 겁이 내려가는 때요, 팔만에서 감해져서 백세가 되는 때이네"라고 했다. 분황은 여기서 "'팔만'이라고 말한 것은 다만 그 큰 수가 구만에까지 이르지 못했으므로 끝인 '팔'로만 말한 것이며, 또 붓다가 출현하는 때는 '십세'로 처음 줄기 시작한 때여서 큰 수에 모자라는 것이 아닌 까닭에 짐짓 '팔만 사천'이라고 말한 것이다"라고 해명한다.

미륵은 '어느 때(機時)'에 출세하는가. 분황은 여러 경론의 설을 가져와 경증經證을 가한다. 그는 『잡심론』의 "미륵보살이 입멸한 뒤 제4천에 나서 수명이 4천 세에 이를 것인데 이곳의 1일 1야는 인간의 4백 년에 해당하므로 이를 인간에 준하면 56억 7천만 세가 된다. 그 뒤에 염부제에 하강하여 등정각을 이룰 것이다" 하는 것을 논증論證으로 한다. 또 "56억 7천만 세"의 『현우경』과 『보살처태경菩薩處胎經』과 "56억만 세"의 『일체지광선인경一切智光仙人經』 그리고 "미륵보살이 5억 7십 6만 세에 부처를 이루게 될 것이다"는 『정의경定意經』도 원용한다. 그러면서 "『정의경』에서 (5억) 7십 6만 세라고 한 것은 계산의 단위가 잘못된 것이니, 7천七千이 70七十이 되고 육백六百이 육六으로 된 것이다. 그 밖에 세 경전에서 모두 5십여 억 등이라고 말한 것은 천만을 억의 수로 삼았기 때문이요, 번역하는 이에 따라서 자못 증감이 있었을 것이다." 해명한다. 분황은 서로 들어맞을 수 없는 어려움을 세 가지로 정리한 뒤 진제眞諦 삼장의 풀이를 소개한 뒤에 화회를 시도한다.

"보처보살이 저 도솔천에 태어나서 비록 중간에 요절하는 일이 없다고 하더라도 많은 생사를 받을 수는 있는 것이니 그 까닭은 이러한 데서 알 수 있다. 즉 1유순이 되는 성에 가득 채운 개자를 백 년마다 한 알씩 덜어내서 다 없어질 때가 일병도겁一兵刀劫이다. 이것은 곧 인간의 4백 년이 저 하늘의 1일 1야이니, 1일 1야 동안에 네 개의 개자를 없애는 것이 되고, 한 달에 120개의 개자를 덜어내게 되며, 4천 년에 이르면 57억 6만 개의 개자를 없애게 되지만 그 개자는 2, 3되升에 지나지 않는다. 그러나 석가보살이 하생할 때에는 1유순의 성에 개자가 이미 다 없어졌고, 미륵보살이 하생할 때에는 저 성의 개자가 그 반 남짓이 없어졌다. 그러므로 저 도솔천에서 많은 생사를 보내고서야 염부제에 한 생을 누릴 수 있을 뿐이다. 때문에 이것을 일생보처라고 말한 것이다."

분황은 "삼장법사가 이와 같이 회통했으니, 만일 이 뜻에 의하여 나머지 경론을 회통한다면 여러 설에 50여 억 등의 글은 곧 이치로 보아 저 하늘의 1생에 해당되는 수요, 보살이 상생하고 하생하는 사이에 꼭 그만한 연한이 걸린다고 말한 것은 아니다. 이런 도리로 말미암기 때문에 서로 어긋나는 것이 아니다. 『구사론』에 준한다고 하더라도 저 도솔천에서 많은 생사를 보낸다고 한 것은 매우 도리에 맞는다" 했다. 나아가 분황은 "지금 미륵보살은 지족천에 계시면서 반 겁이 넘도록 지났고, 석가보살은 저 하늘에 계시면서 반 겁이 넘도록 지났으며, 또 호규號叫지옥의 1생의 수량을 지나는 때에 이미 저 하늘에서도 수 없는 생사를 겪으면서 지낸 것이 된다. 하물며 반 겁을 지나고 일 겁을 지나는 동안이겠는가?"라고 역설하고 있다. 이처럼 미륵경의 인간세의 4백 년을 도솔천의 1일 1야로 보는 도저到底한 시간관을 보여 주고 있다.

❶菩薩戒本持犯要記

新羅國沙門　元曉述

菩薩戒者　返流歸源之大津　去邪就正
之要門也　然邪正之相易濫　罪福之性
難分　何則或內意實邪　而外迹似正
或表業同染　而中心淳淨　或有作業合
少福　而致大患　或有心行順深遠　而
違淺近　是以專穢道人　剋私沙門　長
專似迹　以亡眞正　每剋深戒　而求淺
行　今將遺淺事　而全深　去似迹而逐
實　爲自忽忘　攝要記別　幸同趣者詳
而取決矣　持犯之要　❷有三門　一輕重
門　二淺深門　三明究竟持犯門也
初門之內　有其二句　先卽總判也
後以別顯差別　言總判者　輕❸重垢罪
中　細論支別　頭乃有八萬四千　括
舉其要　別有三類　或四十四　如達摩
戒本所說　或四十八　如多羅戒本所判
或有二百四十六輕　如別解脫戒經所
立　此第二中　有共不共　共不共相依
文可解　重戒之中　總說有十　論其類
別　亦有三種　或有共小之重　謂前

四也　或有不共之重　謂後四也　或
立在家菩薩六重　謂十重內在前六也
此中合　有共與不共總判輕重義類如
是

若明差別者　今依達摩戒本　辨其性相
差別　文言　於有違犯　是染非染　奕
中上品　應當了知　欲悲雖然作業同
而犯無犯　異言有犯者　謂由四因　所
犯諸事　無違犯者　謂由三緣　所作諸
事　三緣是何　謂若彼心增上❺誑亂　若
重苦受之所逼切　若未曾受淨戒律儀
此三無犯　通一切戒　別論無犯　如文
廣說　於有犯中　有其二聚　重內應知
二由慢故　由貪故者　如有一類　閑居
靜處　離諸散亂　攝心禪門　由心澄
靜❽慮　髣髴有見　或由邪神加力令識
時由自少聞不別邪正　又欲引致名利
恭敬　隨所見識　令他聞知　耀諸世人
威疑是聖　此由獨揚似聖之迹　普抓諸
僧　爲無可歸　以破佛法　故得重罪　是
謂諸僧之大賊也　由慢故者　如有一類

中　有其三品　成三之由　亦有二途　謂
由事故　及由纏故　由纏現者　若纏現
行　非極猛利　或發慚愧　是爲奕品　雖
極猛利　無慚無愧　未見爲德　猶在中
品　都無慚愧　深生愛樂　見是功德　是
名上品　由事故者　若毀別人　是爲奕
品　若毀一衆　卽是中品　普毀衆多　乃
爲上品　上品之內　罪非一端　隨其難
別　略示三雙　佛法內人　多依三學　起
似佛道之魔事故　猶如師子身內之虫
乃食師子　餘無能故　第一雙者　依於
心學　有二類虫　一由貪故

養恭敬　自讚毀他　是重非輕　第四之
讚毀他　是犯非染　若於他人　有愛恚
心　自讚毀他　是染非重　若爲貪求利
他　是福非犯　若放逸無記心故　自
四差別　若爲令彼　❼赴信心故　自讚毀
者　且就初戒　以示其相　於一讚毀
慢所犯衆罪　是其染污　別論染不染
犯衆罪　是不染污　若煩惱盛　及由輕
之❻因中　若由無知　及由放逸　所
奕中上品　輕中當識　是染非染通而論

別　亦有三種　或有共小之重　謂前

❶ (藏)新修大藏經　第四十五卷(承應三年刊宗教大學藏本)續藏經　第一編六十一套第三冊。
❷ 有「上有」字⑪。
❸ 「誑」作「狂」⑪。
❹ 「重」作「數」⑪。
❺ 「因」下「有」字⑪。
❻ 「類」作「數」⑪。
❼ 赴作「起」⑪。
❽ 慮古本作處⑪。

· 유가사와 지관수행 1 ·

1 유가와 유가사

20세기 초에 이르러 우리는 기원전 3천 년경에 성립되었던 인더스 문명의 실체를 엿볼 수 있었다. 인더스 강 유역의 유적과 유물 속에서 추출해 낸 탄소 측정에 의해 모헨조다로와 하라파 및 드라비라 등 고대 도시의 실체가 공개되었다. 특히 이곳에서 발견된 '선정에 든 수행자상'은 오래 전부터 이 지역에서 싹터온 수행 문화를 보여 주었다. 인더스 문명의 주체는 아리안족이 아니라 이곳에서 살아왔던 드라비다족과 문다족과 같은 몽골리안 계통이었다. 드라비다족과 문다족들은 기원전 1천 5백 년경에 중앙아시아에서 이주해 온 아리안족에게 지배당하였다. 하지만 그들은 아리안족조차도 결국 그들의 선정 문화 속에서 살게 만들었다. 서부의 인더스 강 유역에 정착했던 아리안족들에 의해 창안된 바라문교(힌두교)와 달리 자이나교와 불교는 동부의 갠지스 강 유역에서 탄생하였다. 이들 모두는 인더스 문명에서 시작된 선정 문화 속에서 자생할 수 있었다. 해서 인더스 문명의 '선정'은 전 인도 수행 문화의 기호가 되었으며 이것은 뒷날 '요가Yoga'의 이름으로 보편화되었다. 특히 이요가 선정의 문화는 불교에서 완성되었고 불교는 그 어느 분야보다도 깊은 수행 전통을 확보하였다.

수행의 의미를 포괄하고 있는 산스크리트 '디야나'는 동아시아 불교 전통에서 '선나禪那'로 음역되었고 '정定' 혹은 '선정禪定'으로 번역되었다. 그러나 일부 역경승들은 '선나'가 그 함의를 온전히 담아내지 못한다고 여겨 '사유수思惟樹'라는 개념으로 옮겨 냈다. 그런데 이 용어 역시 심리적인 것으로 오해될 여지가 많아지자 현장玄奘(602~664)은 다시 '정려靜慮'로 옮겨냈다. 그리고 당시 사람들은 이 계통의 공부를 총칭하여 '유가瑜伽' 혹은 '유가사瑜伽師'라고 불렀다. 현장 이후 규기窺基(632~682)의 법상종은 '유가행瑜伽行'과 '유식唯識'의 용어를 병칭해서 사용했다. 그중에서도 '유가'는 구역에서, '유식'은 신역에서 주로 사용했다. 본디 말과 수레 사이의 긴밀한 수반관계를 의미했던 '요가'는 동아시아 한자문화권에서 '유가瑜伽'로 음역되고 '상응相應'이라고 번역되었다. 여기서 '상응'은 일체의 경境·행行·과果 등이 서로 수순하여 하나가 되는 것(相順一致)을 의미한다. 이때 '경'(관찰대상)은 마음과 상응하고, '행'(수행)은 이치와 상응하고, '과'(증과)는 공덕과 상응한다.

이들 유가수행자瑜伽觀行者들이 수행을 통해 체험한 내용을 미륵彌勒논사는 『유가사지론』(100권)으로 집대성하였다. 『유가사지론』은 '유가사들의 순차적 경지인 지관止觀 수행에 대한 논술'을 가리킨다. 여기서 '유가사'란 성문지와 독각지와 보살지의 수행을 완성한 사람이다. 그리고 '지地(bhumi)'란 수행상의 지위 혹은 순차적인 경지를 가리킨다. 유가사들은 기원 3세기 전후에 『유가사지론』의 제75~78권을 독립시키고 「서품」을 덧붙여 『해심밀경』을 탄생시켰다. 이들의 소의경전인 『해심밀경』은 논서에서 독립하였다. 때문에 『해심밀경』은 철학성이 강한 경전이라고

할 수 있다. 경전성립사에서 중기 대승경전으로 분류되는 이 경전은 1)
『상속해탈지바라밀요의경』(1권, 송 구나발타라 역), 2)『상속해탈여래
소작수순처요의경』(1권, 송 구나발타라 역), 3)『심밀해탈경』(5권, 북위
보리유지 역), 4)『불설해절경』(1권, 진 진제 역), 5)『해심밀경』(5권,
당 현장 역) 등 다섯 번 한역되었다. 이 중에서 구나발타라가 한역한
1)과 2)는 통틀어 『상속해탈경』이라고 부른다. 3)과 5)는 완전 역본이고
1)과 2)와 4)는 부분 역본이다. 우리가 가장 널리 읽는 것은 5)의 현장
역 『해심밀경』이며 범본은 전하지 않고 티베트본이 현존한다.

분황 원효는 이 경전에 대한 주석을 덧붙여 『해심밀경소』(3권)를 지
었다. 하지만 현재는 서문만이 남아 그의 해심밀경관을 미루어 짐작해
볼 수 있을 뿐이다. 반면에 당나라에서 활동했던 신라 출신인 문아圓測가
저술한 『해심밀경소』(10권)는 티베트어로 번역되어 『티베트대장경』에
입장入藏되었을 정도로 동서아시아에서 널리 읽혔다. 이후에도 신라 영
인令因의 『해심밀경소』(11권), 현범玄範의 『해심밀경소』(10권), 경흥의
『해심밀경소』, 둔륜遁倫의 『해심밀경주/기』(10권) 등이 간행되었다. 하
지만 둔륜 이외의 나머지 주석들은 현존하지 않는다. 현장의 제자였던
규기는 이 경전과 나머지 5경 및 11 논서를 주축으로 법상종法相宗을
창종하였다. 그리하여 『해심밀경』은 유가업 및 법상종의 주요 소의경전
이 되었다. 중국의 법상종과 달리 진제의 구역 경론과 현장의 신역 경론
모두를 수용했던 신라 유가학통은 문아(원측)-도증道證에서 태현太賢
(680?~762?)으로 이어져 전문 수업 집단인 유가업瑜伽業으로 창업되었
다. 그런데 분황은 『해심밀경소』를 지었으나 현재는 대의문에 해당하는
서문(朝鮮 徐居正 等 撰集, 『東文選』 권83 수록)만이 존재할 뿐이다.
『동문선』에는 그의 다른 저술의 대의문(혹은 서문) 5종이 『해심밀경소

서』와 함께 실려 있다. 여기에 실린 분황 저술의 서문 6종 가운데 현재 본문이 온전히 존재하는 것이 3종, 부분만 존재하는 것이 1종, 서문만이 존재하는 것이 2종이다. 해서 분황의 해심밀경관은 주석서의 현존 서문을 통해 탐색할 수밖에 없다.

2 유식과 법상

진제 삼장의『섭대승론』과 보리유지 삼장의『유가사지론』(舊譯 17品) 등에 입각한 동아시아의 유가학은 현장 이후 규기(632~682)에 이르러 '유식唯識' 혹은 '법상法相'으로 불렸다. 이어 법장法藏(643~712)은 규기의 8종 교판을 포섭 개정하여 5교 10종판을 세웠다. 뒷날 분황의 4교판(삼승통교-삼승별교-일승분교-일승만교)에 영향을 받아 4종 교판으로 수정했다. 특히 지론종 남도파를 흡수한 법장은 종래 자신의 소승교-대승시교-대승종교-대승돈교-대승원교의 5교(10종)판을 수상법집종隨相法執宗으로서 소승교, 진공무상종眞空無相宗으로서 대승공空시교-유식법상종唯識法相宗으로서 대승상相시교-여래장연기종如來藏緣起宗으로서 대승종교로 이름붙였다. 그는 종래의 대승돈교와 대승원교를 대승종교에 담아내어 여래장연기종이라 명명하였다. 해서 구역 '유가'의 입장에 서서 지론종 남도파를 흡수한 법장은 다분히 비판적인 입장에서 신역 유식을 '법상' 혹은 '유식'이라 규정하였다.

구역 유가를 먼저 접했던 신라 유가 역시『유가사지론』에 입각하여 유가업으로 자신들을 규정했다. 하지만 점차 신역 유식이 전래되면서 유가와 법상은 혼용되었다. '유가'가 마음과 대상이 상응 융합하여 선정의 힘이 자재하게 되는 것이라면, '법상'은 연기된 모든 존재의 모습 혹은 분제分齊를 가리킨다. 또 화엄의 '법성'이 늘 변하지 않는 존재의 법다운 본성을 의미한다면, 유식의 '법상'은 연기된 모든 존재의 범주 혹은 표상을 나타낸다. 해서 '유가'와 '유식'과 '법상'은 문맥에 따라 그 의미의 층위가 동일하지 않다. 분황이 살았던 7세기 동아시아 불교사상사는 부처와 범부를 함께 보는 8식과 갈라 보는 9식의 논변들로 이루어지고 있었다. 시대정신과 역사의식이 투철했던 그 역시 중생의 성불가능성을 적극적으로 해명해 내었다. 신구 유식 경론을 모두 접했던 분황은 독자적인 관점 속에서 각 경론을 몇몇 과문科門 혹은 분과分科로 나누어 풀어내었다. 때문에 과문은 동아시아 불교 연구에서 가장 넓게 활용된 불교의 해석 방법론이다.

분황은 10문의 『미륵상생경종요彌勒上生經宗要』, 7문의 『유심안락도遊心安樂道』(가탁), 6문의 『대혜도경종요大慧度經宗要』와 『법화경종요法華經宗要』, 4문의 『무량수경종요無量壽經宗要』와 『금강삼매경론金剛三昧經論』, 3문의 『아미타경소阿彌陀經疏』와 『기신론소起信論疏』, 2문의 『열반경종요涅槃經宗要』와 『기신론별기起信論別記』로 경론을 풀어내고 있다. 아마도 그의 『해심밀경소』 역시 이러한 분과를 통해 풀어내었을 것으로 짐작된다. 이 분과 방식은 당시 동아시아 불교사상사의 전통적 글쓰기 방식이었다. 하지만 분황의 분과와 분과명에는 여타의 사상가와 변별되는 독자성이 담겨 있다. 그것은 현존하는 몇몇 저술들 속에서 확인할 수 있다. 비교적 짧은 글이지만 『해심밀경소』의 서문 속에는 그의 해심밀경관이 나타나 있다.

"본디 불도佛道의 길道은, 맑으면서도 깊고 그윽하며, 그윽하면서도 틈이 없다(無間). 크면서도 넓고 아득하며, 아득하면서도 끝이 없다(無

邊). 그러니 인연으로 지어진 것(有爲)과 인연 없이 지어진 것(無爲)은 허깨비와 요술과 같아서 둘이 될 수 없으며(無二), 생멸 없음(無生)과 형상 없음(無相)은 안과 밖을 포괄하면서 모두 사라진다(偕泯). 모두 사라진다는 것은, 두 얽매임(二縛)에서 벗어나 매달린 고통에서 풀려나는(懸解) 것이며, 둘이 될 수 없는(無二) 것은, 한 맛(一味)과 같아져 정신이 담박해지는(澹神) 것이다. 그러므로 삼세三世에 노닐며 평등히 살펴서, 시방十方을 유행하여 몸을 나투며, 법계法界에 두루하여 중생을 건져서, 미래가 다하도록 더욱 새롭게 한다." 이처럼 분황은 '불도의 길'이 지닌 깊고 그윽함의 무간성과 넓고 아득함의 무변성을 얘기한 뒤에 유위와 무위의 무이성과 무생과 무상의 해민성을 해명하고 있다. 그리하여 그는 이 경전의 메시지를 불도의 치우침 없는 중도에 서서 삼세를 밝혀보고 시방에 나투며, 법계를 제도하고 미래를 새롭게 한다고 역설하고 있다.

· 유가사와 지관수행 2 ·

1 집중(사마타)과 관찰(위빠사나)

『해심밀경』은 보신불의 보토報土인 18원만청정圓滿淸淨의 최승광요칠보장엄最勝光曜七寶莊嚴 삼매에 자리하여 법문이 이루어지고 있다. 이것은 응신불應身佛의 응토應土인 사바예토娑婆穢土에서 이루어지는 여타 경전의 세간 설법과는 다르다. 경전에서는 '유가' 혹은 '유식'과 '지관 수행'에 대해 집중적으로 설하고 있다. 특히 이 경의 핵심인 「분별유가품」에서는 지관행법의 체계에 대해 자세히 다루고 있다. '지관止觀'은 '정定'과 '혜慧'를 닦는 불교의 주요 수행 방법이다. '지止'는 마음을 고요히 거두어 망념을 정지停止하여 마음을 집중하는 사마타śamatha이며 '관觀'은 지혜를 활발히 내어서 내면을 관조觀照하여 진여에 계합하는 위빠사나vipaśyanā이다. 이 둘은 서로 떨어질 수 없는 일대一對의 법이어서 두 법이 서로 의지하고 도와서 해탈의 주요한 길을 이루므로 '지관'이라고 한다. 분황의 주석이 현존하지 않는 점을 감안하여 문아 원측(613~696)의 『해심밀경소』 「분별유가품」 주석에 설해진 지관행법을 원용해 보면 행법은 크게 열여덟 가지 교문으로 요약된다.

1) 지관의 의지처와 머물 곳(分別止觀依住門), 2) 지관의 인식대상의 경계(止觀所緣差別門), 3) 사마타를 구하고 위빠사나를 잘 행하는 방법(分別能求止觀文門), 4) 지관에 수순하는 작의(隨順止觀作意門), 5) 사마타와 위빠사나는 다르지도 않고 다르지 않은 것도 아님(止觀二道同異門), 6) 지관을 행할 때의 영상은 오직 식識이 현현된 것(分別止觀唯識門), 7) 사마타와 위빠사나를 함께 닦아야 함(修習止觀單複門), 8) 지관의 종류(止觀種數差別門), 9) 수행자의 근기에 따라 법에 의지하거나 의지하지 않는 지관행을 닦음(依不依法止觀門), 10) 심구와 사찰의 있고 없음에 따른 삼매의 종류(有尋伺等差別門), 11) 그치는 양상과 일으키는 양상과 평정의 양상(止擧捨相差別門), 12) 알아야 할 법과 그 의미에 대한 영상의 현현과 제거의 필요성(知法知義差別門), 13) 지관이 포섭하는 선정의 종류(止觀能攝諸定門), 14) 지관의 인과와 작용(止觀因果作業門), 15) 지관의 모든 장애와 그것을 없애는 방법(止觀治障差別門), 16) 지관에 의해 십지에서의 장애를 다스리는 과정(止觀能證菩提門), 17) 지관행이 이끌어내는 여섯 가지 광대한 위덕(引發廣大威德門), 18) 모든 감수작용이 소멸되면서 무여의열반에 들어감(於無餘依滅受門). 이 열여덟 가지는 다시 지관 수행의 전제조건(1문), 나) 영상의 문제(2, 6문), 다) 지관의 구체적인 수행에 들어감(3, 4문), 라) 지관쌍수의 강조(5, 7문), 마) 지관의 종류 판별(8, 9, 10문), 바) 알아야 할 법과 의미에 관한 영상의 현현과 제거의 필요성(12, 13문), 사) 지관의 장애를 다스리는 방법(11, 15, 16문), 아) 지관의 기능(14, 17, 18문)의 범주로 묶어볼 수 있다.

이 경전은 여래를 마주했던 해심밀의밀의解甚密義密意보살마하살·여리청문如理請問보살마하살·법용法涌보살마하살·선청정혜善淸淨慧보살마하살·광혜廣慧보살마하살·덕본德本보살마하살·승의생勝義生보살마하살·관자재觀自在보살마하살·자씨慈氏보살마하살·미륵彌勒보살마하살·만수실리曼殊室利보살마하살 등 열 명의 상수上首보살들에게 저 깊고도 깊은 빈틈없는 이치를 풀이하고 있다. 이에 대해 분황은 "이에 여래께서 일생보처의 보살들을 마주 대하시어, 저 깊고도 깊은 빈틈없는 이치를 풀이하시고, 열 여덟 가지 원만하고 청정한 국토에 계시면서, 이 구극적 가르침의 진리 바퀴(了義法輪)를 굴리시었다. 그 가르침은 지극히 정밀하고 순수하여, 번잡한 꾸밈을 버리고 실상만을 기록하시고, 종요의 핵심을 모아서 밝히기를 다하셨으며, 있음과 없음의 법상法相을 열어젖혀 수승한 이치의 정견(離(斷常)邊)을 보이시었다" 했다. 여기서 '일생지대사一生之大士'는 '일생보처보살一生補處菩薩'을 가리킨다. 그는 '일생동안(현생 붓다를) 보좌하는(ekajāti-Pratibaddha)' 보살이므로 '일생이 (붓다에) 묶여 있는(一生所繫)' 보살이라고도 한다. 하지만 이 일생보처보살은 한 생애만 지나면 곧 붓다가 되므로 그는 최고 지위의 보살이 된다. 해서 현생의 붓다가 석가모니불임을 감안하면 그는 내생에 붓다가 될 미륵보살임에 틀림없다.

하지만 이 맥락에서는 미륵보살만을 가리킨다기보다는 여래를 마주한 열 명의 상수보살들을 통칭하는 것으로 보는 것이 나을 것이다. 그리고 '저 깊고도 깊은 빈틈없는 이치'는 『해심밀경』의 핵심이치를 설명한 것이다. 이 경전의 설주는 역사적 붓다인 천백억 화신(석가모니불)과 비역사적인 붓다인 청정 법신(비로자나불)이 아니라 역사적이자 비역사적인 붓다인 원만 보신(노사나불, 아미타불)이다. 해서 보신불은 색상色相·형모形貌·분량量·방처處·인因·과果·주主·보조助·권속眷屬·주지持·사업業·이익利益·무포외無怖畏·주처住處·로路·승乘·문門·의지依止 원만 등의 열 여덟 가지 원만 청정(十八圓淨)에 의거한다. 이것은 석존이 과거 보살로서 오랜 세월동안 이타행을 펼친 선근에 의해 이루어진 보토報土 이자 동시에 번뇌의 속박에서 벗어난 대원경지 상응의 청정무구식에 의해 변형된 양상이라고 할 수 있다. 다시 말해서 18원만청정圓滿淸淨 국토란 타수용신他受用身의 보신불報身佛이 의거依居하는 정토淨土를 말한다. 이 경전은 박가범薄伽梵이 최승광요칠보장엄最勝光曜七寶藏嚴 삼매에 머물며 큰 광명을 놓으시어(放大光明) 일체의 가없는 세계와 헬 수 없는 방소를 널리 비추셨다(普照一切無邊世界無量方所)로 시작되고 있다. 분황은 이러한 맥락을 고려하여 주석하였을 것으로 짐작된다.

2 마음과 영상

『해심밀경』의 메시지는 유식과 지관 수행이라고 할 수 있다. 그런데 지관 수행의 전제 조건인 지관의 의지처와 머물 곳이 정해지면 영상影像의 문제에 직면하게 된다. 영상은 지관의 인식대상 경계로서 1) 분별이 없는 영상인 인식대상의 경계(無分別影像所緣境事)와 2) 분별이 있는 영상인 인식대상의 경계(有分別影像所緣境事) 그리고 3) 사물의 궁극적인 인식대상의 경계(事邊際所緣境事)와 4) 할 바를 성취한 것인 인식대상의 경계(小作成辦所緣境事)로 나눠볼 수 있다. 1)은 사마타의 인식대상이자 십지 이전(地前)의 선정에 의해 반연되는 무분별선정심인 영상경계를 가리킨다. 2)는 위빠사나의 인식대상이자 십지 이전(地前)의 관찰에 의해 분별 추구해서 반연되는 차별의 영상경계를 의미한다. 3)은 진여의 이법理法으로서 십지에서의 사마타와 위빠사나 모두의 인식 대상

경계를 가리킨다. 4)는 불지에서의 사마타와 위빠사나 모두의 관조의
경계를 의미한다.

그런데 지관을 행할 때의 영상은 오직 식識이 현현된 것임을 밝히게
된다. 즉 지관을 행하는 마음속에 나타나는 여러 영상은 식과 다르지
않다. 왜냐하면 그 영상은 오직 식으로서 식(見分)의 인식대상(相分)이
고 다만 식(自體分)이 현현된 것(見相二分)이기 때문이다. 다시 말해서
마음의 자체분 위에 능연能緣의 작용인 견분과 소연所緣의 영상인 상분이
현현하고 견분이 상분을 반연하여 인식하는 것이다. 이것은 후기 유식
교학에서 외부대상이 마음에서 독립된 객관적 실재가 아니라 오직 식識
이 전변한 것이라는 식전변설識轉變說로 발전하게 된다. 그럼에도 불구
하고 범부들은 외부대상이 마음 바깥에 독립된 객관적 실재가 존재한다
고 허망하게 집착하기 때문에 고통의 수레바퀴에 빠져들게 된다. 분황
은 이러한 유식의 교학을 담고 있는 이 경전에 대해 이렇게 이해하고
있다.

"마음 집중(止)과 지혜 관찰(觀)의 근본(本)과 지말(末)을 밝히시고,
주장 수립(能立)과 명제 타파(能破)의 오류(似)와 진실(眞)을 가려 알게
하셨다. 교상(敎)으로는 세 경론(三藏)의 성교聖敎를 궁구했고, 이치(理)
로는 네 가지의 도리道理를 다하였다. 수행(行)으로는 여섯 바라밀을 낱
낱이 밝히시고, 지위(位)로는 열 겹 지위를 펼치어 말씀하니, 십지의 수
행이 이루어졌을 때 원만한 전의轉依를 증득하게 된다." 이처럼 분황은
이 경전이 마음 집중과 지혜 관찰의 근본과 지말 및 주장 수립과 명제
타파의 오류와 진실을 가려서 알게 한다고 역설하고 있다. 그런 뒤에
분황은 이 경전의 핵심이라고 할 전의의 법신(轉依法身)에 대해 얘기하
고 있다. "전의의 법신法身은 헤아릴 수 없어 모든 헛된 논의(戱論)가

끊어지고, 끝내 지어냄이 없다. 지어냄이 없으므로 만들지 않은 것이 없다. 논하는 바가 끝이 없으므로 말하지 않는 바가 없다. 만들지 않음이 없으므로, 여덟 모습(八相)의 교화가 온 세계(八荒)에 두루하여 문득 일어나게 하였고, 말하지 않음이 없으므로 세 법륜(三輪)의 교법이 삼천대천세계에 흘러들어 더욱 떠들썩했다. 더욱 떠들썩한 말씀도 일찍이 말이 있지 않았으며, 문득 일어난 교상敎相도 본래가 그러하지 않았으니, 이를 일러 '여래의 깊고 깊은 비밀스런 보배 창고'라고 하는 것이다."

불도의 수행에서 전의轉依는 견해의 미혹(見惑)과 번뇌의 장애(煩惱障)를 굴려 버려(轉捨) 열반涅槃을 굴려 얻게 되고(轉得), 생각의 미혹(思惑)과 마음의 장애(所知障)를 굴려 버려(轉捨) 보리菩提를 굴려 얻게 되는(轉得) 것을 의미한다. 여기서 버릴 것은 미혹과 장애이고 얻을 것은 열반과 보리가 된다. 때문에 분황은 유위有爲와 무위無爲의 무이 도리道理를 깨치기 위해서는 미혹과 장애의 전사轉捨 과정과 열반과 보리의 전득轉得 과정을 거쳐 수행의 질적 전환(轉依)을 거쳐야 함을 역설하고 있다. 그렇게 할 때 비로소 유위와 무위가 둘이 아닌 이치를 체화體化하여 열반의 경지에 이르게 되고, 무생無生과 무상無相의 진리를 체득體得하여 모든 속박과 고통에서 해탈하게 된다고 했다. 때문에 분황은 "그러한 까닭으로 제목을 세워서 '여래의 깊고 깊은 비밀스런 진리를 풀이한 경전(解深密經)'이라 했다."라고 이해한다. 이것은 이 경전의 범어 이름이 머금고 있는 '굳은 매듭 같은 미혹에서 해탈하게 한다'는 뜻과도 상통하고 있다.

원효 에세이 분황 원효

제4장

대승에 대한 믿음을 일으키는 까닭은 1~10

▌영정 개요

부산 범어사 성보박물관 소장 원효 영정

種　不流現在　如燈生時　室暗方滅
罪種不至於今現故　是時方說令入
過去　而無說悔先所有罪者　先所有
者　非悔所及　不能令彼非先有故
但其先有　令不至現不至現者　由悔
所為　此與斷結之義異者　彼約生滅
道故　令未生者　不至現　此就相
續道故　令先有者　不至現在　又斷結
者　永斷種子　悔先罪者　損伏種子
增強之用　不至現在故　說

入過去也

阿難言　云何名為懺悔　佛言　依此
教　入真實觀　一入觀時　諸罪悉滅
行法　後示勝利　初中　言依此經
入真實觀者　謂依金剛三昧教旨　破
諸法相　名入真實　此是地前相似眞
觀　一入觀時　諸罪悉滅者　一切罪
障　從於妄想生　今破諸相　入真實觀
頓破一切妄想境界　所以諸罪一時
悉滅　次顯勝利　即有二句　離諸惡
趣　當生淨土者　是明華報　速成阿

三菩提
此是第二懺悔行法　答中有二　先明

諸惡趣　當生淨土　速成阿耨多羅三藐

耨多羅三藐三菩提者　是示果報
佛說是經已　爾時阿難　及諸菩薩　四
部大衆　皆大歡喜　心得決定　頂禮佛
足　歡喜奉行
此是第六奉行流通　於中四句　皆大
歡喜者　聞法歡喜故　心得決定者
離諸疑惑故　頂禮佛足者　重法敬人
故　歡喜奉行者　行時轉喜故
甚深且微金剛教　今承仰信略記述
願此善根遍法界　普利一切無遺缺
金剛三昧經論卷下終

伏爲　實祚無疆儲闈凝慶氛塵永霽朝野
昇平晋陽公福海等濬壽岳齊高次願孀親
泊及佛奴變呻爲譎褊年有永鍵板印施重
念　此經出自毗宮發起因於疾病更願普
及法界含生生生不聞疾病之音不處胞胎
常游
諸佛淨妙國土爾甲辰八月初五日優婆塞
鄭晏誌

大乘起信論別記 本

海東沙門　元曉撰

將釋此論略有二門　一者述論大意　二
即依文消息
言大意者　然夫佛道之爲道也　蕩焉空
寂　湛爾冲玄　玄之又玄之　出萬像之
表　寂之又寂之　猶在百家之談　非像
表也　五眼不能見其軀　在言裏也　四
辯不能談其狀　欲言大矣　入無內而莫
遺　欲言微矣　苞無外而有餘　將謂有
耶　一如用之而空　將謂無耶　萬物用
之而生　不知何以言之　强爲道　其體也
曠兮　其若大虛而無私焉　其若巨
海而有至公焉　有至公故　動靜隨成
無其私故　染淨融成　染淨融故　眞俗
平等　動靜成故　昇降參差　昇降差故
感應路通　眞俗等故　思議路絕　思議
絕故　體之者乘影響而無方　感應通故
祈之者　超名相而有歸　所垂影響　非

❶ ⓢ 新修大藏經　第四十四卷(萬治二年刊宗教
大學藏本)。　❷ "出"上疑脫"普"。　❸ "由"疑
"用"。　ⓢ。

· 대승에 대한 믿음을 일으키는 까닭은 1 ·

1 '대승'의 함의

수나라(581~618)에 의해 위진 남북조의 오랜 분열이 통합된 6세기 후반 이래 동아시아 대승불교계는 새로운 국면을 맞이했다. 불설의 분류체계였던 교상판석은 천태 지의天台 智顗(538~597)에 의해 천태종이 창종되면서 자종의 우월성을 강조(後來居上)하는 기제로 변질되어갔다. 동시에 교판은 종파 형성의 철학적 기반이 되었다. 때문에 7세기의 동아시아 불교사상계는 각 종파 간의 사상 논변에 들어서게 되었다. 동시대를 살았던 분황 원효(617~686)는 새롭게 전개되는 동아시아의 천태학과 삼론학 및 자은학과 화엄학 등의 사상적 흐름들을 중도적 관점에서 종합 정리할 필요를 느꼈다. 그는 삼승별교와 삼승통교 및 일승분교와 일승만교의 4교판을 통해 '중도적 균형감각'을 발휘하여 동아시아 사상의 흐름들을 교통 정리해 냈다. 결국 그것은 '머리의 일심'과 '발의 무애'를 '온몸으로 화회'시킨 철학자 분황 사상의 독자성 또는 독창성으로 드러났다.

분황은 '한 시대에 지배적인 지적·정치적·사회적 동향을 나타내는 정신적 경향인 '시대정신時代精神'을 지니고 있었다. 그는 동아시아 지성들의 사상적 논변 속에서 '깨어있는 정신'으로서 살았다. 동시에 분황은 '인간의 역사적 자각으로서 주체적 실천의식을 바탕으로 하는' '역사의식'을 가지고 있었다. 그는 당시의 여러 경론들을 종합적으로 검토하면서 붓다의 중도적 관점에서 해명해 내었다. 그리하여 분황은 고구려와 백제와 신라 삼국 간의 끝없는 국지전을 멈추게 하려고 했고 통일(676) 이후에는 이 땅 사람들의 마음을 통합하려 하였다. 그것은 역사적 전환기에 생겨나는 사상적 혼돈이라는 당대 사람들의 '위기의식'에 대한 해소책이기도 했다. 그래서 분황은 중관中觀사상과 유식唯識사상을 종합 지양시키고 있는 마명의 『대승기신론』에 남달리 주목했다. 인도 또는 서역에서 찬술된 『대승기신론』의 범본은 전해지지 않고 진제眞諦(500~569)삼장과 실차난타實叉難陀(652~710)삼장의 한역본 두 종만이 남아 있을 뿐이다. 동아시아에서는 이 논서가 지닌 치밀한 구성과 간결한 문체 및 독창적이고 빼어난 철학 체계를 잘 살려낸 진제의 구역본이 널리 읽혀 왔다. 대부분의 주석서들은 진제의 번역본에 의거하여 이루어졌다.

분황은 '대승'을 소승의 상대되는 개념으로서가 아니라 '모든 진리를 포용하는 개념'으로 풀이하고 있다. '기신' 역시 단순히 '붓다를 믿는다'거나 '불교를 믿으라'는 의미가 아니다. 오히려 이 논서에서는 참된 이치로 닦으면 누구나 그렇게 될 수 있는 '무한한 가능성'으로서 '믿음(信)'을 제시하고 있다. 분황은 "대승이란 무엇인가. '대大'는 '법의 이름'이자 '널리 포함하였다'는 뜻이요, '승乘'은 비유로 말한 것이니 '옮김(運)'과 '실음(載)'을 그 공능으로 삼는다" 해명하고 있다. 이어 분황은 대승에 대해 경증經證과 논증論證을 덧붙여 자신의 논리를 보강하고 있다. 즉 『허공장경』의 "대승이란 것은 헬 수 없고 가이 없고 끝이 없기 때문이며, 성문과 벽지불과 함께 하지 아니하기 때문에 대승이라 한다. 또 '승'이란 바르게 머무는 사섭법(正住四攝法)으로 수레바퀴를 삼고, 착하고 청정한 십선업(善淨十善業)으로 바퀴살을 삼고, 청정한 공덕자량(淨功德資糧)으로 속바퀴를 삼고, 견고하고 지순하고 한결같은 뜻(堅固淳至專意)으로 굴대 빗장과 나사못을 삼고, 모든 선정 해탈을 잘 성취함(善成就諸禪解脫)으로 멍에를 삼고, 사무량四無量으로 잘 길들인 말을 삼고, 선지식善知識으로 수레 모는 이를 삼고, 때와 때 아닌 것을 아는 것(知時非時)으로 발동發動을 삼고, 무상·고·공·무아의 소리(無常苦空無我之音)로 모는 채찍을 삼고, 칠각지의 보배로운 끈(七覺寶繩)으로 가슴걸이를 삼고, 청정한 오안(淨五眼)으로 말 모는 끈을 삼고, 넓고 두루하고 단정하고 곧은 대비(弘普端直大悲)로 깃발을 삼고, 사정근四正勤으로 바퀴 굄목을 삼고, 사념처四念處로 평탄하고 곧은 길을 삼고, 사신족四神足으로 빨리 나아가며, 뛰어난 오력(勝五力)으로 대오를 살피며, 팔성도八聖道로 곧게 나아가 모든 중생에게 장애가 없는 지혜를 밝혀 주어 수레를 삼고, 머무름이 없는 육바라밀[無住六波羅密]로 살반야薩般若를 회향하고, 걸림이 없는 사제(無碍四諦)로 피안으로 건너 이르나니, 이것이 대승이다"는 위의 스무 구절의 비유를 열거하여 '법'을 밝혀내고 '승'의 뜻을 그려내고 있다.

분황은 또 아래의 글을 열거하여 "이 승乘은 모든 부처님께서 받아들이는 것이며, 성문 과 벽지불이 관찰하는 바이며, 모든 보살이 탄 것이며, 제석 범천이 지키는 세간에서 마땅히 경례할 대상이며, 모든 중생이 공양할 대상이며, 모든 지자智者가 찬탄하는 것이며, 모든 세간 사람들이 따라 의지할 것이며, 모든 악마가 능히 다투지 못하며, 모든 외도가 측량하지 못하며, 모든 세간이 능히 다투지 못한다." 하였다. 그는 '논'에 의

해서도 『대법론』/『현양성교론』의 경境대성/법法대성, 행行대성/발심發心대성, 지智대성/승해勝解대성, 정진精進대성/의요意樂대승, 방편선교方便禪敎대성/자량資糧대성, 증득證得대성/시時대성, 업業대성/성만成滿대성의 '칠대성七大性'과 『유가사지론』과 『보살지지론』의 칠대성 및 이 『대승기신론』의 체대와 상대와 용대 의 '삼대三大'를 통해 '승'의 의미를 해명하고 있다. 이처럼 분황은 경전의 비유와 논서의 예증을 통해 '대승'의 함의를 풀어내고 있다. 그리하여 그는 이 논서를 자신의 '일심 철학'의 기반으로 활용하면서 '대승'의 개념을 '일심'의 개념에 상응시키고 있다.

2 '기신'의 의미

분황은 '대승'의 해명에 이어 '기신'의 함의를 풀어가고 있다. "'기신起信'이란 이 『논』에 의하여(依此論文) 중생의 믿음을 일으키기(起衆生信) 때문에 '믿음을 일으킨다'고 말한다. '신信'은 '결정코 그렇다고 여기는 말(以決定謂爾之辭)'이다. 이를테면 '이치가 진실로 있음을 믿으며(信理實有), 닦으면 얻을 수 있음을 믿으며(信修可得), 닦아서 얻을 때에는 무궁한 덕이 있음을 믿는 것(信修得時有無窮德)'이다."라고 했다. 또 1) "'이치가 진실로 있음을 믿는다는 것'은 체대體大를 믿는 것이니, 일체의 법을 얻을 수 없음을 믿기 때문에 곧 평등법계가 진실로 있음을 믿는 것이고 닦아서 얻을 수 있음을 믿는 것"이라 했다. 이어 2) "'닦아서 얻을 수 있음을 믿는다는 것'은 곧 상대相大를 믿는 것으로 본성의 공덕을 갖추어 중생을 훈습하기 때문에 곧 상대를 훈습熏習함으로 반드시 근원에 돌아갈 수 있음을 믿는 것"이라고 푼다. 뒤이어 3) "'무궁한 공덕의 작용이 있음을 믿는다는 것'은 용대用大를 믿는 것이니, 용대는 하지 못하는 바가 없기 때문이다."라고 해명한다. 분황은 믿음의 대상과 내용을 일심一心과 이문二門(心眞如門/心生滅門)의 세 요소인 '체대'(몸체, 본체)와 '상대'(몸꼴, 현상)와 '용대'(몸짓, 작용)로 풀고 있다.

분황은 이 세 가지 믿음을 일으키면 불법에 들어가서 모든 공덕을 생겨나게 하고, 모든 마구니의 경계에서 벗어나 무상도無上道에 이르게 된다고 했다. 이를 위해 그는 『화엄경』(60권)의 "믿음은 도의 근본이요 공덕의 어머니가 되어/ 일체의 모든 선근을 증장시키며/ 일체의 모든 의혹을 없애주며/ 위없는 도를 열어 보이고 개발한다// 믿음은 능히 모든 마구니의 경계를 뛰어넘어/ 위없는 해탈도를 나타내 보이며/ 모든 공덕은 파괴되지 않는 종자로서/ 무상의 보리수를 생겨나게 한다"라는 게송을 원용하고 있다. 그런 뒤에 분황은 "믿음에는 이같은 헬 수 없는 공덕이 있으니 논서에 의하여 발심할 수 있으므로 '기신'이라고 말한다"라고 해명한다. 이처럼 분황은 믿음이 지닌 '선근 증장'과 '의혹 제멸' 및 '무상도 시현'과 '마경 초출' 그리고 '해탈도 시현'과 '보리수 출생'의 공능에 대해 역설하고 있다. 또 "'논'이라는 말은 '결정적 법칙이 될 문언'을 건립시켜서 '깊고도 깊은 법상 도리'를 판설하는 것이니 결판의 뜻에 의해 논이라고 부르는 것"이라 풀고 있다. 그리하여 분황은 '대승'은 이 논서의 근본적 몸체(宗體)이며 '기신'은 이 논서의 수승한 공능(勝能)이라 해명하고 있다.

그런데 이 논서의 제목에 대한 풀이는 1) '대승이 믿음을 일으키는 논서'라는 관점과 2) '대승에 대한 믿음을 일으키는 논서'라는 관점이 존재한다. 하지만 생명체가 아닌 대승을 주체로 상정하는 전자의 관점은 자칫하면 대승이란 개념을 절대화시킬 우려가 있다. 만일 어떠한 논의를 절대적 차원으로만 몰아가면 언어와 논리를 기반으로 하는 학문과 토론의 지평이 무화되어 버린다. 결국 해당 논의는 붓다의 차원에서만 언급될 뿐 우리 모두는 그의 말씀을 믿고 따르기만 해야 한다. 하지만 인간의 삶과 생각에서는 절대적인 하나를 말하기 위해서라도 상대적인 둘을 전제할 수밖에 없다. 다시 말해서 언어(분별)를 통해 존재를 상상하는 우리의 삶에서는 상대적인 둘의 전제를 통해 절대적인 지평을 열 수 있기 때문이다. 해서 논의를 진전시키기 위해서는 하나 이외의 지평을 인정하지 않을 수 없게 된다. 때문에 '대승에 대한 믿음을 일으키는 논서'라는 후자의 관점이 합당하다고 보아야 할 것이다. 그래야만 대승에 대한 믿음을 일으키는 '십신十信 범부'의 불각不覺과 '십주十住 이상 보살'의 상사각相似覺 및 '십지十地' '법신보살法身菩薩'의 수분각隨分覺과 '무구지無垢地 보살지진菩薩地盡'의 구경각究竟覺으로 주체와 대상을 명료하게 드러낼 수 있게 되는 것이다.

『대승기신론』의 기본 뼈대는 일심-이문-삼대-사신-오행-6자 법문(나무아미타불)으로 되어 있다. 여기서 가장 핵심 개념인 일심에 대한 풀이는 매우 중요하다. 그런데 이 저술은 경전을 주석한 논서가 아니라 불교 이론들을 총망라한 뛰어난 논저로서 높이 평가받고 있다. 때문에 이 저술에 대한 동아시아 역대 주석가들의 주석서는 170여 종을 훨씬 넘어선다. 분황은 이 논서에 대한 주석서로서 1)『대승기신론소』(2권), 2)『대승기신론별기』(2권), 3)『대승기신론종요』(1권), 4)『대승기신론대기』(1권), 5)『대승기신론료간』(1권) 등을 지었으며 현존하는 것은『소』와『별기』2종 뿐이다. 후대 사람들은 그의 두 저술 두 종을 동시에 보기 위해 합본하여『대승기신론소(별)기회본』(6권)을 간행했다. 이 논서에 대한 최초의 주석은 담연曇延(516~588)의『대승기신론의소大乘起信論義疏』

(2권, 上卷만 전함)이며 분황의『소』역시 담연의『소』에 일정 부분 의거하고 있다. 법장 이후 많은 주석서가 출현하면서 분황의『대승기신론소』는 중국 법장法藏(643~712)의『대승기신론의기大乘起信論義記』(3권)와 정영사 혜원慧遠(523~592)의『대승기신론의소大乘起信論義疏』(2권)와 함께『기신론』의 삼대 주석서(三疏)로 평가받고 있다. 법장의『대승기신론의기』는 많은 부분이 분황의『소』에 의거하여 이루어졌으며 후대의 수많은 주석서는 법장의『의기』에 의거하여 연구되었다.

· 대승에 대한 믿음을 일으키는 까닭은 2 ·

1 '교법' 혹은 '교문'의 의혹 제거

유수한 저술에는 저자의 저술 의도가 명료하게 드러나 있다. 『대승기신론』의 저자 마명보살 역시 게송을 통해 저술의 의도를 밝히고 있다. 즉 그는 "뭇삶들로 하여금(爲欲令衆生)/ '의혹'을 없애고 '사집'을 버리게 하여(除疑捨捨執)/ 대승에 대한 바른 믿음을 일으켜(起大乘正信)/ 부처 종자가 끊이지 않게 하려는 까닭(佛種不斷故)"이라고 했다. 그런데 여기에서 주목되는 점은 아라한의 '상구보리'가 먼저가 아니라 대보살의 '하화중생'이 우선이라는 점이다. 다시 말해서 대보살의 '하화중생'을 통해 중생들 스스로 '상구보리'하게 한다는 것이다. 그 방법은 중생의 의혹과 사집을 없애버림으로써 중생들 스스로가 대승에 대한 바른 믿음을 일으켜 불종자가 끊어지지 않게 하는 것이다. 이것은 분황이 『금강삼매경론』 서두에서 "일심의 근원으로 돌아가게 함"(歸一心源)으로써 '중생들을 풍요롭고 이익되게 하려는(饒益衆生)' 헌신의 역정과 상통하고 있다.

분황은 위의 구절 중에서 앞의 반 구절을 '아래로 중생을 교화함(下化衆生)'으로, 뒤의 반 구절을 '위로 불도를 넓힘(上弘佛法)'으로 풀고 있다. 이것은 중생이 생사의 바다에 빠져 열반의 언덕에 나아가지 못하는 까닭은 '의혹'과 '사집' 때문이라는 것과 의혹과 사집을 없애줌으로써 그들 스스로가 "대승에 대한 바른 믿음을 일으켜 부처 종자를 끊어지지 않게 하려는" 저자의 의도를 잘 파악한 것이다. 분황은 중생들이 대승에 대한 바른 믿음을 일으키지 못하는 까닭은 대승에 대해 의심하여 발심하지 않고 삿된 집착을 가짐으로써 수행하지 않기 때문이라고 했다. 해서 분황은 먼저 하화중생의 요체는 '의혹'을 제거하고 '사집'을 버리게 하는 것이며, 이것은 결과적으로 상홍불법의 요체인 '대승에 대한 바른 믿음을 일으켜' '부처 종자를 끊어지지 않게 하는 것'이라고 했다. 이 논서의 주요 메시지 역시 하화중생을 통해 상홍불법하려는 대보살의 발심이자 서원이라고 할 수 있다. 해서 분황은 '대승'을 구하는 이의 '의혹'에 대해 다음의 두 가지로 해명하고 있다.

"첫째는 '교법教法을 의심하는 것'은 발심에 장애가 되고, 둘째는 '교문教門을 의심하는 것'은 수행에 장애가 된다"라고 풀이한다. '교법에 대해 의심하는 것'에 대해 분황은 "'대승의 법체法體가 하나인가 여럿인가 하는 것이다. 만일 하나라면 다른 교법이 없는 것이요, 다른 교법이 없기 때문에 모든 중생이 없을 것이다. 그렇다면 보살은 누구를 위하여 큰 서원을 일으키는 것인가? 만일 (대승의 법체가) 여럿이라면 이는 일체가 아닌 것이요, 일체가 아니기 때문에 남과 내가 각기 다를 것인데 어떻게 동체의 대비를 일으키게 되겠는가?' 이런 의혹 때문에 발심을 하지 못할 것이다."라고 역설한다. 이것은 진리의 단일성과 진리에 대한 절대적 신뢰에 대한 문제라고 할 수 있다. 동시에 발심과 수행의 불가분리성에 대한 문제라고도 할 수 있다.

또 분황은 '교문에 대해 의심하는 것'에 대해 "여래가 세운 교문이 많으니 어느 문에 의지하여 처음 수행을 시작할 것인가? 만일 다 함께 많은 문을 의거해야 한다면 단박에 그 문에 들어갈 수 없을 것이다. 만일 하나나 둘에 의지해야 한다면 어느 것을 버리고 어느 것을 취할 것인가? 이러한 의심 때문에 수행을 일으킬 수 없는 것이다." 하였다. 그래서 마명보살은 『대승기신론』에서는 "이러한 두 가지 의심을 제거하기 위하여 '일심법―心法'을 세워서 두 가지 문(二門)을 열었다."라고 해명한다. 이에 대해 분황은 "일심법을 세운 것은 교법을 의심하는 것을 없애기 위함"이고 "두 가지 문을 연 것은 교문을 의심하는 것을 없애기 위함"이라고 풀어낸다. 또 그는 "여러 교문이 많이 있지만 처음 수행에 들어감에는 이 두 문을 벗어나지 않기 때문"이라고 본다. 이어 분황은 "진여문에 의하여 (사념과 망상이 일어남을 막아 마음을 한 곳에 머물게 하는) 지행止行을 닦고, 생멸문生滅門에 의하여 (선정에 들어서 지혜로써 상대되는 경계를 자세히 식별하는) 관행觀行을 일으킨다"며 "지止와 관觀 두 쌍으로 부리면 만 가지 행(萬行)이 갖추어지므로 이 두 문에 들어오면 모든 문을 다 통달할 수 있음을 밝힌 것이다."라고 풀어간다. 이것은 의혹을 제거해야만 능히 수행을 일으킬 수 있다는 것을 의미한다. 동시에 일심의 교법과 이문의 교문을 시설한 까닭이라고 할 수 있다.

2 삿된 집착의 버림

붓다의 가르침인 사성제와 팔정도는 연기와 중도의 구체적 표현이다. 십이연기의 첫 지분인 무명無明은 사성제에 대한 무지無知를 의미한다. 여기서 사성제는 '결정코 그렇다고 믿는' 진리가 된다. 사성제의 처음인 고성제 역시 우리의 현실적 삶에 대한 자각(當知)을 의미한다. 이 자각은 우리의 삶의 본질(苦)에 대한 '바른 인식'이며 그것은 곧 사성제에 대한 바른 인식(正見)이 된다. 정견은 있는 그대로 보는 지혜인 '지견知見'의 다른 표현이다. 지견은 주체(나)와 대상(너) 사이의 공간(틈)이 무화되어 가는 시간을 통해 드러난다. 지혜란 주체와 대상 사이의 공간과 시간이 사라진 자리에 대한 있는 그대로의 인식이다. 팔정도의 정견의 대상은 사성제이며 그것에 대한 무지가 무명이다. 때문에 불교에서는 '바른 인식'을 강조한다. 팔정도는 바른 인식에 입각한 구체적 실천방법이다. 그것은 곧 '중도행'이다.

마명보살은 대승에 대한 바른 믿음을 일으키기 위해서는 의혹疑惑과 사집邪執을 끊어야 한다고 했다. 이에 대해 분황은 교법敎法과 교문敎門에 대한 의혹을 끊어야 될 뿐만 아니라 인집人執과 법집法執이라는 잘못된 집착을 없애야 한다고 해명하고 있다. 삿된 집착은 바른 인식의 결여로 인한 치우친 선택을 가리킨다. 사물 혹은 대상에 대한 바른 인식이 결여되면 삿된 견해가 생겨나고 그것에 의해 삿된 집착이 일어나게 된다. 여기서 '삿되다'고 한 것은 원인과 조건에 의한 결과로서의 사물을 있는 그대로 보지 못하고 결과만 떼어서 보는 치우친 견해를 일컫는다. 치우침이란 사물 혹은 대상의 개념(名)과 존재(色)를 투과하지 못하고 그것에 붙들리어 그것이 지니고 있는 그대로의 모습을 보지 못하는 것이다. 때문에 아집은 나에 대한 고정된 관념에서 생겨나며 법집은 사물 혹은 대상을 실체화에서 생겨나게 된다. 이것은 곧 연기법에 대한 무지와 일심법에 대한 이해 부족에서 생겨난 것이다.

분황은 '삿된 집착을 버린다는 것'은 "인집과 법집을 버리는 것"이라고 말한다. 인집은 오온이 화합하여 이루어진 몸에 상일성常一性과 주재성主

宰性의 실아가 있다고 주장하는 집착이다. 상일성이란 '언제나 한결같이 존재하는 성질'을 가리킨다. 다시 말해서 객관인 물심 현상이 생멸하는 것임에도 불구하고 그것을 지속적인 '실재'로 잘못 알고 고집하는 집착이다. 또 주재성이란 주관하여 맡아서 다스림을 일컫는다. 즉 변하지 않는 어떠한 '실체'가 다스리고 맡는 뜻이다. 해서 수행을 통해 아집을 버리고 아공을 얻으며, 법집을 버리고 법공을 체득하는 것이 발심 수행의 관건이 된다. 또 마명보살은 『대승기신론』 본론의 첫 인연분에서 이 논을 설하는 여덟 가지 인연因緣에 대해 해명하고 있다. 1) 중생으로 하여금 모든 고통을 여의고 궁극적인 즐거움을 얻게 하기 위해서, 2) 여래의 근본 뜻을 해석하여 모든 중생으로 하여금 바르게 이해하여 틀리지 않게 하기 위해서, 3) 선근이 성숙한 중생으로 하여금 대승법을 감당하여 신심이 퇴전하지 않게 하기 위해서, 4) 선근이 미세한 중생으로 하여금 선심을 수행하여 익히게 하기 위해서, 5) 방편을 보여서 악업장을 없애 그 마음을 잘 호위하고 어리석음과 교만함을 멀리 여의어 사악한 그물에서 벗어나게 하기 위해서, 6) 지행止行과 관행觀行을 수습함을 보여서 범부와 이승의 마음의 허물을 대치하기 위해서, 7) 염불을 오롯이 하는 방편을 나타내어 부처님 앞에 태어나서 기필코 신심이 퇴전하지 않게 하기 위해서, 8) 이익을 보여 수행하기를 권하기 위해서라고 하였다. 이에 대해 분황은 여덟 가지의 인연에 대한 낱낱의 풀이를 덧붙이면서 특히 두 번째 인연因緣의 '바른 뜻을 나타냄(顯示正義)'에 대응하는 '잘못된 집착을 치유함(對治邪執)'이란 중생으로 하여금 인人과 법法의 두 가지 그릇된 집착(邪執)을 버리게 하기 때문에 '중생으로 하여금 바르게 이해하여 틀리지 않게 하기 위해서이다'라고 말한다.

분황은 논서의 저술 목적에 대해 게송 "아래의 두 구절은 불도를 널리 유통시키는 것을 말한 것으로 두 가지의 의혹을 제거하여 결정적인 믿음을 일으켜서 대승이 오직 일심인 것을 믿고 아는 것이므로 대승의 바른 믿음을 일으킨다고 말한 것이요, 인집과 법집의 분별을 제거하여 무분별지無分別智를 얻고 여래의 집에 나서 부처의 지위를 잇게 되기 때문에 불종자가 끊어지지 않는다고 말한 것"이라고 했다. 그러면서『대지도론』의 "불법의 큰 바다는 믿음이라야 능히 들어갈 수 있고 지혜라야 능히 건널 수 있다"는 메시지를 덧붙이고 있다. 그런 뒤에 분황은 이 논서의 또 다른 저술 목적을 "지금 이 논서는『능가경』에 의거하여 '진과 속이 별체(眞俗別體)라는 집착(執)을 대치하기 위하여 무명이 움직여내는 의문義門에 나아가' '불생불멸과 생멸이 화합하여 다르지 않다(不生不滅與和合不異)고 설한다."라고 밝혀낸다. 이것은 그가『유가사지론』이 설하는 아려야식의 '한결같은 생멸(一向生滅)의 이숙식異熟識'을 넘어서 '불생불멸과 생멸이 화합하여 동일하지도 아니하고 차이나지도 아니함'을 드러내기 위해서 마명이『대승기신론』을 지었다고 파악함으로써 궁극적으로는 분황 자신의『대승기신론소』주석서의 저술 의도를 밝히는 대목이다. 바로 이 점은 분황이『대승기신론』을 "수립하지 아니함이 없으면서도 스스로 부정하고(無不立而自遣), 타파하지 아니함이 없으면서도 도리어 허용하여(無不破而還許) 전개와 통합에 자유자재하고(開合自在) 수립과 타파에 걸림이 없다(立破無碍)"라고 하여, '제론의 조종(諸論之祖宗)'이요 '군쟁의 평주(群諍之評主)'라고 했던 것과도 상통하는 것이다.

• 대승에 대한 믿음을 일으키는 까닭은 3 •

꒓

1 대승불교의 교과서

불교 경전의 성립사를 더듬어 보면 불전의 편찬은 단일하지 않다. 인도에서의 4차례에 걸친 경전 편찬회의(결집)는 불교의 원형을 확보해 주었다. 결집은 '전승Agama'의 의미를 지닌 '아가마傳承'와 편집의 의미를 지닌 '니가야編輯'에 의해 비로소 이루어질 수 있었다. 이렇게 편찬된 불전은 다시 중국으로 건너와 4부 '아함阿含'으로 집성되었고, 동남아로 건너가 5부 '니가야尼柯耶'로 집성되었다. 아가마 혹은 니가야에 의거하여 불교신행이 이루어지면서 무아와 윤회의 양립 가능성에 대한 진지한 논의가 지속되었다. 그 결과 윤회의 주체 설정과 실체 인정의 혐의에 대한 비판에 의해 부파시대가 열렸다. 각 부파는 자파의 논서들을 편찬하면서 불교는 종교의 틀을 넘어 철학의 길로 나아갔다. 아비달마의 철학은 다시 반야 중관학과 유가 유식학을 탄생시켰다.

인도의 유가행과 접목하고 있는 중앙아시아의 여래장학은 동아시아로 넘어와 지론, 섭론,기신, 화엄, 선법과 접목하였고 통로를 열어 제쳤다. 이러한 사상적 변화와 발전의 한 가운데에서 『대승기신론』이 탄생되었다. 때문에 『대승기신론』은 가장 불교적인 논서라고 할 수 있다. 불교의 특장이 '독자적인 인식론의 확보'와 '치밀한 수행론의 확립'이라고 할 때 이 논서는 가장 주요한 논서이자 제일 대중적인 논서라고 할 수 있기 때문이다. 동아시아인에게 불교의 진면목을 가장 일목요연하게 보여 주는 세 가지 경론을 꼽아보라고 할 때 우리는 어느 경론을 소개할 수 있을까. 아마도 눈 밝은 이라면 대개 『반야심경』과 『금강경』과 『대승기신론』을 소개하는 데에 주저하지 않을 것이다. 『반야심경』은 반야의 핵심을 260자라는 짧은 글자로 갈파하고 있으며, 『금강경』은 공의 도리를 5,400여 자로 그려내 보여 주고 있다.

여기에 논서를 하나 추가한다면 우리는 많은 논서 중 아마도 『대승기신론』을 추가할 것이다. 왜냐하면 이 논서는 대승불교를 제일 잘 해명하고 있으며 가장 완비된 형식으로 보여 주고 있기 때문이다. 흔히 우리는 경전을 주석한 것을 논서로 알고 있다. 하지만 많지 않지만 논서에서 독립한 경전도 있다. 대표적인 것으로는 『유가사지론』에서 독립한 『해심밀경』을 들 수 있다. 『해심밀경』은 논에서 독립하여 서품을 덧붙인 경전이다. 때문에 경전임에도 불구하고 『해심밀경』은 매우 철학성이 깊은 경전이라고 할 수 있다. 논서에서 독립한 것이라 확정할 수는 없지만 『금강삼매경』의 경우도 마찬가지이다. 신라 성립설과 중국 성립설이 팽팽하게 대립하고 있는 『금강삼매경』은 분황 원효의 『금강삼매경론』을 통해 온전히 읽을 수 있다는 점에서 철학성이 강한 경전이라고 할 수 있다. 해서 경전과 논서의 거리는 먼 듯하지만 사실은 가까운 것이다.

이 논서는 산스크리트 원전과 티베트 역본이 남아 있지 않다. 때문에 이 논서의 찬술지와 찬술자에 대한 논란이 남아있다. 즉 1) 나가르쥬나(150~250경) 이전의 마명의 저작, 2) 나가르쥬나 이후의 동명이인인 마명의 저작, 3) 중국에서의 위작 설이 대표적이다. 이 논서가 담고 있는 내용을 염두에 둘 때 1) 설은 수용되기 어렵다는 의견이 지배적이다. 3) 설은 수나라 대의 『법경록法經錄』에서 이 논서의 역어譯語의 용례로 보아 진제眞諦의 번역임을 의심하고 있음을 근거로 삼는다. 한편 이 설은 이 논서가 위경僞經으로 평가받는 『인왕경』과 『보살영락본업경』을 인용하는가 하면 같은 위경인 『점찰경』과 내용적으로 유사한 점이 적지 않아 지론종 남종 계통의 저작이며 그 작자는 담준曇遵일지도 모른다고 추찰하고 있다(望月信亨). 2) 설은 이 논서에 '마명조 진제역'이라고 적힌 점을 근거로 진제의 제자인 지개智愷의 서문이나 수대의 『역대삼보기』를 근거로, 그리고 내용이 『능가경』과 밀접한 관계가 있으므로 나가르주나 이후의 인도 찬술설을 주장한다(常盤大定).

『대승기신론』은 현재 두 번역본이 있지만 대부분의 불학자들이 주로 진제 역본에 주석을 달았다. 그 이유는 여러 가지가 있겠지만 이 번역본이 지닌 치밀한 구성과 간결한 문체 및 독창적이고 빼어난 철학체계 때문으로 짐작된다. 이로 인해 동아시아에서는 진제 역본이 널리 유통·애독되었다. 분황 역시 진제의 역본에 여러 종의 주석을 덧붙였다. 반면 실차난타 번역본에 대한 주석은 명말 청초의 우익 지욱藕益 智旭(1599~1655)의 『기신론열망소起信論裂網疏』뿐이다. 분황은 젊은 시절 『대승기신론별기』를 지었다. 이 저술에 대해 분황은 스스로 "자신을 위해서 적은 것이니 감히 세상에 내놓아 유통되기를 바라지 않는다."라고 적고 있다. 이후 『대승기신론』에 대한 여러 권의 주석을 덧붙인 점으로 미루어보아 이 기록은 분황이 이 논서에 대한 본격적인 연구를 위한 과정에서 적은 노트로 보인다. 그는 이 별기 끝에다 '새부 찬塞部 撰'이라고 덧붙여 놓고 있다. '새부'는 '새벽'에 대한 신라 방언의 한자 표기이다. 젊은 시절부터 그의 이름은 '새벽'이었다.

2 논서와 주소의 접점과 통로

'경전의 주석서로서의 논서'와 '독자적 철학서로서의 논서'는 구분된다. 경전의 주석서는 경전의 자구에 대한 '축자적逐字的' 혹은 '즉자적卽自的' 연구를 담고 있다. 반면 '독자적' 철학서는 경전의 가르침에 근거하면서도 해당 철학자의 세계 인식과 인간 이해에 기반한 '창발적創發的' 혹은 '대자적對自的' 연구를 담고 있다. 전자가 '경에 대한 직접적인 소(經疏)' 혹은 '경에 대한 주해적인 론(經論)'이라면 후자는 창발적 철학서인 '논論' 혹은 '석釋' 또는 '석론釋論'의 형식을 띠고 있다. 전자의 대표적인 것으로는 세친의 『무량수경우파제사』와 분황의 『금강삼매경론』 등이 있다. 반면 후자는 용수의 『중론』과 『십이문론』, 무착의 『섭대승론』과 세친의 『섭대승론석』, 호법의 『성유식론』 등이 있다. 이처럼 논서와 주소의 접점은 매우 긴밀하게 이루어져 있다. 그것이 즉자적 혹은 축자적이든 대자적 혹은 창발적이든 말이다. 분황은 즉자적인 형식 속에서도 대자적인 내용을 담아내고, 대자적인 내용에서도 즉자적인 형식을 담아내고 있다는 점에서 전자와 후자에 모두 걸쳐져 있다.

분황은 28종 180여 권의 저술 가운데에서 『대승기신론』에 대해 『대승기신론별기』(1권), 『대승기신론소』(2권), 『대승기신론종요』(1권), 『대승기신론요간』(1권), 『대승기신론대기』(1권), 『대승기신론사기』(1권), 『(대승기신론)일도장』(1권), 『(대승기신론)이장장』(1권) 등 8종의 주석서를 지었다. (『대승기신론소기회본』 6권은 분황 자신이 편집한 것이 아니라 후대인이 『소』와 『별기』를 회통해서 보기 위해 편찬한 것이다.) 이 논서에 대한 8종의 주석서는 그의 전 분야에 걸쳐있는 저술의 지형에서 살펴보더라도 상당한 부분을 차지하고 있다. 이것은 분황의 사상적 기반이 어디에 있는지를 잘 보여주는 증좌라고 할 수 있다. 그는 『대승기신론』의 '일심-이문一心二門'의 구도 위에서 당시 동아시아 사상사를 화쟁和諍하고 회통會通시키고 있기 때문이다. 분황은 자종의 우월성에 붙들려 불설佛說의 핵심인 중도를 인식하지 못한 채 불교의 지형을 제한시켰던 종파불교의 한계를 극복하고자 했다. 이러한 그의 노력은 붓다 이후 다시 불교를 '통합' 혹은 '원융'의 기반위에서 보는 시선을 열었다는 점에서 높은 평가를 받고 있다.

『중론』은 근본불교 이래 설해진 붓다의 최초설법인 고행주의와 쾌락주의의 양극단을 떠난 중도인 '고락苦樂'중도를 설하고 있으며 '일이一異' 중도와 '유무有無'중도 및 '단상斷常'중도의 비판적 정신으로 이어서 불교의 이론과 실천을 꿰뚫으며 붓다의 정신을 회복하고자 한다. 반면 『유가사지론』은 미륵(혹은 무착)이 제시한 유가瑜伽의 관행觀行을 닦는 이의 소의所依와 소행所行과 소섭所攝의 경계를 17지地로 나누고 서로 수순하여 하나에 이르는 상응(相順一到)의 길을 '마음'과 상응하는 경境, '이치'와 상응하는 행行, '공덕'과 상응하는 과果로 해명한다. 그런데 용수와 미륵의 가르침은 지역과 시대와 상황에 따라 극도로 공에 집착하고(惡取空) 혹은 '실제로 유에 집착하여(實有著)' 중도의 본래 정신이 희석되었다. 중국에서는 인도의 중관을 계승한 삼론, 유식을 계승한 법상 및 성종性宗인 천태와 상종相宗인 화엄 등 사가四家 대승이 출현하여 자종의 우월성을 강조하고 타종의 진리성을 부정하는 담론을 제시하였다 이에 원효는 『대승기신론』을 통해 7세기 동아시아 불교사상사를 붓다의 중도의 가르침에 입각하여 화(쟁)회(통)시키고자 했다.

분황은 "『중론』과 『십이문론』 등은 모든 집착을 두루 깨뜨리며 또한 깨뜨린 것도 깨뜨리되, 깨뜨리는 것과 깨뜨려지는 것을 다시 인정하지 않으니, 이것은 '보내기만 하고 두루하지 못하는 논(往而不徧論)'"이며, "『유가론』과 『섭대승론』 등은 깊고 얕은 이론들을 온통 다 세워서 법문을 판별하였으되, 스스로 세운 법을 버리지 아니하였으니, 이것은 '주기만 하고 빼앗지는 못하는 논(與而不奪論)'"이라고 평가한다. 그런 뒤에 그는 "이제 이 『대승기신론』은 지혜롭기도 하고 어질기도 하며, 깊기도 하고 넓기도 하여, '세우지 아니함이 없으면서도 스스로 버리고(無不立而自遣)', '깨뜨리지 아니함이 없으면서도 도리어 인정하고(無不破而還許)' 있다. 도리어 인정한다는 것은, 저 가는 자가 가는 것이 다하여 두루 세움을 나타내며, 스스로 버린다는 것은, 이 주는 자가 주는 것을 다하여 빼앗는 것을 밝힌 것이니, 이것은 모든 논서의 조종(祖宗)이며 모든 논쟁을 평정시키는 주인(評主)"이라고 역설하고 있다. 분황은 젊은 시절 지은 『대승기신론별기』에서 한 걸음 더 나아가 만년에 지은 『대승기신론소』에서 이 논서는 "전개와 통합이 자재하며(開合自在), 수립과 타파에 걸림이 없다(立破無碍)" 덧붙이고 있다. 이러한 관점의 그의 사상적 난숙을 보여주는 것이라고 할 수 있다. 그는 이 논서의 저자인 마명의 의도를 가장 명료하게 밝혀냄으로써 붓다 이후 거듭 중도를 재천명한 사상가로서의 지위를 확보하였다. 그리하여 중관-유식-여래장-화엄-선법으로 이어지는 불교사상사에 새로운 통로를 열고 있다.

• 대승에 대한 믿음을 일으키는 까닭은 4 •

1 일심과 이문

우리는 일심一心을 지닌 존재이다. 일심은 '나의 마음'일 뿐만 아니라 '너의 마음'과 '우리의 마음'과 '모두의 마음'이다. 동시에 일심은 '허공처럼 텅 빈 마음'이자 '우주처럼 꽉 찬 마음'이다. 다시 말하면 '텅 비고(眞空)도 꽉 찬(妙有) 마음'이 일심이다. 또 일심은 말 그대로 '한 마음'이자 '큰 마음'이며 '넉넉한 마음'이자 '따뜻한 마음'이다. 나아가 헬 수 없는 갈래로 나눠진 마음을 '하나로 꽉 묶은 마음'이다. 그런데 일심의 법(一心法)은 두 가지 측면側面 혹은 두 가지 교문敎門으로 설명된다. 하나는 마음의 해맑고 깨끗한 측면(心眞如門)이고, 다른 하나는 마음의 물들고 때묻은 측면(心生滅門)이다. 이 두 가지 문이 모두 각기 일체의 법을 총괄하고 있다. 그 까닭은 두 문이 서로 여의지 않기 때문이다. 그렇다고 해서 그 두 문이 서로 섞이는 것은 아니다. 두 교문이 서로 여의지도 않고(不相離) 서로 섞이지도 않는(不相雜) 상태로 일심과의 관계를 이루고 있다. 그리하여 이처럼 둘 사이는 때로는 스미고 때로는 퍼지는 관계를 유지하고 있다.

진여문은 찰라 생하지 않고(不生) 찰라 멸하지 않는(不滅) 우리 마음의 해맑고(淸) 깨끗한(淨) 측면을 가리킨다. 2009년 이래 세계에서 가장 빠른 사나이로 알려진 자메이카 출신 우사인 볼트는 100미터를 9.58초에 달렸다. 이 기록에 의하면 그는 1초에 10미터를 넘게 달린 것이 된다. 1초에 10미터를 넘게 달리기 위해서는 100미터 트랙 위에서 달리는 내내 그 마음에 끊어짐(生滅)이 없어야만 가능할 것이다. 만일 볼트의 마음에 생멸의 틈새가 생겨 그 사이로 망념이 끼어든다면 그와 같은 기록은 세워질 수 없었을 것이다. 적어도 이 기록이 가능하려면 평소 성실하게 준비하지 않으면 아니될 것이다. 거기에다가 경기 당일 무엇보다도 몸 상태와 출발(스타트)이 좋아야 할 것이다. 더욱이 상쾌한 날씨에다 등 뒤에서 바람도 좀 불어 준다면 금상첨화일 것이다. 나아가 그의 마음 속에는 오직 새로운 기록을 내겠다는 일념으로 충만해 있을 때 세계 신기록은 달성될 것이다.

반면 생멸문은 찰라 생(生)하고 찰라 멸(滅)하는 우리 마음의 때묻고(染) 물들은(汚) 측면을 가리킨다. 100미터를 달리는 선수가 오늘은 날씨가 좋지 않다, 몸 상태와 출발이 예년 같지 않다, 신발이 발에 배긴다 등의 생각을 일으킨다면 달리는 순간 내내 지속되던 마음의 집중이 끊어져 그 사이에 망념이 스며들게 될 것이며 세계 신기록은 세울 수 없을 것이다. 이처럼 '일심'은 '마음을 하나로 묶는 것'이자 '하나로 묶은 마음'이다. 즉 순간 순간 생하고 멸하는 우리의 마음들을 하나로 묶는 것이다. 세계의 신기록은 75분의 1초라는 일념一念과 일념들이 모여 하나의 마음으로 묶이는 순간 탄생하는 것이다. 분황 원효의 오도悟道 과정 역시 마찬가지였다. "어젯밤 잠자리는 '땅막'이라 일컬어서 매우 편안했는데, 오늘밤 잠자리는 '무덤'에서 의탁하니 매우 뒤숭숭하구나"에서처럼 어젯밤

단잠을 잤던 땅막의 잠과 오늘밤 동티(動土)를 만난 무덤의 잠이라는 분별은 결국 그 두 측면을 아우르고 있는 일심에서 비롯된 것임을 확연히 깨친 것이었듯이 말이다.

분황에게는 '땅막 속의 편안함'과 '무덤 속의 뒤숭숭함'이란 분별이 존재에게 있는 것이 아니라 결국 인식 속에 있음을 발견한 것이다. 그리하여 인간의 보편성(一心)을 발견한 그는 유학이 단순히 공간의 이동에 지나지 않는다는 인식의 전환을 통해 유학의 도정을 포기하고 신라 땅으로 되돌아 온 것이다. 어젯밤과 오늘밤의 인식의 전회는 분황의 삶에 있어 전기와 후기를 가르는 주요한 전환점이다. 요석궁의 아유다 공주와 인연을 맺은 것도 이 전환 이후로 짐작된다. 진여문과 생멸문의 이문과 일심의 관계는 『대승기신론』을 뒷받침하는 기본 구조이듯이 그의 세계 인식에 있어서도 주축이 되고 있다. 『대승기신론』의 저자가 '바른 뜻을 드러내 보인다(顯示正義)'를 통해 말하려고 한 '바른 뜻' 역시 바로 일심과 이문二門의 관계였다. 마명과 분황은 바로 이 '일심과 이문'의 구조를 통해 우리의 현실세계를 치밀하게 분석해 내었다.

2 일심의 신해한 성질

우리는 본래부터 깨달은 존재(本覺)이다. 여기서 '깨달은 존재'라는 것은 일심을 지닌 존재를 가리킨다. 그런데 본래부터 깨달은 존재인 우리가 지닌 일심은 '부처의 마음(佛心)'이 아니라 '중생의 마음(衆生心)'이다. 바로 이 대목에서 우리는 『대승기신론』의 위대한 착상을 엿볼 수 있다. 우리의 현상세계는 심진여문에서가 아니라 심생멸문에서 이루어진다. 우리의 삶은 찰라생 찰라멸 하는 우리의 마음속에서 끊임없이 세웠다 부쉈다 반복된다. 3일 전에 세웠던 계획을 오늘 아침부터 지키지 못하거나 십년 동안 지켜오던 맹약을 오늘 아침에 부수거나 하듯 말이다. 이렇게 갈래 갈래 나누어진 우리의 마음 결을 하나의 결로 모으기 위해서는 일정한 계기가 필요하다. 그 계기는 인식의 전회 혹은 의식의 전환을 통해서 가능할 것이다. 이 두 갈래 혹은 두 측면을 아우르기 위해서는 저 밑바닥의 칠통같은 어둠이 뿌리 뽑히는 전율을 통한 깨침 혹은 깨달음의 전기가 필수적이다.

『능가경』에서는 '적멸寂滅'을 일심이라 하고 '일심'을 '여래장如來藏'이라 한다. 이 대목에 대해 분황은 "『대승기신론』에서 심진여문이라고 한 것은 저 『능가경』의 '적멸이라는 것은 일심이라 이름한다'고 한 것을 해석한 것이며, 심생멸문이란 『능가경』에서 '일심이란 여래장을 이름한다'고 한 것을 해석한 것이다."라고 했다. 그 이유를 "일체법은 생함도 없고 멸함도 없으며 본래 적정하여 오직 일심일 뿐인데, 이것을 심진여문이라 이름하기 때문에 '적멸이란 일심이라 이름한다'고 한 것이다." 하였다. 또 "일심의 몸체가 본각本覺이지만 무명無明에 따라서 움직여 생멸을 일으키기 때문에 이 생멸문에서 여래의 본성이 숨어 나타나지 않는 것을 여래장如來藏이라 이름한 것이다."라고 풀고 있다. 다시 또 분황은 "여래장이란 선과 악의 원인으로서 일체의 사생四生과 육취六趣를 두루 잘 일으켜 만든다. 비유하면 환술사가 여러 가지 취(오취/육취)를 변화시켜 나타내는 것과 같다."라고 했다. 해서 이러한 뜻이 생멸문이 있기 때문에 '일심이란 여래장이라 이름한다'고 하였다.

그런데 '심생멸이란 여래장에 의해서 생멸심이 있고', 나아가 '이 식識에는 두 가지 뜻이 있으니, 첫째는 각覺의 뜻이고, 둘째는 불각不覺의 뜻이다'고 말한 것과 같다 그러면서도 이것은 '다만 생멸심生滅心만을 취해서 생멸문을 삼는 것이 아니라, 생멸자체生滅自體와 생멸상生滅相을 통틀어 모두 생멸문 안에 둔다는 뜻임을 알아야 할 것이다'라고 덧붙이고 있다. 그렇다면 두 문이 서로 스스로의 입각지를 확고히 다지고 있는데 어떻게 하나의 마음이 될 수 있는가에 대한 반문이 일어날 것이다. 여기에 대해 분황은 이렇게 덧붙이고 있다. "물들음(染)과 깨끗함(淨)의 모든 법은 그 본성이 둘이 없어, 진실함(眞)과 망녕됨(妄)의 이문이 다름이 있을 수 없기 때문에 '일一'이라 이름하며, 이 둘이 없는 곳이 모든 법의 실체인지라 허공과 같지 아니하여 본성이 바로 스스로 신해神解하기 때문에 '심心'이라고 이름함을 말한 것이다." 여기서 주목되는 지점은 '본성이 스스로 신해하기 때문에'라는 대목이다. 분황은 『대승기신론소』와 『대승기신론별기』뿐만 아니라 『금강삼매경론』과 『열반종요』와 『본업경소』 등에서 일심의 본성이 지닌 '신령한 이해(神解)'의 성질에 대해서 거듭 언급하고 있다. 분황은 '신해지성' 혹은 '성자신해'라는 표현으로 일심의 본성이 지닌 영묘한 이해로 해명하고 있다. 이것은 일심은 영묘한 이해의 성질을 지니고 있으며 이것으로 인해 심진여문과 심생멸문이 하나의 마음(一心)으로 나아갈 수 있음을 암시한다.

　인간의 의식을 몇 개로 볼 것인가는 신유식과 구유식을 가르는 주요한 근거가 된다. 이것은 범부와 부처의 경계를 갈라보는 구유식가들의 9식설과 달리 부처와 범부의 경계를 함께보는 신유식가들의 8식설의 분기점이기도 하다. 분황은 신구유식을 비판적으로 종합하였다. 그는 일심을 진망화합식眞妄和合識으로 보는 『대승기신론』의 심식설에 의거하면서도 『금강삼매경론』에서는 제9식인 암마라식을 상정하고 있다. 이러한 점은 분황의 심식설의 독자적인 지평이라고 할 수 있다. 그는 '자성

청정심은 제9 암마라식이라고 하며 제8 아려야식과는 '체는 같지만 뜻은 다르다(體同義別)'는 입장을 통하여 8식설을 지지하면서도 9식설을 아우르고 있다. 이것은 분황이 『금강삼매경론』 대의문에서 '일심'과 '일심지원一心之源'을 바라보는 관점에서도 엿보인다. 일심과 일심지원은 동일한 듯하지만 차이나기도 한다. 해서 일심을 진망화합식이라고 보는 『대승기신론』과 암마라식을 상정하는 『금강삼매경』은 심식설에서 상호 충돌하는 듯이 보인다. 분황은 『화엄경소』와 이들 두 저술을 자신의 사상을 뒷받침하는 주축으로 삼아 이들을 화회和會시키고 있다. 분황은 일심의 '신해지성'을 통해 8식설의 주장과 9식설의 주장을 화통和通시킨다. '신해지성'은 바로 두 식설 사이의 매개항이 된다. 그는 일심이 지니고 있는 영묘성 혹은 신해성이라는 역동성을 발휘하여 8식과 9식을 아우른다. 그리하여 분황은 『대승기신론』의 일심의 진망화합식설을 수용하여 부처와 범부를 8식 속에서 해명하면서도 9식인 암마라식으로의 통로를 열어두고 있다. 때문에 분황은 8식설과 9식설은 '체는 같지만 뜻은 다르다'고 했던 것이다.

• 대승에 대한 믿음을 일으키는 까닭은 5 •

1 '법체'와 '명의'

『대승기신론』은 '일심 이문一心二門' 혹은 '이문 일심二門一心'의 체계로 우리 마음의 구조를 해명하고 있다. 여기서 '문門'이란 '교문' 혹은 '법문'을 가리키며 일심의 두 '측면' 혹은 두 '상태' 또는 '현상'을 의미한다. 해서 '일심 이문'이란 일심이 지니고 있는 두 가지 측면 또는 상태 혹은 현상을 일컫는다. '진여'란 우리의 언어가 개입되기 이전의 존재의 진실한 모습 또는 존재가 머금고 있는 참으로 그러한 상태를 가리킨다. '생멸'이란 찰라 생하고 찰라 멸하는 존재의 상태를 가리킨다. 그런데 이 두 문은 일심의 두 가지 상태 또는 두 측면이어서 각기 일체의 법을 총괄하므로 서로 여읠 수 없다. 그러나 이 둘은 서로 여읠 수 없다고 해서 하나가 아니며, 서로 섞일 수 없다고 해서 둘은 아니다. 하나이면서 둘이고 둘이면서도 하나인 관계라고 할 수 있다.

그런데 '대승' 역시 총괄적으로 두 가지로 나누어 설명할 수 있다. 즉 하나는 대승의 '법法' 또는 '법체法體'인 중생심이고, 또 다른 하나는 대승의 '의義' 또는 '명의名義'인 체대體大와 상대相大와 용대用大의 삼대이다.

분황 원효는 대승 자체를 '법'이라고 이름하는 것이니, 이제 대승 중에 일체의 모든 법이 다 별다른 체가 없고 오직 일심으로 그 자체를 삼기 때문에 '법이 중생심'이라고 했다. 또 대승법은 소승법과 다르니, 진실로 이 마음이 모든 법을 통섭通攝하며, 모든 법의 자체가 오직 이 일심一心이기 때문에 '이 마음이 곧 일체의 세간법과 출세간법을 포섭한다' 풀고 있다. 뒤이어 이것은 소승에서 일체의 모든 법이 각각 자체가 있는 것과는 다르므로 일심을 대승법大乘法이라고 말하는 것이라고 해명한다. 그러나 분황은 '심법은 하나이고 대승의 뜻은 넓으니 무슨 뜻으로 바로 이 마음에 의하여 대승의 뜻을 나타내겠는가?'라고 스스로 묻는다. 그리고 그는 하나의 마음에 두 가지 교문이 있기 때문이라고 해명한다.

분황은 "체는 진여문에 있고 상과 용은 생멸문에 있으며, 생멸문 안에도 체가 있지만 다만 체는 상에 종속된 것이므로 별도로 말할 필요가 없다." 말한다. 즉 그는 "진여문 중에는 대승의 체가 있고, 생멸문 중에는 체의 상과 용이 있다." 하였다. 그리고 대승의 뜻이 이 세 가지(三大)를 벗어나지 않기 때문에 일심에 의하여 대승의 뜻을 나타낼 수 있다고 했다. 반면 중국의 현수 법장은 "진여문 속에는 대승의 체가 나타나며, 생멸문 속에는 체상용 삼대가 갖추어져 있다."라고 주장한다. 즉 "진여문에는 체대가 있지만, 생멸문에는 체대와 상대와 용대가 모두 있다."라는 것이다. 이 '삼대의 배대' 문제는 분황과 현수의 『기신론』관에서 3세細 6추麤의 배대 문제와 함께 가장 두드러진 차이 중 하나이다. 분황은 진여문과 생멸문 사이의 유기적 관계를 고려하지만, 법장은 이들 두 교문의 사이의 독자적 행로를 염두에 둔 것으로 보인다. 해서 법장은 "진여는 대승(마음)의 본체를 나타내지만 생멸문 안에는 체와 상과 용이 갖추어져 있다."라고 하였다. 즉 그는 진여문 안에 체가 있음에도 불구하고 생멸문 안에도 다시 체를 상정하고 있다.

　그런데 분황은 "'대승의 자체를 나타냈다'는 것은 곧 생멸심 내의 본각심이니, 생멸의 체體와 생멸의 인因이며 이 때문에 생멸심 내에 있는 것이다. 하지만 진여문 안에서는 곧 '대승의 체'라고 말하고, 생멸문 안에서는 '자체'라고 한 것은 깊은 까닭이 있다"라고 덧붙이면서 아래 해석 중에서 그 의미가 스스로 드러날 것이라고 했다. '상'과 '용'에도 두 가지 뜻이 있으니 하나는 여래장 중에 헬 수 없는 본성本性의 공덕功德의 상을 잘 나타내는 것이니 이것은 곧 상대의 뜻이며, 또 여래장의 불가사의한 업용業用을 나타내는 것이니 이것이 곧 용대의 뜻이다. 다른 하나는 진여가 일으킨 염상染相을 상이라 하고, 진여가 일으킨 정용淨用을 용이라 한다고 했다. 그러면서 "진여의 정법에는 진실로 염染이 없지만 다만 무명으로 훈습되기 때문에 곧 염상染相이 있는 것이다. 무명의 염법에는 본디 정업淨業이 없지만, 다만 진여로 훈습되기 때문에 곧 정용淨用이 있는 것이다" 덧붙이고 있다. 이것은 '하나인 일심'과 '넓은 대승'과의 관계를 해명하는 부분이다. 분황은 일심 내의 심진여문과 심생멸문뿐만 아니라 대승과 심진여문과의 관계까지 고려하고 있는 것이다.

2 각과 불각

　『대승기신론』은 일심법에 의하여 심진여문과 심생멸문의 두 가지 문이 있다고 한다. 그런데 이 두 문은 각기 일체의 법을 총괄하고 있으면서도 '서로 여의지 않는다(不相離)'고 말한다. 분황은 『능가경』의 "적멸이란 일심이며, 일심이란 여래장이다"라는 구절을 원용하여 두 문의 관계를 해명하고 있다. 이어 심진여문이란 저 『능가경』의 '적멸이란 일심이다'를 풀이한 것이며, 심생멸문이란 『능가경』의 '일심이란 여래장이다'를 풀이한 것이라 했다. 그러면서 "일체법은 생함도 없고 멸함도 없으며 본래 적정하여 오직 일심일 뿐인데, 이것을 심진여문이라고 하기 때문에 '적멸이란 일심이다'고 한 것이다."라고 했다. 또 "이 일심의 체가 본각本覺이지만 무명無明에 따라서 움직여 생멸을 일으키기 때문에, 이 생멸문에서 여래의 본성이 숨어 있어 나타나지 않는 것을 여래장이라 한 것이다."라고 하였다. 그러면서 『능가경』의 "여래장이란 선과 악의 원인으로서 일체의 사생四生과 육취六趣를 두루 잘 일으켜 만든다."라는 구절을 들고 있다.

그런데 분황은 "진여문은 모든 법의 통상通相이며 통상 바깥에 다른 제법이 없어서 모든 법이 다 통상에 의해 포섭된다. 반면 생멸문은 곧 이 진여가 선과 악의 인因이어서 연緣과 화합하여 모든 법을 만들어 내는 것이며, 모든 법을 만들어 내지만 이 법들이 항상 진성眞性을 무너뜨리지 않기 때문에 이 생멸문에서도 진여를 포섭하고 있다." 말한다. 해서 "두 문이 비록 체가 다르지 않더라도 두 문이 서로 어긋나서 상통하지 않는다면 곧 진여문 중에는 이理는 포섭하지만 사事는 포섭하지 않아야 하며, 생멸문 중에서는 사事는 포섭하지만 이理는 포섭하지 않아야 할 것이다. 그러나 이제 이 두 문이 서로 융통하여 경계가 구분되지 않으므로 모두 각기 일체의 이와 사의 모든 법을 통섭하는 것이며, 때문에 '두 문이 서로 여의지 않는다(不相離)'"라고 말한 것이다. 분황은 "이 두 문이 각기 이와 사를 포섭한다면 어째서 진여문 중에는 다만 대승의 체만 보이고 생멸문 중에는 통틀어 자체와 상과 용을 다 보이는가?"라고 자문한다. 그런 뒤에 "거두는 뜻(攝義)과 보이는 뜻이(示義) 다르기 때문"이라고 했다.

분황은 『대승기신론』에 의거하여 심생멸문의 불변적 특성과 심진여문의 불변적 특성의 상호 관련성을 해명하기 위해서 아려야식阿黎耶識에 대한 해명을 시도하고 있다. 우선 그는 경론에 의거하여 아려야식을 여래장이라 규정한다. 여래장은 현상계에 머물고 있는 인간이 어떻게 진여로 돌아갈 수 있는가에 대한 해답은 제시한다. 하지만 진여를 특징으로 하는 인간이 어떻게 미혹한 상태에 놓여있게 되는가에 대한 해답은 제시하지 못한다. 때문에 『대승기신론』에서는 여래장과 동일한 의미를 지니면서도 그와는 강조점을 달리하는 또 하나의 개념으로서 아려야식을 제시하고 있다. 그는 "이 식이란 다만 일심의 수연문 내에 원리와 사태가 둘이 아니고 오직 하나의 신려神慮인 점에서 일식一識이라고 이름한 것이니 이 아려야식의 체가 각과 불각의 두 뜻을 함유하고 있기 때문에 '이 식에 두 가지 뜻이 있다'고 한 것이다. 때문에 심心은 넓고 식識은 좁은 것이니 심이 이문 내의 식을 포함하고 있기 때문이다." 말한다.

분황은 "이 식에는 두 가지 뜻이 있어서 일체법을 포섭하며 일체법을 낼 수 있는 것이다"는 것에 대해 『소』에서 "진여와 생멸 두 문에는 '섭의 攝義'만을 말하였으니, 진여문에는 '생의生義'가 없기 때문이며, 이 식에서 생의를 말한 것은 생멸문 중에는 생의가 있기 때문"이라고 말한다. 그러면서 "일심의 뜻은 넓어서 이문을 총괄하고, 이 식의 뜻은 좁아서 생멸문에 있음을 알아야 하며, 이 식의 두 가지 뜻이 이미 한 쪽의 문에 있기 때문에, 문은 넓고 뜻은 좁음을 알아야 할 것이다." 하였다. 이에 대해 그는 "심心은 넓고 식識은 좁은 것이니 심이 이문二門 내의 식을 포함하고 있기 때문이며, 또 문은 넓고 뜻(覺義와 不覺義)은 좁으니 생멸문은 두 뜻을 함유하고 있기 때문"이라고 해명한다. 그런데 각覺은 심체가 망념을 여읜 것이며, 각에는 본각本覺과 불각不覺이 있다. 본각은 심성이 불각상不覺相을 여읜 것이며 각조覺照의 성질을 지니고 있다. 반면 시각始覺은 이 심체가 무명의 연을 따라 움직여서 망념을 일으키지만, 본각의 훈습의 힘에 의해 차츰 각의 작용이 있으며, 구경에 가서는 다시 본각과 같아지는 것이다. 해서 각과 불각 또는 본각과 시각은 서로 떨어질 수도 없고 서로 합쳐질 수도 없는 관계에 있는 것이다.

1 본각과 시각

『대승기신론』은 우주적 마음이자 모든 것의 근거인 일심一心의 작용에 의해 우리의 삶의 현장이 이루어진다고 설한다. 이 일심에는 심진여문과 심생멸문의 두 측면이 있고, 심진여문에 다시 여실의 공如實空과여실의 불공如實不空이 있으며, 심생멸문에는 염정의 생멸染淨生滅과 염정의 훈습染淨熏習이 있다. 염정의 생멸에는 다시 심의 생멸心生滅과 생멸의인연生滅因緣과 생멸의 상生滅相이 있다. 먼저 저자 마명은 심생멸문은아려야식에 의해 전개되는 중생의 세계는 모두 '깨침(覺)'과 '미혹(不覺)'의 두 범주에 포섭된다고 밝히고 있다. 각과 달리 불각不覺에는 아려야식내의 근본무명인 근본根本불각과 무명에서 일어난 일체의 염법인 지말枝末불각이 있다. 그리고 각에는 근원적인 깨침(本覺)과 현실화된 깨침(始覺)이 있으며, 이 둘은 본질적으로 다르지 않다고 한다. 여기서 시각이본각과 본질적으로 다르지 않다고 한 것은 불각의 중생이 실천 수행을통하여 구경각을 얻기 때문이다.

『대승기신론』은 마음의 본원(心源)을 깨친 것을 구경각이라 한다. 구경각은 중생이 실천 수행을 통하여 얻은 궁극적인 깨침이다. 구경각에서는 모든 미세한 생각(微細念)을 여의고 마음의 본성을 바로 볼 수 있다. 해서 구경각에서는 마음이 상주하며 마음에 최초로 일어나는 상(生相)이 없는 무념의 경지에 이를 수 있다. 구경각은 마음에 일어나는 악념惡念을 제거하려는 범부의 소극적인 수행(不覺)으로부터 거친 분별과 집착(麤分別執着相)을 버린 초발의 보살 등의 상사각相似覺, 분별하는 거친 생각(分別麤念相)을 떠난 법신보살의 수분각隨分覺을 거쳐 도달한 것이다. 여기서 주목되는 것은 깨치는 주체(能覺人)인 범부(十信)-십해(十住)이상-법신보살(十地)-보살진지(無垢地)의 진전이 깨쳐서 제거한 내용(所覺相)인 불각-상사각-수분각-구경각에로의 진전과 상응하고 있다는 점이다. 다시 말해서 '제거의 내용'에 의해 드러나는 시각의 사상이 '의식의 지위'와 긴밀하게 관련되어 있다는 사실이다. 이것은 각 범주들의 대응을 통해 보면 명료하게 드러난다.

분황 원효는 마음이 처음 일어나는 가장 미세한 모습인 구경각에 이르러 비로소 깨닫게 되는 생상生相을 아려야식 위位에 자리매김시키고 있다. 이것은 불각에서 구경각으로 나아가는 과정 자체가 표층의식에서 심층으로 전개되는 자기의식의 정화 과정과 다르지 않다는 것이다. 해서 시각의 사위四位와 수미산 세계관을 '제거의 대상'과 '발심의 내용'으로 대응시켜보면 보다 명료하게 이해해 볼 수 있다. 먼저 일주문의 불각不覺위를 통과할 때는 전5식의 허물(滅相七: 殺, 盜, 淫, 妄語, 惡口, 兩舌, 綺語)을 끊은 뒤 믿음으로 깨침을 성취하겠다는 마음(身業果報, 能起十善, 厭生死求菩提)을 일으킨다. 이어 천왕문의 상사각相似覺위를 통과할 때는 제6식의 모순(異相六: 貪, 瞋, 癡, 慢, 疑, 見)을 끊고 믿음으로 깨침을 성취하겠다는 마음(直心, 深心, 大悲心)을 일으킨다. 다시 불이

문의 수분각隨分覺위를 통과할 때는 제7식의 오류(住相四: 我癡, 我見, 我慢, 我愛)를 끊고 이해와 수행으로 깨침을 성취하겠다는 마음(布施, 持戒, 忍辱, 精進, 禪定, 智慧)을 일으킨다. 또 다시 대웅전의 구경각究竟 覺위에 이르고자 할 때는 제8식의 미세한 번뇌(生相三: 業識, 轉識, 現識)를 끊고 삼배를 드린 뒤 깨침을 성취하겠다는 마음을 얻고 불위에 앉는다.

그러면 시각의 토대가 되는 실천 수행이 궁극에 이르러 도달하게 된 구경각으로서의 본각의 구조는 어떻게 되는가. 『대승기신론』은 본각이 번뇌를 따르는(本覺染淨) 상태를 '지정상智淨相'과 부사의업상不思議業相 으로 해명하고 있다. 지정상이란 법력의 훈습에 의해 여실히 수행하여 방편을 만족하였기에 화합식상을 깨뜨리고 상속심상을 멸하여서 법신을 현현하여 지혜가 맑고 깨끗한 상태이며, 부사의업상不思議業相은 본각이 깨끗함으로 돌아왔을 때의 업용을 밝힌 것이다. 이것은 보살이 수행의 결과 화합식인 아려야식 중 '생멸'적 측면을 제거함으로써 '불생불멸'인 법신을 드러낸 상태라고 할 수 있다. 이것은 수행자의 마음 속에 있는 여래장의 작용력이라 할 수 있으며, 분황은 이것을 법력의 훈습熏習을 진여법의 내훈內熏하는 힘으로 풀고 있다. 수행자가 이와 같은 지정상을 갖추게 되면 헬 수 없는 공덕의 상이 끊어짐이 없이 중생의 근기에 따라 자연히 상응하여 갖가지로 나타나서 이익을 얻게 하는 불사의업상의 작용이 나타나게 된다. 이처럼 본각의 불사의업상은 진여문에서의 여실불공인 무루성공덕無漏性功德을 구족하는 것에 상응한다고 할 수 있다.

2 염법과 훈습

『대승기신론』은 염법染法과의 관계 속에서 이루어지는 본각(隨染本覺)과 본각 그 자체가 지니고 있는 깨끗한 모습(性淨本覺, 覺體相)을 아래의 네 가지로서 제시하고 있다. 첫째는 모든 마음의 경계상을 멀리 여의어서 나타낼만한 법이 없어 각조覺照의 뜻이 없는 여실공경如實空鏡, 둘째는 일심에 항상 머물면서 일체의 염법에 더럽혀지지 않고 중생을 훈습하는 작용을 지닌 여실불공如實不空/因熏習鏡, 셋째는 불공법이 번뇌애와 지애를 벗어나고 화합상을 여의어서 깨끗하고 맑고 밝게 되는 법출리경法出離鏡, 넷째는 법출리에 의하기 때문에 중생의 마음을 두루 비추어서 선근을 닦도록 하여 중생의 생각에 따라 나타나는 인훈습경因熏習鏡이다. 여기에서 법출리경과 인훈습경 수염본각의 지정상과 불사의업상과 긴밀하게 상응한다. 그렇다면 시각의 사상 중 불각과 상사각과 수분각은 여실공경에 대응하고 구경각은 인훈습경에 대응한다고 할 수 있을까? 문제는 법출리경에서 번뇌애와 지애의 두 장애를 어떻게 벗어나는지에 대한 해석에 따라 분기할 수 있다.

여기서 여섯 가지 번뇌에 물든 마음(六染心)에 상응하는 번뇌의 장애(煩惱碍)는 지말불각에 대응되고, 무지의 장애(智碍)는 근본불각에 대응한다고 할 수 있을까? 번뇌애는 집상응염執相應不斷染, 부단상응염不斷相應染, 분별지상응염分別智相應染, 현색불상응염顯色不相應染, 능견심불상응념能見心不相應染, 근본업불상응염根本業不相應染 등 여섯 가지 번뇌에 물든 마음(六染心)을 가리킨다. 마명은 육염심을 논하는 대목에서 이들 번뇌를 극복할 수 있는 수행계위를 제시하고 있다. 여기에서 특히 주목되는 점은 근본업불상응염과 지애 모두 끊게 된다고 설하지 않는 지점이다. 마명은 시각의 구경각에 대해 "보살지가 다한 것으로서 마음에 첫 모습(初相)이 없으며 미세념을 멀리 여의었다." 했을 뿐 그것이 지애智碍까지 포함한 모든 장애를 벗어난 것인지는 명시하지 않고 있다. 바로 이 점에서 분황은 삼세三細 육추六麤의 배대와 훈습熏習 개념을 통해 해결의 실마리를 찾고 있다. 훈습이란 우리의 옷에 동일한 향기가 지속적으로 스며들어 향기(因)와 옷(果)이 서로 호응하고 함께 생멸하다가 어느덧 이 옷(아려야식)이 향기를 만드는 원인이 되고 나중에는 옷과 향기가 서로 동시에 인과因果가 되어 버리는 것을 말한다.

즉 우리의 인식과 경험이 반복적으로 스며드는 현상인 훈습은 우리의 생각들(향기)이 인식대상들을 무명으로 염색시켜 일으킨 오염된 인식현상이다. 다시 말하면 훈습은 행위자가 자신의 미래의 행위를 유발하는 경향성習氣이자 종자種子이며, 몸과 말과 생각이 업으로 나타난 결과가 현행現行이다. 이 훈습에 대해 대승불교의 아려야연기론에서는 인간의 환경은 전5식과 제6식과 제7식을 거쳐 아려야식을 형성하며 다시 아려야식의 영향으로 외부에 대한 인식이 달라지는 관계를 훈습을 통해 설명하여 현상의 본질을 직시할 수 있는 방향으로 제고시키고 있다. 반면 진여연기론에서는 스스로 맑고 깨끗하여 변하지 않고 고요하고 참된 바른 일심(眞如)과 이것을 오염시키는 무명無明 사이의 관계를 훈습을 통해 설명한다. 여기에서 어떻게 해야 무명의 훈습력을 약화시키고 진여의 훈습력을 회복할 수 있느냐가 관건이 된다. 『대승기신론』은 이 훈습을 염법의 유전과 정법의 환멸의 구조로 해명하고 있다. 마명은 훈습을 1) 무명에 의한 정법眞如의 훈습, 2) 진여에 대한 무명無明의 훈습, 3) 무명에 대한 망심業識의 훈습, 4) 망심에 대한 망경계六塵 훈습으로 나누고 있다. 그런 뒤에 1)을 정법훈습淨法熏習, 2)·3)·4)를 염법훈습染法熏習

으로 일컫고 있다.

중생이 무명의 세계로부터 진여의 세계로 나아가도록 하는 정법훈습은 어떠한 중생으로 하여금 번뇌로부터 벗어나 열반으로 되돌아가게 한다. 반면 어떠한 중생이 무명과 망심과 망경계로 이어지면서 훈습하는 염법훈습은 끊임없이 업을 지어 미혹의 현상세계에 계속 머물게 한다. 여기서 환멸의 인연으로 나아가 열반의 세계에 들게 할 것인가, 아니면 유전의 인연 속에 머물러 무명의 세계에 남게 할 것인가가 문제가 된다. 마명은 정법으로 간주되는 진여인 여래장과 온갖 번뇌의 근본인 무명 사이에도 상호 훈습이 이루어질 수 있다고 했다. 이것은 아려야식과 같이 변화될 수 있는 존재만이 중생이 짓는 업에 의해 훈습받을 수 있다(所熏)거나, 불변의 진여가 다른 존재를 훈습할 수 있다(能熏)는 것을 인정하지 않는 유식사상과 다른 점이다. 때문에 진여인 여래장과 같은 불변의 존재가 무명과 같이 변화하는 존재를 훈습하고 또 그것의 훈습을 받는다는 것은 쉽게 수용하기 어려운 것이다. 때문에 분황은 『대승기신론』의 훈습에 대해 '생각할 수 없는 훈습'이라고 했다.

• 대승에 대한 믿음을 일으키는 까닭은 7 •

1 진여와 생멸

　분황 원효는 자신의 저술에서 『대승기신론』의 성격을 반야 중관과 유가 유식의 종합과 지양으로 해명하고 있다. 즉 반야 중관이 범부가 지니고 있는 마음의 해맑고 깨끗한 측면에 치중하고 있다면, 유가 유식은 범부가 지니고 있는 마음의 때묻고 더러운 측면에 집중하고 있다고 파악한다. 대승불교의 두 축인 반야와 유식이 어느 한 부분만 강조하리오마는 유수한 철학자들의 수사학은 종종 자신의 논리를 정당화시키기 위해 선행 사유를 자신의 체계 속에 범주화시키는 경향이 있다. 분황 역시 마찬가지라고 할 수 있다. 그런데 『대승기신론』은 마음의 때묻고 더러운 측면에 치중하는 반야 중관과 마음의 해맑고 깨끗한 측면에 집중하는 유가 유식을 조화시켜 진眞과 속俗이 둘이 아님을 밝히고 있다고 이해한다. 이것은 심진여문과 심생멸문을 일심으로 귀결시키고 있는 논주인 마명馬鳴의 의도를 잘 간파한 것이라 할 수 있다.

　『대승기신론』이 성립되던 5~6세기 인도불교에서는 중관학통과 유식학통이 첨예하게 대립하고 있었다. 청변과 호법으로 대표되는 이들 논변은 '공유空有 논변'으로 알려져 있다. 문아 원측(613~696)의 『성유식론소』(집일본)에는 당시의 논변을 엿보게 해 준다. "붓다가 멸도한 뒤 삼백 여년에 이르러 용맹이라는 대보살이 남인도에서 세상에 출현하여 『중론』 등과 같은 여러 논서를 널리 지어 소승을 논파하고 대승 학종의 무상無相의 이치를 현양하였다. 때마침 제바라는 보살이 세상에 출현하여 라후 법사 등과 함께 용맹보살의 설을 공부하여 저 소승의 '법은 결정코 존재한다는 집착(執法定有)'을 논파하자 대승의 무상의 이치가 세상에 성행하였다. 구백 년이 지났을 무렵, 다시 무착 보살과 세친 보살이 동시에 출현하여 『해심밀경』과 『유가사지론』 등에 의거하여 널리 여러 논서를 지어 팔식八識과 삼성三性의 제법을 갖추어 밝히고 일체법이 오직 무성無性이지만은 않음을 밝혔다. 그때가 되자 대승 학종의 유종有宗이 바야흐로 유포되었다. 비록 이렇게 공유空有의 두 설이 있기는 하지만, 불법은 일미一味여서 논쟁이 있은 적이 없었다."

이어서 원측은 "붓다 입멸 천백 년이 되자 청변보살이 여러 『반야경』과 용맹보살의 주장에 의거하여 『반야등론』과 『대승장진론』을 지어 무착 등의 유상대승을 논파하였다. 그 무렵 호법은 『해심밀경』과 『유가사지론』 등에 의거하여 유종有宗을 수립하고는 공의空義를 논파하였다. 그러므로 『불지론』에서는 '불멸 후 천년 이전에는 불법이 일미였다'고 하였다. (질문): '자씨와 용맹의 공에 차이가 있는데 어째서 천 년 이전에는 불법이 일미였다고 말하는가?' (대답): '용맹이 공을 설명할 때는 변계소집성과 의타기성을 구분하지 않아서 천년 이전에는 논쟁이 없었고, 천년 이후에는 호법과 청변이 각기 자기 학종에 의거하여 그 교의敎意를 풀이하였다.' 호법보살은 『대승광백론석』을 지어 그 교의를 풀이하면서 '변계소집에 의거해서만 공하다'라고 하였고, 청변보살은 『대승장진론』을 지어 그 교의를 해석하면서 '변계소집뿐만 아니라 나머지 (의타기와 원성실) 둘도 공하다'고 하였다. 이러한 교의들을 한꺼번에 표시하였기 때문에 '이때 대승이 비로소 공유에 대해서 논쟁하였다'고 하였다."

7세기에 살았던 분황 역시 공유 논변이 동아시아에 소개되자 이들 사상의 통합과정에 투신하게 된다. 당시 동아시아의 삼론과 법상, 섭론과 지론, 천태와 화엄, 정토와 선법 등은 저마다 자종의 우월성에 입각한 교판敎判 위에서 타종을 비판하였다. '가장 뒤에 오는 장작이 제일 위에 오른다(後來居上)'는 원리에 의거하여 '가장 나중에 설한 경론이 제일 수승한 경론이다'고 주장함으로써 논쟁을 불러 일으켰다. 분황은 공명정대한 관점에서 사교판四敎判을 입론하여 당시의 사상들을 교통 정리하였다. 그는 먼저 진과 속이 별체라는 인식에 근거하여 이루어지는 이들 논변의 무용無用함을 정연하게 해명해 갔다. 그 과정에서 진제眞諦 삼장이 번역한 구역 『대승기신론』을 접했다. 분황은 이 논서의 이문二門 일심一心의 구조를 원용하여 마음의 해맑고 깨끗한 측면인 심진여문(心과 眞如門)과 마음의 때묻고 물들은 측면인 심생멸문心生滅門의 관계를 치밀하게 파헤쳐갔다. 그 과정에서 우리의 미혹한 마음에서 비롯되는 삼세三細상과 육추六麤상의 위계에 대한 새로운 시각을 창안하였다. 그것은 그의 『대승기신론』 이해의 틀을 대부분 답습한 법장과는 다른 것이었다.

2 삼세와 육추

『대승기신론』은 우리의 내면에는 심생멸문 안의 자성청정한 여래장의 불생멸심이 생멸심과 화합하여 같은 것도 아니고(非一) 다른 것도 아닌(非異) 아려야식이 존재한다고 해명한다. 그런데 이 아려야식에는 각의와 불각의의 두 가지 뜻이 있다. 분황은 이 두 가지 뜻이 일심 이문의 구체적 표현이라고 보았다. 아려야식 내의 삼세상과 말라식과 요별경식 내의 육추상의 조복과 단멸은 깨달은 사람으로 탈바꿈하는 주요 관건이 된다. 마명은 『대승기신론』에서 유전문과 환멸문의 구조 아래 언어를 떠난(離言)진여와 언어에 의한(依言)진여에 대해 해명하고 있다. 그리고 나서 아려야식의 각과 불각의 구조를 해명한 뒤 다시 각에서 시각과 본각, 불각에서 근본불각과 지말불각으로 설명하고 있다. 먼저 근본불각에 대해서는 무명無明에 관하여 설명한다. 반면 지말불각에 있어서는 무명업상(業相)과 능견상(轉相)과 경계상(現相)의 삼세三細상과 지상과 상속상과 집취상과 계명자상과 기업상과 업계고상의 육추六麤상을 해명한다. 그런 뒤에 다시 각과 불각과의 관계를 거듭 해명한다.

삼세상이란 심진여를 깨닫지 못하기 때문에 생겨나는 마음의 세 가지 미세한 양상이다. 이것은 불각과 밀접한 관계를 맺고 있다. 반면 육추상이란 불각의 기본 요소인 삼세상에서 파생되는 마음의 여섯 가지 거치른 양상이다. 이들 삼세상이 아려야식에 상응하여 나타난다면 육추상은 제6 내지 제7식에 상응하여 나타난다. 무명업상無明業相이란 무명이 본래의 청정한 마음인 진여를 훈습하여 불각심이 처음으로 일어난 상이다. 전상(能轉相)이란 무명업상이 극미한 동념動念에 의해 소연경所緣境상을 볼 수 있게 되는 상이다. 그리고 현상(境界相)이란 전상에 의하여 경계를 나타내는 상이다. 분황은 이들 세 가지 미세한 마음인 삼세식이 아려야식 위位에 자리한다고 주장한다. 그리고 6추상 중 제1추상인 지상은 제7식에, 제2~제5추상은 생기식(生起識, 각기 識受想行)으로서, 제6추상은 소생과(所生果, 色)로서 대상을 분별하는 의식(分別事識)에 배대 시키고 있다.

반면 현수(法藏)는 업상(자체분)과 견상과 경계상을 아려야식에 배대 하고 있으며 6추상 중 제1~제4추상을 혹(惑, 初2-細惑-法執/ 次2-麤惑- 我執), 제5추상을 업(業, 起業), 제6추상을 고(苦, 感果)로 짝짓고 분별 사식(제6식)에 배대하고 있다. 반면 정영(慧遠)은 삼세식을 제7식에 배 대하고, 아울러 육추상의 제1~2추상인 지상과 상속상을 제7식에, 제3~ 제6추상인 집취상과 계명자상과 기업상과 업계고상은 제6식에 배대하 고 있다. 이 아려야식의 삼세상에 대해 마명은『기신론』본문에는 명시 적으로 언급하고 있지 않지만 분황은 이들 삼세상과 아려야식의 관계를 치밀하게 분석하고 있다. 그리하여 그는『대승기신론』의 아려야식이 세 가지 미세한 마음으로 구성되어 있음을 밝혀 놓았다.

분황이 각의와 불각의의 화합식인 아려야식에 삼세三細상을 배대한 것은 유식가의 아려야식이 막연한 잠재심潛在心으로 묘사되고 있는 것에 대한 문제제기라고 할 수 있다. 즉 유식가의 아려야식은 이숙식異熟識으 로서 윤회의 주체일 뿐 깨침의 정법淨法을 드러낼 수 없는 생멸식生滅識 이라는 것이다. 반면『기신론』의 아려야식은 각과 불각을 아우르는 화 합식和合識이며 그중의 생멸분인 불각不覺에서 업상과 전상과 현상이 사 라지면 곧 불생불멸분인 자성청정심이 회복되어 각覺의 상태로 드러난 다는 것이다. 그리하여 분황은 아려야식의 각의覺義에 의하여 자성청정 한 각의 상태로 환멸한 뒤의 본각의 성격인 지정상智淨相과 부사의업상不 思議業相想에 자리自利와 이타利他의 함의를 부여했다. 이것은 마음의 근 원에 도달한 각자覺者는 자리에 안주하지 말고 중생의 이익을 위해 노력 해야 함을 강조하는 것이다. 분황이 마명의 귀경게에서 위의 반게를 하화중생下化衆生으로 풀고, 나머지 아래 반게를 상홍불도上弘佛道로 풀고 있는데서 이미 그의 의도는 드러나 있다. 그리하여 그는 대승보살에게는 출세간의 자리自利뿐만 아니라 세간의 이타利他가 동시에 겸행되어야 함을 역설하고 있다.

• 대승에 대한 믿음을 일으키는 까닭은 8 •

1 일심과 아려야식

분황 원효는 자신의 철학을 정립하기 위해 『대승기신론』의 일심一心·이문二門의 구조를 적극적으로 원용한다. 그렇다고 해서 그가 일심을 진망화합식眞妄和合識으로 파악하는 『대승기신론』의 정의에만 묶여 있는 것은 아니다. 그는 오히려 일심을 대원경지大圓鏡智의 진식眞識으로만 이해하는 유식가의 아려야식 이해와 달리 진망화합식으로 해명하는 이 논서의 일심 구조를 적절히 활용하고 있다. 때문에 그의 일심 이해는 매우 역동적이고 탄력적이다. 이러한 역동성과 탄력성은 일심을 '해맑고 깨끗한 모습(心眞如門)'과 '때묻고 물들은 모습(心生滅門)' 두 측면으로 파악하는 『대승기신론』의 이원 구조가 그렇게 만들고 있기도 하다. 범부와 부처의 경계를 갈라 보느냐 함께 보느냐를 고민했던 분황 역시 일심을 제8식으로만 한정하지 않고 제9식을 향한 지향성을 설정해 두었던 것이다. 그는 '자성청정심은 제9 암마라식이라고 하며 제8 아려야식과는 '체는 같지만 뜻은 다르다(體同義別)'는 입장을 통하여 8식설을 지지하면서도 9식설을 아우르고 있다. 그리고 그 둘을 사이에 역동성과 신해성을 부여하고 있다.

　우선 분황은 자신의 주요 저술에서 일심 개념을 다양하게 쓰고 있다. 즉 일심을 삼보三寶, 일각一覺, 일성一性, 일제一諦, 일미一味, 일승一乘, 여래장如來藏, 아려야식阿黎耶識, 중생심衆生心, 대승법大乘法, 열반涅槃, 적멸寂滅, 불성佛性, 법성法性, 중도中道, 실제實際 등으로 확장하여 쓰고 있는 것이다. 물론 이들 개념 사이에는 나름대로의 맥락이 전제되어 있다. 때문에 이들 개념 사이의 맥락을 고려하면서 각 개념 사이의 상통성과 상관성을 온전히 꿰어내지 못하면 대단히 혼란스럽게 된다. 이렇게 되면 불교의 주요 개념이 모두 '일심'이라고 강변하게 될 위험이 있게 되기 때문이다. 뿐만 아니라 일심과 일심지원 사이의 역동성과 신해성이 오히려 다른 개념과 개념 사이의 스펙트럼을 차단할 수도 있기 때문이다. 분황은 『대승기신론』의 일심一心 이문二門의 구도를 원용하면서 자신의 논의를 전개하고 있다. 마음은 하나이지만 심진여문과 심생멸문, 즉 불변하는 마음과 변화하는 마음의 구도로 파악하는 측면을 적극적으로 활용하고 있는 것이다. 진여는 '일체의 사물과 현상을 총체적으로 포괄'한다. 이와 달리 생멸심은 '일체의 사물과 현상을 개별적으로 수용'하고 있다.

　그러므로 총상總相은 별상別相과 상대되는 통상通相과 상통하는 개념이다. 진여는 생기거나 없어지는 것이 아니며, 일체의 구별이 사라진 세계이며, 변화도 없고 파괴도 없는 세계이다. 때문에 진여는 모든 현상과 사물을 총괄한다. 하지만 진여는 생멸심과 달리 불변의 측면인 정적인 측면을 띄는 것으로 비춰진다. 여기에는 여래장을 근거로 생멸심을 낳는 작용을 한다는 점에서 동적인 측면도 있다. 즉 진여가 비록 움직여서 생멸을 낳는다고 하더라도 불생불멸不生不滅로서의 진여의 측면은 여전히 남아있는 것이다. 이처럼 진여는 인간의 의식을 초월하여 존재하는 마음이면서도 불변의 측면만이 아니라 변화의 측면을 동시에 지니고 있다. 『대승기신론』은 진여에 불변의 의미뿐만 아니라 변화의 의미를 부여하고 있으며 동시에 생멸심에도 변화의 의미뿐만 아니라 불변의 의미를 부여하고 있다. 그런데 진여와 생멸심이 별도로 존재하는 것이 아니라 오직 개념상으로만 구분되는 것이라면, 진여의 동적 측면과 생멸심의 변화 또한 별도로 존재하는 것이 아니라 오직 개념상으로만 구분되는 것으로 보지 않을 수 없다. 왜냐하면 우리에게 의식되는 것은 생멸심의 변화밖에 없으며, 진여의 동적 측면은 생멸심의 단서로 하여 머릿속으로 추론해낸 것으로 보아야 하기 때문이다. 이와 같은 진여의 동적 측면을 분황은 일심의 역동성 혹은 신해성으로 파악한 것으로 보인다.

사실 진여의 운동은 차별이 배제된 상태에서 모든 운동과 변화를 포괄한다. 때문에 진여의 운동은 멸滅이면서 생生이며 정靜이면서 동動인 변화이다. 이것은 현상의 세계에서 일어나는 물체의 운동과는 다른 방식으로 일어나는 움직임이다. 그러므로 진여의 동정은 어떠한 힘도 움직이게 하거나 멈추게 할 수 없는 운동이면서 동시에 머물러 있는 운동이라고 할 수 있다. 이러한 운동은 진여의 불변적 의미와 생멸심의 불변적 특성과는 어떻게 변별되는지가 중요한 관건이 된다. 그런데 『대승기신론』은 진여의 자체상自體相이란 용어를 통해 이를 해명하고 있다. 이 말은 이미 입의문立義文 서두에 보이고 있다. 일심은 심진여문과 심생멸문 두 측면에서 파악되며 진여는 대승(마음)의 본체(大乘體)를 나타내고 생멸문은 마음의 자체상용自體相用을 나타낸다고 말한다. 분황은 "몸체(體)는 진여에 있으며 몸꼴(相)과 몸짓(用)은 생멸심에 해당하며 생멸심 안에 체가 있지만 그 체는 상에 종속된 체이므로 별도로 말할 필요가 없다(大義中, 體大者在眞如門, 相用二大在生滅門, 生滅門內亦有自體, 但以體從相, 故不別說也)."라고 말한다. 하지만 법장은 "진여는 대승(마음)의 본체를 나타내지만 생멸심 안에는 체와 상과 용이 갖추어져 있다(眞如門中示大乘體, 生滅門中具宗三大)."라고 말한다.

2 일심과 암마라식

살펴본 것처럼 분황은 생멸심의 불변적 특성과 진여의 불변적 특성의 상호 관련성을 해명하기 위해서 아려야식 개념을 제기하고 있다. 분황은 이 아려야식을 여래장이라고 규정하고 있다. 그런데 여래장은 현상계에 머물고 있는 인간이 어떻게 진여로 돌아갈 수 있는가에 관한 해답은 제시하지만, 본성상 진여를 특징으로 하는 인간이 어떻게 미혹한 상태에 놓여있게 되는가에 관한 해답은 제시하지 못한다. 이 때문에 『대승기신론』에서는 여래장과 동일한 의미를 지니면서도 그와는 강조점을 달리하는 또 하나의 개념으로서 아려야식을 제시한 것이다. 분황은 이러한 측면을 고려하여 일심과 아려야식의 관계를 촘촘히 해명하고 있다. 그 과정에서 일심의 신해성 문제는 자연스럽게 암마라식과의 관계로 옮겨가게 된다.

팔식구식론의 쟁점은 인간의 의식을 여덟 개로 볼 것인가 아니면 아홉 개로 볼 것인가라는 문제다. 이것은 범부와 부처를 갈라볼 것인가 아니면 범부와 부처를 함께 볼 것인가의 문제로 귀결된다. 때문에 부처와 범부를 함께 보려고 하면 8식설을 취하게 되고, 부처와 범부를 갈라 보려고 하면 9식설을 취하게 된다. 이 논제는 구역舊譯 유식唯識과 신역新

譯 유식唯識의 주요한 특징이자 7~8세기 동아시아 사상 논변의 가장 큰 주제이기도 했다. 분황은『대승기신론』의 구조에 따라 팔식설을 수용하면서도 일심의 신해성을 상정함으로써 구식설에 대한 지향을 보여 주고 있다. 특히 그는『금강삼매경론』에서 일체 정식을 여덟 가지 식으로 규정하고, 암마라식을 제9식으로 상정함으로써 구식설을 인정하고 있다. 물론 그가 구역 유식 논서를 통해 불교를 접한 뒤에 다시 신역 유식 논서를 접한 까닭도 있을 것이다. 하여튼 그가 일심에다 역동성과 신해성의 의미를 부여하여 일심을 팔식으로 규정하면서도 구식의 존재를 인정하고 있는 점은 주목되는 것이다.

분황은 일심을 동과 적, 생과 멸의 구분을 넘어선 자리로 파악하고 있다. 하지만 동과 적, 생과 멸이 둘이 아니라고 하면서도 하나라고 고집하지도 않는다. 이러한 화쟁 회통의 인식 위에 있기 때문에 적멸은 일심이며 불성의 체가 된다. 그리고 예토와 정토는 본래 일심에서 생겨나는 것이며 생사와 열반은 같은 것이 되는 것이다. 여기서 특히 주목해야될 것은 '하나이지도 않지만 다르지도 않다(不一不異)'는 대목이다. 바로이 대목이 있기에 동과 적, 생과 멸은 '둘이 아니지만 하나를 고수하지 않으며', 전체를 연을 따라 생하고 동하며, 전체로 연을 따라 적멸하게되는 것이다. 불교의 모든 주제가 머물지 않고 머물며, 떠나지 않고 떠나는 것에 있는 것처럼 서로 떨어지지 않고(不相離) 서로 섞이지도 않는(不相雜) 역동성을 확보할 수 있는 것이다. 마찬가지로 8식과 9식의 관계 역시 섞이지도 않고(不雜) 떨어지지도 않는(不離) 관계에 있는 것이다.

이러한 구조의 시설은 그의 일심관이 아려야식에만 머물러 있지 않고 제9 암마라식으로 향해갈 가능성을 보여주고 있다. 그것은 '이 둘이 없는 곳이 모든 법 중의 실체인지라 허공과 같지 아니하므로' 그런 것이다.

또 일심의 본성이 스스로 신해하기 때문에 '심'이라고 한다는 대목이나 말을 여의고 생각을 끊은 것이니 억지로 이름 붙여 '일심'이라고 하는 대목에서도 드러나고 있다. 이처럼 분황은 일심을 고정적으로 말하는 것이 아니라 그 '일심의 본성이 스스로 신해하다'고 규정한다. 일심에 대한 분황의 이러한 규정은 일심이 아려야식의 범주를 뛰어넘어 암마라식으로 나아갈 가능성을 보여 주는 것이다. 결국 분황이 말하는 일심 본성의 신해성은 본각의 마음 본성이 스스로 신해하며 그 신해의 의미가 제8 아려야식에만 한정되지 않고 제9 암마라식으로까지 나아가고 있음을 시사해 주고 있다. 그리하여 분황은 일심의 역동성과 신해성을 통해 『대승기신론』의 8식설과 『금강삼매경』의 9식설을 윤활시키고 있다. 그 결과 분황은 종래의 해석과 달리 일심에 역동성과 신해성의 의미를 부여함으로써 일심 이해의 외연을 확장시켰다고 할 수 있다.

• 대승에 대한 믿음을 일으키는 까닭은 9 •

1 수행과 신심

  불교의 미덕은 '모두가 부처가 될 수 있다'는 것에 있다. 그런데 부처가 되려면 '깨쳐야 하며', 깨치기 위해서는 '닦고(修) 행해야(行)' 한다. 그러면 어떻게 닦아야 하고 어떻게 행해야 하는가. 불교에서는 다양한 수행의 단계가 설정되어 있다. 『아함경』에는 예류와 일래와 불환과 아라한의 수행 사과가 시설되어 있다. 이 경전을 기반으로 한 부파불교의 논구에 의하면 예류향과 예류과, 일래향과 일래과, 불환향과 불환과, 아라한향과 아라한과의 사향 사과가 시설되어 있다. 여기서 예류향은 진리의 발견 단계인 견도위에 해당되며, 예류과에서 일래향과 일래과, 불환향과 불환과, 아라한향까지는 마음의 수련 단계인 수도위에 해당되며, 마지막의 아라한과는 수행의 완성 단계에 해당한다. 이들 수행위를 지나 다시 사념처와 사선근의 수행위가 시설되어 있다.

  『대승기신론』은 일심-이문-삼대의 이론적 성찰 이후에 사신-오행-승방편(타력염문)의 실천적 수증修證을 제시하고 있다. 때문에 이 논서는 이론 중심으로 논하는 여타의 논서와 달리 이론과 실천의 겸비를 균형있게 논하고 있어 대승불교의 교과서라 평가받고 있다. 이 논서의 구조 역시 귀경송의 서문에 이어 인연분, 입의분, 해석분, 수행신심분, 권수이 익분을 아우르는 정종분과 회향송의 유통분으로 이루어져 있다. 정종분은 이 논서를 짓는 여덟 가지 이유에 대해서 언급하는 인연분, 일심의 바른 뜻을 드러내고 삿된 집착을 대치하며 세 가지 발심에 대해 밝히는 해석분, 네 가지 믿음과 다섯 가지 행과 수승한 방편에 대해 밝히는 수행신심분, 믿음의 비방과 증감과 손익에 대해 밝히는 권수이익분으로 이루어져 있다.

'수행신심분'에서는 아직 '항상 진전하여 결정코 성불할' 정정취正定聚에 들어가지 못한 중생에 의거하여 신심을 수행함에 대해 언급하고 있다. 즉 사람에게는 1) 항상 진전하여 결정코 성불할 존재인 정정취와 2) 성불할만한 소질이 없어 더욱 타락하여 가는 존재인 사정취邪定聚와 3) 인연이 있으면 향상하여 성불할 수 있고, 인연이 없으면 타락하여 미혹할 수 있음이 정해지지 않은 존재인 부정취不定聚의 세 가지 성질이 있다. 모든 경론에서는 이들 세 종류에 대해서는 인정하고 있다. 하지만 그것이 선천적이냐, 후천적이냐, 혹은 필연적이냐, 우연적이냐에 대해서는 각기 견해가 다르다. 분황 원효는 『논』의 '분별발취도상'에서는 부정취 중생에 대해 의한다고 말했지만, '수행신심분'에서는 아직 정정취에 들어가지 않은 중생에 의한다고 말하였지만 이것 또한 부정취 중생임을 알아야 할 것이라고 전제한다. 그리고 분황은 부정취 내에도 열등한 이와 수승한 이가 있다고 했다. 수승한 이는 더욱 나아가지만 열등한 이는 퇴전할 수 있다는 것이다.

수승한 이를 위해서는 신성취발심과 해행발심과 증발심 등과 같은 '발취發趣'를 말하지만, 열등한 이를 위해서는 믿음을 닦을 것을 말하기 위

해 네 가지 신심(四信)과 다섯 가지 문(五門)의 행을 시설하는 것으로
풀고 있다. 만일 열등한 이가 믿음을 성취하면 다시 발취분 중의 세 가지
발심에 의해서 나아간다고 했다. 때문에 해석분 중의 발취분과 수행신
심분의 하는 일은 다르지만 그 나아가는 도리는 다름이 없다고 풀고 있
다. 『대승기신론』은 네 가지 믿음에 대해 1) 진여법을 즐겨 생각하므로
근본을 믿는 것(信根本)이고, 2) 항상 부처를 가까이하고 공양하고 공경
하여 선근을 일으켜 일체지를 구하려고 생각하므로 부처에게 헬 수 없는
공덕이 있다고 믿는 것(信佛有無量功德)이며, 3) 항상 바라밀을 수행할
것을 생각하므로 법에 큰 이익이 있음을 믿는 것(信法有大利益)이고,
4) 항상 모든 보살들을 즐겨 친근히 하여 여실한 수행을 배우려고 하므
로 사문이 바르게 수행하여 자리와 이타할 것을 믿는 것(信僧能正修行
自利利他)이라고 했다. 분황은 『논』에서 마명이 짧게 말한 '근본을 믿는
다'고 한 것에 대해 "진여의 법이 모두 부처의 귀의할 바이며, 모든 행동
의 근원이기 때문에 근본이라 한 것"이라고 부연해 해명하고 있다.

2 사신四信과 오행五行 및 승방편勝方便

　깨치기 위해서는 수행을 해야 하고, 수행을 하려면 먼저 신심이 있어
야 된다. 동시에 신심이 있으면 수행을 하게 되고, 수행을 하게 되면
깨칠 수 있게 된다. 이러한 사실이 머리와 가슴을 넘어 온몸으로 체인體
認된다면 수행을 권하는 주체나 그것을 받아들이는 객체 역시 모두 믿음
을 갖지 않을 수 없을 것이다. 『논』에서는 수행에 다섯 문이 있어 이
믿음을 성취할 수 있다고 했다. 분황은 "믿음은 있으나 수행이 없으면

곧 믿음이 성숙하지 못하며, 성숙하지 못한 믿음은 연緣을 만나면 곧 퇴전하므로 다섯 가지 행(五行)을 닦음으로써 네 가지 믿음(四信)을 성취하는 것"이라고 했다. 『논』에서는 다섯 가지 문으로서 1) 베푸는 문(施門), 2) 지키는 문(戒門), 3) 참고 견디는 문(忍門), 4) 정진하는 문(進門), 5) 경계상을 그치고 할 일과 하지 않아야 할 일을 관찰하는 문(止觀門)을 시설하고 있다. 분황은 다섯 번째의 지관문은 육도六度 중 선정바라밀과 지혜바라밀을 합쳐서 닦기 때문에 이 둘을 합하여 지관문이라 한 것이라 해명하고 있다.

네 가지 믿음 위에서 다섯 가지의 수행의 문이 이루어진다. 시문은 와서 구하여 찾는 모든 사람들에게 자기의 능력을 베풀어 주는 것이다. 계문은 다섯 가지 계를 잘 지켜 질투, 기만, 아양(諂曲), 성냄, 사견을 멀리 여의는 것이다. 상대에 대한 보복이나 칭찬 등을 참고 견디는 것이다. 수많은 장애에도 용맹히 정근하여 모든 부처에게 예배하여 성심으로 참회하며 권청하고 수희하며 보리에 회향하여 늘 쉬지 아니하면 모든 장애를 벗어나게 되어 선근이 증장하게 된다. 분황은 '참회 이하'에서 1) 모든 악업의 장애이니 참회하여 제멸하는 것이요, 2) 정법을 비방하는 것이니 부처님께 설법해 주시기를 권하여 청함으로써 제멸하는 것이요, 3) 다른 사람의 수승함을 질투하는 것이니 수희함으로써 대치하는 것이요, 4) 삼계를 즐겨 애착하는 것이니 회향함으로써 대치하는 것이라며 제거해야 할 네 가지 장애를 들고 있다.

수행의 오문 중 다섯 번째의 지관문에서는 '모든 경계상을 그치게 함(止)'과 '일체에서 다 행해야 할 것과 행하지 말아야 할 것을 관찰함(觀)'에 대해 해명한다. 분황은 '모든 경계상을 그치게 함을 말한다'고 한 것은 "앞서 분별함에 의하여 모든 바깥 경계를 짓다가 이제는 각혜覺慧로써 바깥 경계상을 깨뜨리는 것이니, 경계상이 이미 그치면 분별할 바가 없기 때문에 '지'라고 하는 것"이라고 했다. '생멸상을 분별한다'고 한 것은 "생멸문에 의하여 법상法相을 관찰하기 때문에 분별한다고 말한 것"이라고 해명한다. 그런 뒤에 분황은 "진여문에 의하여 모든 경계상을 그치게 하는 것이므로 분별할 바가 없으면 곧 무분별지無分別智를 이루는 것이요, 생멸문에 의하여 모든 상을 분별하여 모든 이취理趣를 관찰하면 곧 후득지後得智를 이루는 것임을 알 것이다."라고 해명한다. 『대승기신론』 본문에서 이 논서를 번역한 이가 방편方便과 정관正觀을 구별하기 위해서 정관에는 범어를 그대로 둔 것이라 했다. 즉 한어漢語를 갖추어 둔다면 마땅히 지관止觀의 뜻을 따라야 하며, 아울러 관관觀觀의 뜻을 수순해야 한다고 말한다. 지와 관이 쌍으로 작용할 때가 곧 정관임을 나타내려 하기 때문에 '지관'과 '관관'이라고 말한 것이며, 방편에 있을 때에는 모든 경계상을 그치게 하여 정관正觀의 지止에 따르기 때문에 '지관을 수순한다' 말하고, 또 인연상을 분별함으로써 전관의 관에 따르기 때문에 '관관을 수순한다'고 말한 것이라고 했다.

정리해서 말하면 '지'와 '관'이라 할 때는 방편으로서 풀이한 것이며, 사마타관과 비발사나관이라고 할 때는 정관正觀 중의 '지止', 정관 중의 '관觀'이라는 의미로 쓰여졌다고 해명한다. 분황은 지止를 닦는 차례를 밝혀서 아홉 가지 심주心住와 네 가지 혜행慧行에 대해 언급한다. 또 지를 수행한 결과 얻는 수승한 공능에 대해 밝히면서 진여삼매에 의하여 일행삼매 등의 삼매를 낼 수 있음에 대해 이야기 한다. 『논』은 정근하여 전념으로 이 삼매를 수학하는 이는 현세에서 마땅히 열 가지 이익을 얻을 것이라고 말한다. 분황은 후세의 이익은 자세히 진술할 수 없기 때문에 현재의 이익만을 나타낸다고 해명한다. 그리고 『논』은 사람이 오직 지止

만을 닦으면 곧 마음이 가라앉거나 혹은 게으름을 일으켜 여러 선을 즐기지 않고 대비를 멀리 여의게 되므로 관觀을 닦는 것이라고 말한다. 그런 뒤에 『논』은 경에서 어떤 사람이 서방극락세계의 아미타불을 생각하여 왕생하게 되듯이, 만일 저 부처의 진여법신을 관하여 항상 부지런히 수습하면 필경에 왕생하게 되어 정정취正定聚에 머무르게 된다고 말한다. '정정취에 머무른다'에 대해 분황은 무루도에 의거하여 정정正定을 삼기 때문에 견도 이상을 정정이라 하고, 불퇴위에 머무는 것을 정정으로 삼기 때문에 십해十解 이상을 정정이라 하며, 수승한 연의 힘에 의하여 퇴전하지 않게 되기 때문에 구품九品 왕생을 모두 정정이라 한다.

• 대승에 대한 믿음을 일으키는 까닭은 10 •

▲

1 권장과 이익

붓다의 가르침에 따르면 누구나 부처가 될 수 있다. 즉 태에서 생겨난 것이나, 알에서 태어난 것이나, 습기에서 태어난 것이나, 의탁한데 없이 홀연히 태어난 것이나 모두 성불할 수 있다. '살아있는 것들은 모두 성불할 수 있다(一切衆生 悉有佛性).' 우리는 이 사실을 머리와 가슴을 넘어 온몸으로 체화하는 순간 발심을 하게 된다. '발심'은 삶의 질적 전환을 위한 첫 출발이다. 즉 '깨달음'을 얻으려는 마음을 일으키는 것(發菩提心)이다. 다시 말해서 '위없이 바르고 평등한 바른 깨달음'을 얻으려는 마음을 일으키는 것(發阿耨多羅三貌三菩提心)이다. 발심은 불(제)자들에게는 삶의 동력이요, 존재의 이유이다. 발심이 존재의 이유가 된다면 우리는 수행하지 않을 수 없을 것이다. 때문에 경론에서는 곧바로 수행하기를 권장하는 것이다.

『대승기신론』에서는 "만일 어떤 중생이 여래의 매우 깊은 경계에 대하여 바른 믿음을 내어서 비방誹謗을 멀리 여의고 대승도大乘道에 들고자 한다면 마땅히 이 논을 가지고 사량하고 수습하면 끝내는 무상도에 이를 수 있을 것이다." 하는 것이다. 다시 말하면 여래의 자내증을 통찰하고 바른 믿음을 일으켜 대승도에 들려면 대승불교의 교과서인 이 논서를 지니고 생각하고 헤아려 닦아서 익히라는 것이다. 분황 원효는 이것은 곧바로 수행을 권장하는 것이라 풀고 있다. 그렇게 하면 최고의 길에 이르게 된다는 것이다. 분황은 이것을 수승한 이익을 나타낸 것이라 풀고 있다. 또 『논』에서는 "만일 사람이 이 법을 듣고 나서 겁약한 마음을 내지 않으면 이 사람은 틀림없이 부처의 종자를 이어서 반드시 모든 부처에게 수기하는 바가 됨을 알아야 할 것이다." 해명한다.

분황은 이 구절에 대해 바로 수행에 착수하는 사람들과 그렇게 하지 못하는 사람들을 구분하여 해명하고 있다. 그는 수승한 이익으로서 얻은 과보의 수승함과 닦는 사람의 수승함으로 나눠 보고 있다. 그렇지 못하는 사람들과 이들에게는 이익을 들어 수행을 권장할 수밖에 없다. 다시 또 『논』에서는 "가령 어떤 사람이 삼천대천세계 중에 가득한 중생을 교화하여 십선十善을 행하게 한다 하더라도 어떤 사람이 한 번 식사하는 시간에 바로 이 법을 생각하는 것만 같지 못하니, 앞의 공덕보다 우월하여 그와 비유할 수 있기 때문이다." 하였다. 분황은 믿고 수지하는 복의 수승함을 밝히는 이 구절에 대해 한번 식사하는 시간에 바로 생각하기만 하는 데서 받는 복의 수승함을 밝힌 것이라 풀고 있다. 이어 『논』에서는 "만일 사람이 이 『기신론』을 받아 가져서 관찰하고 수행하기를 하루낮 하룻밤 동안 한다면 그가 가지는 공덕이 헬 수 없고 가이 없어서 이루 다 말할 수가 없을 것이다."라고 하였다. 분황은 이 구절에 대해 하루낮 하룻밤의 수행 공덕의 가이 없음을 나타낸 것으로 풀고 있다.

『논』에서는 "어떤 중생이 이 『기신론』에 대하여 훼방하고 믿지 않는다면 그가 받는 죄의 과보는 무량겁을 지나도록 큰 고뇌를 받을 것이다.

그러므로 중생은 다만 우러러 믿어야 할 것이요, 비방해서는 안 되는 것이니 스스로를 깊이 해치고 또한 다른 사람까지 해쳐서 일체의 삼보의 종자를 단절하기 때문이며, 일체의 여래가 다 이 법에 의하여 열반을 얻기 때문이며, 일체의 보살이 이로 인하여 수행하여 불지에 들어가기 때문이다."라고 했다. 분황은 이 논서에 대한 훼방의 죄가 무거움에 대해 밝히는 이 구절에 대해 1) 훼방의 죄가 무거움을 밝히고, 2) 권장해 보는 것이고, 3) 죄가 무거운 뜻을 풀이하였으며, 4) 삼보의 종자를 단절하는 뜻을 더 풀이하였다고 하였다. 『논』에서 "과거와 현재와 미래의 보살도 이 법에 의하여 깨끗한 믿음을 이루었다."라는 구절에 대해 분황은 증거를 든 것으로 보았다. 또 『논』에서 "중생이 부지런히 수학해야 할 것이다."라는 구절에 대해서 분황은 수학할 것을 권장하며 결론 지었다고 풀고 있다.

2 회향과 유통

대승의 보살은 '발심'으로 출발하고 '서원'으로 복귀한다. 진리의 바다는 '믿음'으로 들어가고 '지혜'로 건넌다는 화엄의 언표처럼 말이다. 대승 보살은 '발심'하고 수행하여 회향하기를 '서원'한다. 여기서 발심과 서원, 믿음과 지혜, 연기와 자비 등의 기호는 중생의 바다 위를 나는 대승불교의 두 날개라고 할 수 있다. 한편 불교의 대부분 경론 역시 '귀경歸敬'과 '회향廻向'의 구조로 되어 있다. 이 『기신론』의 경우에도 서두에는 '귀경게'가 있다. "온 시방에서/ 가장 수승한 업과 변지를 갖추시고/ 색이 걸림이 없이 자재하신/ 구세의 대비하신 이와/ 및 저 신체상의/ 법성 진여의 바다와/ 헬 수 없는 공덕을 갖춘 이의/ 여실한 수행 등에게/ 귀명하옵나니." 5언 율시로 되어 있는 이 귀경게에는 세간의 스승이자 자신의 스승인 붓다를 향한 저자의 귀의와 경배가 전제되어 있다. 이러한 귀경게는 주요 논서에는 모두 덧붙여져 있다.

마명보살은 이 논서의 서두에서 가장 수승한 업용과 두루하신 지혜, 걸림없이 자재하신 색신과 대비하신 구세자, 법성 진여의 바다와 같은 신체상과 헤아릴 수 없는 공덕을 갖추시고, 여실한 수행 등을 하시는 붓다에게 목숨을 들어 돌아간다고 언표하고 있다. 열 가지의 이름(名號)으로 불리고 서른 두 가지 상32相과 여든 가지 종호80種好 및 열 여덟 가지 공유共有/共同하지 않는 불공법(18不共法) 등을 지닌 붓다에게 귀명하는 모습은 장중하다. 분황 원효는 저자의 귀경게에 담긴 여러 개념들에 대해 촘촘하게 분석하여 주석을 달고 있다. 거기에는 그 자신의 불교관과 세계관이 깊이 투영되어 있다. 분황은 '귀명의 대상'을 중생의 육근이 일심에서 일어나 스스로의 근원을 등지고 육진에 흩어져 달아나간 육정六情/六根을 총섭하여 '그 본래의 일심의 근원'이라 했으며 '일심'은 '삼보'라고 했다. 그는 일심을 삼보 이외에도 일각一覺, 일성一性, 일제一諦, 일미一味, 일승一乘, 여래장如來藏, 아려야식阿黎耶識, 중생심衆生心, 대승법大乘法, 열반涅槃, 적멸寂滅, 불성佛性, 법성法性, 중도中道, 실제實際 등으로 확장하여 쓰고 있다. 물론 이들 개념에는 거기에 부응하는 맥락적 설명이 전제되어 있다.

분황은 귀경게의 첫 기호인 '귀명歸命'에 대해 인식론적 기호인 능소能所 개념을 원용하여 풀고 있다. "처음 귀경 중에 두 가지가 있으니, '귀명' 두 자는 능귀能歸의 상相이요, '온시방(盡十方)'은 소귀所歸의 덕德을 나타내는 것이다. 능귀의 상이란 공경하여 따르는 뜻이 '귀'의 뜻이며, 향하여 나아가는 뜻이 '귀'의 뜻이다. '명'은 목숨을 이름이니 이 목숨이 몸의 모든 기관을 통어한다. 한 몸의 요체로는 오직 이 명命이 주가 되며, 온갖 산 것을 중하게 여김이 이보다 앞서는 것이 없다. 이 둘도 없는 명을 들어서 무상의 존귀함(삼보)을 받들어 신심의 지극함을 타나내었기 때문에 '귀명'이라고 말한 것이다. 또한 '귀명'이란 근원에 돌아가는 뜻이니, 왜냐하면 육근이 일심에서부터 일어나 스스로의 근원을 등지고 육진에 흩어져 달려나가는 것인데, 이제 목숨을 들어 육정을 총섭하여 그 본래의 일심의 근원에 돌아가기 때문에 '귀명'이라고 말하는 것이며, 이 귀명의 대상인 일심은 곧 삼보이기 때문이다." 반면 회향게에 대한 분황의 풀이는 지극히 소략하다.

마명은 "모든 부처의 매우 깊고 광대한 뜻을/ 내 이제 분에 따라 요약하여 말하였으니/ 법성과 이 공덕을 회향하여/ 널리 일체의 중생계를 이롭게 하여지이다."라고 하였다. 여타의 논서에서는 같은 5언 4(8)구이거나 같은 7언 4(8)구인 것이 일반적이다. 하지만 이 논서에서는 5언 율시 40자의 귀경게와 7언 4구 28자의 회향게로 되어 있다. 분황은 이 계송이 처음의 서분과 둘째의 정종분에 이은 세 번째의 총결이라고 밝힌다. 그런 뒤에 두 구절은 정종분의 인연분, 입의분, 해석분, 수행신심분, 권수이익분의 오분五分을 결론지은 것이며, 나머지 두 구절은 지옥, 아귀, 축생, 수라, 인간, 천상 육도에 회향한 것이라고 풀고 있다. 마명이 '대승에 대한 믿음을 일으키는 까닭'은 중생이 본래의 고향인 '일심의 근원'으로 돌아가도록 하기 위함이었다. 오랫동안 고향을 등지고 타향에 가 살았던 중생들을 다시 본래의 고향으로 불러오게 하기 위함이었다. 타향살이의 외로움과 쓸쓸함에서 벗어나 고향살이의 함께함과 따뜻함을 회복하게 하기 위함이었다. 분황은 마명의 의도를 "일심의 근원으로 돌아가게 함으로써(歸一心源) 중생들을 풍요롭고 이익되게 함(饒益衆生)"으로 명쾌하게 정리하였다. 그리하여 이 구절은 대승보살의 삶의 목표가 되었고 동시에 불자들의 존재이유가 되었다.

원효 에세이 분황 원효

제5장

▌영정 개요

포항 오어사 소장 원효 영정

地百寶輪王 二地千寶輪王 此門中地
前及地上十地皆輪王 如仁王經中乃
至廣說 失王位者 明失在家位 失比丘
及尼位者 明失出家位也 第二明受苦
中 言二三劫者 若依瓔珞經者 若犯
重人 於十劫中 入地獄也 解云 彼經
者約小劫 故爲十劫 此文中二三劫者
就大劫故 彼經云 犯重墮地獄人者
一日中八萬四千生死⓿亦也 八萬威儀
品中說者 譬如小乘律中二十餘卷中
說 比丘及比丘尼前 以後堅教律 於
更判說 此經亦然 後梵網經中 先總
說十重 後八萬威儀品中更廣說此十
重戒 是故示文處也

⓿「亦」下疑有脫字。

去明治四十三年十二月 續藏經編集長
中野達慧師曰 此書 希代之書 而於
他家無所藏 請謄寫之 以編入續藏 辰
乃應請求 許謄寫 且記其事實以授焉
于時明治四十有四年一月吉旦
四海唱道五十四傳燈沙門靜照日辰
謹識於日蓮宗大本山妙顯精舍方丈

金剛三昧經論卷上⓿

新羅國沙門 元曉述

此經 略開四門分別 初述大意 次
辨經宗 三釋題名 四消文義

第一述大意者 夫一心之源 離有無
而獨淨 三空之海 融眞俗而湛然
湛然 融二而不一 獨淨 離邊而非
中 非中而離邊 故不有之法 不卽
住無 不無之相 不卽有 不一而
不二 故非眞之事 未始爲俗 非俗
之理 未始爲眞也 融二而不一 故
眞俗之性 無所不立 染淨之相 莫
不備焉 離邊而非中 故有無之法
無所不作 是非之義 莫不周焉 爾
乃無破而無不破 無立而無不立 可
謂無理之至理 不然之大然矣 是謂
斯經之大意也 良由不然之大然 故
能說之語 妙契環中 無理之至理
故所詮之宗 超出方外 無所不破
故名金剛三昧 無所不立 故名攝大
乘經 一切義宗 無出是二 是故亦
名無量義宗 且擧一目 以題其首

故言金剛三昧經也
第二辨經宗者 此經宗要 有開有合
合而言之 一味觀行爲要 開而言之
十重法門爲宗 言觀行者 觀是橫論
通於境智 ⓿行是堅望 亘其因果 果
謂五法圓滿 因謂六行備足 智卽本
始兩覺 境卽眞俗雙泯 雙泯而不減
兩覺而無生 無生之行 冥會無相
無相之法 順成本利 利旣是本利而
無得 故不動實際 際旣是實際而離
性 故眞際亦空 諸佛如來 於焉而
藏 一切菩薩 於中隨入 如是名爲
入如來藏 是爲六品之大意也⓿ 於此
觀門 從初信解 乃至等覺 立爲六
行 六行滿時 九識轉顯 顯無垢識
爲淨法界 轉餘八識 而成四智 五
法旣圓 三身斯備 如是因果 不離
境智 境智無二 唯是一味 如是一味
入如來藏 是爲六品之大意也

觀門 從初信解 乃至等覺 立爲六
行 六行滿時 所以大乘法相
無所不攝 莫不入之 名
不虛稱 斯之謂歟 合論一觀 略述如
之⓿開說十門 爲其宗者 謂從一門

⓿朝鮮佛教叢會本(劉敬鍾校訂本)(甲)高麗大藏
經補遺板庭園。

· 금강삼매의 경전 1 ·

1 경전의 유래와 진위

흔히 불교 전통에서는 붓다가 태어난 인도에서 성립된 경전을 '진경眞經'이라 하고 그 이외 지역에서 이루어진 경전을 위경僞經이라 한다. 그리고 성립과 유통이 분명하지 않은 경전을 '의경疑經'이라 한다. 대장경에는 '붓다의 직설' 또는 '붓다의 진설'이라 하여 경명 앞에 '불설佛說'을 붙인 경전들도 적지 않다. '불설'을 붙였기 때문에 '붓다의 진설'임을 나타내는 것이기도 하고, 한편으로는 '붓다의 진설'이 아니라고 의심할까 보아 '불설'을 붙여 강조하는 것일 수도 있다. 때문에 '불설'을 붙인 경전과 그렇지 않은 것을 근거로 진위의 잣대를 들이대기는 쉽지 않다. 더욱이 불교가 지향하는 보편적 진리와 보편적 가치를 이해하게 되면 인도에서 성립된 것만을 진경으로 받아들이기에는 어딘가 석연하지 않다. 만일 그렇다면 인도 이외의 티베트나 중국과 한국과 일본 등에서 성립된 경전들은 어떻게 받아들여야 하는가?

분황 원효의 저술 103(87+16)종 240(180+60)여 권 중『금강삼매경론』은 가장 만년작으로 알려져 있다. 아직『금강삼매경』의 성립 연대에 대한 이설이 많아 확정하기는 어렵지만 경론의 주제나 내용으로 볼 때 그가 가장 심혈을 기울여 저술한 주석서라고 할 수 있다. 우선 이 경전의 이름이 처음 등장한 곳은 중국 양나라 승우僧祐(445~518)의 『출삼장기집』이다. 여기에 의하면 도안道安(312~385)의 『신집안공량토이경록新集安公凉土異經錄』 제3집 중에 『금강삼매경』 1권이 기록되어 있다. 거기에서 승우는 『금강삼매경』이 "양대에 번역되었으며 역자는 알려져 있지 않다"(梁代失譯)라고 적었다. 또 수대에 편집된 『법경록法經錄』과 『언종록彦琮錄』과 『역대삼보기歷代三寶記』와 당대에 편집된 『정태록靜泰錄』과 『내전록內典錄』과 『대주간정록大周刊定錄』에는 "현존하지 않는 경전"이라 적고 있다. 이후 중당中唐 시대의 지승智昇은 개원 19년(730)에 이 경전에 대해 『개원석교록開元釋敎錄』 권4의 북량 실역부北凉失譯部와 권12의 현존록現存錄에 2권 혹은 1권이라 기록하였다. 이것은 지승이 이전 경록에서 없어진 『금강삼매경』을 새롭게 발견하고 경록에다 습유경拾遺經으로서 이 경전이 현존하고 있음을 알리는 대목이다. 이후 『금강삼매경』에 대한 연구는 모두 여기에 근거하여 이루어진 것들이다. 현재 해인사 장경각에 보존된 『고려대장경』 판본과 이것을 저본으로 한 『대정신수대장경』 제9책에 수록된 것이 바로 이것이다.

이 경전의 성립에 대해서는 여러 학자들의 논의가 있어 왔다. 그 결과에 의하면 중국 양나라 때 출현했다가 이후 사라진 경전과 분황 원효 시대에 등장한 경전은 다른 것이라는 주장이다. 분황 역시 『금강삼매경론』에서 진제眞諦(?~569) 삼장의 구식설은 『금강삼매경』 「본각리품」의 '암마라唵摩羅'에 의한 것이라 하였고, 『대승기신론』의 "득견심성得見心性, 심즉상주心卽常住"라는 구절은 곧 『금강삼매경』의 '심상안태心常安泰'라는 구절을 풀이한 것이라고 하여 『금강삼매경』이 『대승기신론』에 앞선 진경이라고 하였다. 하지만 일본의 미조노 고오겐水野弘元은 자신의 논문 「보리달마의 이입사행설과 금강삼매경」에서 이 경전이 진경이 아님을 주장하였다. 그는 1) 이 경전에는 현장이 번역한 『반야심경』에 나오는 네 가지 주문인 '대신주大神呪'와 '대명주大明呪', '무상명주無上明呪'와 '무등등주無等等呪'가 있으며, 또 2) 이 경전에는 현장이 번역한 『유식삼십송』에 나오는 제칠식의 표기처럼 '말나末那'를 사용하고 있다는 점에 근거하여 『금강삼매경』의 성립을 현장이 번역한 648년 이후여야 하며, 분황이 이것을 주석한 시기는 665년 전후여야 한다고 주장하였다. 아울러 이 경전에 담겨 있는 여러 교학적 내용들이 남북조에서 수대에 걸쳐 중국 불교에서 문제로 삼았던 것들이며 그 가운데 달마대사의 이입사행설도 포함되어 있다고 하였다.

그 뒤 김영태金暎泰는 『송고승전』에 실린 연기설화는 『금강삼매경』이 신라에서 처음 출현한 것을 의미하고 신라에서 유포된 사실을 설화화한 것이며, 이 경전은 신라불교가 불교의 진수를 재결집한 진경이라고 하였다. 그리고 작자는 신라 10성 중 대안·사복·혜공 등 복수의 인물에 의해 이루어졌다고 하였다. 특히 대안은 현행 경전의 서품 제1에서 「총지품」제8에 이르기까지 제목과 차례를 정하였다고 하였다. 반면 로버트 버스웰R.E. Buswell은 이 경전의 찬술자를 최치원 비문에 근거하여 신라의 법랑法朗이라 비정하고 그가 선덕여왕 치세(632~646)에 도신道信의 문하에서 선을 수행한 적이 있으며 중국에서 신라에 처음 선을 전한 이라고 하였다. 그리고 그는 이 경전의 찬술 시기를 676~685년이라고 비정하였다. 한편 야나기다 세이잔柳田聖山은 현장과 자은(규기)의 유식 법상종에 대항하는 한 갈래였던 여래장계의 중심에 있었던 원효가 『금강삼매경론』을 저술하고 대안이 이것을 8품으로 구성하여 이 경전이 이루어졌다고 주장하였다. 이들 주장들은 그 나름대로 설득력이 있지만 아직 이 경전의 성립 공간과 주체 및 배경에 대해서는 좀 더 해명해야 할 부분이 남아 있다고 판단된다.

2 연기설화와 분황 원효

『송고승전』의 「원효전」은 한 고승의 전기임에도 불구하고 이 경전의 연기설화에 대해 많은 분량을 할애하고 있다. 때문에 그의 전기는 성격이 괴팍하다고 '왕따'를 당해 백고좌법회에서 참예하지 못한 당대의 석학인 분황의 명예회복을 꾀하는 것으로 읽힐 정도이다. 이후 『금강삼매경』하면 분황이 연상될 정도로 우리에게는 긴밀한 경전이 되었다. 전기에 실린 이야기는 대략 이렇다.

얼마 안 있어 왕의 부인이 머리에 악성의 종기가 생겼다. 의사와 무당들도 효험을 내지 못하였다. 왕자와 신하들이 산천의 신령한 사당에 기도를 드리러 이르지 않은 곳이 없었다. 어떤 무당은 "만일 사람을 시켜 다른 나라에 가게 해서 약을 구하면 이 병이 곧 나을 것입니다."라고 하였다. 이에 왕이 사신을 선발하여 당나라로 가 치료 방법을 찾게 하였다. 그런데 남쪽 바다 가운데에서 갑자기 한 노인이 나타나 파도에서 뛰쳐나와 배에 올라가 사신을 맞이하여 바다 속으로 들어갔다. 그리고 궁전의 장엄함과 화려함을 보여 주고 검해鈐海 용왕에게 알현시켰다.

용왕이 사신에게 말하였다. "너희 나라 왕비는 청제靑帝의 셋째 딸이다. 우리 용궁에 예전부터 『금강삼매경』이 있었는데 곧 두 가지 깨달음(二覺)이 원만히 통하고(圓通) 보살행을 나타내었다. 이제 왕비의 병에 의탁하여 증상연增上緣을 삼아서 이 경전을 부쳐서 저 나라에 출현시켜 유포시키고자 할 따름이다." 이에 삼십 장쯤 되는 중첩된 흩어진 경전을 사신에게 주면서 다시 말하였다. "이 경전이 바다를 건너가는 도중에 마군의 장난에 걸릴지도 모른다." 용왕은 칼을 가지고 사신의 장단지를 찢어 그 속에 넣고서 밀납 종이로 봉하여 약을 바르니 장단지가 예전과 같았다. 용왕이 말하였다. "대안 성사로 하여금 차례를 매겨 엮게 하고, 원효 법사를 청하여 주석을 지어 강론하게 하면, 왕비의 병이 낫는 것은 의심할 바 없을 것이다. 가령 설산의 아가타약(無去藥)의 효력도 이것보다 지나치지 않을 것이다." 용왕은 사신을 전송하자 해면에 나와서 드디어 배에 올라 귀국하였다. 돌아온 사신에게 경위를 들은 왕은 기뻐하면서 곧 대안 성사를 불러 차례에 따라 엮게 하였다. 차림새가 특이하였던 대안은 헤아리기 어려운 사람이었다. 늘 저자거리에서 동으로 만든 발우를 치며 "크게 편안하시오, 크게 편안하시오."라고 외쳤기 때문에 이렇게 불리웠던 것이다. 왕은 대안을 불러들이라고 명하였다. 대안은 "경전만 가져다 주십시오. 왕의 궁궐에는 들어가고 싶지 않습니다."라고 답하였다. 대안이 경전을 얻고서 배열하여 여덟 품을 만들었다. 모두 부처님의 뜻에 부합하였다. 대안이 말하였다. "빨리 원효에게 가져다 주어 강론하게 하십시오. 다른 사람은 안 됩니다."

분황은 본래 태어난 상주에 머물 때 이 경전을 받았다. 그가 사신에게 말하였다. "이 경전은 본각과 시각의 두 가지 깨달음을 종지로 삼고 있습니다. 나를 위하여 소가 끄는 수레를 준비하여 책상을 두 뿔 사이에 두고 붓과 벼루를 갖추어 주십시오." 분황은 시종 소가 끄는 수레 위에서 주석을 지어 다섯 권을 만들었다. 왕이 요청하여 날을 정하여 황룡사에서 설법하기로 하였다. 한데 당시에 경박한 종도가 새로 지은 주석을 훔쳐

갔다. 이 사실을 왕에게 아뢰어 사흘을 연기한 뒤에 써서 세 권을 만들었다. 이것을 '약소略疏'라고 한다. 설화에 따르면 신라에는 광략廣略의 두 가지 소疏가 있었는데 모두 본토에 유행하였다고 전한다. 처음 분황이 광소廣疏 5권을 써서 올렸는데 누군가에게 도난당하였다. 다시 3일을 연장하여 약소略疏 3권을 써서 황룡사에서 강석하였다고 한다. 그런데 처음부터 광소는 없었고 약소만 있었는데 원효의 수승한 재능을 과시하기 위해 구성하였다고 하는 견해도 있다. 결국 중국에는 약소 3권만이 전래되었고, 뒷날 인도에서 온 번경삼장翻經三藏이 그것을 고쳐 '논論'이라고 하였다고 찬녕은 『송고승전』에서 적고 있다. 여기서 '논論'이라 붙인 것은 분황의 강한 자부심에 의해 붙여진 것으로 짐작되며 그 의미는 '논소論疏', '논석論釋', '논해論解'의 의미로 사용했을 것으로 이해된다.

분황이 약소를 지어 황룡사 큰법당의 법상에 오르자 왕과 신하 및 승려와 불자들이 법당을 구름처럼 에워 쌌다. 그의 설법은 "얽힌 것을 풀어 줌에 법칙으로 삼을 만하였으며, 칭찬하고 감탄하여 그 소리가 허공에 치솟았다." 하였다. 『금강삼매경』 설법을 마무리한 분황은 소리 높여 말했다. "지난 옛날 백 개의 서까래를 모을 때에는(昔日採百緣時) 비록 참예하지 못했지만(誰不豫會), 오늘 아침 하나의 대들보를 놓는 곳에서는(今朝橫一棟處) 나만이 할 수 있구나(唯我獨能)." 그러자 당시의 수많은 이름 높은 승려들이 얼굴을 숙여 부끄러워하고 잘못을 인정하여 참회하였다고 전한다. 분황은 석존의 탄생게인 "천상천하天上天下, 유아독존唯我獨尊, 삼계개고三界皆苦, 아당안지我當安之"에서 '유아독존'을 '유아독능'으로 놀랍게 자리바꿈하여 되살려 냈다. 이 '유아독능게'는 바야흐로 분황 원효 시대를 여는 사자후였다. 이후 한국 사상사에서 분황은 그 이전과 이후를 가르는 주요한 전환점이 되었다.

1 일심의 근원

분황 원효의 철학적 지향은 '일심一心'과 '일심의 근원(一心之源)'을 밝히는 데에 있다. 일심의 정의와 의미에 대해서는 그의 전 저술에서 확인되고 있다. 그는 일심을 자신의 철학적 기반과 사유의 프레임으로 삼아 화쟁회통和諍會通의 문장력을 보였고 무애자재無碍自在의 보살행을 하였다. 때문에 분황은 자신의 저술 곳곳에서 일심에 대해 정의하고 의미를 부여하고 있다. 그는 일심에 대해 "여래의 설한 바 일체의 교법은 일각一覺이 맛에 들지 않음이 없다. 일체 중생이 본래 일각이었지만 다만 무명으로 말미암아 꿈 따라 유전하다가 모두 여래의 일미一味의 말씀에 따라 일심의 원천으로 돌아오지 않는 자가 없음을 밝히고자 한다."(『金剛三昧經論』)라고 말한다. "모든 경계가 무한하지만 모두 일심의 안에 들어가고, 부처의 지혜는 모양을 떠나 마음의 원천(心原/心源)으로 돌아가고, 지혜와 일심은 혼연히 같아서 둘이 없는 것이다."(『無量壽經宗要』)하였다.

또 "이와 같이 일심一心은 통틀어 일체의 물들고 깨끗한 모든 법의 의지하는 바 되기 때문에 제법의 모든 근본인 것이다."(『金剛三昧經論』) 하였고, "티끌의 통상通相을 완전히 파악하므로 이름하여 심왕心王이라고 한다. 그것은 본래의 일심一心이 모든 법의 근본적인 원천(諸法之總源)이기 때문이다."(『大乘起信論疏』)라고 하였다. 그리고 "마음이라고 말하는 것은 본성(自相)의 마음이 스스로 신해神解하기 때문에 '심'이라고 일컫는다."(『本業經疏』) 하였고, "처음 중에 '일심법에 의하여 두 가지 문이 있다'는 것은, 『능가경』에서 "적멸이라는 것은 일심이라 이름하며, 일심이란 여래장이라 이름한다고 한 것과 같다." 하였다.

나아가 "이 『기신론』에서 심진여문이라고 한 것은 곧 저 『능가경』의 '적멸이라는 것은 일심이라 이름한다'함을 해석한 것이며, 심생멸문이란 『능가경』 중의 '일심이란 여래장을 이름한다'고 한 것을 해석한 것이다. 왜냐하면 일체법은 생함도 없고 멸함도 없으며 본래 적정하여 오직 일심일 뿐인데, 이러한 것을 심진여문이라고 이름하기 때문에, '적멸이란 일심이라 이름한다'고 한 것이다. 또 이 일심의 체가 본각이지만 무명에 따라서 움직여 생멸을 일으키기 때문에, 이 생멸문에서 여래의 본성이 숨어 있어 나타나지 않는 것을 여래장이라 이름한 것이다. 이는 『능가경』에서 말하기를 '여래장이란 선과 악의 원인으로서 일체의 취생趣生을 두루 잘 일으켜 만든다. 비유하자면 환술사가 여러 가지 취를 변화시켜 나타내는 것과 같다'고 한 것과 같다. 이러한 뜻이 생멸문에 있기 때문에 그래서 '일심이란 여래장이라 이름한다'고 하였다. 이는 일심의 생멸문을 나타낸 것으로, 아래 글에서 '심생멸이란 여래장에 의하기 때문에 생멸심이 있으며……'라고 하고, 이어 '이 식에 두 가지 뜻이 있으니, 첫째는 각覺의 뜻이고, 둘째는 불각不覺의 뜻이다'라고 말한 것과 같다. 그러니 다만 생멸심만을 취해서 생멸문을 삼는 것이 아니라, 생멸자체와 및 생멸상을 통틀어 취하여 모두 생멸문 안에 둔다는 뜻임을 알아야 할 것이다. 두 문이 이러한데 어떻게 일심이 되는가? 더러움과 깨끗함(染淨)의 모든 법은 그 본성이 둘이 없어, 진실함(眞)과 망녕됨(妄)의 두 문이 다름이 있을 수 없기 때문에 '일'이라 이름하며, 이 둘이 없는 곳이 모든 법 중의 실체인지라 허공과 같지 아니하여 본성이 스스로 신해神解하기 때문에 '심'이라고 이름함을 말한 것이다."(『大乘起信論別記』) 하였다.

이처럼 분황은 일각과 일미, 적멸과 여래장, 진여와 생멸 등의 개념을 통해 일심의 영토를 설명하고 있다. 그리하여 일심과 일심지원의 정의와 의미에 대해서도 역설하고 있다. 분황은 "일심의 근원은 유有와 무無를 떠나서 홀로 맑다." 하였다. 여기서 '있는 것'과 '없는 것'을 떠나서 홀로 맑다는 것은 존재론적인 유와 무의 이변을 떠나 중도의 지평에서 홀로 청정하다는 의미이다. 그리고 일심의 근원은 우리들 삶의 경계에서 부딪치는 유무, 선악, 진위, 취사 등의 갖가지 이항 대립들을 떠난 근원적인 지평을 가리키고 있다. 모든 물이 '작은 내'와 '큰 강'을 거쳐 '더 깊은 바다'에 이르러 비로소 넓은 대해에 이르는 것처럼, 일심의 근원은 작은 나와 큰 나를 넘어 저 우주와 같은 '더 큰 나'가 존재하는 곳을 가리킨다. 그곳은 진망화합식인 일심과 '체가 같은(體同)' 여래장과 아려야식을 넘어 '뜻이 다른(義別)' 제9 암마라식을 암시하고 있다.

2 삼공의 바다

분황은 앞 문장의 기호를 뒷 문장의 기호로 이어가는 '승체문承遞文'을 즐겨 사용하였다. 그는 수당隋唐 이래 널리 쓰인 사육변려문四六變儷文을 즐겨 활용하면서도 여타의 사상가와 달리 승체문을 원용하여 불교의 중도적 세계관을 역동적으로 드러내고 있다. 때문에 그의 문체와 문장은 언어가 지니고 있는 한계성의 깊은 자각 위에서 불교의 궁극적 지향을 구체적으로 제시하고 있다. 즉 분황은 문자를 세우지 말라는 선법의 불립문자不立文字와 문자를 떠나지 말라는 불리문자不離文字의 긴장과 탄력 위에서 중도적 언어관을 보여주고 있다. 그리하여 그는 문자에 대한 집착의 문제를 환기함으로써 존재의 진실을 드러내려는 불교의 언어관을 보여주고 있다. 여기서 일심은 모든 것의 근거이자 우주적인 나를 가리킨다. 동시에 일심은 우주 만유의 근본 원리인 절대 무이無二의 심성을 가리킨다.

『대승기신론』은 이 일심을 중생심衆生心으로 보고 있다. 그리고 중생의 마음인 일심에 의해서 심생멸문과 심진여문이 있게 되며, 이 두 가지 문이 모두 각기 일체의 법을 총괄하고 있다고 해명한다. 분황 역시 이 대목에 대한 주석에서 "물들은 것(染)과 깨끗한 것(淨)의 모든 법에는 그 자성이 둘이 없으며, 참된 것(眞)과 헛된 것(妄)의 두 문은 다를 수 없기 때문에 '일一'이며, 이 둘이 없는 곳은 모든 법 중의 실체로서 허공과 같지 아니하여 자성이 스스로 영묘하게 이해하는 작용을 하기 때문에 심心이라고 한다."라고 해명하였다. 이처럼 일심一心은 작은 나에서 큰 나를 거쳐 더 큰 나로 나아가는 인간의 보편성 혹은 우주적인 나를 가리킨다. 반면 삼공三空은 나를 구성하는 다섯 가지 요소인 오온五蘊의 법에 억지로 주재主宰를 세운 아집이 자성이 없는 것임을 보는 '아공我空'과 오온의 법에 실체가 있다고 생각하는 법집이 허공꽃과 같아서 자성이 없다고 보는 법공法空과 아집과 법집을 다 떠나서 또한 공에 대한 집착마저 모두 없어져(俱空) 본성에 계합하는 것을 가리킨다. 동시에 삼공은 우리들의 망정에 의해 계탁하여 집착하는 변계소집성은 실제로는 체성이 없다고 보는 무성공無性空과 연緣이라는 타자를 매개하여 존재하는 의타기성은 실제로는 체성이 없다고 보는 이성공異性空과 제법의 자성은 인공과 법공으로 나타나므로 체성이 없다고 보는 자성공自性空을 가리킨다.

분황은 「대의문」에서 '일심의 근원이 유有와 무無를 떠나 홀로 맑다(獨淨)'고 하면서 '삼공의 바다는 진眞과 속俗을 융합하여 깊고 고요하다(湛然)'고 역설하였다. 그는 '홀로 맑은' 일심의 근원과 달리 삼공의 바다는 '깊고 고요하게 둘을 융합하였으나 하나가 아니다'고 하였다. 동시에 '하나가 아니면서 둘을 융합하였으므로 진眞이 아닌 사事가 애초에 속俗이 된 적이 없으며, 속이 아닌 이理가 애초에 진眞이 된 적이 없다'고 하였다. 나아가 '둘을 융합하였으면서도 하나가 아니기 때문에 진과 속의 자성이 세워지지 않는 것이 없고, 염과 정의 상이 갖추어지지 않는 것이 없다'고 하였다. 그리하여 분황은 이 경의 대의를 "깨뜨림이 없되 깨뜨리지 않음이 없으며, 세움이 없되 세우지 않음이 없으니, 이야말로 이치가 없는 지극한 이치요, 그렇지 않으면서 크게 그러한 것이라고 할 수 있다." 했다. 그러면서 그는 "진실로 그렇지 않으면서 크게 그러하기 때문에 표현하는 말이 환중環中(중심)에 오묘히 계합하며, 이치가 없는 지극한 이치이기 때문에 표현되는 종지가 한계 밖으로 뛰어 넘었다."라고 하였다.

그리하여 분황은 이 경의 성격을 '금강삼매金剛三昧'와 '섭대승경攝大乘經'과 '무량의종無量義宗' 세 가지로 분류하였다. 즉 그는 깨뜨리지 않는 것이 없다는 뜻에서 '금강삼매'라 하였고, '세우지 않는 것이 없다는 뜻에서 '섭대승경'이라 하였으며, 모든 뜻의 종지가 이 둘을 벗어나지 않기 때문에 '무량의종'이라고 하였다. 이것은 대승의 도리를 포섭한 경인 '섭대승경'과 깨뜨리지 않는 것이 없는 금강삼매의 뜻 및 세우지 않는 것이 없는 섭대승의 두 가지 뜻을 벗어나지 않는다는 점에서 한량없는 뜻의 종지인 '무량의종'이라고 한 것이다. 그리고 분황은 하나의 제목을 들어서 머리를 나타냈기 때문에 '금강삼매경'이라 하였다고 해명한다. 여기서 가장 견고한 성질을 지닌 금강의 이미지는 삼매를 수식하면서 강력한 의미로 다가온다. 즉 금강은 정의 몸체(體)가 견고하고 그 몸짓(用)이 예리하여 모든 물질을 깨뜨릴 수 있는 것처럼 일체의 번뇌를 깨뜨릴 수 있다. 금강삼매는 마치 견고하여 깨뜨려지지 않는 금강석이 모든 만물을 깨뜨리는 것과 같이, 보살이 이 삼매에 머물면 지혜가 견고하여 모든 삼매를 깨뜨릴 수 있는 것의 의미한다. 이처럼 금강삼매는 일체 제법에 통달한 삼매를 가리킨다. 금강삼매는 소승의 성문 혹은 대승 보살이 수행에서 완성하려는 단계로서 최후의 번뇌가 일어나는 것을 끊어 없애려는 정定이다. 이 정이 일어나야 지극히 미세한 번뇌를 끊어 없애어 각기 그 극과極果를 얻을 수 있다. 때문에 금강삼매는 성문과 연각과 보살 등 삼승 학인이 지녀야 할 최후의 마음(最後心)이라 할 수 있다.

· 금강삼매의 경전 3 ·

1 일미의 관행

『대승기신론』이 일심一心 이문二門의 철학으로 구축되어 있다면『금강삼매경』은 일미一味 관행觀行의 철학으로 구성되어 있다. 여기서 '일미의 관과 행'의 구조는 '일심의 진여와 생멸'과 짝을 이룬다. 분황은 심진여와 심생멸의 이문 일심二門一心의 구조를 통해 자신의 일심 철학을 세우고 있으며, 동시에 관(열반)과 행(불성)의 이문 일미二門一味의 구조를 통해 자기의 일미 철학을 세우고 있다. 분황은 대다수의 저술 서두에서 해당 텍스트에 대한 자신의 관점을 명쾌하게 입론하고 있다. 흔히 '대의문大意文' 혹은 '종체문宗體文'이라 불리는 이들 문장에서 그는 붓다의 중도와 저자의 안목을 철학자의 시선으로 분석하고 정리하여 명료하게 제시하고 있다. 이러한 분황의 철학하는 삶은 당대 철학자들의 귀감이 되었으며 신라인들에게 깊은 울림을 주었다. 그는 십념염불十念念佛을 주장하는 정토사상을 통해 대중들과 만났지만 한편으로는 일심과 일미의 철학을 담은 이들 경론을 통해 삶의 가치와 의미를 환기시켜 주었다.

분황은『금강삼매경』의 종요를 '전개(開)'의 측면과 '통합(合)'의 측면으로 나누어 해명하고 있다. 그는 이 경전의 종지를 통합하여 말하면 '일미의 관행'이 요체가 된다(一味觀行爲要)고 했다. 한편 이 경전의 종지를 전개하여 말하면 '십중의 법문'으로 종지를 삼는다(十重法門爲宗)고 했다. 여기서 일미一味란 모든 현상과 본체가 두루 평등하여 차별이 없음을 가리키는 표현이다. 때문에 일미는 대개 부처의 교법을 가리켜서 부르는 것이며, 부처의 교설의 의미는 하나(一)라는 뜻이다. 여기서 일미는 부처의 가르침이 지향하는 일음一音과도 상통한다. 분황은 "관행觀行이라는 것에서 관觀은 가로(橫)로 논하는 것(論)을 가리키며 경境과 지智에 통해 있다. 행行은 세로(縱)로 바라본 것(望)을 가리키며 인因과 과果에 걸쳐 있다. 과果는 오법五法이 원만圓滿함을 말하는 것이고, 인因은 육행六行이 잘 갖추어짐(備足)을 말한다. 지智는 본각과 시각의 두 깨달음이고, 경境은 곧 진과 속이 모두 없어진 것"이라고 했다.

분황은 이어서 "모두 없어졌지만 아주 없어진 것이 아니고, 두 가지로 깨달았지만 생긴 것이 없으니, 무생無生의 행위는 그윽히 무상無相에 계합하고, 무상의 법은 본각의 이익을 순조롭게 이룬다. 이익이 이미 본각의 이익으로서 얻음이 없기 때문에 실제實際를 움직이지 아니하고, 제際가 이미 실제로서 자성을 떠났기 때문에 진제 또한 공허하다. 모든 부처와 여래가 여기에 간직되어 있으며, 모든 보살도 이 가운데에 따라 들어가니, 이러한 것을 여래장에 들어간다."라고 말하면서 이것이 「무상법품」, 「무생행품」, 「본각리품」, 「입실제품」, 「진성공품」, 「여래장품」 등 여섯 품의 대의라고 하였다. 그는 또 "이 관행의 문에서 처음 신해信解로부터 등각等覺에 이르기까지 육행六行을 세운다. 육행이 만족될 때 아홉 가지 식(九識)이 전변하거나 현현하니, 무구식을 현현시켜 법계를 삼고, 나머지 팔식을 전변시켜 사지四智를 이루니, 오법五法이 이미 원만해짐에 삼신三身이 이에 구비된다." 하였다. 그런 뒤에 이러한 육행(因)과 오법(果)은 경境과 지智를 떠나지 아니하였으며, 경과 지는 둘이 아니라 오직 일미一味이므로 이 일미의 관행으로 이 경의 종지로 삼는다고 하였다.

분황이 즐겨 사용한 '종요宗要'란 표현은 그가 만들어낸 독자적인 술어이다. 그는 이 경전의 종요를 두 갈래로 나누어 가로축인 일미의 관행을 '요체'라 하였다. 이는 삶의 한 축인 가로축의 원리(理)의 세계를 말한 것이다. 가로축은 두 발을 땅에 딛고 끊임없이(無盡) 뚜벅 뚜벅 걸어가는 실천의 길이다. 즉 붓다의 교법인 일미를 향해 온몸을 던지며 살아가는 것이다. 그는 또 십중의 법문을 '종지'라고 하였다. 이는 삶의 한 축인 세로축의 사태(事)의 세계를 말한 것이다. 세로축은 레고(블럭)를 쌓듯이 하나하나 쌓고 쌓아(重重) 켜켜이 세워가는 이론의 길이다. 즉 부처님의 법문인 일승을 껴안고 온몸을 던지며 살아가는 것이다. 이처럼 '종요'에는 가로와 세로, 원리와 사태, 실천과 이론, 무진과 중중 등의 함의가 담겨 있다. 분황의 '종요' 개념은 태현의 『범망경보살계본종요』와 『유가계본종요』 등에서도 원용되었다.

2 십문의 종요

분황은 『금강삼매경』의 종지를 '일미의 관행'으로 파악하였다. 그는 이 경의 종지를 "대승의 법상法相이 여기에 포괄되지 않는 것이 없고, 헬 수 없는 뜻의 종요宗要가 여기에 들어가지 않음이 없다"며 '이름이 헛되이 일컬어지지 않는다(名不許稱)는 것은 이것을 두고 하는 말이다'고 하였다. 일미의 관행에 대한 종합적인 관점을 전개한 그는 다시 개별적으로 해명하고 있다. 분황은 전개하여 설명하면 열 가지의 법문이 종지가 된다고 하였다. 이것은 일문으로부터 점차 십문에 이르는 과정을 일컬은 것이다. 그는 『대승기신론』의 주석에서 보인 것처럼 갖가지의 비유를 원용하여 각 경교 속에서 흩어져 있는 다양한 불교 교리들을 유기적이고 체계적으로 꿰어내어 쉽고 명료하게 이해할 수 있도록 풀어내고 있다. 그가 시설하는 십문 역시 경론에 있는 것이 아니라 그가 수행을 통해서 체득한 내용을 전관하여 하나로 꿰어서 풀어낸 것이다. 바로 이러한 지점에서 분황의 독자적 위상이 잘 드러나고 있다.

분황은 "일문은 일심 가운데 일념一念이 움직여 진여실상의 이체(一實)를 따라서 일미관행(一行)을 닦아 일승一乘에 들어서 불과에 도달하는 유일한 길(一道)에 머물러 유일의 본각(一覺)을 써서 일미一味를 깨닫는 것"이라고 하였다. "이문은 차안과 피안(二岸)에 머무르지 아니하여 성문승과 범부승(二衆)을 버리고, 인아와 법아(二我)에 집착하지 않음으로써 두 극단(二邊)을 떠나며, 아공과 법공(二空)에 통달하여 성문과 연각(二乘)에 떨어지지 아니하고, 진제와 속제(二諦)를 함께 융합하여 이입에 어긋나지 않는 것"이다고 하였다. 또 그는 "삼문이란 스스로 삼신불(三佛)에 귀의하여 섭율의계와 섭선법계와 섭중생계의 삼계三戒를 받으며, 보리도와 대각과 정혜의 삼대제三大諦를 좇아 공해탈과 무상해탈과 무작해탈의 삼해탈三解脫과 등각위에서 백겁과 천겁과 만겁을 머무르는 등각等覺의 삼지三地와 묘각지 부처의 법신과 응신과 화신인 묘각妙覺의 삼신三身을 얻고, 공상空相도 공하고 공공空空도 공하고 소공所空도 공한 삼공취三空聚에 들어가서 욕유와 색유와 무색유에 애착하는 마음인 삼유심三有心을 없애는 것"이다고 하였다.

분황은 "사문이란 네 가지의 부지런히 노력하는 마음으로 게으른 마음을 제거하는 사정근四正勤을 닦고 욕신족과 심념신족과 정진신족과 사유신족의 사신족四神足에 들어가며, 네 가지 큰 인연의 힘(四大緣力)으로 가고 머물고 앉고 눕는 사의四儀가 항상 예리하며, 네 선정(四禪)을 초월하여 증익과 손감과 상위와 희론의 사방四謗을 멀리 떠나 네 가지 커다란 서원(四弘地) 가운데서 네 가지 지혜(四智)가 흘러나오는 것"이다고 하였다. 또 그는 "오문이란 존재를 구성하는 다섯 가지 요소(五陰)에서 생겨나서 오십 악五十惡을 갖추었기 때문에 오근을 심고 신력과 정진력과 염력과 정력과 혜력의 오력五力을 길러 삼유와 육도와 법상과 명상과 심식의가 공한 오공五空의 바다를 건너고 신위信位(십신)와 사위思位(십주, 십행, 십회향)와 수위修位(십지)와 행위行位(등각위)와 사위捨位(묘각위)의 오등의 지위(五等位)를 넘어서 청정한 법계와 대원경지와 평등성지와 묘관찰지와 성소작지의 오정법五淨法을 얻고 지옥과 아귀와 축생과 인간과 천상의 오도五道의 중생을 제도하는 것 등"이라고 하였다. 분황은 오문 이후의 육·칠·팔·구·문은 묶어서 얘기하고 있지만 이것을 하나씩 풀어보면 다음과 같다. "육문은 여섯 가지 바라밀(六度)을 온전히 닦아서 여섯 가지 감각 주체(六入)를 영구히 제거하는 것"이라고 하였다. "칠문은 염각지와 택법각지와 정진각지와 희각지와 경안각지와 정각지와 사각지의 칠각분七覺分을 행하여 사대와 오온과 십이처와 십팔계의 칠의과七義科를 없애는 것"이라고 하였다. "팔문은 팔식八識의 바다가 맑아지는 것"이라고 하였다. "구문은 구식九識의 흐름이 깨끗해지는 것"이라고 하였다. "십문은 처음 십신에서부터 십지에 이르기까지 백행이 만족하게 갖추어지고 만덕이 원만한 것"이라고 하였다.

분황은 이러한 여러 문이 이 경의 종지가 된다며 이것은 모두 경문에 있다고 하였다. 그는 일문 뒤의 아홉 문은 모두 일문에 포함되고, 일문에 아홉 문이 있으니 일미의 관행을 벗어나지 않는다고 하였다. 그러므로 "전개하여도 하나에서 더 늘어나지 않고, 종합하여도 열에서 더 줄어들지 않으니, 늘어나지고 않고 줄어들지도 않는 것이 이 경의 종요다"고 하였다. 이처럼 분황은 이 경의 종요를 일미의 관과 행으로 뻗어가는 가로의 축과 십중의 법과 문으로 쌓아가는 세로의 축으로 해명하고 있다. 이것은 『대승기신론』의 심진여와 심생멸의 이문 일심의 구도와 『열반경종요』에서 보여 주는 열반과 불성의 이문 일미의 구도와도 긴밀하게 상통하고 있다. 분황은 가로축의 일미에서 다시 가로의 관과 세로의 행으로 바라보고 있으며, 세로축의 십중에서 다시 세로의 법과 가로의 문으로 바라보고 있다. 그는 이러한 종과 횡과 중중과 무진의 유기적인 구조의 시설을 통해 이 경전을 보다 깊게 이해할 수 있게 하였다.

· 금강삼매의 경전 4 ·

⛊

1 금강의 삼매

분황은 『금강삼매경』의 대의를 서술하면서 '이치가 없는 지극한 이치요, 그렇지 않으면서 크게 그러한 것'이라고 하였다. 그러면서 이 경전의 '제목'으로서 깨뜨리지 않는 것이 없기 때문에 '금강삼매'라 하고, 세우지 않는 것이 없기 때문에 '섭대승경'이라고 하며, 모든 뜻의 종지가 이 둘을 벗어나지 않기 때문에 '무량의종'이라 한다고 하였다. 그리고 먼저 하나의 제목을 들어서 머리에 나타냈기 때문에 '금강삼매경'이라 한다고 하였다. 분황이 이 경의 제목을 '섭대승경'과 '금강삼매'와 '무량의종'이라고 하면서도 '금강삼매'를 제목으로 한 것은 이 경에 대한 그의 관점을 보여주는 것이다. 이 경전의 저자와 성립 배경에 대한 논의가 여전히 분분하지만 '섭대승경'과 '금강삼매'와 '무량의종' 셋을 제시한 뒤에 '금강삼매'를 취한 맥락을 보면 그는 이 경전의 성립과 모종의 관련이 있음을 짐작해 볼 수 있다.

그는 『금강삼매경』이 '깨뜨리지 않으면서도 깨뜨리지 아니함이 없는(無破而無不破)' 중관적 사유와 '세우지 않으면서도 세우지 아니함이 없

는(無不立而無不立)’ 유식적 사유를 ‘이치가 없는 지극한 이치’와 ‘그렇
지 아니한 큰 그러함’의 언구로 총섭한 무량의종無量義宗임을 천명하고
있다. 그리하여 그는 삼매조차도 『대승기신론』의 구도처럼 일심(無量義
宗) 이문(金剛三昧/攝大乘經)의 구도 속에서 풀어내고 있는 것처럼 보
인다. 그리하여 그는 자신의 전 사상 체계를 이문(금강삼매/섭대승경)
일심(무량의경)의 구도 속에서 화쟁하고 회통해 나가고 있다. 이것은
그가 강조하는 ‘무량의종’이란 바로 ‘무리의 지리’인 금강삼매와 ‘불연의
대연’인 섭대승경 둘의 화회 속에서 구현되는 ‘한량없는 뜻의 종지’이기
때문이다. 나아가 그는 유와 무를 넘어서는 독정獨淨의 일심지원一心之源
과 진과 속을 융섭하는 담연湛然의 삼공지해三空之海를 통해 금강삼매와
섭대승경과 무량의종을 총섭하고 있다.

　분황은 ‘금강삼매’에서 먼저 ‘금강’을 해석하고 이어 ‘삼매’를 해석하고
있다. 여기서 금강이란 비유하여 일컫은 말이다. 금강은 가장 단단한
금속이다. 때문에 분황은 “금강은 ‘단단함’을 체성으로 삼고, ‘꿰뚫고 깨
뜨림’을 공능으로 삼는다. 금강삼매도 그러하여 실제를 체성으로 삼고,
깨뜨리고 뚫는 것으로 공능을 삼는다. 실제를 체성으로 삼는다는 것은
이치를 증득하고 근원을 궁구하기 때문이다. 깨뜨리고 뚫는 것을 공능
으로 삼는다는 것은 ‘모든 의혹을 깨뜨리는 것’과 ‘모든 선정을 뚫는 것’
이다.”라고 하였다. 이어서 그는 ‘모든 의혹을 깨뜨린다는 것’은 설명을
제시하여 의심을 끊기 때문이다. 모든 선정을 꿰뚫는다는 것은 이 선정
이 모든 다른 삼매로 하여금 유용하게 한다고 하였다. 여기서 깨달음에
이르는 관건이자 통로인 삼매는 ‘산란한 마음을 한 곳에 모아 움직이지
않게 하고, 마음을 바르게 하여 망념에서 벗어나는 것’이다.

　분황은 『대품경』에서 “어째서 금강삼매라 하는가? 이 삼매에 머무르

면 모든 삼매를 깨뜨릴 수 있다."라고 한 전거를 들고 있다. 또 그는
『대지도론』에서 "금강삼매에 비유하면 금강이 어느 물체이든지 뚫지 못
함이 없는 것과 같다. 삼매도 또한 그러하여 모든 법 가운데 통달하지
못함이 없어서 모든 삼매로 하여금 다 유용하게 된다."라고 한 전거를
통해 "모든 삼매가 다 자성이 없음을 깨달아서 저 삼매로 하여금 스스로
의 집착을 떠날 수 있게 하니, 이 때문에 걸림이 없이 자재하게 된다."
풀이하고 있다. 그러면서 인지因地와 과지果地에 두루 통하는 '금강반야'
와 과지에 있는 '금강삼매'를 각기 '혜'와 '정'으로 풀고 있다. 그리하여
그는 '반야의 금강'을 체성의 견고함과 작용의 예리함과 상의 넓고 좁음
으로 푸는 것과 달리, '삼매의 금강'은 다만 견고함과 예리함만을 취하고
있다고 했다. 나아가 그는 여타의 정과 구별하기 위하여 금강삼매와 금
강륜삼매와 여금강삼매로 해명하고 있다.

2 삼매의 범주와 해석

경교에 의하면 삼매의 정의는 넓고 깊다. 동시에 이 삼매에 들지 않고
는 깨달음을 이룰 수 없다고 설한다. 분황은 먼저 반야경류의 삼매와
유가계통의 삼매를 살펴본다. 반야계통의 삼매관에 대해 특히 그는 『마
하반야바라밀경』과 『대지도론』에 주목하여 자신의 논거를 확보하고 있
다. 이것은 용수의 해석에 의해 삼매의 이론이 본격화되기 때문이다.
분황은 이 금강삼매와 변별되는 금강륜삼매와 여금강삼매에 대해 『마하
반야바라밀경』에 의거하여 스스로 물은 뒤 경증經證에 의해 스스로 답변
하고 있다. "무엇이 금강륜삼매인가. 이 삼매에 머무르면 모든 삼매의

분량을 지닐 수 있다. …… 무엇이 여금강삼매인가 이 삼매에 머무르면 모든 법을 꿰뚫어 통달하면서도 통달했다고 여기지 않는다"라고 답한다. 여기서 분황은 모든 삼매의 분량을 지닐 수 있는 금강륜삼매와 모든 법을 꿰뚫어 통달하면서도 통달했다고 여기지 않는 여금강삼매를 금강삼매와 구분하고 있다.

분황은 반야경류의뿐만 아니라 유가계통의 논서를 통해 자신의 삼매론을 입론하고 있다. 그는 중관학도와 유식학도의 경향성을 비판한 뒤 이를 다시 중도中道 일미一味의 시각 위에서 화쟁하고 회통하고 있다. 이것은 그가 인도의 교학을 주석하는 단계에 머물러 있지 않고 독자적으로 해석하여 창조적 지평을 제시하는 철학자의 면모를 보여주는 지점이다. 그는 종래의 경교에 나타난 삼매의 이름에 대해 먼저 해석(釋)한 뒤 이어 구분(簡)하고 있다. 해석(釋)에서는 삼매를 정사正思라 부르는 까닭에 대해 밝히고 있다. 즉 금강삼매를 바르게 생각하고 살피는 것에는 바른 것과 바르지 못한 것이라는 분별의 생각이 없는 것이고, 생각과 생각 아닌 것을 넘어선 것이지만 다만 분별하는 그릇된 생각과 구별하기 위한 것이며, 또한 허공이 아무 생각이 없는 것과 같지 않기 때문에 억지로 정사라고 불렀을 뿐이라고 말한다.

그런 뒤에 그는 구분(簡)에서는 유가계통의 삼매에 대해 1) 삼마희다三摩呬多/等引, 2) 삼마지三摩地/等持, 3) 삼마발제三摩鉢提/等至, 4) 타연나馱演那/靜慮, 5) 사마타奢摩他/止, 6) 심일경성心一境性, 7) 정정正定, 8) 정사正思의 여덟 가지로 분류한 뒤 자신의 입장을 보여 주고 있다. 그는 『금고경』의 열 가지 경증을 들어 "삼매라는 이름과 삼마제는 단지 등지의 뜻일 뿐 다른 이름이 아니다."라는 어떤 논사의 설이 옳지 않다고 비판한다. 또 그는 "이 두 가지 이름이 어찌하여 이름을 고쳐 앞 뒤에서 다르게 말하였겠는가? 또한 두 가지 이름이 무슨 이유로 같지 않은가?"라는 반문에 대해 다시 지방의 차이나 경전 전래 시기의 차이의 문제로 논구해 나간다.

그런 뒤에 그는 이들 여덟 가지를 다시 1) 통의通義한 것과 2) 국한局限된 것으로 구분한 뒤 다시 넷으로 나누어 분석하고 있다. 그는 '통의'의 측면으로 1) 가장 넓은 층위를 지닌 정과 등지, 2) 그 다음의 넓은 층위를 지닌 심일경성과 삼매를 비정하고 있다. '국한'의 측면으로 3) 좁은 층위를 지닌 삼마희다와 정려, 4) 가장 좁은 층위를 지닌 삼마발제와 사마타의 네 갈래로 구분하고 있다. 이처럼 그는 삼매를 정과 등지로부터 삼마발제와 사마타의 틀에 이르기까지 통국 혹은 관협의 틀로 아우르고 있음을 알 수 있다. 이렇게 보면 분황은 통국通局과 관협寬狹의 틀을 통해 종래의 삼매를 분류한 뒤 이 중에서 특히 '통' 혹은 '관'의 층위를 지닌 '정'과 '등지'에 집중하여 논의를 전개하고 있다. 통하고 넓은 층위의 정과 등지에 집중하는 것은 그가 모색하는 삼매관이 어떠한 지향을 지니고 있는지를 잘 보여주고 있다. 그는 '삼공지해三空之解'와 '일심지원一心之源' 사이의 긴장과 탄력 속에서 자신의 삼매론을 입론하고 있기 때문이다.

· 금강삼매의 경전 5 ·

1 무소불파의 금강삼매

우리는 살아가면서 무수한 존재와 마주한다. 존재는 연기된 제법들의 관계 속에서 자리하고 있다. 때문에 이들 존재는 현상적으로는 실체이지만 본질적으로는 실체가 아니다. 실체이면서 실체가 아닌 것, 연속이면서 연속이 아닌 것 등이 바로 존재의 진실한 모습이라고 할 수 있다. 해서 우리는 모두 실체가 아닌 실체이며 연속이 아닌 연속으로 존재하고 있다. 여기서 '실체가 아닌'이라는 수식어와 '연속이 아닌'이라는 수식어는 현상적으로 존재하는 실체와 연속의 모습을 잘 드러내 주고 있다. 동시에 변화하는 존재로서의 모습을 잘 보여 주고 있다.

반야 중관의 메시지는 '깨뜨리지 않음이 없다(無所不破)'로 알려져 있다. 분황은 『금강삼매경』에서 '금강삼매'의 의미를 '금강'과 '삼매'로 나누어 해석한다. 즉 '금강'은 굳건하고 단단한 것을 몸체(體)로 삼고 꿰뚫고 깨뜨림을 몸짓(用)으로 삼는다. 금강삼매도 그러하여 실제를 몸체로 삼고 깨뜨리고 뚫는 것을 몸짓으로 삼는다. 그리고 '실제를 몸체로 삼는다'는 것은 이치를 증득하고 근원을 궁구하기 때문이라고 한다. 또 '깨뜨리고 뚫는 것을 몸짓으로 삼는다'는 것은 모든 의혹을 깨뜨리는 것이고, 모든 선정을 꿰뚫는 것이라고 하였다. '모든 의혹을 깨뜨리는 것'은 설명을 제시하여 의심을 끊는 것이며, '모든 선정을 꿰뚫는 것'은 이 선정이 다른 삼매로 하여금 유용하게 하는 것이 마치 보배 구슬을 뚫어 유용하게 하는 것과 같다. 그러므로 모든 삼매가 다 자성이 없음을 깨달아서 저 삼매로 하여금 스스로의 집착을 떠날 수 있게 하니, 이 때문에 걸림이 없이 자재하게 된다고 하였다.

분황은 또 금강반야를 지혜로, 금강삼매를 선정으로 비정하고 같은 금강 속에서 반야와 삼매의 차이를 변별하고 있다. 그런 뒤에 금강반야는 인지와 과지에 두루 통하지만, 금강삼매는 그 지위가 과지에 있다고 말한다. 그런 뒤에 반야의 금강은 몸체가 굳건하고 몸짓이 날카롭고, 몸꼴이 넓고 좁다고 (체상용)의 세 뜻으로 말하고, 삼매의 금강은 다만 굳건하고 날카로운 것만을 취한다고 (체와 용의) 두 뜻으로 말하고 있다. 이렇게 정의한 분황은 『금강삼매경론』에서 '깨뜨리기만 할 뿐 세움이 없으며(破而不立)' '가기만 하고 두루함이 없는(往而不遍)' 중관적 사유를 '깨뜨리지 아니하면서도 깨뜨리지 아니함이 없는(無破而無不破)' 금강삼매와 화회하고 있다.

그런 뒤에 그는 다시 이 금강삼매와 다른 여금강삼매와 금강륜삼매를 대비하여 논하고 있다. 금강삼매에서 금강은 굳기가 가장 세어서 모든 물질을 깨뜨릴 수 있는 기제이다. 이러한 굳센 정도를 원용하여 삼매에 비유한 것이다. 보살이 이 삼매에 머물면 지혜가 견고하여 모든 삼매를 깨뜨릴 수 있다. 마치 금강석이 물건을 함몰시키지 않음이 없는 것처럼 이 삼매 또한 이와 같이 모든 법에 대하여 통달하지 아니함이 없으며, 모든 삼매로 하여금 각기 그 공용을 얻게 하기 때문에 자거와 마노와 유리를 오직 금강만이 뚫을 수 있는 것과 같다. 이러한 삼매를 금강삼매 또는 금강유정金剛喩定이라고 한다.

금강삼매는 모든 삼매를 잘 통달하는 삼매이다. 일체의 모든 법을 깨 뜨리고 무여열반에 들어가서 다시는 욕유, 색유, 무색유의 삼유三有를 받지 않는다. 이를테면 진짜 금강이 모든 산을 깨뜨려 없애어 하나도 남음이 없게 하는 것과 같다. 분황은 이 금강삼매에 집중하여 금강륜삼 매와 여금강삼매를 해명하고 있다. 금강륜삼매는 일체의 모든 불법을 깨뜨려 막힘이 없고 걸림이 없게 하는 수행법이다. 마치 전륜성왕이 윤 보輪寶로써 모든 왕들을 쳐부수어 항복하지 아니함이 없게 하는 것과 같다. 분황은 이 삼매는 붓다가 스스로 말씀하신 뜻이며, 모든 삼매의 분량을 잘 지키는 것이라고 규정한다. 원효는 금강륜삼매에 대해 더 이 상의 자세한 언급 없이 여금강삼매와 금강삼매를 중심으로 논의를 전개 해 나가고 있다.

『대품반야경』은 "여금강삼매에 머무르면 모든 법을 잘 꿰뚫어 통달하 면서도 통찰했다고 여기지 않는다. 즉 여금강삼매는 모든 법을 잘 꿰뚫 으면서도 꿰뚫음을 보지 않는다. 또 모든 번뇌와 결사를 깨뜨려서 남음 이 없게 한다. 마치 석제환인이 손에 금강을 잡고서 아수라의 군대를 깨뜨리는 것과 같다. 이것은 곧 배우는 사람들이 최후에 얻는 마음으로 서, 이 마음으로부터 시작하여 세 가지의 보리인 성문과 벽지불과 부처 의 무상보리를 얻는다."라고 설한다. 금강삼매가 산을 부수는 것에 대하 여 여금강삼매는 아수라의 군대를 깨뜨린다. 금강삼매가 제법을 깨뜨리 는 것에 대하여 여금강삼매는 제법를 깨뜨린다. 금강삼매가 무학의 자 리에 있는 이들이 얻는 삼매라면 여금강삼매는 유학위에 있는 이들이 번뇌와 결사結使를 깨뜨리고 최후에 얻는 마음이다. 동시에 이들이 성문과 벽지불과 부처의 무상보리를 얻는다. 분황은 이들 세 가지 삼매 중 특히 여금강삼매와 금강삼매를 비유, 대상, 지위, 이름, 교설의 다섯 가지 측면으로 대비해 간다. 여금강삼매는 금강유정이라고도 하며 인지에는 공용이 있으나 과지에는 공용이 없어 덜고 또 덜어서 무위에까지 이른다. 이렇게 보면 여금강삼매는 약간은 상사하다는 뜻이지만 번뇌만 깨뜨릴 뿐 나머지 법은 깨뜨리지 못하는 것으로 이해할 수 있다.

2 무소불립의 섭대승경

분황은 그의 『대승기신론소』에서 유가 유식을 '세우지 않음이 없음(無所不立)'이라고 규정하였다. 그는 중관과 유식의 논의를 화회하기 위해 『대승기신론』의 이문 일심의 구도를 원용하여 '세우지 않음이 없음(無所不立)'과 '깨뜨리지 않음이 없음(無所不破)'의 논리로 제시하였다. 분황은 『금강삼매경』의 세 가지 특성 중의 하나인 섭대승경의 특성을 '세우지 아니함이 없음'으로 파악하였다. 그리하여 '세움이 없으면서도 세우지 않음이 없어서(無立而無不立)' 대승의 가르침을 포섭한다(攝大乘)고 하였다. 이것은 그가 『대승기신론소』에서 '세우기만 하고 때뜨리지 못하고(立而不破)', '주기만 하고 빼앗지는 못하는(與而不脫)' 유식적 사유를 '세우지 않으면서도 세우지 않음이 없음(無立而無不立)'으로 화회하는 것이라고 할 수 있다.

이것은 현상계에 대한 방편적 긍정을 통해서나마 중도의 도리를 일깨워 주고자 했던 유식 도리를 해명하는 것이라고 할 수 있다. 여기서 말하는 방편적 긍정은 진실적 부정와 분리되어 있지 않다. 현상계에서 보면 모든 것은 존재하지만 본질계에서 보면 모든 것은 진실로 존재하지 않는다. 때문에 현실적 인간들에게는 '깨뜨리지 않음이 없는' 가르침을 곧바로 전할 수 없기에 잠정적으로나마 '세우지 않음이 없는' 방편이 요청되는 것이다.

분황은 규정처럼 『금강삼매경』의 법은 여러 법을 총괄하여 지니고 있고(摠持衆法), 모든 경의 요체를 포섭하고 있다(攝諸經要). 때문에 그는 여러 경을 널리 포섭한다는 뜻(廣攝衆經之義)을 밝히기 위해 섭대승경이라고 부른다고 해명한다. 이것은 삼승과 일승의 대비 위에서 중관과 유식을 중도적으로 통섭하고 있는 분황의 교판에서도 잘 나타나고 있다.

3 무출시이의 무량의종

'이들 두 가지로부터 벗어나지 않는(無出是二)'이란 말은 반야 중관과 유가 유식의 논의를 담아내는 중도적 화회의 근거라고 할 수 있다. 즉 일체의종 즉 무량의종은 '이치가 없는 지극한 이치'의 금강삼매와 '그렇지 아니한 큰 그러함'의 섭대승경 둘의 화회 속에서 구현되는 '헤아릴 수 없는 뜻의 종지'이기 때문이다. 『금강삼매경』은 모든 경전의 법 중에서 법의 종주이며(法之繫宗), 여러 경이 종지로 삼는 극치(衆經所宗之極)이다. 분황은 이 경이 모든 경전의 법 가운데에서 가장 **빼어난** 경이며, 여러 경이 의지하는 종지이므로 무량의종이라고 하였다.

분황은 자신의 삼매론을 금강삼매와 섭대승경과 무량의종의 전제 위에서 '일심의 근원'과 '삼공의 바다'의 구도로 풀어가고 있다. 이것은 근본적 측면과 현상적 측면을 주축으로 하여 중관과 유식 사상을 화회해 가는 그의 사상적 화두와도 일맥상통한다고 할 수 있다. 그에게 있는 삼매의 수행은 곧 '깨뜨리지 않으면서도 깨뜨리지 않음이 없는' 금강삼매와 '세우지 않으면서도 세우지 않음이 없는' 섭대승경을 '이치가 없는 지극한 이치'와 '그렇지 아니한 큰 그러함'의 무량의종으로 통섭해 가는 구도 속에 있다. 그러면서도 금강삼매를 이 저술의 제목으로 삼은 것은 결국 이 셋이 하나이기도 하면서 셋이며, 셋이기도 하면서 하나임을 보여 주는 것이다.

이러한 구도는 삼공지해와 일심지원의 긴장과 탄력 위에서 열어간 분황의 삼매론 역시 '깨뜨리지 않는 것이 없는 금강삼매'와 '세우지 않는 것이 없는 섭대승경'과 '일체의 뜻이 이 두 가지를 벗어나지 않는 무량의종'이 결국 하나임을 밝히는 것이라고 할 수 있다. 이것은 몸체와 몸꼴과 몸짓의 삼대로 나눠볼 수 있으며, 일심과 화회와 무애의 구도로 볼 수도 있다. 그 결과 분황의 삼매론은 사상적 역정으로서 그가 보여 준 일심(『대승기신론소/별기』)-화회(『금강삼매경론』)-무애(『화엄경소』)의 기호와 상응하여 해명되고 있다는 사실을 알 수 있다.

· 금강삼매의 경전 6 ·

1 일미 육문의 구조

　신라에서 성립되었을 것으로 추정되는 『금강삼매경』의 주석서인 분황 원효의 『금강삼매경론』은 크게 3권 8품으로 구성되어 있다. 제1 「서품」과 제2 「무상법품」이 담긴 상권, 제3 「무생행품」, 제4 「본각리품」, 제5 「입실제품」이 담긴 중권, 제6 「진성공품」과 제7 「여래장품」과 제8 「총지품」이 담긴 하권으로 되어 있다. 분황은 이 경을 크게 1) 대의를 서술함, 2) 경의 종지를 설명함, 3) 제목을 해석함, 4) 글의 뜻을 풀이함의 네 부분으로 나누어 보고 있다. 네 번째의 글의 뜻을 풀이함에서는 경의 본문인 정설분의 7품을 중심에 두고 앞뒤에 서분과 유통분을 붙이고 있다. 분황은 「서품」 뒤의 정설분인 제2 「무상법품」, 제3 「무생행품」, 제4 「본각리품」, 제5 「입실제품」, 제6 「진성공품」, 제7 「여래장품」에서 '관행을 각각 나타내고 있으며(別顯觀行)', 뒤의 한 품(摠持品)에서 '의심을 총괄하여 없애버리는 것(總遣疑情)'에 대해 해명하고 있다.

　분황은 먼저 총괄적으로 8품의 성격을 해명한 뒤 다시 각 품의 벼리를 추려서 설명한다. 「무상법품」에서는 모든 상을 깨뜨리기 때문에 '무상無

相'이라고 붙여졌으며, 관찰의 대상이 되는 '법法'으로서 일심의 법을 설한다고 풀이한다. 「무생행품」에서는 보살의 관행이 성취되었을 때 자신의 관행하는 마음을 알아서 이치에 따라서 수행하되, 증익변을 떠나기 위해 '무생無生'이라고 말하고, 손감변을 떠나게 하기 위하여 '행行'이라고 설한다고 풀이한다. 「본각리품」에서는 보살이 무생을 얻었을 때 중생은 본래 적정하여 바로 본각인 일여一如의 침상에 누워 있다는 것을 깨달아 '본각의 이익'으로써 중생을 이익되게 하는 것에 대해 설한다고 해명한다. 「입실제품」에서는 가르침에 의거하여 '이치의 실제'에 들어가고 '행위의 실제'에 들어가며 한계가 없는 것으로써 범위를 삼기에 '들어감이 없는 들어감'인 입실제인 이입理入과 행입行入으로 들어감에 대해 설한다고 풀이한다. 「진성공품」에서는 모든 공덕과 수행의 덕을 갖추고 있는 진성眞性은 모든 명칭과 개념을 초월하기 때문에 진성공眞性空이라고 하며, 망상을 떠나고 진성을 떠났기 때문에 진성 역시 공하다고 설한다고 해명한다. 「여래장품」에서는 한량없는 법과 모든 행위가 여래장 가운데 돌아가지 않는 것이 없다는 것을 설명하여 들어가는 곳에 의거하여 여래장如來藏이라고 하고, 진여와 세속이 다름없는 하나의 여실한 법은 모든 부처가 귀의하는 곳이라고 설한다고 풀이한다. 그리고 마지막으로 의심을 총괄하여 버리는 「총지품」을 덧붙이고 있다고 해명한다.

그러면서 분황은 정설분의 서두에서 "이 여섯 품은 오직 일미一味다. 왜냐하면 상과 생은 자성이 없고, 본각은 근본이 없으며, 실제는 한계를 떠난 것이고, 진성 또한 공한 것이니, 무엇을 연유하여 여래장의 자성이 있겠는가? 이것은 아래의 「여래장품」 중에서 '이 식은 항상 적멸하며, 적멸한 것도 또한 적멸하다'고 말하고, 「총지품」에서 '칠식과 오식이 생기지 아니하며, 팔식과 육식이 적멸하며, 구식九識이 공허하다'고 말한 것과 같으니, 이와 같이 얻을 것이 없는 일미가 바로 이 경의 종요다. 그러나 얻을 것이 없기 때문에 얻지 못하는 것이 없으니, 그러므로 모든 문이 전개되지 않음이 없기 때문에 한량없는 뜻을 짓는 종지가 되는 것이다. 비록 일미지만 여섯 가지 문을 전개하기 때문에, 여섯 가지 부분에 의하여 글을 나누어 해석하였다." 말하고 있다.

그리고 다시 여섯 문에 관행이 두루 다하는 까닭을 분황은 이렇게 말하고 있다. "모든 망상이 무시로부터 흘러 다니게 된 것은 다만 상을 집착하여 분별하는 병 때문이다. 이제 그 흐름을 돌이켜 근원으로 돌아가게 하려면 먼저 모든 상을 깨뜨려 없애야 하니, 그러므로 처음에 무상법을 관찰해야 함을 밝힌 것이다. 비록 모든 상을 없애 버렸더라도 관찰하는 마음이 남아 있다면, 관찰하는 마음이 오히려 일어나서 본각에 부합되지 못하므로 일어나는 마음을 없애야 하니, 그러므로 두 번째 무생행을 나타내었다. 행위가 이미 일어남이 없어서 이제 본각에 부합하며, 이것에 의하여 중생을 교화하여 본각의 이익을 얻게 하니, 그래서 세 번째 본각리의 문을 밝혔다. 만일 본각에 의하여 중생을 이롭게 하면 중생이 곧 허상으로부터 실제에 들어갈 수 있으니, 그러므로 네 번째 실제에 들어감을 밝혔다. 안으로의 수행은 곧 모양이 없고 일어남이 없으며, 밖으로의 교화는 곧 본각의 이익으로 실제에 들어가게 하니, 이러한 두 가지 이익으로 만 가지 행위를 구비하되 똑같이 참된 자성에서 나와서 모두 진성의 공을 따른다. 이 때문에 다섯 번째 진성공을 밝혔다. 이 진성에 의하여 만 가지 행이 곧 갖추어져서 여래장 일미의 근원에 들어가니, 그 까닭에 여섯 번째 여래장을 나타내었다. 이미 마음의 근원에 돌아가면 곧 작위함이 없으며, 작위함이 없기 때문에 이루어지지 않는 것이 없으니, 그러므로 육문을 설명함으로써 대승을 포섭한 것이다."

이처럼 분황은 『열반경종요』에서 '일미 이문'의 구조로 '열반문'과 '불성문'을 밝힌 것처럼 『금강삼매경론』에서는 '일미 육문'의 구조로 관행觀行에 대해 해명하고 있다.

2 일미 육문의 내용

분황은 다른 뜻으로 이 육품을 다시 해명하고 있다. 즉 "첫「무상법품」은 관찰의 대상인 법을 제시하였으며, 법은 일심으로서 여래장 본체를 말한다. 제2「무상행품」은 관찰의 주체인 행위를 밝혔으니, 행위란 육행으로서 분별함이 없는 관을 말한다. 세 번째「본각리품」은 일심 중의 생멸문을 나타냈고, 네 번째「입실제품」은 일심 중의 진여문을 나타내었다. 다섯 번째「진성공품」은 진여와 세속을 다 버렸으나 이제를 무너뜨리지 않았으며, 여섯 번째「여래장품」은 모든 문을 두루 거두어 똑같이 일미임을 보였다." 분황은 육문에 대해 다른 방식으로 대승을 뜻을 포섭하여 두루 펼치고 있다. 즉 그는 '관찰의 대상'과 '행위의 주체', '일심의 생멸문'과 '일심의 진여문', '진여와 세속 구도의 유지' 및 '평등 일미의 모든 문으로 아우름' 등의 지형을 통하여 일미의 범주와 내용을 드러내고 있다.

그런 뒤에 분황은 유통분에서 '유통'을 여섯 가지로 해명하면서 이 논을 마무리 짓고 있다. 첫째는 사람을 칭찬하여 유통하는 것이고, 둘째는 대중에게 권하여 유통하는 것이며, 셋째는 이름을 세워 유통하는 것이고, 넷째는 받아 지니어 유통하는 것이며, 다섯째는 참회하여 유통하는 것이고, 여섯째는 받들어 행하여 유통하는 것이다. 즉 분황은 유통에 대해 찬중讚衆 유통, 권중勸衆 유통, 입명立名 유통, 수지受持 유통, 참회懺悔 유통, 봉행奉行 유통의 여섯 가지를 통해 회향하고 있다. 그의『금강삼매경소』는 이 경전의 최초의 주석서이자 가장 권위있는 저술로 자리매김되었다. 그래서 중국에 건너온 인도의 번경삼장飜經三藏들에 의해 높게 평가되어 주석서인 '소疏'에서 보살의 저술인 '논論'으로 승격되었다고 전한다. 당시의 저술 이름들이 대개 '소疏' 혹은 '석소釋疏' 등의 이름을 붙였듯이 분황 스스로가『금강삼매경소』혹은『금강삼매경석소』로 이름을 붙였을 수도 있겠지만 아무래도 번경삼장들의 높은 평가에 의해 '논'으로 붙였을 것으로 보는 것이 옳을 듯하다.

이 경에 대한 주석서는 분황의『금강삼매경론』이 가장 오래된 것이자 대표적인 것으로 정평이 나 있다. 이외에도 고려 중기에 집성된 의천의『신편제종교장총록』에는 승둔僧遁의『금강삼매경론소』(4권)가 있었다고 하지만 현존하지 않는다. 이후 중국 명대의 만력 말 조동종 계통의 원징圓澄(1561~1626)이 주석한『금강삼매경주해』(4권)와 청대 주진硃震(1680~1683)의『금강삼매경통종기』(12권)가 있을 뿐이다. 분황 이후 지어진 세 종의 저술 중 겨우 두 종의 주석서만 남아 있다. 그리고 이 경에 대한 여타 주석의 이름들도 전해지지 않는다. 아마도 분황의 주석이 펼쳐낸 깊고 넓은 지평을 감당하기 어려웠기 때문으로 짐작된다.

이는 고려 제관의『천태사교의』에 대한 주석서가 이후 50여 종이 나왔고, 그 주석서에 대한 주석서가 100여 종이 나왔다는 사실을 감안한다면 분황 주석서와 제관 저술에 대한 주석서를 대비해 볼 수 있다. 이를테면 어떠한 한 텍스트에 대한 주석이 '완벽'하다면 후대의 주석가들이 새롭게 주석을 달 엄두를 내지 못할 경우가 있을 것이다. 반면 원 텍스트가 너무 '난해'하다면 그것을 이해하기 위한 많은 주석서가 탄생할 것이다.

『천태사교의』의 경우는 텍스트에 대한 '주석'이 아니라 천태 교학 전반을 구조적으로 직조한 '저술'이기에 많은 주석서가 나올 수밖에 없었을 것이다. 『금강삼매경론』이 철학성이 깊게 투영된 '저술'이라는 점에서 본다면 『천태사교의』의 경우와 크게 다르지 않을 것이다. 그럼에도 불구하고 두어 종의 주석서밖에 나오지 않았다는 것은 『금강삼매경』의 위상이 대중적이지 못해서일 수도 있겠지만 오히려 『금강삼매경론』에 담긴 분황 주석의 빼어난 완성도 때문에 그러지 않았겠느냐고 생각해 볼 수도 있을 것이다.

· 금강삼매의 경전 7 ·

🎵

1 일심·본각·여래장

분황 원효는 『금강삼매경론』 서두에서 이 경전의 대의와 종체 및 구조와 내용을 제시한 뒤 「무상법품」으로부터 한 품 한 품 해명해 나간다. 그는 이 경의 종지를 "얻을 것이 없기 때문에 얻지 못하는 것이 없으므로 모든 문이 전개되지 않음이 없기 때문에 헬 수 없는 뜻을 짓는 종지가 되는 것"이라고 역설한다. 그러면서 "비록 일미一味이지만 여섯 가지 문을 전개하기 때문에 여섯 가지 부분(六門)에 의하여 글을 나누어 해석"하고 있다. 분황은 「무상법품」에서 "'무상無相'이라고 한 것은 '무상관無相觀'을 말한 것이다. 무상이란 모든 상을 깨뜨리는 것이다. 또 '법法'이라고 한 것은 관찰되는 대상인 법을 가리킨다. 이것은 곧 일심의 법이다."라고 전제한다. 분황은 처음의 「무상법품」의 서두에서 "이때에 존자께서 삼매로부터 일어나 다음과 같이 말씀하셨다"라는 구절을 선정에서 나오는 출정出定과 일어나 말씀하는 기설起說과 이익을 얻는 득익得益의 세 부분으로 나눠보고 있다.

경에서 "모든 부처의 지혜의 경지는 진실한 법상法相에 들어갔으니 결정성決定性이기 때문이다."라고 설한 대목에 대해 분황은 다음과 같이 풀이한다. 산문의 장항과 운문의 중송으로 구분한 뒤에 처음의 장항을 다시 대략 나타내는 부분과 널리 설명하는 부분으로 나누고, 대략 나타내는 부분을 다시 무상관無相觀과 소관법所觀法으로 해명하고 있다. 결정성이란 진실한 법상은 부처가 지은 것이 아니고, 부처가 있거나 부처가 없거나 그 성질이 스스로 그러한 것임을 뜻한다. 이어 분황은 모든 상을 깨뜨리는 무상관에 의해 관찰되는 대상은 소관법에 대해 두 가지로 풀고 있다. 첫째는 관찰되는 대상인 법이 심오함을 바로 말하고, 둘째는 다른 사람을 위하여 이 깊은 법을 설명하였다. 또 경에서 "일각一覺의 완전한 뜻(了義)은 알기도 어렵고 들어가기도 어려우니, 모든 이승들이 알 수 있는 것이 아니며, 오직 부처와 보살이라야 알 수 있다."라는 구절에 대해 그는 이렇게 해명하고 있다.

"'일각의 완전한 뜻'이라는 것은 일심·본각·여래장의 뜻이니 이것을 지나서는 끝내 심오한 법이 없다. '알기 어렵다'는 것은 그 본체가 매우 심오하여 오직 부처나 보살이라야 들어갈 수 있기 때문이다. 이것은 곧 뒤의 구절로 앞의 구절을 해석한 것이니, 처음 문에서 나타낸 '부처의 지혜로 들어간 진실한 법상'이 바로 일심·본각·여래장법임을 밝히려고 한 것이다. 이처럼 분황은 곳곳에서 앞 구절을 풀기 위해 뒤의 구절을 활용하기도 하고, 반대로 뒤의 구절을 풀기 위해 앞의 구절을 원용하기도 하였다. 그는 『능가경』의 "적멸이란 일심을 말하며, 일심이란 여래장을 말한다."라는 구절을 원용하여 '진실한 법상'은 적멸의 뜻이고, '일각의 완전한 뜻'이란 곧 일심·여래장의 뜻이라고 하였다. 그런 뒤에 세친 보살의 『법화론』에서 "모든 부처와 여래는 저 법의 구경의 실상을 아나니, 실상이란 여래장·법신의 체가 변하지 않는 뜻을 말한다."라는 구절을 원용하고 있다.

　이어 분황은 일각과 일미, 본각과 일각, 일심과 일승의 관계에 대해 해명하고 있다. "이제 이 경에서 일각一覺이라고 한 것은 일체의 모든 법은 오직 일심一心일 뿐이고, 모든 중생은 하나인 본각本覺이니, 이런 뜻에서 일각이라고 한 것이다."라고 역설한다. 경에서 "제도할 수 있는 중생에게 모두 일미一味를 설명하였다"는 구절에 대해서 그는 "이것은 다른 이를 위하여 깊은 법을 모두 말함을 밝힌 것이다."라고 풀어낸다. 분황은 "'제도할 수 있는 중생'이라고 한 것은 여래께서 교화하는 모든 중생은 일심의 유전이 아님이 없기 때문이고, '모두 일미를 설명하였다'는 것은 여래께서 말씀하신 모든 교법이 그들로 하여금 일각의 맛에 들어가게 하지 않음이 없기 때문이다. 이것은 모든 중생이 본래 일각이지만, 단지 무명 때문에 몽상夢想을 따라 유전하다가 모두 여래의 일미의 설법을 따라서 마침내 일심一心의 근원에 돌아가지 않음이 없음을 밝히려 한 것이다. 일심一心의 근원에 돌아갈 때에는 모두 얻는 바가 없기 때문에 일미一味라고 말한 것이니, 이것이 곧 일승一乘이다."라고 풀고 있다.

　이렇게 보면 일심과 본각과 여래장은 일미와 일각과 일승과 긴밀하고 이어지고 있다는 사실을 알 수 있다. 우리에게는 대승경론에서 셀 수 없이 등장하는 이들 개념의 연결고리와 스펙트럼을 어떻게 이해하느냐가 주요한 과제라고 할 수 있다.

2 일미·일각·일승

『금강삼매경』이 일미一味의 관행觀行에 대해 역설하고 있듯이 분황 역시 이 경의 첫 품에서 일심과 일미, 본각과 일각, 여래장과 일승 등에 대에 자세히 언급하고 있다. 경에서 "바라건대 부처님의 자비로 후세의 중생을 위하여 일미一味의 궁극적인 진실을 설명하시어 저 중생들로 하여금 똑같이 해탈하게 하옵소서."라는 구절에 대해 분황은 이렇게 풀고 있다. "'일미를 설명한다'는 것은 일각一覺의 완전한 뜻의 의미를 설명하기를 청한 것이다. 또 '궁극적인 진실'이란 진실한 법상法相에 들어가는 관觀을 설명하기를 청한 것이다. 그리고 '저 중생들을 똑같이 해탈하게 한다'는 것은 저 상법의 말세 중생들로 하여금 똑같이 일미로써 완전히 해탈하도록 하는 것"이다. 그러면서 분황은 석존의 가르침을 1) 정법 시대의 중생을 바로 교화하고 겸하여 후세의 중생까지 이롭게 하는 것(이전의 경들), 2) 상법 시대의 중생을 바로 교화하고 겸하여 앞 시대의 대중도 이롭게 하는 것(이 금강삼매경), 3) 정법과 상법 시대의 중생을 통틀어 다 교화하는 것(모든 나머지 경들), 4) 정법과 상법 시대의 중생을 이롭게 하지 않는 것(위의 이러한 가르침을 제외한 것)의 네 가지로 구분하고 있다.

여래께서 중생을 위하여 설법한 것에 대해 '질문을 칭찬하고 설법할 것을 허락한 것(讚問許說)'과 '법을 청한 것에 대하여 법을 설명하신 것(對請宣說)'으로 나눈 뒤에, 질문을 칭찬한 것을 1) '세간에서 벗어난 원인'이라고 한 것은 실상관實相觀에 들어가는 것이고, 2) '세간에서 벗어나는 과보'라고 한 것은 일미一味로 해탈한 것이며, 3) '일대사一大事'라고 한 것은 '무상'의 뜻과 '동일'의 뜻이고, 4) '불가사의'라고 한 것은 말을 떠나고 생각을 끊은 것으로 구분하고 있다. 분황은 이 네 가지를『법화경』에서 "모든 부처님과 세존께서 오직 일대사의 인연 때문에 세상에 출현하셨다."라고 말한 것과 같다고 하였다. 그리고 일대사라는 것은 1) 오직 여래의 일체지의 지혜 이외에는 다시 나머지 일이 없는 것에서 '위가 없다'는 뜻이며, 2) 모든 성문과 벽지불과 부처의 법신이 평등하기 때문에 '같다'는 뜻이며, 3) 모든 성문과 벽지불 등은 저 진실한 곳을 잘 '알지 못한다'는 뜻이며, 4) 헬 수 없는 지혜의 업을 주려고 하기 때문에 '불퇴전지를 증득하게 하려고 나타나신 것'이라는 뜻으로 풀고 있다.

또 분황은 경에서 "존자시여, 무엇을 일러 여래장의 자성은 고요하여 움직이지 않는다고 하는 것입니까?"라는 구절에 대해 이렇게 풀고 있다. "앞에서는 시각이 본래 본각·여래장의 자성과 다르지 않음을 밝혔고, 이제는 여래장의 자성이 숨어 있어 움직이지 않음을 바로 나타내었다." 라고 전제한 뒤『부증불감경』을 원용하여 중생계 가운데에 나타난 "1) 여래장의 본제에 상응하는 체와 청정한 법, 2) 여래장의 본체는 상응하지 않는 체와 번뇌에 묶인 청정하지 않은 법, 3) 여래장의 미래제에 평등하고 불변하며 유에 이르는 법"을 소개한다. 그런 뒤에 그는 이 세 가지 여래장의 문을 진제眞諦 삼장의 설명에 의거하여 1) 자성에 머무르고 있을 때 과지의 여래공덕을 포섭하는 능섭能攝 여래장, 2) 번뇌에 결박된 청정하지 못한 법이 모두 여래지 안에 있어 모두 여래에 의해 포섭되는 소섭所攝 여래장, 3) 법신여래가 스스로 번뇌에 덮여 숨어 있는 은부隱覆 여래장으로 정리하고 있다.

분황은 "일심一心은 통틀어 일체 염정染淨의 모든 법이 의지하는 바가 되기 때문에 '곧 모든 법의 근본'이라고 하였으며, 본래의 청정한 문은 항하의 모래 같은 공덕을 갖추지 않은 바가 없기 때문에 '일체의 법을 갖추고 있다'고 하였고, 연을 따라 유동하는 문은 항하의 모래 같은 염법을 갖추지 않은 바가 없기 때문에 '일체의 법을 구유하고 있다'고 하였다." 그런 뒤에 그는 일심의 체體에 대해 1) 취하는 대상의 차별된 모양을 멀리 떠난 것, 2) 취하는 주체의 분별하는 집착에서 벗어난 것, 3) 삼세의 때에 두루하여 평등하지 아니함이 없는 것, 4) 허공계와 같아서 두루하지 아니함이 없는 것, 5) 유有·무無와 일一·이二 등의 변견邊見에 떨어지지 아니하여 마음이 작용하는 곳을 벗어나 있고 언어의 길을 넘어서 있는 것의 다섯 모양으로 정리하고 있다. 이러한 과정을 통해 그는 '일심'과 '본각'과 '여래장'이 '일미'와 '일각'과 '일승'과 어떻게 연결되어 있는가를 보여 주고 있다.

· 금강삼매의 경전 8 ·

1 무생의 마음

　대승불교 특히 유식-기신-화엄-선법에서 일심一心과 본각本覺과 여래 장如來藏은 일미一味와 일각一覺과 일승一乘과 긴밀하게 연결되어 있다. 이들 개념들은 '뜻은 같지만 말이 다른 것(義同言異)'이다. 하지만 우리 는 종종 말에는 의미와 가치가 들어 있다고 생각하여 '말이 다르면 뜻도 다르다'고 생각한다. 때문에 '다른 말을 같은 뜻'으로 꿰뚫어 보기 위해서 는 텍스트와 컨텍스트 사이의 틈새를 줄이는 길 밖에 없을 것이다. 다시 말해서 텍스트와 텍스트 사이의 간극과 다른 컨텍스트와 컨텍스트 사이 의 거리를 좁히기 위해서는 '눈빛(眼光)이 종이 뒤(紙背)를 꿰뚫듯(徹)' 넓게 책을 읽고(讀書) 깊게 생각을 찾아(思索)야만 한다. 나와 책의 거리 뿐만 아니라 서책과 서책, 그 맥락과 맥락 사이를 오가면서 거리를 좁히 고 틈새를 무화시켜 가는 도정이 깊어지고 넓어지는 과정일 것이다.

　분황 원효는 '무생無生'은 보살의 관행이 성취되었을 때 자신의 관행하 는 마음을 알아서 이치에 따라 수행하면서, 일어나는 마음이 있는 것도 아니고, 일어나는 마음이 없는 것도 아님을 드러내는 관행이니 '무생'이라고 한 것은 증익변增益邊을 떠나게 하기 위함이라고 하였다. 일어남이 있다는 것에 대해서도 마음을 일으키지 않고, 일어남이 없다는 것에 대해서도 마음을 일으키지 않게 하기 위함이니 '행'이라고 한 것은 손감변損減邊을 떠나게 하기 위한 것이다. 비록 번뇌에 얽매인 행위(有行之行)가 있는 것은 아니지만 모든 번뇌를 떠난 행위(無行之行)가 없는 것은 아니기 때문이라고 하였다. 여기서 주의할 것은 불교가 '무아無我'를 지향한다고만 국집하게 되면 무아 너머의 진실한 뜻을 놓치게 된다는 점이다. 무아는 오히려 그 상대인 유아有我를 넘어서서 대아大我로 나아가는 활로라고도 할 수 있기 때문이다.

여기서 대아의 '대大'는 유와 무를 넘어선 '중中'이자 '정正'이며 '공空'이다. 인과因果로 이뤄지는 중생의 삶(유위법)의 측면에서 보면 무상無常, 고苦, 비아非我/無我, 부정不淨/空이지만, 인과를 넘어선 불보살의 삶(무위법)의 측면에서 보면 대승의 열반과 여래법신이 구족한 '상락아정常樂我淨'이기 때문이다. 유위와 무위의 이분을 넘어선 중도적 삶에서 바라보면 삼세양중인과三世兩重因果로 설명되는 십이인연十二因緣의 틀을 뛰어넘어 바라보아야 할 것이다. 이 경전에서는 "만일 마음이 일어나는 것이라고 한다면 멸하는 성질을 없애게 하고, 마음이 멸하는 것이라고 한다면 일어나는 성질을 없애도록 해야 하니, (생멸하는) 성질을 없애면 곧 실제實際에 들어가게 된다." 하였다. 분황은 "이승인들은 법에 대한 집착이 남아 있어 생멸하는 무상한 마음이 있다고 헤아리기 때문에 생멸을 깨뜨려 마음을 두는 견해를 없애는 것이다."라고 해명한다.

계속해서 분황은 "만일 마음을 두는 견해가 일어나 병을 이룬다면 앞에서 멸하는 성질을 깨뜨리는 것이니, 반드시 저 멸하는 것에 의하여 지금 일어나는 것을 두기 때문이다."라고 하였다. 또 "만일 나중에 멸하는 것을 보고 현재의 마음이 있다고 집착한다면, 마음은 설사 없어지지 않는다고 하더라도 그것은 토끼 뿔과 같은 것이기 때문에 이러한 견해를 깨뜨려 일어나는 성질을 없앨 것이니, 일어남이 없는데 멸하는 것이 있다는 것은 이치에 맞지 않기 때문이다."라고 하였다. 그런 뒤에 '이 생멸하는 성질을 보는 것을 없애면 곧 실제에 들어가게 된다는 것'에 대해서는 "멸하는 성질을 보는 것을 깨뜨리면 반드시 일어남을 취하지 않을 것이고, 일어나는 성질을 보는 것을 깨뜨리면 반드시 멸함을 취하지 않을 것이며, 일어남과 멸함을 취하지 아니하면 반드시 마음을 두지 않을 것이기 때문이다."라고 하였다.

경전에서 다시 해탈보살은 "저 중생으로 하여금 일어남이 없는 데에 머무르게 하면 이것이 무생입니까?"라는 질문을 하였다. 이에 대해 부처님은 "일어남이 없는 데에 머무는 것은 곧 생이니, 어째서인가? 일어남이 없는 데에 머무름이 없어야 곧 무생이기 때문이다. 보살이여, 만일 무생을 일으키면 생으로써 (무생의 경계가) 일어남을 없애야 한다. 생과 멸이 함께 멸하여 본래의 생이 일어나지 않으면 마음이 항상 공적하게 되어, 공적하여 머무름이 없으니, 마음에 머무름이 없어야 이것이 무생이다."라고 말씀하셨다. 분황은 "만일 머무는 마음이 있어서 무생의 경계를 일으키면 곧 생으로써 그 경계의 일어남을 없애기 때문에 '만일 무생을 일으키면 생으로써 일어남을 없애야 한다'고 하였다."라고 해명한다.

또 "참된 무생인은 곧 이와 같지 아니하여 밖으로는 취하는 대상으로서의 멸滅을 두지 않고, 안으로는 취하는 주체로서의 생生을 일으키지 아니하므로 '생멸이 함께 없어진다'고 하였다."라고 해명하였다. 나아가 생과 멸이 "'함께 없어진다'는 것은 무에 돌아감을 말한 것이 아니니, 본래의 생을 추구하여 본다면 그 생을 얻지 못할 것이며, 이미 생을 얻지 못한다면 어떻게 멸에 돌아갈 수 있겠는가? 이 때 본래의 공적을 증득하기 때문에 '본래의 생이 일어나지 않으면 마음이 항상 공적하게 된다'고 하였다. 이와 같은 공적은 능能과 소所가 평등하여 주체로서의 마음이 공의 경계에 머무름이 없기 때문에 '공적하여 머무름이 없다'고 하였으며, 이와 같아야 곧 무생법인無生法忍이라고 할 수 있기 때문에 '곧 이것이 무생이다'라고 하였다."라고 말했다.

2 여래장의 자성

경전에서 부처님은 "보살이여, 무생의 마음은 마음에 출입이 없어서 본각·여래장이니, 자성이 고요하여 움직이지 않는 것이다." 하셨다. 이에 대해 분황은 "머무름이 없게 될 때, 일어남이 없는 마음은 그 마음이 항상 적멸하여 관觀에서 나옴이 없고, 본래 일어나지 않음을 통달하여 또한 애초에 들어감도 없는 것이므로 '마음에 출입이 없다'고 한 것이다. 이처럼 마음을 관찰하면 이미 출입이 없어 곧 이것이 본각·여래장의 마음이니, 이것은 시각이 곧 본각과 같음을 밝힌 것이다. 이 일어남이 없는 마음은 이미 본각·여래장으로서 본래 자성이 고요하여 다시는 움직이지 아니하니, 어떻게 들어가고 나감과 일어나고 쉼이 있을 수 있겠는가? 이것은 나가거나 들어감이 없다는 뜻을 거듭 이룸을 말한 것이다."라고 해명하였다.

경전에서 부처님은 "여래장이라는 것은 생멸하는 사려(慮知)의 상相이며, 이理를 감추어 나타내지 않는 것이 여래장이니, 자성이 공적하여 움직이지 않는다."라고 하셨다. 이에 대해 분황은 "생멸하는 사려의 상은 공여래장空如來藏이며, 이치를 나타내지 않는 것은 불공여래장不空如來藏"이라고 하였다. 공여래장은 감추는 주체(能隱)의 뜻을 나타내지만, 불공여래장은 감추어진 대상(所隱)의 뜻을 지닌다. 여기서 감추는 주체는 여래장의 생멸문적 관점인 현료문顯了門의 측면이라면, 감추어진 대상은 여래장의 진여문적 관점인 은밀문隱密門의 측면이라고 할 수 있다. 분황은 이 일각一覺의 뜻을 공여래장과 불공여래장의 두 측면으로 밝혀내고 있다. 또 경전에서 이 여래장의 '자성이 공적하여 움직이지 않는다'고 한 것에 대해서 그는 "이 여래장의 자성이 비록 숨겨져 있으나 바뀌지 않는다는 것이다."라고 풀고 있다. 분황은 『무상론』, 『섭대승론』, 『불성론』 등을 원용하면서 여래장의 자성에는 종류, 원인, 발생, 불변, 밀장의 다섯 가지 뜻이 있다고 해명하고 있다.

1) 종류의 뜻이 자성의 뜻(種類義是性義)이니, 이를테면 병과 옷 등의 모든 색법이 사대의 종류를 떠나지 아니하여 모두 사대로써 자성을 삼는 것과 같다. 2) 원인의 뜻이 자성의 뜻(因義是性義)이니, 이를테면 나무 가운데 불의 자성이 있어서 불을 일으키는 원인이 되기 때문에 자성을 삼는 것과 같다. 3) 생긴다는 뜻이 자성의 뜻(生義是性義)이니 이를테면 진금을 단련하여 장엄구를 생기게 함에 장엄구가 생기는 것은 금을 자성으로 삼는 것과 같다. 4) 바뀌지 않는다는 뜻이 자성의 뜻(不改義是性義)이니 이를테면 금강의 보배의 성질이 한 겁 동안 고르게 머물러 증가함도 없고 감소함도 없는 것과 같다. 5) 은밀하게 감추어져 있다는 뜻(密藏義是性義)이니 이를테면 누런 돌 속에는 진금의 성질이 있는데 만일 광석을 깨뜨리지 않으면 이익되는 것이 없고, 그에 따라서 연마하면 보배의 효용이 있는 것과 같다.

이 다섯 가지 뜻 가운데에서도 특히 마지막의 '은밀하게 감추어져 있다는 뜻'은 여래장의 자성의 모습을 가장 잘 설명해 주고 있다. 왜냐하면 자성은 은밀히 숨겨져 있어 겉으로 드러나지 않기 때문이다. 『불성론』에서는 '비밀'의 뜻이라고 하였고, 『섭대승론』에서 숨겨져 있다는 뜻이라고 한 것도 '뜻은 같으나 말이 다른 것(義同言異)'일 뿐임을 알 수 있다. 여기서 제일의 관건은 누런 돌 속에서 진금을 캐내기 위해 광석을 깨뜨리지 않으면 아무런 이익이 없지만, 광석을 깨뜨려 갈고 닦으면 보배의 효용이 있기 때문이다. 우리가 지니고 있는 여래장의 자성 역시 그러한 것이다. 나의 자성을 타자화 한 '마음이 곧 부처다'에서 벗어나 나의 자성이 내면화된 '내가 곧 부처다'로 전환하는 것이 돈오이기 때문이다. 돈오는 진정한 자기를 찾는 순간이며, 자아를 보는 순간이다. 바로 지금 이 순간 내가 여래장의 자성을 지니고 있는 부처임을 자각하는 것이 곧, 돈오인 것이다.

꙳

1 결정의 본성

분황 원효는 『대승기신론소』에서 일심一心의 영묘성靈妙性을 '신해지성神解之性' 즉 '신해성神解性'이란 개념으로 해명하였다. 그것은 일심의 체는 제8 아려야식과 동일하지만 일심의 뜻은 제9 암마라식과 연속된다는 의미로 푼 것이었다. 그런데 『금강삼매경』에서는 '결정성'이란 용어로 본각 즉 제9 암마라식의 본성을 설명하고 있다. 경전에서는 '결정성決定性' 혹은 '결정처決定處' 또는 '결정요의決定了義' 및 '결정실제決定實際'라는 말을 곳곳에서 사용하고 있다. 경전에서 거듭 사용하고 있는 '결정성'이란 '결정의 본성'을 가리킨다. 경전에서는 "진실한 법상(實法相)은 부처가 지은 것도 아니고(非佛所作), 부처가 있거나 부처가 없거나(有佛無佛) 그 성질이 스스로 그러한 것(性自爾)"이라고 설하고 있다.

일찍이 붓다는 "연기법"은 내가 만든 것도 아니요, 또한 다른 사람이 만든 것도 아니다. 그러므로 그것은 여래가 세상에 나오거나 세상에 나오지 않거나 법계法界에 항상 머물러 있다. 저 여래는 이 법을 스스로 깨닫고 바른 깨달음을 이룬 뒤에 모든 중생들을 위하여 분별하고 연설하고 개발하여 드러내 보이신다."라고 하였다. 이 연기법은 『금강삼매경』의 '결정성' 즉 '진실한 법상(實法相)'에 상응하는 개념이라고 할 수 있다. 이 경전에서는 '결정의 본성' 즉 "이 결정성은 동일하지도 차이나지도 않으며(不一不異), 단절되는 것도 아니고 상주하는 것도 아니며(不斷不常), 들어가는 것도 아니고 나오는 것도 아니며(不入不出), 생하는 것도 아니고 멸하는 것도 아니니(不生不滅), 모든 네 가지 비방(四謗)을 떠나서 언어의 길이 끊어진 것이다." 하였다.

'진실한 법상'을 일컫는 결정의 본성(決定本性)은 본래 움직임이 없는 것(本無有動)이다. 때문에 "모든 부처님과 여래는 항상 일각一覺으로써 모든 식을 전변시켜 암마라唵摩羅에 들어가게 한다." 왜냐하면 "모든 중생은 본래 깨달았으니, 항상 일각으로써 모든 중생을 깨우쳐 저 중생들로 하여금 모두 본각을 얻게 하고, 모든 정식은 공적하여 일어남이 없음을 깨닫게 하기" 때문이다. 해서 분황은 "본각本覺은 바로 암마라식이며, '모든 중생은 본래 깨달았다'는 것은 바로 본각의 뜻이고, '모든 정식이 적멸하여 일어남이 없음을 깨달았다'고 한 것은 바로 시각始覺의 뜻으로서 이것은 시각이 곧 본각과 같음을 나타낸 것이다."라고 하였다. 이것은 "시각이 깨닫는 대상이 적멸寂滅임을 해석한 것이며, 비록 모든 여덟 가지 식이 연에 따라 움직여 전변한 것이지만, 결정성을 추구하면 모두 얻을 것이 없으니, 그러므로 '결정의 본성은 본래 움직임이 없다'고 한 것이며, 본래 움직임이 없기 때문에 본래 적멸한 것이다." 하였다.

분황은 경전에서 거듭되는 '결정성'은 '증득하는 도의 항상 고요한 상을 설명한 것'이며 '그 상은 진제眞諦와 동일하고 법성法性과 같다'고 하였다. '육바라밀은 모두 본각의 이익을 얻어서 결정성에 들어간다'는 경문에 대해서는 "육바라밀을 비로소 닦아서 모두 본각과 같아지고, 본각이 드러나서 본각의 이익이 행하여지기 때문에 여래장에 들어가니, 그 자성은 본래 적정하여 시작도 없고 끝도 없으며 바뀌거나 전변함이 없다."라고 푼다. 나아가 그는 "붓다가 있거나 붓다가 없거나 법성은 항상 그러하기 때문"에 결정성이라고 한다. 분황은 결정성이란 "진여의 자성은 파괴될 수 없는 것으로서 자성이 스스로 그러함을 말한 것이다."라고 하였다. 경전에서 "저 모든 경계는 자성이 본래 결정성이니, 결정성의 근본은 처하는 곳이 없다."라고 설하는 것에 대해 분황은 "'자성이 본래 결정성'이라고 한 것은 본래 있지 않기 때문에 공의 상이 아님을 밝힌 것이며, '처하는 곳이 없다'고 한 것은 공이 있는 것이 아니기 때문에 공이 없는 것이 아님을 밝힌 것이다."라고 하였다. 경전에서 거듭 반복되는 '결정성'은 때로는 '결정처', '결정요의' 및 '결정실제'로 해명되고 있다. 모두가 '모든 부처의 지혜의 경지(諸佛智地)'인 진실한 법상에 들어가는 것을 일컫지만, 더러는 '법이 참으로 없는 것임을 증득하는 것'을 가리킨다. 또 '결정처'는 '결정성에 들어가 초연히 세간을 벗어나 막힘이 없이 해탈하였으니, 해탈의 상은 상도 없고 행도 없으며, 움직임도 없고 혼란함도 없어서 적절한 열반이지만, 또한 열반이라는 상을 취하지 않는다'고 하였다. 그리고 '결정요의'는 '가장 깊고 가장 지극하여 덧붙일 수 없음'을 나타내고자 하였다. 이렇게 보면 이들 개념은 표현만 조금씩 다를 뿐 모두 '결정성' 즉 본각本覺을 일컫는 개념이라고 할 수 있다.

2 일심과 팔식의 전의

경전에서 "자성에는 각이 없으니 (이 사실을) 깨달으면 각이 된다. 선남자야, 각이 없음을 깨달아 알면 모든 식이 곧 (근원에) 들어간다. 왜냐 하면 금강지의 경지에서 해탈도로 끊고, 끊고 나서 머무름이 없는 경지에 들어가 출입함이 없어서, 마음의 처소가 있지 아니하니, 결정성이기 때문이다. 그 경지는 청정하여 맑은 유리와 같고, 자성이 항상 평등하여 저 대지와 같고, 깨달아 묘하게 관찰함은 지혜로운 햇빛과 같고, 이익이 이루어져 근본을 얻음은 큰 법의 비와 같다. 이 지혜에 들어가는 것은 부처님 지혜의 경지에 들어가는 것이니, 지혜의 경지에 들어가면 모든 식이 일어나지 않는다."라고 하였다. 이에 대해 분황은 "존재함이 없는 처소는 오직 일심一心이고, 일심의 체는 본래 적정寂靜하기 때문에 '결정 성의 경지(決定性地)'라고 하였다. 일심이 나타날 때에 여덟 가지 식이 모두 전의轉依하기 때문에 이때에 네 가지 지혜(四智)가 원만해진다."라고 하였다.

계속해서 분황은 그 이유를 덧붙이고 있다. "왜냐하면 곧 이 일심一心이 어둠을 떠나 밝음을 이루어, 밝고 청정하여 비추지 않는 영상이 없기 때문이다. 그러므로 '그 경지는 청정하여 맑은 유리와 같다'고 말하였으 니, 이것은 대원경지大圓鏡智의 뜻을 나타낸 것이다. 곧 이 일심은 이변을 멀리 떠나서 자타를 통달하여 평등하여 둘이 없다. 그러므로 '자성이 항상 평등하여 저 대지와 같다'고 말하였으니, 이것은 평등성지平等性智의 뜻을 나타낸 것이다. 이와같은 일심은 관찰하는 바가 없기 때문에 모든 법의 문에 대해서 관찰하지 않음이 없다. 그러므로 '깨달아 묘하게 관찰 함이 지혜로운 햇빛과 같다'고 하였으니, 이것은 묘관찰지妙觀察智의 뜻을 밝힌 것이다. 이와 같이 일심은 작위하는 바가 없기 때문에 다른 사람을 이롭게 하는 일을 짓지 않는 바가 없다. 그러므로 '이익이 이루어져 근본을 얻음이 큰 법의 비와 같다'고 하였다. 비가 만물을 적셔서 열매를 이루게 하는 것처럼 이 지혜도 다른 사람을 이롭게 하는 일을 이루어 본각을 얻게 하니 이것은 성소작지成所作智의 뜻을 밝힌 것이다. 네 가지 지혜가 이미 원만해졌으니, 이것이 시각이 원만한 것이다."라고 하였다.

경전에서는 '본각의 이익(本覺利)'이란 "생각이 일어나지 않음을 깨달아 그 마음이 편안하고 태연한 것"이며, "그 이익은 움직임이 없어서 항상 존재하여 없어지지 않지만, 없어지지 않는 데에 있는 것도 아니고, (깨달음이) 없는 것이 아니나 깨달음이 있는 것도 아니며, 깨달음이 없음을 아는 것(覺知無覺)이 본래의 이익(本利)이며 본래의 깨달음(本覺)이니, 깨달음이라는 것은 청정하여 더러움이 없으며, 변화하지 않고 바뀌지 않으니 결정성이기 때문이며 불가사의하다."라고 하였다. 이에 대해 분황은 "만일 이와 같이 된다면 곧 진제眞諦와 같아지고 법성法性과 같아지며, 이미 똑같이 평등하여 언설을 떠나고 사려를 끊었기 때문에 불가사의하다."라고 하였다. 그는 "앞의 모든 글에서 '항상 결정성이기 때문이다'고 말하였는데 무엇 때문에 이 가운데에서는 '결정성이 없다'고 하였는가? 되물은 뒤 이것은 서로 어긋남이 않으니, 왜냐하면 결정성이 없다는 뜻(無決定義)은 개정됨이 없다는 것이기 때문(無不改故)이다."라고 하였다.

이 경전에 거듭 사용하는 '결정성'의 개념과 분황이 논에서 거듭 해명하는 '결정성'의 개념 사이에는 어떠한 연속성이 보인다. 경전에서 일심에 대해 네 구절로 해명하는 구조나 논서에서 그것을 사지四智로 배대하여 풀어내는 구조도 긴밀하게 상응하고 있다. 이러한 관점은 경전과 분황과의 친연성을 전제로 하고 있기 때문일 수도 있을 것이다. 그런데 이 경전과 논서 사이에는 친연성 이상의 어떠한 유기적 연속성이 보이고 있다. 선학들의 주장대로 이 경전이 신라에서 성립되었고 그 편찬의 주체가 분황 원효라고 한다면 그 역시 이 용어를 진중하게 선택했을 것으로 이해된다. 경전에서 거듭되는 '결정성'에 대한 풀이와 일심과 팔식의 전의轉依 구조로 풀어가는 과정은 교리적으로나 텍스트적으로나 나아가 컨텍스트적으로나 매우 친밀해 보인다. 이것을 분황의 글쓰기 스타일에서 비롯된 것이라고만 보기에도 어딘가 미진해 보이는 구석이 있다. 좀 더 연구를 진전해 보면 그 해답을 찾을 수 있을 것이다.

1 무생의 행위

분황 원효는 보살의 관행인 '무생의 행위'를 손감변損減邊과 증익변增益邊 등의 사방四謗 혹은 사구四句 논리로 깊게 풀어가고 있다. 그는 "보살은 관행이 성취되었을 때 스스로 마음을 관찰할 줄 알아서 이치에 따라서 수행한다."라고 전제한다. 그리고는 "일어나는 마음이 있지도 않고(非有), 일어나는 마음이 없지도 않으며(非無), 또한 행이 있지도 않고(亦非有行), 행이 없지도 않다(亦非無行). 다만 증익增益의 변을 떠나게 하기 위하여 임시로 '무생無生'이라고 하였으니, 일어남이 있다는 것에 대해서도 마음을 내지 않고 일어남이 없다는 것에 대해서도 마음을 내지 않게 한 것이며, 손감損減의 변을 떠나게 하기 위하여 또한 임시로 '행行'이라고 하였으니, 비록 '행함이 있는 행'을 두지 않으나 '행함이 없는 행'이 없지 않게 한 것이다."라고 말한다. 우리는 '행함이 있는 행'을 두지 않지만 '행함이 없는 행'은 없지 않게 한다는 지점에서 분황의 중도적 무생관無生觀을 엿볼 수 있다.

경전에서는 '팔식八識의 심心이 모든 심수心數를 거느리기 때문'에 그리고 '일심—心의 법法이 모든 덕을 다 거느리기 때문'에 심왕心王이라고 불리는 보살이 "부처님께서 말씀하신 법은 '삼계의 밖으로 벗어나 불가사의하다'는 것을 깨닫고서 자리로부터 일어나 차수하고 합장하며 게송으로 물었다. 여래께서 말씀하신 뜻은/ 세간을 벗어나 상이 없어서/ 존재하는 일체의 중생들이/ 모두 유루有漏를 다 없애서// 번뇌結使를 끊고 심心과 아我를 공적하게 한/ 이것은 곧 일어남이 없는 것이니/ 어떻게 일어남이 없는데/ 무생인無生忍이 있다고 하겠습니까?"라고 하였다. 이 게송에 대해 분황은 "위의 첫 게송 반은 일미—味의 법인法忍을 이해한 것이고, 아래의 반 게송은 일승—乘으로 이룬 것(所成)이라 이해하였다. 또 아래의 게송의 처음 반 게송은 '무생의 뜻(無生義)'을 나타낸 것이고, 아래의 반 게송은 무생의 인(無生忍)을 물은 것이다. 이미 일어남이 없으니 마땅히 인증하는 마음이 없어야 할 것"이라고 하였다.

붓다는 심왕보살에게 "선남자여, 무생법인無生法忍은 법이 본래 일어남이 없는 것이다. 모든 행은 일어남이 없어서 무생을 행할 수 있는 것이 아니니, 무생인을 얻는다고 하면 곧 허망한 것이 된다."라고 설하신다. 여기에 대해 분황은 "무생법인이라는 것은 법이 본래 일어남이 없다는 것을 깨닫는 것이다. 그렇다면 정定과 혜慧의 모든 행도 역시 일어남이 없는 것이니, 무생에 대하여 인증하는 행이 있는 것이 아니기 때문에 '무생을 행할 수 있는 것이 아니다.'"라고 하였다. 이어 심왕보살은 "무생인을 얻음도 없고 인증함도 없으면 마땅히 허망한 것이 아닐 것"이라고 의난意難을 일으킨다. 이에 대해 붓다는 "그렇지 아니하니 왜냐하면 얻음이 없고 인증함도 없다고 하면 이것이 바로 얻음이 있는 것이고, 얻음이 있으면 머무름이 있으니, 이렇게 되면 곧 일어남이 있게 된다. 얻었다는 생각을 일으켜서 얻은 바의 법이 있다고 여기는 것은 모두 허망함이 된다."라고 설한다.

계속해서 붓다는 "인증함도 없고 일어남도 없는 마음은 그 마음에 형단形段이 없다. 이것은 마치 불의 자성이 비록 나무 가운데 처해 있지만 그 소재가 없는 것과 같으니, 결정성決定性이기 때문이다. 단지 이름일 뿐이고 자성을 얻을 수 없으니 그 이치를 나타내기 위하여 임시로 이름을 붙인 것이지만 이름지을 수 없다. 마음의 상도 또한 그러하여 처소를 볼 수 없으니, 마음이 이와 같음을 안다면 마음을 일으킴이 없을 것이다."라고 설한다. 분황은 "'인증함도 없고 일어남도 없는 마음'은 이라고 한 것은 바로 법인法忍에 있는 마음을 나타낸 것이며, '마음에 형단이 없다'고 한 것은 마음에 얻은 바가 없음을 나타낸 것"이라고 해명한다. 또 "'불의 자성自性이 비록 나무 가운데 처해 있지만' 이라고 한 것은 인증하는 마음이 이치(理) 가운데 처해 있는 것에 비유한 것이고, '그 소재가 처소가 없다'고 한 것은 이 나무 가운데 모든 극미(極微, 구역 鄰虛)가 있지만 그 가운데 불의 자성이 있는 곳은 도무지 없는 것이다."라고 하였다. 이처럼 분황은 무생의 행위를 해명하기 위해서 무생법인의 개념을 원용하여 풀어가고 있다. 그가 네 가지 부정으로 '무생의 행위'를 밝힌 것 자체가 곧 '무생의 이치'를 나타낸 것이라고 할 수 있다.

2 무생의 이치

경전에서 붓다는 "이 마음의 성상性相은 또한 아마륵 열매(阿摩勒菓, 콩과의 나무)와 같아서 1) 본래 스스로 생긴 것도 아니고(本不自生), 2) 다른 것으로부터 생긴 것도 아니며(不從他生), 3) 공동으로 생긴 것도 아

니고(不共生), 4) 인이 일어남이 없이 생긴 것도 아니니(不因生無生),
어째서인가? 연緣이 대사代謝하기 때문이니, 1) 연이 일어나도 생기는
것 아니며(緣起非生), 2) 연이 물러나도 멸하는 것이 아니다(緣謝非滅).
3) 숨거나 드러남에 상이 없으며(隱現無相), 4) 뿌리와 줄기가 적멸하여
(根理寂滅) 소재가 처하여 있는 곳이 없어서 머무는 곳을 보지 못하니,
결정성決定性이기 때문이다."라고 설한다. 여기에 대해 분황은 종자의 비
유(喩)와 그와 지수地水의 통합(合)을 통해 무생의 이치를 밝히고 있다.
먼저 그는 네 가지의 부정(四不)과 여덟 가지의 부정(八不)의 형식을
원용하여 무생의 이치를 해명하고 있다.

경전에서 '연緣이 새것이 와서 묵은 것을 대신하기 때문이니'라는 구절
에 대해 분황은 "네 가지 부정이라고 말한 것은 1) 연에 의지하기 때문에
스스로 생긴 것(自生)이 아니고, 2) 종자로부터 났기 때문에 다른 것으
로부터 생긴 것(他生)이 아니며, 3) 작용함이 없기 때문에 공동으로 생
긴 것(共生)이 아니고, 4) 작용이 있기 때문에 생김이 없는 것(無生)이
아니다."라고 하였다. 그는 이들 사구四句를 다시 1) 생기지 않았을 때
(未生時)에는 자체가 없기 때문에 자체로부터 생긴 것이 아니며, 2) 이
미 생겼을 때(已生時)는 이미 있기 때문에 자체를 기다려 생긴 것이 아
니다. 3) 자체가 이미 성립하지 않는데(自旣不成) 무엇에 의지하여 다른
것이 있겠으며, 4) 자타가 이미 없는데(自他旣無) 어떻게 공동으로 함이
있겠는가? 인이 있어서 생각하는 것을 이미 얻을 수 없는데, 어떻게 하
물며 인이 없이 생기겠는가? 이와 같이 생김을 추구하여도 모두 얻을
수 없다."라고 일갈한다.

이어서 분황은 "열매가 생기는 것은 종자가 친인親因/內因이 되고, 땅
과 물이 소연疎緣/外緣이 되니, 이 두 가지가 합쳐지기 때문에 열매가 생

기는 것인데, 어때서 공생이 아니라고 한 것인가?'라고 의심하는 사람이 있을 수 있기에 '어째서인가'라고 물은 것이라고 해명한다. '연緣이 대사 代謝하기 때문'이라고 한 것에 대해서는 "또한 대사를 추구함에 일어남도 없고 멸함도 없으니, 그 까닭은 이미 잠시도 머무름이 없다면 일어남이 없는 것이고, 일어남이 없기 때문에 멸함도 없다. 그러므로 '연이 일어나도 생기는 것이 아니고, 연이 물러나도 멸한 것이 아니다'"라고 하였다. '숨긴다'고 한 것과 '드러난다'고 한 것, 그리고 '뿌리와 줄기가 적멸하다'고 한 것에 이어 '소재가 처해 있는 곳이 없어서 머무는 곳을 보지 못한다'고 한 까닭은 결정성決定性이기 때문이라고 말한다. 붓다는 "이 결정성은 같지도 않고(不一) 다르지도 않으며(不異), 단절되는 것도 아니고(不斷) 불변하는 것도 아니며(不常), 들어가는 것도 아니고(不入) 나오는 것도 아니며(不出), 일어나는 것도 아니고(不生) 멸하는 것도 아니니(不滅), 모든 네 가지 비방을 떠나서(離四句) 언어의 길이 끊어진 것(絶百非)이다. 일어남이 없는 마음의 자성도 또한 이와 같으니, 어떻게 일어남과 일어나지 아니함, 인증함이 있음과 인증함이 없음을 말할 수 있겠는가?"라고 하였다.

이에 대해 분황은 여덟 가지 부정(八不)의 형식을 원용하여 결정성의 정체를 밝히고 있다. 즉 "1) 열매와 종자는 같은 것이 아니니(不一), 그 모양이 같지 않기 때문이다. 또한 2) 다른 것도 아니니(不異), 종자를 떠나서는 열매가 없기 때문이다. 또 3) 종자와 열매는 단절되는 것이 아니니(不斷), 열매가 생기면 종자가 없어지기 때문이다. 4) 종자는 불변하는 것이 아니니(不常), 열매가 종자를 이어서 생기기 때문이다. 5) 종자는 열매에 들어가지 않으니(不入), 열매일 때에는 종자가 아니기 때문이며, 6) 열매는 종자를 벗어나지 않으니(不出), 종자일 때에는 열매가 없기 때문이다. 7) 들어가지도 않고 나오지도 않기 때문에(不入不出) 일어나지 않는 것(不生)이며, 8) 불변지도 않고 단절되지도 않기 때문에(不常不斷) 멸하지 않는 것(不滅)이다." 그런 뒤에 그는 다시 네 가지 비방(四謗)의 형식을 원용하여 "1) 멸하지 않기 때문에 없다(無)고 말할 수 없고, 2) 일어나지 않기 때문에 있다(有)고 말할 수 없으며, 3) 두 가지 변을 멀리 떠났기 때문에 있기도 하고 없기도 하다(亦有亦無)고 말할 수 없고, 4) 한중간에 해당하지 않기 때문에 있는 것도 아니고 없는 것도 아니다(非有非無)고 말할 수 없다."라고 정리한다. 그런 뒤에 "그러므로 '모든 네 가지 비방을 떠나서(離四句) 언어의 길이 끊어졌다(絶百非)'고 말한 것이다. 아마륵의 열매는 이와 같이 언설을 끊었다. 법인의 마음(法忍之心)도 이것과 다르지 않으니, 그러므로 '일어남이 없는 마음의 자성(無生心性)도 이와 같다'"라고 말한다. 이처럼 분황은 무생의 행위의 해명을 통해 무생의 이치를 철저하게 밝히고 있다.

· 금강삼매의 경전 11 ·

🔱

1 본각의 이익

　분황은 『금강삼매경론』과 『대승기신론소/별기』 및 『보살영락본업경소』와 『열반경종요』 등에서 깨달음의 정의와 의미를 '일심의 신해성'과 함께 '본각의 결정성'으로 해명하고 있다. 그는 일심의 신해지성神解之性이 일심一心과 일심지원一心之源 사이의 '역동성' 혹은 '영묘성'이라면, 본각의 결정성지決定性地는 있는 곳이 없는 처소(無在之處)인 일심과 본래 적정한 일심지체一心之體를 나타낸다. 즉 분황은 존재함이 없는 처소는 오직 일심一心이고, 본래 적정한 일심의 몸체가 곧 '결정성의 경지'라고 하였다. 여기서 본각은 암마라식唵摩羅識이며 본각을 얻는다는 것은 본각에 들어간다는 뜻이다. 그리고 본각에 들어갈 때는 모든 여덟 가지 식이 본래 적멸함을 깨닫는다. 깨달음이 완전해졌기 때문에 모든 식이 일어나지 않으니 이 때문에 모든 식이 적멸하여 일어남이 없다고 하는 것이다.

　분황은 세존이 「무생행품」에서 '일어남이 없는 법'을 설해 마치자 '법法'과 '비유喻'와 '합合'과 '결結'을 통해 찬탄하고 있다. 그는 경에서 대중들이 붓다의 말씀을 듣고 나서 모두 '일어남이 없는 무생의 반야(無生般若) 를 얻었다'는 구절에 대해 "일체의 유정은 시작도 없는 때로부터 무명의 긴 밤에 들어가 망상의 큰 꿈을 지으니, 보살이 관을 닦아 무생을 얻을 때에 중생이 본래 적정하여 다만 본각일 뿐임을 통달하여, 일여—如의 침상에 누워 이 본각의 이익으로써 중생을 이롭게 한다."라고 하였다. 여기서 유정有情은 중생의 다른 이름이며, 일여—如란 진여의 이치는 평 등하고 차별이 없기 때문에 붙여진 이름이다. 즉 절대 유일의 '일—'과 다르지 않기에(不異) '여如'라고 하였다. 진여의 세계에서는 중생과 부처 의 가명이 없어지고, 평등한 자성 가운데 자타의 형상이 없음을 가리킨다.

분황은 무생의 행에 의해 본각을 이해할 수 있어야 일체를 널리 교화 할 수 있다고 하였다. 그는 관행을 따로 밝힌 여섯 부분 가운데에서 세 번째의 본각의 이익에 대해 1) '움직임으로 인하여 고요함을 밝혀서 본 각의 종체'를 대략 나타낸 뒤, 2) '미세한 것으로부터 드러난 것에 이르기 까지 본각의 이익의 뜻'을 널리 설명한다. 그리고 나서 분황은 '움직임으 로 인하여 고요함을 밝혀서 본각의 이익의 종체를 대략 나타낸 것'에 대해 1) 본각의 이익을 널리 밝히고, 2) 게송으로써 찬송하였으며, 3) 당시 의 대중이 이익을 얻은 것이라고 하였다. 다시 1) 몸의 이동에 의해 본각 의 이익을 나타내고, 2) 말의 왕복으로 인하여 본각의 이익을 나타내며, 3) 빛을 발하여 본각의 이익을 찬송하고 있다. 이어 그는 무주보살은 비록 본각은 본래 일어나 움직임이 없음을 깨달았으나 적정에 머물지 않고서 항상 널리 교화함을 일으키니, 그 공덕에 의하여 명칭을 세운 것으로 풀고 있다. 동시에 "머무름이 없는 공덕이 본각의 이익에 계합하 기 때문에 이 사람으로 인하여 그 종체를 나타낸 것"이라고 하였다.

분황은 경에서 "본각의 이익을 얻은 것은 불가사의하다."라고 한 것에 대해 "이미 오는 것도 없고 이르는 것도 없어서 본래 적정하기 때문"이라고 하였다. 동시에 "이미 본각의 이익을 얻어서 자신을 이롭게 하고 남을 이롭게 하기 때문에 큰 보살마하살이다."라고 하였다. 그는 다시 경에서 "모든 각은 결정성을 훼손하지도 않고 무너뜨리지도 않으니, 공도 아니고, 공이 아닌 것도 아니어서 공함도 공하지 아니함도 없다."라고 한 것에 대해 "'결정성'이라는 것은, 진여의 자성은 파괴될 수 없는 것으로서 자성이 스스로 그러함을 말한 것이다. '훼손하지 않는다'고 한 것은 유有의 상을 취하여 공空을 손상하지 않는 것이고, '무너지지 않는다'고 한 것은 무無의 자성을 계탁하여 진眞을 손상하지 않는 것이니, 결정성을 훼손하거나 무너뜨리지 않는 것을 말한다."라고 하였다. 다시 또 분황은 경에서 "저 모든 경계는 자성이 본래 결정성이니, 결정성의 근본은 처하는 곳이 없다"고 한 구절에 대해 분황은 "'자성이 본래 결정성'이라고 한 것은 본래 있지 않기 때문에 공의 상이 아님을 밝힌 것이며, '처하는 곳이 없다'고 한 것은 공이 있는 것이 아니기 때문에 공이 없는 것이 아님을 밝힌 것이다."라고 하였다. 이처럼 본각의 이익에 대해 분황은 본각 즉 암마라식의 결정성과 관련시켜 해명해 가고 있다.

2 신해성과 결정성

경론에서 본각의 이익은 주로 「본각리품」에서 다뤄지고 있으며 그 내용은 일심의 신해성에 상응하는 본각의 결정성 개념을 중심으로 제시되고 있다. 이 품에서는 분황의 깨달음에 대한 인식이 깊게 자리잡고 있는 『대승기신론소별기』의 일심의 신해성과 『금강삼매경론』의 본각의 결정성 개념이 그가 인식하는 깨달음의 정의와 의미임을 잘 보여 주고 있다. 분황은 이 '결정성'의 개념을 특히 4지智와 8식識과의 관계 속에서 해명하고 있어 주목된다. 경에서 "자성에는 각이 없으니, (이 사실을) 깨달으면 각이 된다. 선남자야, 각이 없음을 깨달아 알면 모든 식이 곧 (근원에) 들어가니, 어찌한 까닭인가? 금강지(대원경지)의 경지에서 해탈도로 끊고, 끊고 나서 머무름이 없는 경지에 들어가 출입함이 없어서, 마음의 처소가 있지 아니하니, 결정성의 경지이기 때문이다. 그 경지는 청정하여 맑은 유리와 같고, 자성이 항상 평등하여 저 대지와 같고, 깨달아 묘하게 관찰함은 지혜로운 햇빛과 같고, 이익이 이루어져 근본을 얻음은 큰 법의 비와 같다. 이 지혜에 들어가는 것은 부처님 지혜의 경지에 들어가는 것이니, 지혜의 경지에 들어가면 모든 식이 일어나지 않는다." 라고 하였다.

이에 대해 분황은 "'자성에 각이 없으니 깨달으면 각이 된다'고 한 것은 시각始覺이 원만한 것을 나타낸 글이고, '각이 없음을 깨달아 알면 모든 식이 곧 (근원에) 들어간다'고 한 것은 모든 식이 일어나지 않는 것을 나타낸 글"이다. 또 그는 "'자성에는 각이 없다'고 한 것은 공한 자성 가운데 단지 식이 없을 뿐만 아니라 또한 시각이 없음을 말하지만, 각이 없는 이치를 깨달아 알면 시각의 지혜가 된다. 그러므로 '깨달으면 각이 된다'고 한 것이다. 시각이 원만할 때에 여덟 가지 식이 일어나지 않으니, 각이 없음을 깨달음에 따라 모든 식이 없어지기 때문이며, 궁극을 깨달음에 따라서 마음의 근원에 돌아가기 때문이다. 그러므로 '모든 식이 곧 (근원에) 들어간다'고 한 것이다."라고 하였다.

분황은 다시 또 경에서 "열반에 상주하는 것은 열반에 묶이는 것이니, 어찌하여 그러한가? 열반은 본래 각의 이익이고, 각의 이익은 본래 열반이며, 열반의 깨달음의 분량은 곧 본각의 분량이다."라고 한 것에 대해, "불변의 깨달음이 있어서 열반에 머무른다고 한다면 곧 이것은 집착으로서 열반에 속박되는 것이니, 어떻게 상주하는 것이 해탈이 될 수 있겠는가?"라고 되묻고 있다. 그는 또 "'암마라唵摩羅에 들어간다'는 것은 일심의 체가 두 변을 떠나서 이 마음의 근원에 돌아가기 때문에 '들어간다'고 하였다. 이처럼 머무름이 없어야지 해탈을 얻으니, 열반에 머물면 속박을 벗어나지 못한다."라고 하였다. 또 경에서 "불가사의합니다. 생각이 일어나지 않음을 깨달아 그 마음이 편안하고 태연한 것은 바로 본각의 이익입니다. 그 이익은 움직임이 없어서 항상 존재하여 없어지지 않지만, 없어지지 않는 데에 있는 것도 아니며, (깨달음이) 없는 것이 아니나 깨달음이 있는 것도 아닙니다. 깨달음이 없음을 아는 것이 본래의 이익이며 본래의 깨달음이니, 깨달음이라는 것은 청정하여 더러움이 없으며, 변화하지 않고 바뀌지 않으니, 결정성이기 때문입니다. 불가사의합니다."라고 하였다.

이에 대해 분황은 "깨달음이 없는 도리를 알면 시각이 본각과 다르지 않다는 것을 알기 때문에 '깨달음이 없음을 아는 것이 본래의 이익이며 본래의 깨달음이다.'"라며 "이와 같이 완전히 깨달아 아는 사람은 무명이 가리우는 것을 멀리 떠나기 때문에 '청정하고 더러움이 없다'고 하였으니, '청정하다'는 것은 본래 깨끗하기 때문이고, '더러움이 없다'는 것은 이제 더러움을 떠났기 때문이다. 영구히 생주이멸이 없기 때문에 변화하지 않고 바뀌지 않는다. '바뀌지 않는다'는 것은 생生·주住가 없기 때문이고, '변화하지 않는다'는 것은 이異·멸滅이 없기 때문이다. 만일 이와 같이 된다면 곧 진제眞諦와 같아지고 법성法性과 같아지기 때문에 '결정성이다'고 하였으며, 이미 똑같이 평등하여 언설을 떠나고 사려를 끊었기 때문에 '불가사의不可思議'하다고 하였다."라고 풀었다. 살펴본 것처럼 분황은 일심의 '신해지성神解之性'과 본각의 '결정본성決定本性'을 대비시키며 본각의 이익에 대해 해명하고 있다. 이들 두 개념은 모두 깨달음에 대한 그의 인식을 보여 주는 주요한 개념이라고 할 수 있다.

⛄

1 실제에 들어감

분황은 대승불교의 교과서이자 개론서인『대승기신론』의 이문二門 즉 심진여문心眞如門과 심생멸문心生滅門의 일심一心으로 이 논서를 해명해 가고 있다. 이문二門을 통해 일심一心으로 통섭해가는 그의 구도는 다른 저작에서도 자유롭게 원용되고 있다. 분황의『열반경종요』에서는 열반 문涅槃門과 불성문佛性門의 이문二門을 통해 일미一味로 융섭해 가기도 한 다. 이문 역시 현료문顯了門과 은밀문隱密門의 구도로 변주된다. 그는『금 강삼매경론』의 본문인 정종분의 "이 6품은 오직 일미一味이다. 왜냐하면 상相과 생生은 자성이 없고, 본각本覺은 근본이 없으며, 실제實際는 한계 를 떠난 것이고, 진성眞性 또한 공空한 것이니 무엇을 연하여 여래장如來 藏의 자성이 있겠는가."라고 하였다. 이처럼 분황은『금강삼매경』의 각 품을 유기적으로 이해하고 있다. 그의 다른 텍스트 분석에서도 이와 같 은 유기적 이해방식은 확인되고 있다.

분황은 본각의 이익과 반야바라밀을 얻은 뒤에 다시 본각의 이익을 얻는 것과 시각의 반야는 평등하여 다름이 없다고 역설한다. 그런 뒤에 다시 중도中道 즉 실제實際에 대해 다음과 같이 풀이하고 있다. "'실제'라는 말은 '허망함을 떠난 것'을 가리키니(離虛之稱) '끝까지 궁구하는 것'의 뜻(究竟之義)이다. 환화幻化를 떠나 끝까지 궁구했기 때문에 실제라고 하는 것이다. 가르침에 의거하여 이치를 닦아, 이치로 들어가고(理入) 행위로 들어가기(行入) 때문에 '들어간다(入)'고 하였다. 하지만 실제는 한계가 없는 것으로써 한계를 삼고, 이입과 행입은 들어감이 없는 들어감이기 때문에 입실제入實際라고 한다."라고 말하였다. 여기서 '이입'이란 教敎에 의하여 종지를 깨달아 진리와 계합하게 되어 분별이 사라지고 고요하여 무위하게 됨을 가리키며 초지 이전의 계위인 지전地前보살의 지위에 있음을 의미한다. 반면 '행입'이란 '이입'에 의하여 수행을 일으키는 것으로 초지 이상인 지상地上보살의 계위에 있음을 가리킨다.

분황은 교화의 말엽을 설하는 「본각리품」에서는 일심 중의 생멸문을 나타내었고, 교화의 근본을 설하는 「입실제품」에서는 일심 중의 진여문을 나타내었다. 그는 「본각리품」이 본각에 의하여 중생을 교화하여 본각의 이익을 얻게 하기 때문에 본각의 이익을 설명하였다면, 「입실제품」은 본각에 의해 중생을 이롭게 하면 중생은 곧 허상에서 벗어나 실제에 들어감에 대해 설명하였다. 경에서 "모든 보살들은 본각의 이익에 깊이 들어가 중생을 제도할 수 있다."라고 설하는 대목에 대해 그는 심생멸문의 구도 아래 관행觀行을 각기 설명하는 여섯 부분 가운데 세 번째의 '본각에 의하여 중생을 이롭게 하는(依本利物) 부분'을 마치고 '허망한 것으로부터 실제에 들어가는(從虛入實) 것'을 밝히고 있다.

분황이 이문을 일심으로 통섭하기 위해 제시한 화쟁 논법 혹은 화쟁 논리는 『십문화쟁론』과 『열반경종요』 및 『금강삼매경론』 등에서 산견된다. 그는 특히 『금강삼매경론』에서 화쟁의 범주를 구체적으로 보여 주고 있다. 분황은 먼저 「입실제품」에서 심진여문의 구도 아래 1) 대의를 대략 나타내고, 2) 도리를 널리 나타내며, 3) 사리불이 이해하고, 4) 당시의 대중이 이익을 얻는 것의 네 가지로 논의를 전개하고 있다. 그리고 나서 '대의를 대략 나타내기' 위하여 먼저는 '들어가게 하는 방편(先開令入方便)'을 전개하고, 뒤에는 '들어갈 바의 실제(後示所入實際)'를 나타내었다. 여기서 분황은 '때를 앎(知時)'과 '근기를 앎(識機)', '이끌어 들어감(引入)'과 '벗어나게 함(出離)'의 네 범주로 화쟁의 방편을 제시하고 있다. 즉 그는 경에서 "만일 후세의 적합하지 않은 때(後非時)에 진여에 응하여(應如) 설법하면, 시기(時)와 이익(利)이 함께 하지 않는다(不俱). 혹은 '순응하는 것으로 말하고 혹은 순응하지 않는 것으로 말하며(順不順說), 같지도 않게 하고 다르지도 않게 하여(非同非異) 서로 응하게 말해야 한다(相應如說).' 모든 정욕과 지견을 이끌어 살반야(薩般若)의 바다에 흘러들어가게 하여 모든 중생으로 하여금 저 허공의 바람을 취하지 않게 해서, 저들로 하여금 일미의 신공神孔을 바라도록 해야 한다."라는 대목에 대해 분황은 1) 때를 아는 방편(知時方便), 2) 근기를 아는 방편(識機方便), 3) 이끌어 들어가게 하는 방편(引入方便), 4) 벗어나게 하는 방편(出離方便)으로 해명하고 있다.

2 화쟁의 방법

'때를 아는 방편(知時方便)'이란 '만일 후세의 적절하지 않은 때에 진여에 응하여 설법하면 시기와 이익이 함께 하지 못한다'고 한 것과 같다. '적합하지 않은 때(非時)'라고 한 것은 순수하게 익지 아니한 때(非純熟

時)와 쉽게 깨닫지 못하는 때(非易悟時)와 이견이 흥성하여 서로 비난하는 때(異見盛興相非時)다. 만일 이와 같이 적절하지 않은 때에 다만 진여에 응하여 설법하면 저 때에 맞지 않아서 이익되는 것이 없게 되어 시기와 이익이 병행하지 않기 때문에 '함께 하지 않는다'고 한 것이다. 후세後世라고 한 것은 '부처님께서 멸도하신 뒤'와 '정법이 없어진 뒤'와 '다섯 오백세 중에 뒤의 오백세'이다.

"'근기를 아는 방편(識機方便)'이란 경에서 '혹은 순응하는 것으로 말하고 혹은 수순응하지 않는 것으로 말하며(順不順說), 같지도 않고 다르지도 않게 하여(非同非異) 서로 응하게 말해야 한다(相應如說)'고 한 것과 같다."라고 해명한다. 또 "'혹은 순응하는 것으로 말하고 혹은 순응하지 않는 것으로 말한다(順不順說)'고 한 것은, 만일 다만 저들의 마음에 순응하여 말하면 잘못된 집착을 움직이지 않고, 가령 오직 순응하지 않는 것으로만 말하면 바른 믿음을 일으키지 않으니, 저들로 하여금 바른 신심을 얻게 하고 본래 잘못된 집착을 버리게 하기 위하여 혹은 순응하고 혹은 순응하지 않는 것으로 말해야 한다. 또한 다만 이치에 순응하여 말하면 바른 믿음을 일으키지 않으니, 저들의 뜻과 어긋나기 때문이고, 이치에 순응하지 않는 것으로 말하면 바른 이해를 내지 않으니, 도리에 어긋나기 때문이다. 그러므로 믿음과 이해를 얻기 위하여 순응하는 것과 순응하지 않는 것으로 말해야 한다."라고 역설한다. 즉 상대방의 논의에 따르면서도 따르지 않으면서 말하라는 것이다.

분황은 "만일 모든 이견과 쟁론이 일어날 때에 유견有見과 동일하게 말하면 공견空見과 다르게 되고, 공집空執과 동일하게 말하면 유집有執과 다르게 되니, 같다고 하는 것과 다르다고 하는 것이 더욱 그 쟁론을 일으키게 된다. 또한 저 둘과 다 같다고 하면 스스로 안에서 서로 논쟁하게 되고, 저 둘과 다르다고 하면 두 가지와 서로 논쟁하게 된다. 이 때문에 같지도 않고 다르지도 않은 것으로 말해야(非同非異而說) 한다." 즉 동의하면서도 동의하지 않으면서 말하라는 것이다. 또 "'같지 않다(非同)'는 것은 말 그대로 취하여 모두 인정하지 않는 것이고, '다르지 않다(非異)'는 것은 뜻을 이해하여 말하면 인정하지 못할 것이 없는 것이다. 다르지 않기 때문에 저들의 생각에 어긋나지 않고, 같지 않기 때문에 도리에 어긋나지 않는다. 생각과 도리에 서로 의거하여 어긋나지 않기 때문에 '서로 응하여 말한다(相應如說)'고 한 것이다."라고 역설한다. 즉 동의하지 않으면서도 차이나지 않으면서 말하라는 것이다.

분황은 '이끌어 들어가게 하는 방편(引入方便)'이란 경에서 '모든 정욕과 지견을 이끌어 살반야(薩般若, 一切智)의 바다에 흘러들어가게 한다'고 한 것과 같다. '모든 정욕(諸情)'이란 크고(大) 작은(小) 정욕의 차별이고, '모든 지견(諸智)'이란 공空과 유有 지견의 차별이다. 이러한 무리들을 이끌어서 모두 도의 흐름에 따라서 일각一覺의 일체지一切智의 바다에 들어가게 하니, 위없는 보리의 깊고 넓은 뜻이기 때문이다. 마치 모든 강물의 흐름이 똑같이 큰 바다에 들어가면, 큰 바다는 깊고 넓어서 똑같은 일미一味인 것과 같다."라고 설명한다. 이처럼 그는 깊고 넓어 똑같은 큰 바다의 일미를 일깨우는 방편을 제시하고 있다.

분황은 "'벗어나게 하는 방편(出離方便)'이란 경에서 '모든 중생으로 하여금 저 허공의 바람(虛風)을 취하지 않게 해서 모두 저들로 하여금 일미一味의 신공神孔을 바라게 한다'고 한 것과 같다. '허공의 바람'이라고 한 것은 허공에 떠도는 바람이 모든 물결을 일으키는 것을 말하니, 모든 경계가 모든 식識의 물결을 움직이게 함을 비유한 것이다. 제도해야 할 모든 중생이 경계의 바람을 취하기 때문에 예전부터 모든 식의 물결이

전변하다가, 이제 (경계의 바람)을 위하지 않아서 식의 물결이 고요해진 것이다. '신공'이란 신선의 동굴로서 성읍을 멀리 떠나서 일없이 한가하고 고요하며 오래 살 수 있는 곳을 말하니, 대열반의 사멸하지 않는 집에 비유한 것이다. 원만하고 공적하며 평등하기 때문에 '일미一味'라고 하였으니, 저 중생으로 하여금 대열반을 바라게 하고 모든 식의 물결을 그치게 하여 유전에서 벗어나게 한다."라고 하였다. 이처럼 분황은 실제에 들어가는 '대의를 대략 나타내기' 위해서 네 가지 화쟁의 방편을 제시하였다. 그는 '들어가게 하는 방편'을 제시한 뒤에 '들어갈 바의 실제'를 보여 주고 있다.

1 두 가지 들어감

중국에 불교가 전해질 때는 수행에 관련된 선경禪經이 적지 않게 번역되었다. 특히 구라라집 삼장은 대승경론과 함께 『좌선삼매경』, 『선비요법경禪秘要法經』, 『선법요해禪法要解』 등의 선경류를 번역하였다. 이러한 토대 위에서 동아시아 선종의 초조인 달마達磨는 『이입사행론二入四行論』을 지었다. 이것은 이입理入과 행입行入 및 행입의 네 가지 행위四行에 관한 저작이다. 여기서 '두 가지 들어감(二入)'이란 이입理入과 행입行入을 가리킨다. 이입理入이란 경교經敎에 의하여 종지를 깨달아 범부와 성인이 동일한 진성眞性임을 깊이 믿어 의심하지 않지만 객진客塵의 망상妄想에 가리워져 드러내지 못한다. 때문에 거짓을 버리고 참된 성품(眞性)에 돌아가 벽관壁觀에 마땅히 머무르면 나와 남이 없어지고 범인과 성인이 같아지며 굳게 머물러 옮기지 아니하여 다시는 언설의 가르침을 따르지 않는다. 그리하여 진리와 계합하여 분별이 없어지고 고요하여 작위가 없게 됨을 가리킨다. 이와 달리 행입行入이란 이입에 의하여 수행을 일으키는 것이다. 그런데 행입은 네 가지 행위로 이루어진다.

첫째는 수도인이 고통을 받을 때 '이것은 내 과거의 악업에 대한 과보가 익은 것이므로 달게 참고 받아서 남을 원망하거나 그에게 호소하는 일이 없어야 한다'고 생각하는 보원행報怨行이다. 둘째는 중생은 실아實我가 없으나 모두 업에 의하여 끊임없이 고통苦痛과 열락悅樂을 받듯이 모든 득실이 인연에 따라 생기므로 마음에 증감이 없어 경계에 의하여 동요하지 아니하며 그윽히 도를 따르는 수연행隨緣行이다. 셋째는 세상 사람들은 미혹하여 곳곳에 탐착하지만(求) 지혜로운 사람은 진리를 깨달아 마음을 안정시키고 작위함이 없어서 만유가 모두 공하므로 바라는 바가 없이(無求) 도에 따라 행하는 무소구행無所求行이다. 넷째는 자성이 깨끗한 이치가 법이며 이 이치의 여러 모습은 모두 공하여 탐착함도 없고 주체와 대상도 없듯이, 지혜로운 사람은 이 이치를 알아서 법에 맞게 행하므로 마음에 탐욕이 없어져서 삼공三空을 깨달아 자신을 이롭게 하고 타인을 이롭게 하며, 보리의 도를 장엄하여 망상을 제거하고 육바라밀을 수행하되 수행하는 바가 없는 칭법행稱法行이다.

『금강삼매경』 역시 두 가지 들어감에 대하여 설하고 있다. 대력보살이 "두 가지 들어감이 마음에 일어나지 않는다는 것이 무엇이며, 마음이 본래 일어나지 않는다면 어떻게 들어감이 있습니까?"라고 말하자 부처님께서 말씀하셨다. "두 가지 들어감이라는 것은 첫째는 이입이고, 둘째는 행입이다. 이입이란 중생은 참된 성품과 다르지 않으며, 같지도 않고 함께 하지도 않지만 다만 객진번뇌에 의하여 가리워 있음을 깊이 믿으며, 가지도 않고 오지도 않아서 각관覺觀에 단단히 머무르고, 불성은 유도 아니고 무도 아님을 자세히 관찰하여, 자기도 없고 타인도 없어서 범부와 성인도 다르지 않으며, 금강심의 경지에 굳건히 머물러 옮기지 아니하며, 적정하고 무위하여 분별이 없게 되니 이것을 이입이라고 한다." 이에 대해 분황은 "'이입'이라고 한 것은 이치에 따라서 믿고 이해하였으나 아직 증득하여 행하지 못하기 때문에 이입이라고 한 것이니 계위가 초지 이전에 있다."라고 명쾌하게 풀고 있다.

또 "'행입'이라고 한 것은 이치를 증득하여 수행하고 무생행無生行에 들어갔기 때문에 행입이라고 한 것이니 계위가 초지 이상에 있다"라고 또렷하게 풀고 있다. 그런 뒤에 이입에 대한 네 구절을 해명하고 있다. 1) '깊이 믿는다(深信)' 이하에서 '가리운다(翳障)'까지는 십신十信의 들어감이니, '같지 않다(不一)'고 한 것은 중생의 상이 참된 성품과 다르지 않지만 같지도 않기 때문이며, '함께 하는 것도 아니다(不共)'라고 한 것은 같은 것도 다른 것도 아니기 때문이다. 2) '가지도 않고 오지도 아니하여 각관에 단단히 머문다(不去不來, 凝住覺觀)'고 한 것은 십주十住의 들어감이니, 중생의 공함을 깨달았기 때문에 오거나 가지 아니하니, 인공人空의 몸에 그 마음을 고요히 머무르게 하여 불성은 가거나 오지 않음을 살피기 때문이다. 3) '불성은 유도 아니고 무도 아님을 자세히 살핀다(諦觀佛性, 不有不無)'고 한 것은 십행十行의 들어감이니, 이미 법공을 얻어 법공의 문에 의하여 불성은 자세히 관찰하기 때문이다. 4) '자기도 없고 다른 이도 없어서 범인과 성인이 다르지 않다(無己無他, 凡聖不二)' 등이라고 한 것은 십회향十廻向의 이입을 밝힌 것이니, 이미 자타의 평등공을 얻었기 때문에 마음이 굳건히 머물러 물러나지 않는다."라고 하였다. 그리고는 십회향은 '십금강十金剛(범망경)'이라고도 하고 '십견심十堅心(인왕경)'이라고도 한다고 덧붙이고 있다.

2 초지 이상의 증행

경에서 "행입行入이라는 것은 마음이 기울거나 의지하지 아니하고, 영상이 흐르거나 변화함이 없으며, 존재하는 곳에 대하여 생각을 고요히 하여 추구함이 없어서, 바람이 두드려도 동요하지 아니함이 마치 대지와 같으며, 심心과 아我를 버리고 떠나서 중생을 구제하되 일어남도 없고 상도 없으며 취하지도 않고 버리지도 않는 것이다."라고 하였다. 이에 대해 분황은 행입에 대한 자신의 소견을 밝히고 있다. "'마음이 기울어지거나 의지하지 않는다(心不傾倚)'고 한 것은 여리지如理智의 마음은 반연하지 않기 때문에 반연하는 마음이 일어나지 않는 것이고, '영상이 흐르거나 변화함이 없다(影無流易)'고 한 것은 여리如理의 경계는 삼제三際를 떠났기 때문에 흐르거나 변화하는 경계의 영상이 다시 나타나지 않는 것이다. 존재하는 모든 세간의 복락 내지 보리의 대열반과의 이러한 일체에 대하여 다 추구하지 아니하며, 평등하여 피차가 없음을 통달하였기 때문에 경계의 바람에 의하여 동요하지 않으니 이것은 자리自利의 행입行入을 밝힌 것이다." 여기서 주목되는 부분은 여리지와 자리의 개념이다.

'여리지'라는 것은 근본무분별지根本無分別智 혹은 실지實智라고도 하며 진지眞智 또는 근본지根本智라고도 한다. 즉 제일의제第一義諦의 진리를 비추어 아는 지혜이며, 속제의 갖가지 차별을 비추어 아는 지혜인 여량지如量智와 대비된다. 여리지는 모든 지혜의 근본으로서 진여의 묘한 이치에 계합하고 증득하여 평등 여실하고 차별이 없기 때문에 무분별지라고도 한다. 즉 분별 이전의 지혜라는 의미이다. 또 이 지혜는 지智의 정체正體로서 변화 작용이 없기 때문에 정체지正體智라고도 한다. 그리고 삼제三際란 전제前際와 중제中際와 후제後際를 가리키며 과거와 현재와 미래

의 삼세三世를 가리킨다. '자리'라는 것은 자익自益 또는 자행自行이라고
도 하며 혹은 자각自覺이라고도 한다. 자리는 자기의 이로움을 의미하니
자신의 공덕을 위하여 노력하고 수행함으로써 여기에서 나오는 선과善果
의 이익을 자신이 얻는 것을 말한다. 『성유식론』(9권)에서는 별상을 논
할 때, 육바라밀六波羅密과 보리분菩提分 등은 자리의 행위에 속한다 하였
고, 사섭법四攝法과 사무량심四無量心 등은 이타의 행위에 속한다고 하였
다. 하지만 『발보리심경론』(상권)에서는 육바라밀의 행위 하나하나를
자리와 이타의 뜻으로 설명한다.

또 분황은 "'버리고 떠난다(捨離)' 이하는 다른 사람으로 하여금 수행
에 들어가게 하는 것이니, 아공과 법공의 이공二空을 증득하여 인법人法
의 상을 떠났기 때문에 모든 이를 두루 구제할 수 있다. 비록 마음이
일어남도 없고 경계의 상도 없으나, 적멸寂滅의 자성自性을 취하지 아니
하여 항상 일체의 중생을 버리지 않으니, 그 때문에 '취하지도 않고 버리
지도 않는다(不取不捨)'고 하였다. 이와 같은 두 가지 행위(二行)를 행입
行入이라고 한다."라고 풀고 있다. 다시 경에서는 "보살이여, 마음은 출
입함이 없으니, 출입함이 없는 마음이 들어가지 아니하는 데 들어가기
때문에 들어간다고 한 것이다."라고 하였다. 이에 대해 분황은 "이理를
증득한 마음은 생멸을 멀리 떠나서 시작도 없고 마침도 없기 때문에 '마
음은 출입함이 없다(心無出入)' 하였으며, 출입함이 없고 나서는 또한
지난 날의 출입하던 마음이 없어졌기 때문에 '출입함이 없는 마음(無出
入心)'이라고 하였으니, 옛날에 출입함이 있던 마음에서 떠나 이 출입하
지 않는 마음에 들어갔기 때문에 '들어가지 아니하는 데 들어가기 때문
에 들어간다고 한다(入不入故, 故名爲入)'고 하였다."라고 해명하고 있다.

이어 경에서는 "보살이여, 이와 같이 들어간 법은 법의 상이 공하지

않으니, 공하지 않은 법은 법이 허망하게 버려지지 않는다. 어째서 그러한가? 없지 아니한 법은 공덕을 구족하여 마음도 아니고 영상도 아니어서 본래 청정하기 때문이다."라고 하였다. 이에 대해 분황은 들어가는 주체가 허물을 떠난 것(能入離果)으로 파악하고 있다. 그는 "'이와 같이 들어간 법(如是入法)'이라고 한 것은 실제로 들어간 출입이 없는 법을 말하니, 이 없지 아니한 법은 능과 소가 평등하고 모든 허물을 떠나 온갖 공덕을 갖추었다. '마음도 아니고 영상도 하니다(非心非影)'라고 한 것은 마음과 경계가 평등하여 능과 소를 떠났기 때문이다. '참으로 청정하다(法爾淸淨)'고 한 것은 시작도 없고 마침도 없어서 모든 상을 떠났기 때문이다." 풀이하고 있다. '실제實際에 들어가든', '이치(理)에 의해서 들어가든', '행위(行)에 의해서 들어가든' 들어간다(入)는 것 자체는 이미 현재의 지평을 떠나간다는 것이자 다음 단계로 나아감을 의미한다. 십주십행-십회향과 같이 초지에서 이루어지는 이입과 달리 행입은 이입을 기초로 초지인 환희지 이상으로 나아가는 것이다. 질적 도약이라고 할 수 있을 것이다.

· 금강삼매의 경전 14 ·

⁛

1 진성의 공적空寂

『금강삼매경론』 본문 6품 중 처음의 관행觀行의 처음과 마지막을 포섭하는 「무상법품」과 「무행행품」, 중간의 교화의 근본과 말엽을 나타내는 「본각리품」과 「입실제품」과 달리 마지막의 인因을 포섭하여 과果를 이루는 「진성공품」과 「여래장품」은 근본으로 회귀함과 근본으로부터 행위를 일으킴을 모두 나타내고 있다. 이 6품은 다시 두 문으로 나타낼 수 있으니 전반부의 3품은 상相과 생生을 모두 없애고 '본각의 이익'을 설하는 대목이고, 후반부의 3품은 허망함을 버리어 인을 드러내는 대목이다. 다시 말하면 전반부의 교문은 실제와 진공을 아울러 '여래의 태장'을 설하는 부분이며, 후반부의 교문은 참됨을 드러내어 과를 이룸을 설하는 부분이다. 이 경전은 이 두 부분을 통해 대승을 모두 포괄하고 있다.

「진성공품」에서 진여의 법은 모든 공덕과 모든 행덕을 갖추어 본성을 삼기 때문에 '진성眞性'이라고 한다. 진성은 모든 명칭과 개념을 초월하기 때문에 '진성공眞性空'이라고 한다. 즉 허망하지 않고 변하지 않는 진실한 본성이다. 때문에 우리가 본래부터 가진 마음의 본체이자 우리가 가진 진성과 부처나 보살의 진성은 본래 둘이 아니다. 그런데 이 진실한 본성(眞性)은 모든 개념과 자성을 떠나 있으며, 개념을 떠났다는 것은 허망한 특상(妄相)을 떠난 것이고, 자성을 떠났다는 것은 진실한 본성을 떠났다는 것이다. 허망한 특상을 떠났기 때문에 허망한 특상이 공하고, 진실한 본성을 떠났기 때문에 진실한 본성 또한 공하다. 참된 자성의 공성은 근본으로 회귀하므로 진제와 속제를 없애면서도 무너뜨리지 않는다. 그러므로 모든 성스러운 행위는 진성의 공적함에서 나오는 것이다.

경에서는 "선법과 불선법은 마음으로부터 변화하여 생긴 것이고, 모든 경계는 의언意言의 분별이니 한 곳에서 그것을 제어하면 모든 인연이 끊어져 없어진다. 어째서 그러한가? 선남자여, 하나의 근본이 일어나지 않으면(一本不起) 세 가지 작용이 베풀어지지 아니하여(三用無施) 일여一如의 이치(理)에 머무르게 되며, 육도의 문이 막히고(六道門杜) 네 가지 연이 여여하게 따라서(四緣如順) 삼계가 구족하게(三戒具足) 된다."라고 하였다. 이에 대해 분황은 전체적인 질문에 대해 "'선법과 불선법이 마음으로부터 변화하여 생긴 것이다'라고 한 것은 세 가지 업의 인이 되는 행위는 모두 마음이 지은 것이기 때문이고, '모든 경계는 의언의 분별이다'고 한 것은 육도의 과보의 경계가 뜻으로 변현된 것이 아님이 없기 때문이다."라고 하였다.

분황은 또 개별적인 질문에 대해 "비록 다시 전체적으로 설명하였으나, 아직 개별적인 행위를 듣지 못하였으니, 그러므로 '어째서 그러한가'라고 다시 물었다."라고 하였다. 그는 "'하나의 근본이 일어나지 않는다'고 한 것은, 세 가지 계율의 근본은 하나의 본각으로서 본래 적정하기 때문에 '일어나지 않는다(不起)'고 하였다. '세 가지 작용이 베풀어지지 않는다(三用無施)'고 한 것은 이미 본각에 의지하여 세 가지 계율의 작용을 이루었지만, 그 작용은 위의가 베풀어지는 상을 벗어났기 때문에 베풀어짐이 없는 것이며, 하나의 근본에 따라서 머물기 때문에 '일여의 이치(理)에 머문다'고 하였다. 이미 일여의 이치(理)에 머물러서 삼유의 원인(有因)을 제거하였기 때문에 '육도의 문이 막혔다'고 하였으며, 일여의 이치에 네 가지 연의 힘이 갖추어져 있어서 일여를 따라서 곧 세 가지 계율을 구족하기 때문에 '네 가지 연이 여여하게 따라서 삼계가 구족하게 된다'고 하였다."라고 풀이하였다.

또 경에서는 "진여는 공성으로서 자성이 공적한 지혜의 불이 모든 번뇌를 태워 없애서 평등하고 평등하게 하니, 이것이 등각의 삼지이다. 묘각의 삼신은 구식 가운데 훤히 밝고 맑아서 모든 그림자가 없다."라고 하였다. 이에 대해 분황은 "'진여의 공성'이라고 한 것은 곧 첫 번째의 '일합상一合相과 같다'고 한 것이다. 일체 유무의 모든 법과 동일한 것으로서, 곧 이제법(卽二諦法)이 똑같이 일제와 융합하고(同融一諦), 일제는 곧 일합상(一諦卽一合相故)이니, 이와 같은 것을 '진여의 공성'이라고 한다."라고 하였다. 여기서 일합상이란 여러 연이 화합하여 이루어진 하나의 사물을 가리킨다. 즉 세간의 일체법은 모두 일합상이다. 분황은 관행을 별도로 설명한 것의 여섯 부분 가운데 일체의 행위가 진성의 공적한 데서 나온 다섯 부분을 해명한 뒤 여섯 번째의 무량한 법이 여래장에 들어감에 대해 설명하고 있다.

2 여래의 소입所入

「여래장품」에서 진제와 속제가 둘이 아닌(眞俗無二) 하나의 여실한 법(一實之法)은 모두 부처가 돌아가는 곳(諸佛所歸)이니 이를 '여래장如來藏'이라 한다. 이 품에 의하면 무량한 법과 일체의 행위가 여래장 가운데 들어가지(歸入) 않는 것이 없음을 설명하고 들어가는 대상(所入)에 의해 품의 이름을 세우고 있다. 경에서는 범행梵行 장자가 본제本際로부터 일어나 부처님께 아뢰었다. "존자시여, 생의 뜻은 멸이 아니며, 멸의 뜻은 생이 아니니, 이와 같은 여여한 뜻은 곧 부처님의 보리(佛菩提)입니다. 보리의 자성(菩提之性)은 곧 분별함이 없는 것이고, 분별함이 없는 지혜(無分別智)는 분별이 무궁하며, 무궁한 상은 오직 분별이 사라진 것입니다. 이와 같은 뜻과 상은 불가사의하니, 불가사의한 가운데 곧 분별이 없습니다." 분황은 이 대목을 두 가지로 분류한 뒤, 첫째는 모든 법과 모든 행위가 똑같이 한 곳에 들어감을 밝히고, 둘째는 행위에 들어가는 것과 지혜에 들어가는 것과 인因과 과果의 차이를 나타내고 있다. 먼저 모든 법이 하나의 여실한 뜻에 들어감을 설명하고, 뒤에 모든 행(諸行)이 하나의 불도에 들어감을 설명하였다.

분황은 "이 가운데 묻는 사람의 이름을 '범행梵行'이라고 하였으니, 이 사람의 외형은 비로 세속의 위의를 하고 있으나, 마음은 일미一味에 머물러서 일미로써 일체의 맛을 포섭하고 있다. 비록 여러 가지 맛을 가진 더러운 세속을 거쳐 왔으나 일미의 청정한 행위를 잃지 않았으니, 이 중에서 이러한 뜻을 나타내었다. 그러므로 그로 하여금 질문을 하게 한 것이다. '본제로부터 일어났다'고 한 것은 부처님께서 말씀하신 것을 듣고서 곧 본제에 들어갔다가 이제 질문을 하기 위하여 저리고부터 일어난 것이다. '생의 뜻은 멸이 아니다'라고 한 것은 (앞 게송의) 아래 절반에서 '이 뜻은 생이요 멸이 아니다'라고 한 것을 이해한 것이고, '멸의 뜻은 생이 아니다'라고 한 것은 위의 절반에서 '이 뜻은 멸이요 생이 아니다'라고 한 것을 이해한 것이며, '이와 같이 여여한 뜻'이라고 한 것은 한 게송에서 불멸과 불생이 둘이 아닌 뜻을 전체적으로 이해한 것이다."라고 하였다.

분황은 계속해서 "이와 같은 둘이 없는 뜻은 모든 부처님이 깨달은 도이기 때문에 '곧 부처님의 보리'라고 하였으며, 그 깨달음이 둘이 없음에 따라서 나누지 않고 구별하지도 않기 때문에 '곧 분별함이 없다'고 하였다. 그 분별함이 없어야 곧 분별하지 아니함이 없을 수 있기 때문에 '분별함이 없는 지혜는 분별이 무궁하다'고 하였으며, 분별이 무궁한 까닭은 다만 모든 분별을 없앤 것으로 말미암기 때문에 '무궁한 상은 오직 분별이 사라진 것이다'라고 하였다. 이와 같은 뜻과 상은 말을 떠나고 생각을 끊었기 때문에 '불가사의하다'고 하였으며, 불가사의한 가운데 생각과 말이 끊어졌기 때문에 '곧 분별함이 없다' 하였다."라고 해명하였다.

경에서는 "내가 말한 모든 법(諸法)은 미혹한 자를 위한 것이기 때문에 방편으로 말한 것이니, 일체의 법상은 하나의 여실한 뜻의 지혜다. 어째서 그러한가? 비유하자면 마친 한 도시가 네 개의 대문을 열어 놓아 (譬如一市開四大門) 이 네 문의 안은 모두 한 도시로 귀착되어 저와 같은 많은 사람들이 뜻에 따라 들어가는 것과 같으니, 여러 가지 법의 맛도 또한 이와 같다."라고 하였다. 이에 대해 분황은 법法과 비유喩와 합合으로 답하고 있다. "처음 법法을 말한 것에서 '내가 말한 모든 법'이라고 한 것은 삼승의 교법과 일승의 교법이고, '미혹한 자를 위한 것'이라고 한 것은 일미를 깨닫지 못한 자를 위하여 설명한 것이다. '방편으로 말한 것'이라고 한 것은 모두 일미에 들어가게 하는 방편이니, 정관正觀에 들어갈 때에는 언설의 가르침을 필요로 하지 않는다. '일체의 법상은 하나의 여실한 뜻의 지혜'라고 한 것은 모든 교법으로 인하여 들어가는 상은 오직 하나의 여실한 뜻인 정관의 지혜이기 때문이다."라고 하였다.

분황은 계속해서 "비유(喩) 중에 '하나의 도시'라고 한 것은 하나의 여실한 뜻에 비유한 것이다. '네 개의 대문을 열어놓는다'고 한 것은 네 가지의 가르침, 즉 삼승교와 일승교에 비유한 것이다. '이 네 문의 안은 모두 한 도시로 귀착된다'고 한 것은 네 가지의 가르침에 의지하는 자는 모두 하나의 여실함에 귀착하기 때문이다. '저와 같은 많은 사람들이 뜻에 따라 들어간다'고 한 것은 근기의 얕고 깊음에 따라서 하나의 가르침에 따라 들어가기 때문이다. '한 도시'를 '하나의 여실함'에 비유한 까닭은 백성들이 들어가는 곳이기 때문이며, 모든 중생들이 돌아가는 곳이기 때문이다. 합合가운데 '여러 가지의 법'이라고 한 것은 '네 문'에 합한 것이고, 다음에 '맛(味)'이라고 한 것은 나아가는 바의 맛을 말하니, '한 도시'에 합하는 것이다"라고 하였다. 일미一味의 여실한 뜻은 모든 물이 바다에 가서 하나가 짠 맛이 되듯이 한 줄기 물이 큰 바다에 머물면 곧 여러 물줄기를 포괄하는 것과 같이 일미에 머물면 곧 모든 맛을 포섭하게 된다. 분황의 풀이는 『금강삼매경론』의 종요인 '일미一味의 관행觀行' 즉 '일미로 관하고 행한다'는 의미를 돌이켜 보게 한다.

1 의심을 버림

　　모두 8품으로 된 『금강삼매경』은 서분(제1 서품)과 정종분 6품(제2~7품)과 유통분으로 이루어져 있다. 분황 원효는 『금강삼매경』의 정설분 즉 본문의 육품을 세 문 혹은 두 문으로 총괄해 파악하고 있다. 그는 "이 육품은 합하여 세 문이 되니, 앞의 두 품은 관행의 처음과 끝을 다 포괄하였고, 다음의 두 품은 교화의 근본과 지말이며, 나중의 두 문은 인을 거두어 과를 이루었다. 또한 앞의 두 품은 상을 버리고 근본에 돌아가는 것(遣相歸本)이고, 중간의 두 품은 근본으로부터 행위를 일으키는 것(從本起行)이며, 나중의 두 품은 (근본으로) 돌아감과 (근본으로부터) 일어남을 모두 나타내었다(雙顯歸起). 이 두 종류의 세 문으로 대승을 모두 포괄하였다. 또한 이 육품은 단지 두 문일 뿐이니, 상(無相)과 생(無生)을 모두 없애는 것은 본각의 이익이고, 실제와 진공은 여래장이다. 또한 앞의 문은 허망함을 버리어 인을 드러내는 것(遣妄顯因)이고, 뒤의 문은 참됨을 드러내어 과를 이룬 것(顯眞成果)이다. 이러한 두 가지의 이문으로 또한 대승을 모두 포괄하였다." 하였다.

『금강삼매경』의 정종분은 크게 두 부분으로 나뉜다. 분황은 하나는 '관행을 각기 설명하고(別明觀行; 別顯觀行)', 또 다른 하나는 '모든 의심을 전체적으로 결단한 것(總決諸疑; 總遣疑情)'으로 보고 있다. 이 중 「총지품總持品」은 정종분 즉 본문의 끝자락에 붙은 품이니 서품까지 셈하면 제8품이 된다. 여기서 총지總持란 범어 '다라니'의 번역이다. 능지能持 혹은 능차能遮로도 번역되었다. 총지는 헬 수 없고 가 없는 뜻을 지니고 있으며, 모든 악한 법을 버리고 헬 수 없이 좋은 법을 가지는 것을 가리킨다. 흔히 다라니에는 두 가지 뜻이 있다. 첫째는 지혜智慧 또는 삼매三昧를 가리킨다. 이것은 말을 잊지 않고 뜻을 분별하며, 우주의 실상에 계합하여 수많은 법문을 보존하여 가지기 때문이다. 둘째는 진언眞言을 가리킨다. 이것은 범어 문장을 번역하지 않고 음 그대로 적어서 외우는 것을 의미한다. 진언을 번역하지 않는 까닭은 첫째는 원문의 전체 뜻이 한정되는 것을 피하기 위한 것이며, 둘째는 밀어密語라 하여 다른 이에게 비밀스럽게 하기 위한 것이다.

또 총지는 헬 수 없는 뜻을 포함하여 잃어지지 않게 하고, 선법을 가져 잃지 않게 하며, 악법을 가져 일어나지 않게 하는 것을 의미한다. 그러므로 다라니를 외우는 사람은 헬 수 없는 말을 들어도 잊지 아니하며, 끝없는 이치를 알아 학해學海를 돕고, 모든 장애를 벗어나 헬 수 없는 복덕을 얻는 등 많은 공덕이 있기 때문이다. 대개 범어 문장의 짧은 구절을 진언眞言 혹은 주呪라고 하고, 긴 구절로 된 것을 다라니 또는 대주大呪라고 한다. 『논』에서 분황 원효는 "앞의 모든 품 중의 의심을 결단하여 중요한 뜻을 모두 지녀서 잊어버리게 않게 하였으니 행하는 것에 따라서 '총지'라고 하였다"라고 풀이하였다. 또 "지장보살이 이미 문의文義다라니를 얻었기 때문에 모든 품에 있는 문의를 총지하고, 대중이 의심을 일으킨

곳을 기억하여 차례대로 물어서 모든 의심을 잘 결단하였으니, 그 때문에 총지라고 하였다"라고 풀이하였다. 여기서 '문의'다라니는 글과 뜻을 모두 기억해서 잊지 않는 염혜력을 가리킨다.

　분황 원효는 '모든 의심을 총괄적으로 결단한 것'은 다시 1) 요청한 것, 2) 허락한 것, 3) 결단한 것, 4) 이해한 것으로 구분된다. 지장地藏보살은 요청의 주체가 된다. 지장은 마치 대지가 모든 초목을 생장시켜 주는 것처럼 이미 동체대비를 얻어서 일체 중생의 선근을 생장시켜 준다. 또 마치 큰 보배 창고에 보배가 다함이 없는 것처럼 다라니로 모든 공덕을 지니고서 모든 이에게 베풀어 주되 다함이 없다. 이에 여래는 "모든 의혹을 결단하여 모든 믿음과 이해를 내고 모든 결단의 보배를 내어 법을 구하는 대중에게 베풀어 준다."라고 하였다. 지장 역시 뜻이 그 이름에 합당하기 때문에 청하여 물을 수 있는 것이다. 이에 대해 분황은 3)의 '모든 의심을 바로 결단하는 것'으로 풀어가고 있다. 여기서도 다시 가) 여섯 품의 의심을 차례로 거꾸로 하여 결단한 것이고, 나) 한 품의 세 가지 의심을 차례에 따라서 없앤 것이다. 가)에서도 ① 각각 결단한 것과 ② 전체적으로 결정한 것으로 나누어 해명한다. 그러면서 먼저 ①의 각각 결단한 것 중에 여섯 가지 의심을 각각 결단해 가면서 뒤에서부터 앞으로 점차 거꾸로 결단하고 있다. 그런 뒤에 나)의 한 품의 세 가지 의심을 차례대로 없애가고 있다. 가)는 정설분의 역순인 「여래장품」→「진성공품」→「일실제품」→「본각리품」→「무생행품」→「무상법품」의 순으로 각 품에서 일어난 의심을 결단하고 있다.

2 얻을 것이 없는 일미

지장보살은 말하였다. "일체의 모든 법이 어찌하여 연緣이 일으키는 것이 아니라고 하십니까?" 이때에 여래께서 이 뜻을 나타내시려고 게송을 말씀하셨다. "만일 법이 연에 의하여 일어나는 것이라면/ 연을 떠나서는 법이 없어지게 된다./ 법의 자성은 없는 것인데/ 어떻게 연이 법을 일으킬 수 있겠는가?" 분황은 「여래장품」에서 "인연은 없는 것이어서 일어나는 것이 아니니, 일어나지 않기 때문에 없어지지 않는다"라고 한 것에 대해, "이 중에서 일어나게 하는 주체인 인연이 있다고 집착하여, '그 과보가 어찌하여 연으로 일어난 것이 아닌가?'라고 의심하기 때문에 저 의심에 의하여 연의 생기를 물으니, 여래께서 한 게송으로 이 의심을 바로 결단하였다. 그 가운데 위의 절반은 저 본래의 집착을 결단한 것(定彼本執)이고, 아래의 반절은 저것에 의하여 이 연의 생기를 깨뜨린 것(破其緣生)이다. 이 뜻은 바로 세우면 다음과 같다. '연은 법을 일으키지 않는다. 왜냐하면 없는 법을 바라는 것이기 때문이다. 이것은 마치 토끼의 뿔을 바라는 것과 같다.' 비량非量으로 말미암아 저 의심이 결단된다." 답변하고 있다. 이처럼 분황은 여섯 가지 품에서 일어난 의심에 대해 촘촘히 결단해 나가고 있다.

나)에서는 「여래장품」 한 품의 세 가지 의심을 차례대로 없애가고 있다. 유독 「여래장품」의 세 가지 의심만 푸는 것은 이 품이 정종분의 마지막 품이자 『금강삼매경』의 결론에 해당하는 품이기 때문으로 이해된다. 분황은 진여와 세속이 다름없는 하나의 여실한 법은 모든 부처가 귀의하는 곳이므로 「여래장품」이라고 하였다. 그는 여기서 헬 수 없는 법과 모든 행위가 여래장 가운데 돌아가지 않는 것이 없다고 해명함으로써 '들어가는 곳(所入)'에 의거하여 여래장이라고 하였다. 이 품은 모든 분야를 두루 취하여 똑같이 일미一味로 나타내고 있다. 그리하여 『금강삼매경』의 모든 내용을 일미의 관행觀行으로 회귀하고 있다고 보았다.

분황은 정설분 서두에서 "이 여섯 품은 오직 일미一味다. 왜냐하면 상과 생은 자성이 없고, 본각은 근본이 없으며, 실제는 한계를 떠난 것이고, 진성 또한 공한 것이니, 무엇을 연유하여 여래장의 자성이 있겠는가? 이것은 아래의 「여래장품」 중에서 '이 식은 항상 적멸하며, 적멸한 것도 또한 적멸하다'고 말하고, 「총지품」에서 '칠식과 오식이 생기지 아니하며, 팔식과 육식이 적멸하며, 구상이 공허하다'고 말한 것과 같으니, 이와 같이 얻을 것이 없는 일미(無所得之一味)가 바로 이 경의 종요다(此經之宗之要). 그러나 얻을 것이 없기 때문에 얻지 못하는 것이 없으니, 그러므로 모든 문이 전개되지 않음이 없기 때문에 헬 수 없는 종지가 되는 것이다. 비록 일미지만 여섯 가지 문을 전개하기 때문에 여섯 가지 부분에 의하여 글을 나누어 해석하였다."라고 밝히고 있다.

분황은 의심을 총괄하여 없애기 위해 정종분 6품의 역순에 따라 각기 의심을 결단한 뒤 「여래장」 한 품에서 제기하는 세 가지 의심을 각기 결단하고 있다. 즉 범행장자가 게송에서 '만일 법은 하나만 있다고 한다면 마치 아지랑이를 물로 착각하는 것과 같다'고 하였으며, 또 말하기를 '만일 법이 없다고 본다면 마치 장님이 해가 없다고 잘못 아는 것과 같다'고 하였다. 저 말에 의하여 의심하기를, 1) '장자는 세속의 사람으로서 이와 같이 판단하여 말하였으니, 잘못된 견해인가, 참된 견해인가?', 저 품에서 말하기를 '깨달아 보면 식이 상주하는 것이 되니, 이 식은 항상 적멸하고 적멸도 또한 적멸하다'고 하였는데 2) 이와 같이 상주하는 적멸의 법은 비록 좋아할 만한 것이기는 하지만 희이稀夷하다. '중생의 마음은 거칠고 천박하여 조복하기 어려우니, 어떻게 마음을 조복하여 저 문에 나아갈 수 있겠는가?', 저 품의 게송 끝에서 "소취와 능취를 전변시켜 여래장에 들어간다"고 하였는데, 3) '이 가운데 보리의 도는 평등한 진리로서 곧 여래장이다. 이것은 인과 연의 힘에 의지하지 않는 것인데, 어떻게 저 능·소를 전변시키는 인으로 여래장의 법에 들어갈 수 있겠는가?' 이들 의심에 대해 분황은 각기 결단하고 있다. 그런 뒤에 그는 1) 사람을 칭찬하여(讚人) 유통, 2) 대중에게 권하여(權衆) 유통, 3) 이름을 세워(立名) 유통, 4) 받아 지니어(受持) 유통, 5) 참회하여(懺悔) 유통, 6) 받들어 행하여(奉行) 유통하는 것에 대해 해명하고 있다. 이렇게 해서 '금강삼매金剛三昧'의 경전 즉 여러 법을 총괄하여 지니고 있고 모든 경의 요체를 포섭하고 있는 '섭대승경攝大乘經'은 모든 경전의 법 중에서 법의 종주인 '무량의종無量義宗'으로서 마무리된다.

十門和諍論

❶ 元曉撰

❷ 十門論者 如來在世 已賴圓音 衆生等⋯⋯ 雨驟 空空之論雲奔 或言我是 言他不是 或說我然 說他不然 逐成河漢矣 大⋯⋯ 山而投廻谷 憎有愛空 猶捨樹以赴長林 譬如靑藍共體 氷水同源 鏡納萬形 水分⋯⋯ ⋯⋯ 通融 聊爲序述 名曰十門和諍論

❸ 有 此所許有 不異於空 故雖如前而非增益 假許是有 實非墮有 此所許有 非不墮有 故雖如後而非損減 前說實是有者 是不異空之有 後說不墮有者 不異異空之有 是故俱許而不相違 由非不然 故得俱許而亦非然 故俱不許 此之非然 不異於然 喩如其有 不異於空 是故雖俱不許而亦不失本宗 是故四句並立而離諸過失也 問 雖設徵言 離諸妨難 言下之旨 彌不可見 如言其有 不異於空 此所引喩 本所未解 何者 若實是有 則異於無 喩如牛角 不同兔角 若不異空 定非是有 喩如兔角 無異於空 今說是有而不異空 世間無類 如何得成 設有同喩 立不異空 由前比量 成不定過 答 汝雖巧便 設諸妨難 直難言說 不反意旨 所引譬喩 皆不得成 何以故 牛角非有 兔角不無 故如汝所取 但是名言 故我寄言說 以示絕言之法 如寄手指 以示離指之月 汝今直尒 如言取義 引可言喩 難離言法 但看指端 責其非月 故責難彌精 失理彌遠矣 然今更引聖說離言之喩 喩如虛空 容受一切長短等色 屈申業業 若時除遣諸色色業 無色虛空 相似顯現 謂除丈木處 卽丈空顯 除尺木處 卽尺空顯 除屈屈顯 除申申顯等 當知卽此顯現之空 似長似短 離言之事 如是空事 隨其所應 前時容受長短等色 然所容受色 異於虛空 凡夫邪想分別所取 故喩遍計所執諸法 雖無所有 而計異空故 能容受事不異虛空

虛空離言之事 隨其所應〈卷上第九張〉容受諸色 菩薩若離妄想分別 除遣遍計所執相時 便得現照離言之法 尒時諸法離言相顯 喩如除遣諸色相時隨其除處 離色空顯 由如是等比量道理 應知諸法 皆等虛空 如金鼓經言 若言其異者 一切諸佛諸菩薩行相 則是執着 何以故 一切聖人於行非行法中同智慧行 是故不異 是故五陰非有 不從因緣生 非不有 五陰非有 是故五陰界故 非言語之所能及 慧度經言 雖生死長 衆生性多 而生死邊如虛空 衆生性邊亦如虛空 中觀論云 涅槃之實際 及與世間際 如是二際者 無毫釐許異 瑜伽論云 若諸有情於佛所說甚深空性相應經典 不解密意 於是經中 說一切諸法 皆無自性 皆如虛空 皆如幻夢 彼聞是已 心生驚怖 誹謗此典 言非佛說 菩薩爲彼 如理會通 如實和會 攝彼有情 爲彼說言 此經不說一切諸法都無所有 但說諸法所言自性都無所有

❶ 撰者名補入함。
❸ 以下는 海印寺 寺刊藏本.
❷ 는 誓幢和上塔碑所載。

화쟁 회통의 논서 1

᠅

1 '십문'의 의미

분황 원효는 평생 103(105)종 208(214)권 남짓의 많은 저술을 지었
다. 이러한 수많은 저술들은 대략 초년에 지은 것에서부터 중년과 만년
에 걸쳐 지어진 것들이다. 때문에 초년작과 만년작 사이에는 일정한 거
리가 투영되어 있고 사상적 전환이 내재되어 있다. 이들 저술 가운데에
서 가장 널리 알려진 것은 아마도 『대승기신론소/별기』와 『금강삼매경
론』 그리고 『화엄경소』와 함께 『십문화쟁론』일 것이다. 또 분황 사상의
가장 핵심적 기호가 무엇이냐 할 때 무엇보다도 '일심一心'과 '화쟁和諍'의
기호가 먼저 떠오르게 된다. '일심'은 모든 것의 근거이자 우주적 마음이
지만, '화쟁' 즉 '화쟁회통'은 모든 이쟁을 조화시키고 통합시켜 모아가는
것이다. 때문에 일심이 존재론적 기반이라면, 화쟁은 인식론적 기반이
라고 할 수 있다. 이들 두 기호에서 어느 것을 더 분황 원효적이라고
할 수 있느냐 하면 아무래도 그의 시호諡號인 '화쟁국사'처럼 '화쟁'이라
해야 할 것이다. 하지만 화쟁이 방법이나 논법의 기호라면 그 방법 혹은
논법을 활용하기 위한 기반은 일심일 수밖에 없다. 이렇게 본다면 분황

의 사상적 핵어는 '일심'이라고 할 수 밖에 없을 것이다.

그의 다양한 저술 중 제목에서 '일심'이 구체적으로 드러난 것은 없다. 반면 '화쟁'이 드러난 것은『십문화쟁론』에서 유일하게 볼 수 있다. 이들 두 기호는 그의 대표적인 기호임에도 불구하고 그의 저술들 제목에서 잘 확인되지 않는다. 아마도 그가 발견하였던 존재론적 지평인 '일심'과 그가 시도하였던 인식론적 논법인 '화쟁'은 저변에 깔려 있거나 후미에 자리매김시키고 있기 때문이다. 어느 연구자(인하대 김영호)는 인도 용수의 '회쟁廻諍'과 중국 길장의 '무쟁無諍'과 변별되는 분황 원효의 '화쟁和諍'이라고 대별시키고 있다. 그러나 인도 용수의 교학적 기호는 '중관사상'이 자연스럽지 '회쟁사상'이라 하기는 어색하다. 또 중국 길장의 종학적 기호는 '삼론사상'이 자연스럽지 '무쟁사상'이라 하기는 어색하다. 그리고 한국 분황 원효의 불학적 기호는 '일심사상'이 자연스럽지 '화쟁사상'이라 하기는 어색하다. 물론 분황의 '일심'은 여타 경교經敎에서 이미 확인되는 개념이기는 하다. 하지만 그가 촘촘하게 지형도를 그리고 섬세하게 이정표를 그렸다는 점에서 '일심' 개념은 그의 대표적 사상기호라고 할 수 있을 것이다.

분황의『십문화쟁론』에서 주목해야 할 부분은 '십문十門'의 의미가 무엇이냐는 것이다.『원효대사전집』(10책)을 간행하여 분황 원효 연구의 기반을 마련한 조명기趙明基(1905~1988)는 "십문의 '십'은 복수의 다多를 표表함이요 결코 일정한 수량을 지시함이 아니다. 그러므로 백가나 십문이나 동의同意일 것이다. 이문二門은 선禪과 교敎를 가리킴이니 선교를 다시 합하여 일원화一元化하고자 하는 것"이라고 하였다. 나아가 조명기는 "신라 시대부터 오교구산五敎九山이 성립되었으나 교파敎派는 신라 초에 분열이 되었고, 선파禪派는 중엽 이후이다. 혼돈에서 분열에의 과정과 분열 직후의 풍기세력風起勢力은 가히 짐작할 수 있다. 이 기미氣味를 추지推知한 위인에게는 반드시 신운동이 기립起立할 것이다. 고로 『십문화쟁론』은 이에 응함이요, 원효사상의 결론이다. 이 논은 원효와 동시대 학자는 별로 알지 못하고, 조금 후대인이 애독 인용한 것을 보면 원효 만년의 저작임을 추측할 수 있다."라고 하였다. 여기에 의하면 '십문'은 '화쟁의 대상이 되는 모든 것들'로 짐작된다.

반면 분황의 『십문화쟁론』의 복원을 나름대로 시도한 이종익李鍾益(1912~1991)은 '십문'의 의미를 '화쟁 과제의 열 가지 주제'로 파악하고 있다. 그의 논구를 계승하여 구체화시킨 이만용李晩鎔(1922~?) 역시 마찬가지이다. 한편 최근 『십문화쟁론』의 번역과 해설을 시도한 박태원(1956~)은 '십문'을 '열 가지 주제에 관한 쟁론을 화쟁하는 이론'이 아니라, '견해 계열의 열 가지 의미 맥락으로써 화쟁하는 이론'으로 파악하고 있다. 그는 '십문'을 '화쟁의 주제나 대상'이 아니라 '화쟁의 이론이자 방식'으로 이해하고 있다. 그리하여 그는 『십문화쟁론』을 '불교사상의 열 가지 주제에 관한 견해 다툼들을 화쟁하고 있는 논서'라기 보다는, '상이한 관점들을 각기 성립시키는 견해 계열의 의미 맥락을 열 가지로 식별하여 불교사상에 대한 해석학적 관점들의 불화와 충돌을 치유하는 논서'로 인식하고 있다.

하여튼 '십문'에 대한 종래의 논의에서는 여전히 '복수의 문'이라는 주장과 '열 개의 문'이라는 주장이 대립하고 있다. 즉 '화쟁 과제의 열 가지 주제'로 파악하는 이종익과 '상이한 관점들을 각기 성립시키는 견해 계열의 열 가지 의미 맥락'으로 이해하는 박태원은 '십문'을 열 개의 문으로 보고 있다. 하지만 논의 구성이나 현존 하는 단간에 의하면 조명기와 나는 '십문'을 열 개의 문이 아니라 '복수의 다多'이고, 잔간본인 31장이 남아 있는 점을 고려하면 '십문'은 적어도 '15문' 혹은 '16문'으로 된 복수의 문이며, 그것은 '화쟁의 대상'이자 '화쟁의 방식'이라고 보고자 한다. 즉 20품 각 품이 모두 5게로 구성되어 있어 모두 100게송으로 된 제바提婆의 『백론』이 백 가지 주제(대상)나 이론(방식)의 문으로 된 것이 아닌 것처럼, 22송으로 유식무경唯識無境의 도리를 논한 세친의 『유식이십론(송)』처럼 숫자는 하나의 '범주'나 '경계'를 나타낼 뿐 반드시 숫자 표기 자체에 매여 구애될 필요가 없는 것처럼 말이다.

2 화쟁의 대상과 방식

분황이 살았던 7세기의 동아시아는 불교사상사의 황금기였다. 인도에서 '전래'된 불교가 백성들에 의해 '수용'이 되고 황실에 의해 '공인'이 되면서 불교는 중국 고유의 유교와 도교와 길항하면서 주요한 사상체계로 자리를 잡아갔다. 남북조시대 이후부터는 교상판석敎相判釋의 체계에 입각하여 자종의 우월성을 주장하였고 다양한 사상들이 저마다 꽃을 피우고 있었다. 분황은 당시 동아시아 사상계에서 제기되는 문제들을 해결할 수 있는 논법과 관법을 모색하였다. 그 결과 그는 다양한 주장들을 한 줄기 회통의 길로 열어가는 '화회和會'의 논법과 구체적인 실천을 보여주는 '보법普法'의 관법을 제시하였다. 그는 당시 사상계의 삼론, 법상, 천태, 기신, 화엄, 정토, 선법 등의 갈등을 해소하기 위해 '부처의 뜻의 지극히 공정함'을 열어 모든 학통들의 주장을 화쟁시키고 회통시켰다. 분황의 생각은 현재 단편적으로 남아 있는 『십문화쟁론』의 서문에 잘 나타나 있으며 그가 이 논을 짓게 된 계기도 잘 드러나 있다.

"(화상의 저술) 가운데 『십문화쟁론』은 여래가 세상에 계실 적에는 붓다의 원만한 가르침(圓音)에 의지하였지만, 중생들이 빗방울처럼 흩뿌리고 헛된 주장들이 구름처럼 내달리며, '나는 옳은데 남은 틀리다'고 말하기도 하고, '나는 그러한데 남은 그러하지 않다'고 주장하여 (서로 다른 견해들의 대립적 주장이) 황하黃河와 한수漢水처럼 큰 강물을 이루었다. …… 유有를 싫어하고 공空을 좋아함은 나무를 버리고 큰 숲에 다다름과 같다. 비유컨대 청靑과 남藍이 같은 바탕이고, 얼음과 물이 같은 원천이고, 거울이 만 가지 형태를 다 용납함과 같다." 여기에 나타난 것처럼 모든 다툼의 근원은 '나는 타당한데 남은 타당하지 않다'거나 '나는 옳은데 남은 틀리다'는 견해 차이에서 비롯된다. 문제는 나는 타당하다는 견해와 나는 옳다는 견해에 국집하여 내가 '타당하지 않을 수 있다'거나 내가 '옳지 않을 수 있다'는 견해를 절대적으로 허용하지 않는 것이다. 바로 여기에서 싸움이 비롯되고 화쟁의 이유가 있는 것이다.

그러므로 모든 싸움은 범주와 경계를 절대화하는 데에서 비롯되는 것이다. 화쟁의 정의는 곧 화쟁의 성격을 보여 주는 것이다. 화쟁에 대한 정의는 학자마다 다양하다. 분황은 '화쟁'은 다양한 주장(異諍)을 조화(和)시키는 것이고, 모든 갈등을 회통시키는 것으로 해명하고 있다. 즉 그는 화쟁회통을 모든 이론과 논리의 갈등과 대립을 하나로 아우르는 것을 일컫는다. 회통에서 '회'는 뜻이 서로 같은 것에 맞추는 것(會義同)이며, '통'은 글이 서로 다른 것을 통하는 것(通文異)이다. 그러니까 '회통'은 글이 서로 다른 것을 통해서 뜻이 서로 같은 것에 맞추는 것을 가리킨다. 회통을 이렇게 정의하면 화쟁 역시 다양한 주장들을 조화시키는 것을 가리킴을 알 수 있다. 그리고 다양한 주장이란 '나는 옳고 남은 틀리다'거나 '자기를 높이고 타인을 훼손하는 것'처럼 견해가 서로 다른 것들이라고 할 수 있다.

균여의 『석화엄교분기원통초』에 인용된 『십문화쟁론』에 의하면 분황은 견해가 서로 다른 것에 대해 의지문依持門과 연기문緣起門의 두 측면으로 나누어 해명하고 있다. 즉 그는 "다섯 가지 성품이 차별된다(五性差別)는 주장은 『유가론』과 『현양론』 등에 의거한 '차이들이 의존적 관계로 수립되는 의지문'과 『열반경』 등에 의거한 '연기의 통찰에 의해 하나로 보는 연기문'이다. 두 이론의 배타적 주장을 이와 같이 만나게 하여 통하게 한다."라고 하였다. 분황은 늘 『유가론』 등의 문구를 취하는 것이 아니라 단지 '다섯 가지 성품이 차별된다'는 뜻을 밝히는 문구에 의거하여 (차이들이) 의존적 관계로 수립되는 계통(依持門)을 세우고, 또 항상 『열반경』의 문구를 취하는 것이 아니라 단지 '모두 불성이 있다'는 뜻을 밝히는 문구에 의거하여 '연기의 통찰에 의해 하나로 보는 계통(緣起門)을 세운다. 이러한 계통은 '불성의 보편성과 차별성 주장에 대한 화쟁'에서 시설된 두 계열의 문이지만 다른 화쟁의 주제(대상)에도 원용할 수 있는 것이라고 할 수 있다.

· 십문화쟁론 2 ·

화쟁 회통의 논서 2

⛫

1 '십'의 범주

　우리는 일상에서 십진법十進法을 주로 사용하고 있다. 십진법은 '어떤 단위를 나타내는 수의 열갑절을 그 윗자리로 하여 누진하는 셈법'이다. 즉 일, 십, 백, 천, 만처럼 누진해서 세어 올라가는 셈법이다. 우리의 손가락은 열 개이고 발가락도 열 개다. 때문에 '열' 즉 '십'은 '원만한 수'요 '완성의 수'이다. 불교에서는 이 '십'을 '완전의 수' 또는 '꽉 찬 수'로 보았다. 그러니까 '십'은 궁극의 숫자요, 충만의 수이다. 화엄에서는 이 십을 단위로 하여 십신十信, 십주十住/十解, 십행十行, 십회향十廻向, 십지十地, 등각等覺, 묘각妙覺의 52위를 보살의 계위로 삼았다. 또 화엄의 '동전 십원을 세는 비유(數十錢喩)'와 '십층 십탑의 비유(十層十塔喩)' 등은 '십'의 의미를 잘 보여 주고 있다. 그리고 대승의 유식학과 화엄학에서는 십신을 전제로 하여 '41위'(법상학) 또는 '42위'(화엄학)로 해명하였다. 이처럼 '십'이란 숫자는 우리 일상의 총수總數라고 할 수 있다.

　분황 원효가 제시한 '십문十門'에 대해 학자들은 '열 가지 주제에 관한 쟁론들'(이종익) 또는 '(열 가지) 견해들의 차이를 모아 놓음으로써 소통의 가능성을 높이려는 소통이론'(박재현) 혹은 '관점을 성립시키는 조건들의 열 가지 연기적 인과계열'(박태원)로 보고 있다. 분황이 말한 '십문'은 열 가지 '교문(관문)'인가? 아니면 다양한 견해들을 열 가지 '유형(범주)'으로 종합해 낸 것인가? 현재의 『십문화쟁론』은 1) 공유이집空有異執화쟁문, 2) 유성무성有性無性화쟁문, 3) 인법이집人法二執화쟁문만 남아 있어 열 가지 문의 성격을 온전히 보여 주지 못하고 있다. 이 저술에 대해 처음으로 연구를 점화시킨 조명기는 십문을 '복수의 다多'를 의미한다고 하면서도 분황의 『열반경종요』와 신라 견등의 『대승기신론동이약집』, 고려의 균여의 『교분기원통초』에 의거하여 1) 보화이신報化二身화쟁문, 2) 오성성불의五性成佛義화쟁문, 3) 불성이의佛性異義화쟁문을 복원하였을 뿐 복수의 나머지 문을 다 복원해 내지는 않았다.

반면 이종익과 최범술의 논의를 이은 이만용은 원효와 견등 및 균여의 저술에 의거하여 열 가지 문에 대한 복원을 시도하였다. 최범술의 논의를 이은 이만용은 1) 공유이집空有異執화쟁문, 2) 무성유성無性有性화쟁문, 3) 인법이집人法二執화쟁문, 4) 보화이신報化二身화쟁문, 5) 진속이집眞俗二執화쟁문, 6) 삼성일이三性一異화쟁문, 7) 불성이의佛性異義화쟁문, 8) 삼신이집三身異執화쟁문, 9) 이장이의二障異義화쟁문, 10) 삼승일승三乘一乘화쟁문으로 복원하였다. 이종익은 종래의 최범술 복원본에 나름대로 이의를 제기하고 자신의 논의를 전개하여 1) 공유이집空有異執화쟁문, 2) 불성유무佛性有無화쟁문, 3) 인법이집人法異執화쟁문, 4) 불신이의佛身異義화쟁문, 5) 열반이의涅槃異義화쟁문, 6) 불성이의佛性異義화쟁문, 7) 오성성불의五性成佛義화쟁문, 8) 삼성이의三性異義화쟁문, 9) 이장이집二障二執화쟁문, 10) 삼승일승三乘一乘화쟁문으로 복원하였다. 이후 이종익은 자신이 검증한 10문을 그 선후와 경중의 순으로 재배정하여 1) 삼승일승화쟁문, 2) 공유이집화쟁문, 3) 불성유무화쟁문, 4) 인법이집화쟁문, 5) 삼성이의화쟁문, 6) 오성성불의화쟁문, 7) 이장이의二障異義화쟁문, 8) 열반이의화쟁문, 9) 불신이의화쟁문, 10) 불성이의화쟁문으로 확정하고 있다. 한편 이만용은 최범술의 논의를 계승하여 그의 논의를 십문으로 재확정하였다. 하지만 이만용은 이를 밝히고 있지 않아 둘 사이의 영향관계와 계승관계는 더 확인되어야 할 것이다.

그런데 '십문'에서 과연 '문'이란 무엇일까? 마명의 『대승기신론』에서는 일심의 두 가지 '교문' 혹은 '측면' 또는 '양상'을 '마음의 해맑고 깨끗한 측면(心眞如門)'와 '마음의 물들고 때문은 측면(心生滅門)'의 이문으로 표현하고 있다. 분황 역시 마명의 관점을 이어 그의 『대승기신론소』에서 '문'을 교법敎法에 상응하는 교문敎法으로 풀고 있다. 또 그의 『이장의』에서는 '현상적 관점(顯了門)'과 '근본적 관점(隱密門)'으로 '마음의 장애(煩惱障, 所知障)'와 '무지의 장애(煩惱碍, 智碍)'를 해명하고 있다. 즉 현료문을 번뇌장과 소지장으로, 은밀문을 번뇌애와 지애로 구분해서 풀이하고 있다. 여기서 분황은 '문'을 '교문 혹은 '관점' 또는 '측면'으로 파악하고 있다.

2 '문'의 의미

우리는 살아가면서 수많은 길을 걷는다. 세상에서 가장 먼 길은 '머리'에서 '발끝'까지 나아가는 길일 것이다. '머리'로는 이해가 되는데 '가슴'까지는 나아가지 않아 이해가 되지 않는다. 가슴까지는 이해가 되지만 발끝(온몸)까지는 나아가지 않는다. 이러한 이해의 길들이 우리 앞에

널려 있다. 우리는 날마다 앞에 놓인 길을 걷는다. 우리의 삶은 우리가 걷는 길의 도정이자 길이다. 그런데 그 길이 끝나는 곳에 벽(절벽)이 있고 그 벽에서 한 걸음 더 나아가야만 문에 들어갈 수 있다. '벽'은 안과 밖을 가르는 것이지만, '문'은 안과 밖을 통하는 것이다. 우리말 '문'에는 '가지'나 '종류' 및 '관문'과 '고비' 등의 의미도 있고, '교문'과 '측면' 및 '상태'와 '양상' 등의 다양한 의미가 있다. 불교 경론에서 쓰는 '문'은 주로 후자들이라고 할 수 있다.

분황은 『대승기신론』의 귀경게 풀이에서 '문'에 대한 자신의 인식을 보여 주고 있다. 그는 귀경게 앞의 반 구절을 '아래로 중생을 교화함(下化衆生)'으로, 뒤의 반 구절을 '위로 불도를 넓힘(上弘佛法)'으로 풀면서 중생이 생사의 바다에 빠져 열반의 언덕에 나아가지 못하는 까닭은 '의혹'과 '사집' 때문이라는 것과 의혹과 사집을 없애줌으로써 그들 스스로가 "대승에 대한 바른 믿음을 일으켜 부처 종자를 끊어지지 않게 하려는" 마명의 의도를 잘 파악한 것이다. 그는 '중생들이 대승에 대한 바른 믿음을 일으키지 못하는 까닭'은 '대승에 대해 의심하여 발심하지 않고 삿된 집착을 가짐으로써 수행하지 않기 때문'이라고 했다. 해서 분황은 먼저 하화중생의 요체는 '의혹疑惑'을 제거하고 '사집邪執'을 버리게 하는 것이며, 이것은 결과적으로 상홍불법의 요체인 '대승에 대한 바른 믿음을 일으켜' '부처 종자를 끊어지지 않게 하는 것'이라고 했다. 이 논서의 주요 메시지 역시 하화중생을 통해 상홍불법하려는 대보살의 발심이자 서원이라고 할 수 있다.

여기서 분황은 '대승'을 구하는 이의 '의혹'에 대해 다음의 두 가지로 해명하고 있다. "첫째는 '교법敎法을 의심하는 것'은 발심에 장애가 되고, 둘째는 '교문敎門을 의심하는 것'은 수행에 장애가 된다."라고 풀이한다.

'교법에 대해 의심하는 것'에 대해 분황은 "'대승의 법체法體가 하나인가 여럿인가 하는 것이다. 만일 하나라면 다른 교법이 없는 것이요, 다른 교법이 없기 때문에 모든 중생이 없을 것이다. 그렇다면 보살은 누구를 위하여 큰 서원을 일으키는 것인가? 만일 (대승의 법체가) 여럿이라면 이는 일체가 아닌 것이요, 일체가 아니기 때문에 남과 내가 각기 다를 것인데 어떻게 동체의 대비를 일으키게 되겠는가?' 이런 의혹 때문에 발심을 하지 못할 것이다."라고 역설한다. 이것은 진리의 단일성과 진리에 대한 절대적 신뢰에 대한 문제라고 할 수 있다. 동시에 발심과 수행의 불가분리성에 대한 문제라고도 할 수 있다. 이어서 분황은 '교문에 대해 의심하는 것'에 대해 "여래가 세운 교문이 많으니 어느 문에 의지하여 처음 수행을 시작할 것인가? 만일 다 함께 많은 문을 의거해야 한다면 단박에 그 문에 들어갈 수 없을 것이다. 만일 하나나 둘에 의지해야 한다면 어느 것을 버리고 어느 것을 취할 것인가? 이러한 의심 때문에 수행을 일으킬 수 없는 것이다."라고 했다.

그래서 마명보살은 『대승기신론』에서는 "이러한 두 가지 의심을 제거하기 위하여 '일심법一心法'을 세워서 두 가지 문(二門)을 열었다." 해명한다. 이에 대해 분황은 "일심법을 세운 것은 교법을 의심하는 것을 없애기 위함"이고 "두 가지 문을 연 것은 교문을 의심하는 것을 없애기 위함"이라고 풀어낸다. 또 그는 "여러 교문이 많이 있지만 처음 수행에 들어감에는 이 두 문을 벗어나지 않기 때문"이라고 본다. 이에 대해 분황은 "진여문에 의하여 (邪念과 妄想이 일어남을 막아 마음을 한 곳에 머물게 하는) 지행止行을 닦고, 생멸문生滅門에 의하여 (선정에 들어서 지혜로써 상대되는 경계를 자세히 식별하는) 관행觀行을 일으킨다"며 "지止와 관觀 두 쌍으로 부리면 만 가지 행(萬行)이 갖추어지므로 이 두 문에 들어오면 모든 문을 다 통달할 수 있음을 밝힌 것이다."라고 풀어간다. 이것은 의혹을 제거해야만 능히 수행을 일으킬 수 있다는 것을 의미한다. 동시에 '일심의 교법'과 '이문의 교문'을 시설한 까닭이라고 할 수 있다. 여기서 알 수 있는 것처럼 분황은 '법'을 교법敎法의 함의로 쓰고 있고, '문'을 교문敎門의 의미로 쓰고 있다. 그렇다면 『십문화쟁론』에서의 '문' 역시 '복수의 여럿 또는 열 가지 교문'에 의해 '자신의 주장과 견해를 드러낸 설' 혹은 '같은 문제에 대한 다른 견해'(김영태)를 치유하고자 한 논서, '견해들의 배타적 불화와 대립 상황을 조건으로 삼아 형성된 불화와 불통'(박태원)을 치유하고자 한 논서라고 할 수 있을 것이다.